JN172275

経済地理学再考

経済循環の「空間的組織化」論による統合

Kazunobu Kato
加藤和暢［著］

ミネルヴァ書房

序

本書は，これまで折に触れて発表してきた論文の中から，表題にふさわしい幾つかのものを選び，加筆修正の上で一書にとりまとめたものである。多くは2000年代に入ってから経済地理学会の会誌や勤務校の紀要に掲載したものであるが，どういう訳か最近になって照会を受けることの増えた1980年代の初期論稿二篇を附論として再録しておいた。結果として，本書は，経済政策論の立場から「地域開発」現象の歴史的位相に迫ることをテーマとして研究生活に入った著者が，次第に経済地理学徒へと転身し，ついには国民経済の地域構造をめぐる理論的・実証的解明こそが自らの主戦場であると意識化するに至った思考過程を跡づけたものとなっている。

経済地理学という学問は，しばしば「若い学問」だといわれてきた。川島哲郎も指摘するように，それが「学問としての未熟さを露呈している」ことは，誰しも否定できないところであろう。とはいうものの，ヴィルヘルム・ゲッツが，経済地理学という言葉を用いた1882年から数えれば，いまや130年余の歴史を有するわけだから，いつまでも「若い学問」といって済ますわけにもいくまい。

経済地理学が，その方法はもとより目標についてさえ「定説」と呼べるものを有していない現実を何とかして打開したいと願うのは著者だけではなかろう。事実，このような混迷状況からの脱却に向けた努力が多くの先達によって積み重ねられてきたし，著者と同時代の論者たちも各々の立場から模索を繰り返している。本書も，そうした試行の一つに他ならない。

本書は，先行諸業績に対して日頃から著者の抱いている疑問を，得心のいかない理由も含め率直な形で開示し，これを前提に具体的な解決方向を提起することによって，いささかなりとも経済地理学の発展に貢献したいとの考えからとりまとめたものである。経済地理学の方法や目標をテーマとする論文は，これまでにも少なからず発表してきたが，それを一書にとりまとめることによって，著者の意図するところを体系的な形で明らかにし，読者諸賢からの御教示を仰ぎたいと考えた。『経済地理学再考』という本書の表題には，そのような願いが込められている。

全体を二部に分け，第Ⅰ部では「経済地理学の根本問題」について論じ，続く第Ⅱ部において「国土政策論の再構築」を取りあげた。本書における議論を展開するにあたって著者が依拠したのは，宇野弘蔵の提起した社会科学方法論としての三段階論である。とりわけ，「ぼくにとっては経済政策論はいかにして可能なりやということが問題だったわけだ。学問としては経済政策はいかにして可能なりやじゃなくて，経済政策論はいかにして可能なりや」（宇野弘蔵，1973a，676頁）を問わねばならないとする宇野の姿勢からは，文字どおり決定的な影響を受けた。第一次世界大戦後に固有の政策現象である国土政策の発動の契機を解明するところに焦点を絞り込み，これを国民経済の地域構造における変動から説明していこうという著者の「研究プログラム」は，宇野の著作を幾度も繰りかえして読みこむうちに自ずと固まってきたものである。

国民経済の地域構造については，矢田俊文の議論から多くを学んだ。著者を経済地理学へと導いたのは，附論として再録した二篇の論稿からも明らかなとおり矢田の『産業配置と地域構造』であるが，しかし，「あるべき地域構造」の提起を経済地理学の課題とすることに対しては当初から疑念を抱いていた。そこに矢田の提起した「地域」認識をめぐる理論的革新の徹底化を妨げている理由もあると考えたからなのだが，この認識を明確化し対案を示すべく30年余に渡って繰り返してきた悪戦苦闘の経過報告として本書を読んでいただいても良いであろう。

著者は，北辺の地に戦後つくられた私立大学で経済学を学び，その大学院を経て系列校で４年間の勤務を経験した後，1988年の釧路公立大学開学にあたり，地域開発論・経済地理担当の助教授として着任した。新設校の常として蔵書数は少なく，他大学の紀要に目を通すことも容易でなかったけれども，それ以上に残念だったのが同学の士と切磋琢磨する機会に恵まれなかったことである。しかし，記憶力や頭の回転の面で劣る著者にとっては，かえって一人でゆっくりと思考する時間を確保できた訳で，それが結果的には良かったように思う。また，ある時期を除けば，地元の自治体や経済界からの委託調査や計画づくりといった「仕事」と距離を置いて過ごすことができたのも，静穏な学究生活の継続という意味において，まことに幸運であった。

このように書くと，まるで著者が「単独行」を続けてきたかのような印象を与えてしまうかもしれない。しかし，ここまで著者が学究生活を続けてくることができたのは，幾人もの師や先輩の指導と激励，そして友人達との知的刺激に満ちた交流の支えがあったからである。著者を経済地理学の研究へと導いて下さった矢田俊文先生，節々で御助言をたまわっている伊藤喜栄先生ならびに石原照敏先生をはじめとする経済地理学会の諸先生，さらに学部時代の恩師である故・池田善長先生，大学院への進学を強力に薦めて下さった北海道立総合経済研究所の故・武山弘先生，大学院での指導教授を引き受けていただいた森本正夫先生の学恩に，ここで心から感謝の意を表しておきたいと思う。

本書の随所には，経済地理学会に所属する同世代の会員諸氏との議論を通じて得た知識や発想が埋め込まれている。本来であれば，一人ひとりの名前をあげて感謝すべきところであるが，ここでは明治大学の松橋公治氏と東京大学の松原宏氏の名前をあげるにとどめたい。さらに著者は，たえず知的刺激を与えてくれる若い友人たち，とりわけ加藤幸治（国士舘大学），山本大策（米コルゲート大学），中澤高志（明治大学），鍬塚賢太郎（龍谷大学）の諸氏，ならびに空間的組織化論を練り上げていく過程で幾度も暗礁に乗り上げ挫けそうになった著者を長年の理解者として励ましてくれた佐々木滋生（佐々木地域計画事務所）そして今枝忠彦（イズムワークス）の両氏にも記して感謝の意を伝えたいと思う。

また本書の刊行については，平成29年度釧路公立大学学術図書出版助成金をあたえられたことを付記する。

最後になったが，本書の出版について格別の御配慮をいただいたミネルヴァ書房の杉田啓三社長ならびに同社の東寿浩さんには心から御礼申し上げたい思う。

2017年12月８日

加藤和暢

経済地理学再考

——経済循環の「空間的組織化」論による統合——

目　次

序

第Ⅰ部　経済地理学の根本問題

第Ⅱ部　国土政策論の再構築

附論　初期論稿二篇

初出一覧

第Ⅰ部

第１章「地域構造論の発展のために――『経済循環』視点の再検討」
(『経済地理学年報』第40巻第４号・1994年，再録にあたってタイトルを改めた)
第２章「経済地理学の『理論』について――その位置づけをめぐる省察」
(『経済地理学年報』第49巻第５号・2003年，再録にあたってタイトルを改めた)
第３章「経済地理学小考」
(釧路公立大学『社会科学研究』第17号・2005年，再録にあたってタイトルを改めた)
第４章「サービス経済化の地理学をめざして」
(『経済地理学年報』第57巻第４号・2011年)
第５章「生産の地理学を超えて――サービス経済化が地理学に問いかけていること」
(『経済地理学年報』第63巻第１号・2017年)

第Ⅱ部

第６章「ボーダーレス・エコノミーの歴史的位相――マクロ空間政策論ノート」
(今東・折原・佐藤編『現代ポリティカル・エコノミーの問題構制』社会評論社・1991年，再録にあたってタイトルを改めた)
第７章「政策現象としての地域開発――方法論的再検討に関する覚書」
(釧路公立大学『社会科学研究』第４号・1992年)
第８章「国土政策研究における経済地理学の役割」
(釧路公立大学『社会科学研究』第20号・2008年，再録にあたってタイトルを改めた)
第９章「戦後日本における国土政策展開の初期条件――『開発主義』対『貿易主義』論争を手がかりに」
(釧路公立大学『地域研究』第９号・2000年，再録にあたってタイトルを改めた)
第10章「戦後高度成長期の立地政策を読む」
(日本立地センター『産業立地』第50巻第１号・2011年，再録にあたってタイトルを改めた)

附　論

初期論稿１「経済地理学の方法に関する覚書――矢田俊文教授の『地域構造』論をめ

ぐって」
（北海学園大学開発研究所『開発論集』第32号・1983年，再録にあたってタイトルを改めた）
初期論稿２「『地域構造』分析・序説」
（北海学園大学開発研究所『開発論集』第36号・1985年，第37号・1986年，第38号・1986年にわたって分載）

序　章
経済地理学のために

1　本書の狙い

（1）刻下の最重要ミッション

新しい千年紀の到来と相前後して，人間社会が種々の局面において大規模な変容を経験しつつあることは，誰しもが痛感しているところであろう。本書で取りあげる人間社会の“地理的現実”も例外ではありえない。著者は，この“地理的現実”の大転換をうながす「論理」の解明こそが，刻下における経済地理学の最重要ミッションだ考えている。

経済地理学の学問的な使命を，著者は，社会経済システムの時間的な展開に対応して変移をとげていく空間秩序を「記述」し「説明」するところに求めたい。本書でいう“地理的現実”は，前者の「記述」を積み重ねることによって確定される空間秩序の「実像」を指す。そして，それが「かくなって他とはならなかった根拠に遡って」（マックス・ヴェーバー，1998，73頁）「説明」可能な「論理」を提示できた時，経済地理学の責務は完遂されるというのが著者の基本的な理解である。

それにしても，“地理的現実”という表現については，違和感をもつ読者が多いだろう。これまで，経済地理学界において，一般的だったのは「地域構造」や「空間編成」という言葉だったからである。そのことを承知の上で，本書では，あえて生硬な“地理的現実”という表現を選択した。耳なれない表現をとることで，読者に経済地理学が根本的な「再考」を求められていることを強く訴えておきたかったからである。

（2）ミッション達成に向けた三つの前提作業

“地理的現実”の大転換をうながす「論理」の解明は，いうまでもなく容易に達成できるミッションではない。ハインリッヒ・メスナーのような「超人」は別として，ヒマラヤの高峰をきわめようとする時，何カ所もの中継キャンプを設営しながら，徐々に高度をあげながら最終キャンプへと進出し，そこから山頂にアタックをかけるというのが通常の手順であろう。人間社会の“地理的現実”が経験しつつある大転換の真相を把握するにあたっても同様の配慮が求められる。

その場合，著者は，“地理的現実”の大転換を解明するにあたっての確実な登攀ルートを「日本を代表する経済地理学の学説」（松原，2006，10頁）とされる国民経済の地域構造論に求めることにした。そして，困難なミッションに挑む隊員，彼らを支援するスタッフ，さらに登攀用具から食料や医薬品にいたる厖大な装備を集積するベースキャンプの設営にあたるものとして学説史的な定位の作業を割り当てる。さらに，方法論的省察ならびに理論的再構成の各作業を，山頂への中継キャンプとして位置づけたい。この序章では，本書の狙いを明確にする意味でなぜ著者が以上のような考えを取るのか簡潔に説明しておく。

国民経済の地域構造論は，戦後日本における経済地理学研究の「到達点」として理解されてきた。本書もまた，この評価を，ひとまず肯定する。しかしながら，こうした評価が，さらなる経済地理学の発展に対する一種の「認識論的障害」（バシュラール，1975）として作用しつつある点を見のがすことはできない。

ここで「認識論的障害」とは，国民経済の地域構造論が「日本を代表する経済地理学の学説」たる地位を固めていく過程で，幾多の貴重な成果を含む戦前期日本の経済地理学に対する関心を希薄化させてしまったことを指す。多大な成果をあげた国民経済の地域構造論ではあるが，学説史的な基礎づけという面については，十分な検討がなされてきたとはいえない。著者の見るところでは，そこに国民経済の地域構造論が，自らの理論的な可能性を全面的に展開できずにきた理由がある。

戦前期日本における経済地理学の研究成果は，例えば国民経済内部の地域間関係に着目した黒正巖（1941）の「地域的編制論」に見られるごとく戦後の地域構造論へと連接すべき幾多の議論を含んでいた。従来ほとんど意識されてこなかったのであるが，地域間関係としての地域構造に対する強烈な関心は，戦前・戦後期を通ずる日本の経済地理学研究にとっての「通奏低音」をなしている。国民経済の地域構造論は，したがって地域間関係への注目をハードコアとする「研究プログラム」（ラカトシュ，1986）の戦後的な発現形態として位置づけられるのであって，その意味からすれば，理論的な前進を図る上で戦前期の研究蓄積を積極的に継承する作業が重要な意味を持っていることは説明するまでもなかろう[(1)]。国民経済の地域構造論を，以上のような形で学説史的に定位することで，戦前期における研究蓄積の継承を進め，ベースキャンプに優秀な人材ならびに高性能の装備を少しでも多く揃えておきたいというのが，第一の前提作業の狙いである。

次なる作業は，最初の前進キャンプを設営することに見たてられよう。その中心をなすのは，国民経済の地域構造論が切りひらいた理論的地平に省察を加え，新展開に向けた方法論的な基礎固めをすることである。国民経済の地域構造論を従来の議論から質的に区別するメルクマールは，それが「地域」認識における革新を明確に打ちだした点にあった。従来の実体的ないし個体的「地域」認識を斥け，「地域」を関係的な存在として把握する姿勢を鮮明にしたことは，極めて重要な意味を持っていたといえる。

にもかかわらず，国民経済の地域構造論は，その姿勢を——先にも指摘したところであるが——徹底してきたとはいいがたい。実際，地域間関係という面では重層化の論理をも含めて一定程度の解明に成功したものの，地域構造を構成する「地域」それ自身もまた関係的な存在であることについては，残念ながら明確にできなかったのである。このような事態に国民経済の地域構造論が陥ることになった理由は，先行研究において蓄積されてきた「経済循環」アプローチの成果を十分に活用しきれなかったところにあった。

「地域」認識の革新を貫くためには，人間社会の存立を基底において支えている自然環境との物質代謝が「（商品）経済循環」として具体化されている点に目を向けねばならない。その場合に重要なのは「経済循環」アプローチに基づく研究が明らかにしてきたとおり，経済循環の基本的な単位という「全体」にかかわる論点と，それを構成する「部分」の性格づけにかかわる論点とを明示的な形で切り分け，その上で両者を密接に関連させながら議論を組みたてることであろう。しかし，国民経済の存在を自明視する地域構造論は，それが経済循環の基本的単位をなしていることの含意を十分につかめなかった。

このため，「部分」である地域は，諸経済主体間の個別的な取引の連鎖——それが経済循環の「素過程（elementary process）」（塩沢，1997，238頁）をなしている——

が空間次元に描きだした濃淡――幾つかの場所では取引が集中し濃密に行われるのに対して，他の場所では散漫な取引しか見られないような状態を指す――の持続[2]として姿を現すという決定的な事情の把握に失敗したのである。

この点を踏まえて地域構造論の理論的再構成を遂行し，“地理的現実”の大転換をうながす「論理」を解明するための分析枠組を構築することが第三の前提作業に他ならない。既発表の論稿を一書にまとめた「論文集」という性格上，今回は，雪煙の間に見え隠れする山頂の姿を確認できるところまで接近し，そこに第二の前進キャンプを設営することが精一杯であった。具体的にいえば，国民経済の地域構造論が積年の課題としてきた国民経済的視角と地域的視角という「二視角の統一」問題に筋道をつけたところで議論を終えている。すなわち，この課題を達成するためには，国民経済の地域構造論が重視してきた市場メカニズムを通じて生成する「地域」のみならず，非市場的要因に基づく「地域」の存在にも注目していかねばならないことを明確にすると同時に，その具体的な手がかりとしてポランニー（ポラニー，2009）の「二重運動」論があることを示すにとどまった。

経済循環の「素過程」をなす個別取引の連鎖は，経済循環の空間的な分岐である「市場地域」編制を生みだす。それと「地域社会」が交錯することによって市場社会の“地理的現実”は展開される。常態では消極的な要因にとどまる「地域社会」も時に激烈な反撥を示して事態の進行を支配する局面があり，また「市場地域」が自己の利害ゆえに「地域社会」を温存しようとする場合も時にみられることを指摘したのがポランニーの「二重運動」論であった。

「二視角の統一」の成否は，市場社会における「地域の二面性[3]」，すなわち「市場地域」と「地域社会」の複雑な交錯として“地理的現実”がある点を的確に認識できるか否かにかかっている。そして，これを「収穫逓増の空間形態」に着目しつつ整序するとき，はじめて地域構造の歴史的な展開過程の論理も明らかにしうるであろう。そのような手順を踏むことで，人間社会の“地理的現実”に生起しつつある大転換をつらぬく論理を剔抉するための前提的な条件が整えられるのである。

（3）「再考」の狙い

経済地理学が，“地理的現実”の大転換をうながす「論理」の解明という刻下の最重要ミッションを達成するためは，その根本的な「再考」が避けられない。

この方向性として，本書が提示するのは，国民経済の地域構造論が切りひらいた理論的・実証的な地平を踏まえつつ，それが出発点において進もうとした方向に，さらなる前進を図っていくことである。先行学説の積極的な吸収を進めて「巨人の肩の上」に立つことで眺望を確保しようとしたのも，また国民経済の地域構造論が打ちだした「地域」認識の革新を徹底化すべく努力したことも，さらにまた積年の課題であった「二視角の統一」に筋道をつけようとしたのも，すべて「研究プログラム」としての地域構造論を前進させることこそが，“地理的現実”の大転換を解明するための不可欠な前提作業をなしていると理解したからであった。そして，これらの作業は，いまこそ「地理学的思考の復権[補註]」が要請されていることを宣揚するであろう。

2　学説史的な基礎づけの強化——第一の課題

最初の課題は，国民経済の地域構造論を日本における経済地理学の発展過程に定位し，これを踏まえて今後の展開方向を確認するところにある。国民経済の地域構造論が登場することになった「起点」は，従前のような経済地理学の研究スタイルをもってしては日本経済が「高度成長」過程で直面した地域間所得格差の拡大や過密・過疎の深刻化といった「地域問題」の発生メカニズムを解明しえないとする痛切な「反省」であった[4]。この反省は，やがて既存の研究が正面から取りあげてこなかった経済の論理が作りだす「地域」の理論的把握にむけた取組や個別地域ではなく国民経済レベルで見た「地域的分業体系」の現実を実証的に究明する作業の形で具体化され，新たな経済地理学の研究スタイルを確立していく。

（1）地域構造論の成立事情

高度成長期は「地域開発」の時代でもあったが，それは一方で開発戦略の構築に向けた研究を，他方では「地域問題」の深刻化を契機として各地で簇生した住民運動や革新自治体の要請に応じた研究を，それぞれ強力に刺激する。ところが，経済地理学の分野では，個別地域の実態調査が絶対視される傾向が顕著で，そのような動向に呼応して問題の発生メカニズムに迫ろうとする理論的研究は散発的にしかみられなかった。こうした状況下で，社会的な関心を集めている「地域問題」の分析に，従来の経済地理学が無力であることを自覚せざるをえなかった若手研究者たちは，経済地理学の再興に向けた模索を開始したのである。

模索の第一歩をしるしたのは野原敏雄・森滝健一郎編『戦後日本資本主義の地域構造』（汐文社・1975年）であった。同書は矢田俊文が1973年に提起した経済地理学の四部門構成を踏まえて進められた実証的な研究成果を取りまとめたものであったが，同書刊行の前後から共同研究によって従来の個人レベルでの実態調査につきまとう「限界」を突破しようという気運が高まりをみせる[(5)]。こうしたなかで1940年代生まれの若手研究者――端的にいえば「新制高校」の卒業生――を中心メンバーとして設立された地域構造研究会は，日本経済の“地理的現実”を対象とする集団的な実証作業を進め，その成果をまとめた6巻シリーズの著書を1977年から88年にかけて刊行して，以後における経済地理学研究の展開を決定的に方向づけることになった[(6)]。

理論面でも，こうした実証分析の成果を踏まえつつ新展開が図られる。山本健兒（1977），矢田俊文（1979），田村均（1979）など，「地域問題」の発生メカニズムを解明しうる唯一の分析枠組とされてきた地域的不均等発展論に対する批判的な検討作業も開始され，その限界を打破すべく「資本の空間的運動」（矢田，1973，407頁）に焦点をあわせた理論の構築を目ざす幾多の試行が繰りかえされていく。こうして1980年代になると産業配置論・地域経済論・国土利用論・地域政策論の四分野からなる国民経済の地域構造論は，次第に「日本を代表する経済地理学の学説」（松原，2006，10頁）としての地歩を固めていったのであった。

（2）理論的な整備の努力

国民経済の地域構造論が一応の確立を見たのは，理論的な側面に限定すれば，矢田俊文が大明堂から『産業配置と地域構造』を上梓した1982年に求めることができよう。これ以降，戦後日本の経済地理学をリードしてきた川島哲郎の編集にかかる『経済地理学』（朝倉書店・1986年）や矢田を編著者とする『地域構造の理論』（ミネルヴァ書房・1990年）など国民経済の地域構造論を基調とした経済地理学書が相ついで出版される。その後も欧米における経済地理学研究の成果を吸収し地域構造論の理論的な豊富化を図ろうとした矢田俊文・松原宏編著『現代経済地理学』（ミネルヴァ書房・2000年）や矢田俊文編著『地域構造論の軌跡と展望』（ミネルヴァ書房・2005年）など理論的な整備に向けた努力が続けられていく。

松原宏（2006）の整理に従えば，理論的整備は，以下の三方向において進められた。①立地論の発展的導入，②国際的視点の導入，③動態的視点の導入がそれである。このうち，立地論は資本の空間的運動についての理論的枠組を構築するために，また国際的視点はグローバル経済化の急展開という現実への対応を目ざすものとして，そして最後の動態的視点は地域構造の歴史的な変動メカニズムに対する説明力の強化に向けて導入されたものであって，それぞれの方向において地域構造論の理論的な拡充・深化への努力が着実に積み重ねられてきた。

もちろん，以上のような発展的な継承をはかる立場とは逆に，地域構造論に対して批判的な立場から議論を展開している論者も存在している。いわゆる地域的不均等論の立場から地域構造論を全面的に拒否する加藤一郎（1998）の主張（特に161-164頁を参照のこと）や，そこまで頑強ではないが地域の独自性を地域構造論は否定していると見る中村剛治郎（2004）の主張（特に4－7頁を参照のこと），さらには地域構造論を謬論として全否定する水岡不二雄（1992）の主張（特に42-43ならびに57-58頁を参照のこと）は，その代表例をなす。これらの主張に共通しているのは，いずれも国民経済の地域構造論をめぐって矢田俊文が提起した理論的な枠組を検討の対象にすえ，その不備を突いていることだが，日本における経済地理学の展開という観点からするならば，そうした理解には重大な難点がある。

（3）「伏流」の再発見

著者は，冒頭でも述べたように国民経済の地域構造論が，日本の経済地理学研究における現時点での「到達点」であること，その基本的な骨格を提起したのが矢田俊文であったこと自体に疑義を抱くものではない。だが，ここで国民経済の地域構造論をもって「到達点」とするのは，単にそれが現時点で主流派的な地位を占めているという事実によるだけではなく，同時に日本の経済地理学史にとっての「通奏低音」をなす「国民経済的視角」の継承者でもあるという事情に着目するからである。批判者はともかく，国民経済の地域構造論を理論的に支持する人々の間でも，この点が十分に自覚されてきたとはいいがたい。しかしながら，「地域間関係」に着目した議論は戦前期にまでさかのぼることが可能なのであった。

戦前期の蓄積として一般的に有名なのは佐藤弘（1933）であろう。厖大な数の著作を誇る佐藤であるが，理論的な水準という面からいえば，必ずしも高い評価を与えることはできない。むしろ，黒正巌（1941）の提起した「地域的編制論」や，佐藤と競う格好で次々と経済地理学書を上梓し立地論の紹介に貢献した川西正鑑（1931）（1939）などの方が重要であろう。また，高橋次郎（1935）や小島栄次（1940）も注目すべき内容を含んでいる。ジンメルの空間論とヴァイクマンの「相対的マキシマム」論を中心として展開された名和統一（1932），それに刺激された福井孝治（1934）のゴットル説を踏まえた議論が，近年の「空間論」における主要論点のいくつかを先取り的に展開されていることも注目されよう。さらに，立地論に対する深い理解に裏打ちされた戦前期における孤高の名著である伊藤久秋（1940）も見のがせない。この他，山中篤太郎（1933），小原敬士（1936），酒井正三郎（1942）などの議論も重要である。(7) にもかかわらず，彼らが提起した幾多の重要な論点は，これまでのところ正当な評価が与えられてこなかった。同様の傾向は戦後の業績についても当てはまる。国民経済の地域構造論が，先蹤者である石原照敏や辻悟一をはじめとする多様な「伏流」の成果を合流させる機会を得ないまま現在に至っているのは，残念といわざるをえない。石原（1969）における地域構造は「地域間相互依存関係と地域間相互対立関係との統一」（同，93頁）であるという指摘，あるいは国民経済の地域構造にダイナミクスを導入するにあたって留意すべき諸点に考察を加えた辻（1974a）や同（1974b）などの先駆的業績――後者の論稿では「経済発展の歴史は空間的には距離克服の歴史である」（同，39頁）ことが明言されていた――も十分に評価されてこなかった。(8)

しかしながら，新しい社会経済システムの“地理的現実”を有効に分析しうる枠組の構築を目ざすのであれば，これら戦前・戦後の「伏流」において蓄積されてきた成果を積極的に摂取していくことは不可欠の課題である。あまりにも錯綜し不透明となった“地理的現実”の全体像をとらえるためには，マートン（1961）のいう「巨人の肩のうえ」（同，5頁）からの眺望が欠かせない。そのためには，地域構造論を「研究プログラム」として定位することで，日本の経済地理学史における蓄積を活用する条件を整備しておかねばならないであろう。

新しい“地理的現実”を解明するためには，国民経済の地域構造論が切りひらいた地平のさらなる前進が強く要請されている。そのためにも，これまで十分に活用してこなかった先行業績の吸収に努めつつ，関係論的な「地域」認識の徹底化を図ると同時に国民経済を「全体」とする理論的根拠を明確にして，両者の統一的な説明がなされなければならない。このような作業を進め，国民経済の地域構造論を「到達点」ではなく，一つの「経過点」とすることができた時，そこに日本の経済地理学研究は新局面を迎えることになるのである。

3　方法論の再構成──第二の課題

ここでは，新しい“地理的現実”を有効に分析可能な枠組へと国民経済の地域構造論を再構成するための前提作業として，方法論的な省察を試みることにしたい。省察の焦点をなすのは，国民経済の地域構造論が先鞭をつけた「地域」認識の革新であり，その方法論的含意である。その場合，戦前・戦後を通じて日本の経済地理学界が蓄積してきた成果，とりわけ地域構造論の「伏流」をなす諸業績を積極的に参照し摂取することに留意し，これを踏まえて地域構造論という「研究プログラム」の前進に向けた手がかりを探ってみたいと思う。

（1）未完に終わった「地域」認識の革新

「国民経済を一つの空間システム＝地域構造としてとらえ，その『一切片』として地域経済を位置づける」（矢田，1990，14頁）あるいは「国民経済内部の地域経済なるものは産業配置の従属変数とみることができる」（矢田，1982，242頁）という指摘が象徴的に示しているように国民経済の地域構造論は，あたかも地域という実体が存在しているかのようにとらえてきた従来の通念に根底的な疑問を突きつけた。すなわち，市場社会における地域は「資本の空間的運動」（矢田，1973，41頁）が進行する過程のうちに生成し変容をとげていく存在であると主張したのである。しかしながら，国民経済の地域構造論は，こうした理論的な革新を徹底化することができなかった。[(9)]

経済循環の「地域的」完結性をめぐる議論の混乱は，その点を示す端的な例であろう。川島（1965a）や矢田（1990）は地域経済を相対的な「経済循環の地域的完結性」によって規定しようとしたのであるが，山本健兒（1977）も批判したように完結性を基準とする限り国民経済という「全体」のみが真の地域経済であるといった奇妙な結論に逢着せざるをえない（同，51頁）。というのも完結性という基準で地域を規定するためには，あらかじめ「境界」が設定されていなければならないが，そうなると地域は「資本の空間的運動」（矢田，1973，41頁）に先行して存在していたと理解せざるをえなくなるからである。

このような混乱は，立地と循環の「二元論」に基づいて地域を把握しようとしたことに起因していた。立地から等質地域としての「産業地域」を，また循環から機能地域としての「経済圏」を把握するという構成は，伝統的な地理学の地域把握を援用することで，国民経済の地域構造論が学界に浸透し新たな主流派としての地位を確立していくにあたっての「抵抗」を緩和したことは事実であろう。だとしても，伝統的地理学に対する譲歩が，市場社会における地域の存在態様を把握する上で決定的な意味を持つ経済循環の素過程である個別取引を特定の場所に引きよせ「核」を作りだすメカニズムの分析を不十分なままに残す結末をもたらしたとすれば，それを看過するわけにはいかないのである。(10)

（2）二元論的な構成の「功罪」

「二元論」的な構成には伝統的地理学の「抵抗」緩和とは別の利点もあった。とりわけ実証分析との関連でいえば「産業」というメゾ概念を所与の前提にすえ，特定部門の卓越をもって「産業地域」を規定し，これと経済圏の整合性で経済地域を把握しうるとしたことの意味は大きい。(11)そのことで国民経済の地域構造論は「地域」というメゾ概念の成立根拠をめぐる困難な議論を迂回し，『日本の地域構造』シリーズに代表される濃密かつ組織的な実証分析に全力を傾注することができたからである。

しかしながら，「産業」概念が所与であったとしても，「産業地域」概念についての説明が不要となるわけではない。企業や家計というミクロ経済主体とマクロ単位である国民経済との間に「地域」というメゾ単位がうまれてくる理由は，それ自体に説明が求められる事柄だからである。ところが，この点については残念ながら現在なお十分な検討がなされていない。

メゾ単位の生成は「実物経済」との関連や「人間能力の限界」に由来する諸事情を重要な契機としているが，いずれにしても教科書的な世界においては捨象される――しかし日本の経済地理学研究が伝統的に重視してきた――「歴史性」との関連が重要な意味を持ってくる。(12)もともと「地域」や「産業」といったメゾ単位を，何から何まで理論的に説明しつくそうというのが無理な相談なのであった。メゾ単位の説明にあたっては，一定の歴史的事情を明示的な前提にすえることが不可避であり，その前提をなす事柄のなかで国民経済が決定的な位置を占めてきたところに「国民経済的視角」を地域構造論が重視する根拠はあったのである。

（3）経済循環の「基本的ユニット」という発想の導入

だが，それにもかかわらず国民経済の地域構造論は，自己の立脚点である「国民経済的視角」の含意を十分に意識してきたとはいいがたい。とりわけ経済のグローバル化が急展開をとげ国民経済が従来のような存在感を誇示できなくなっている現在，「国民経済的視角」に立脚する理由を自明視する訳にはいかないであろう。新しい“地理的現実”を有効に分析可能な枠組を構築しようとするのであれば，まずもって「国民経済的視角」に立脚してきた理由を説明することが要請されているのである。

これまで“地理的現実”の究明にあたって「国民経済的視角」が有効であった理由は，それが経済循環の「基本的ユニット」をなしていた点に求められよう。近代における資本主義社会の勃興は，それまで経済循環の「基本的ユニット」として存在してきた共同体を解体し，「産業資本のための国内市場」（マルクス，1972，③409頁）すなわち国民国家を外枠とする拡大された経済循環を作りあげた。もとより共同体が全面的に解体されつくしたわけではないし，また国民国家の枠をまたいで行なわれる貿易が資本主義の発展に重大な役割をはたした点を否定するものでもないが，資本主義社会は国民経済として生成し発展してきたというのが歴史的な事実である。

人間社会は，自然環境との「物質代謝」を抜きに自己の存続を維持しえないのであって，この原則的な関係のうえに人類は経済循環――すなわち人々の必要とする物資的生活資料の生産・分配・消費――を繰り返し，それによって社会の存続を維持してきた。資本主義とは，その経済循環が商品経済という特殊な形態規定の下で「経済法則」を基軸に展開される社会に他ならない。それゆえ経済循環アプローチの徹底化は，グローバル経済化にともなう“地理的現実”の究明に有効であるばかりでなく，深刻化する地球環境問題の把握にあたっても重要な意味を持っているのである[(13)]。

国民経済という存在を自明視することができたのも，また「産業」概念を所与の前提となしえたのも，現代資本主義――ここでは，第一次世界大戦以降の「変化した資本主義」を，帝国主義段階までの資本主義と区別する意味で現代資本主義と呼んでおく。資本主義諸国は，1930年代に金本位制の停止に踏み切った。これは「資本主義が歴史的な一社会として，しかも商品経済的に自立する基礎をなす貨幣制度」（宇野，1974b，246頁）を放棄したことを意味する。――に特有の事情によるところが大きかった。

しかし，このことに国民経済の地域構造論は，あまりにも無自覚であったといわざるをえない。関係論的な視座からする「地域」認識の理論的革新を徹底化できなかったのも，その帰結といえるであろう。

4　「二視角の統一」に向けて——第三の課題

本書の課題としては，さらに国民経済の地域構造論が積年の課題としてきた「国民経済的視角」と「地域的視角」の統一を図る中で，経済地理学の理論的再構成に向けた展望を切りひらくことがあげられる[(14)]。ここで「二視角の統一」を再構成の指針としたのは，それが地域構造論の新展開にむけた突破口をなしているからに他ならない。その重要性を開示したにもかかわらず地域構造論が十分に活用することのなかった経済循環アプローチの徹底化は「二視角の統一」を達成するための鍵をなすのであるが，それはまた従来の議論において的確な位置づけを与えられてこなかった市場社会における「地域の二面性」を照射することにもなる。

(1)「市場地域」と「地域社会」の親和と反撥

地域構造論は，市場社会における「地域の二面性」のうち「市場地域」[(15)]に注目して議論を構築してきた。それに対して「地域社会」を重視する議論を展開したのが自治体経済論である。これまで両者は，個別的とはいえ批判の応酬もあったことから相対立する議論として理解されてきた。

しかしながら，教科書的な世界とは相違して，経済循環の現実的過程は市場的要因のみによって進行するものではない。この点を考慮するならば，双方を対立的にとらえるよりも，むしろ「二面性」のうち一方の面を高調した対極的な議論として理解する方が精確といえよう[(16)]。実際，地域構造論からの有力な批判にもかかわらず自治体経済論が支持を失わないのは，それが市場社会の“地理的現実”に備わった他方の面を基礎としているからなのである。

もちろん市場社会の現実を念頭におけば，地域構造論の注目してきた「市場地域」の側面が積極的な要因をなしていることは厳然たる事実といってよい。この点からすれば，地域構造論の優位性に疑問の余地はないのであるが，しかし常態では消極的な要因をなす「地域社会」——（宮本・横田・中村編（1990）のいう「人間の共同的生活空間」ないし「人間共同体あるいは住民の共同社会」（同，55頁）――も時として激烈な反撥をみせ一時とはいえ事態の展開を支配することがあり，また「市場地域」が自己の利害を貫徹するために「地域社会」を利用するといった事態がみられるのも反面の真実である[17]。このような文字どおり盤根錯節の様相を呈する市場社会の現実を説明するための枠組として有効なのがポランニーの提起した「二重運動」論であって，それを媒介環とすることで「二視角の統一」を進め理論的再構成をはかることこそ本企図の眼目に他ならない。

（2）経済循環の「空間的組織化」

地域構造論においては，地域の把握にあたって立地と循環の「二元論」的構成がとられてきた（矢田，1990）。確かに，立地と循環の相違は短期的に見るならば明確であるが，考察の期間を伸ばしていけばいくほど両者の区別は困難となり，長期的には立地もまた循環の一齣をなす。このように両者の区別は「時間地平」の設定の仕方に由来するに過ぎない[18]。

しかも，立地から規定される特定の部門や機能の卓越した「産業地域」は，地域構造論が注目する「等質地域」以外の性格をあわせもっている。ある「地理的範囲のなかで卓越する」（同，20頁）産業部門は，当該地域におけるBasic Industryに他ならない。つまり，「産業地域」は，「等質地域」であると同時に，域内のNon-basic Industryとの関係から「機能地域」と見ることもできるのである[19]。それればかりではない。地域構造論は，「個人消費とのかかわりに重点おく」（矢田，1982，253頁）形で「経済圏」を設定する。「労働力の再生産圏としての生活圏も，別の側面からみれば小売業の市場圏，個人消費サービス業のサービス圏，教育・福祉・その他公共機関のサービス圏，および通勤圏の総体として形成される」（同，251頁）としているように，その中心は市場メカニズムのもとで展開される経済行為――その軸をなしているのは個別取引である――の累積が結果として生み出す「市場地域」に限定されていた。「生活圏」や「通勤圏」への言及があるので，一見したところ「地域社会」との関連を意識しているかのような印象をうえつけられるのだが，あくまでも問題となっているのは「市場地域」なのである。こうした錯視をもたらすという意味でも，「二元論」的な構成の難点は明らかであろう。

経済循環の現実的過程が描きだす地理的な様相をつかむためには，“所得機会”・“消費機会”・“共同生活機会”の三者を契機として位置づけた経済循環の「空間的組織化」論へと理論的軌道を転轍しなければならない。もとより「空間的組織化」の基軸をなすのは地域構造論が注目してきた「市場地域」編制をおいて他にないのではあるが，しかし「市場地域」が経済循環の空間的分岐として他の「市場地域」との関連をぬきには存在しえないこと，したがってまた個々の「市場地域」としてではなく常に「市場地域」編制の一環としてのみ姿をあらわすという点については，あらためて注意を喚起しておく必要があるだろう[20]。「分業の深度は市場の規模に依存する」としたのはアダム・スミスであったが，この指摘からもうかがわれるように，そもそも地理的分業――したがってまた基底をなす社会的分業――の展開それ自体が，消費面における「斉一化」と生産面における「多様化」の同時進行をともなうのであって，後者の「多様化」が「市場地域」編制の動力をなしている以上，これは至極当然のことなのである[21]。

（3）収穫逓増の空間形態

このように地域構造は，ひとまず「市場地域」間の関係として理解されるのであるが，その構成単位をなす「市場地域」は個別主体の間で繰りひろげられる市場取引を始めとした相互行為の累積を通じて姿を現すのであり，それ自体もまた関係に他ならない[22]。すなわち，“所得機会”・“消費機会”・“共同生活機会”の三者を契機として展開される個別主体の相互行為が累積し，これが組織化されることで生成する経済循環の空間的な分岐が「市場地域」編制を作りだし，そこに「地域社会」が交錯し二重運動を繰りひろげる結果として地域構造は存在しているのである。この場合，歴史的な経緯からみて「空間的組織化」の三契機のうちで最重要の地位を占めてきたのが，「市場地域」編制の中核をなす企業立地によって規定される“所得機会”である点は，あらためて指摘するまでもなかろう[23]。

その企業立地を方向づけるのが収穫逓増の可能性であり，ここでの議論との関係でいえば「収穫逓増の空間形態[24]」である。収穫逓増の空間形態を把握する上でのポイントは，その時々における主導産業のタイプと，それと密接な関連をもつ地理的集積の種別であろう。プレ市場社会における「共同体」を単位とする経済循環は，やがて産業革命をへて規模を国民国家大にひろげ「産業資本のための国内市場」を形成しつつ国民経済レベルでの地理的分業を深化させていくのであるが，この過程で毛織物・綿工業・鉄工業という19世紀システムを特徴づける主導産業の変遷がみられ，20世紀システムにおいては自動車や家電などの耐久消費財産業が主導産業として発展をとげ，支配的な収穫逓増の空間形態もまた局地化経済から大規模経済をへて都市化経済へという歴史的な推転をみた。[25]

とはいえ以上の推転は，いまだモノの生産・消費が経済活動の太宗をなしていた局面に関しての整理にすぎないのであって，その後に続くサービス経済化の局面における「大転換」については射程の外においたままである。だが，貯蔵も輸送もできないサービスの生産・消費が経済活動の中心部分を占めるようになるにつれて，地域構造の態様もまた重大な変貌をとげてきた。しかも，それは重複して進行しつつあるグローバル経済化という暴風雨によって翻弄される船に「地域」を見たてるならば，その耐波性を増強する海錨（シーアンカー）としての役割をも担っているのであって，従来とは別様の経路で「地域社会」とも交錯しつつ今後における地域構造の展開方向を規定しようとしている。

以上で検討したとおり，経済循環の「空間的組織化」は，時代により，また地域によって区々別々の様相を示す。その具体的な様相を「記述」し「説明」するのが経済地理学の課題に他ならないが，こうした課題に効果的にこたえるためには，説明を求められている事柄と説明にあたって前提されるべき事柄とを明確に区別し整序しておくことが不可欠の前提となる。そのためにも「社会現象の空間的組織化」の裏面をなす「空間認識の社会的組織化」[26]についての洞察が重要な意味を持つのであって，この点を視野におさめぬ限り「空間的組織化」の総過程を把握することはできないであろう。

5　「現状分析」の知としての経済地理学

（1）求められる軌道設定の転換

戦後日本の経済地理学は「経済学としての経済地理学」（上野登，1968，45頁）を合言葉に，自己を経済学の一部門として確立すべく全力を傾注してきた。そして，それが経済地理学の学問的水準や社会的地位を大幅にひきあげたことに疑問の余地はない。だが，近年こうした軌道設定に限界が見えてきたこともまた否定しがたい事実である。

「経済学としての経済地理学」という軌道設定の効力を低下させた最大の原因は，ここにきて人間社会の“地理的現実”をつむぎだす論理が大規模な変容をとげつつあることに求められよう。グローバル経済化の進展にともなって，従来とは比較にならぬほどの激烈な競争圧力にさらされた企業は，手あたり次第に競争力強化の可能性を試すことで，自己の存続を図ろうとしている。その端的な表現が，非市場的な要因，とりわけ従来は考慮の範囲外に追いやってきた「地域社会」の諸要素を競争力の源泉として位置づけ積極的に利用し始めた点であろう。ここに変容を呼びおこす第一の理由がある。また同時に進行しているサービス経済化のインパクトも見のがせない。モノと対蹠的に貯蔵も輸送も不可能というサービスの特性は，需給の時空的な一致を必然的に要請する。その帰結として生まれる「地域社会」との多岐的な連関の存在が第二の理由として指摘されよう。

かくして，新しい千年紀の到来と相前後して，これまで地域構造の成立を主導してきた「市場地域」編制の役割に重大な変化がみられることになった。もとより，従来もっていた特権的な地位を失ったとはいえ，地域構造が経済循環の「空間的組織化」を通じて成立する限り，依然として「市場地域」編制が積極的な要因であり続けることはいうまでもないであろう。だが，同時に「市場地域」編制のあり方が「地域社会」の動向によって直接的な影響を被る可能性が出てきたことも否定しがたい。

（2）「脱資本主義過程」への突入

こうした状況は，例えば19世紀システムにおける自己調整的市場の登場を人間社会の歴史における異常事態として位置づけたポランニーの立場からすれば，市場の社会への再「埋め込み」にむけた不可避の一齣として，必ずしも否定されるべきものではないようにも思われる。とはいうものの，彼の二重運動論の示唆するところに従うならば，部分的ないし局所的な「市場（地域）」と「（地域）社会」の親和は，より上位のレベルにおける拡大した規模での反撥を呼びおこすケースが少なくないのであって，手ばなしで肯定するわけには到底いかない[27]。先に指摘したような競争力の強化を目ざして企業が進める場あたり的な「地域社会」の利用が，かえって国民規模ないしトランス・ナショナルなブロック規模での反撥をまねき，社会の統合を突きくずして，世界的な不安定化を帰結する可能性も否定できないからである。

にもかかわらず経済学は，かかる「脱資本主義過程」における事態を対象化し分析するに十分な能力を残念ながら持ちあわせていない[28]。こういうと意外な印象を持つ人も多いだろうが，実際のところ経済学が単独で有効性を発揮しうる局面は，極めて限定されていた。端的にいえば，経済学の「効用」は，あらゆる社会に共通する「経済原則」が商品経済という特殊な形態規定のもとで「経済法則」として立ちあらわれ，それを基軸として経済循環の現実過程が展開している場面においてのみ最大化するのである。

「市場地域」と「地域社会」が反撥しあい対立する事態は，従来もあった。ただし，時に「地域社会」に対する部分的な譲歩が見られたにしても，おおむね「市場地域」の側が自己の利害を貫く形で落着してきている。これを地域構造との関連に翻訳すれば「市場地域」編制が基本的に「地域社会」の動向を規制し主導的な役割をはたしてきたことを意味しており，この限りにおいて「経済学としての経済地理学」は有効性を主張しえたのであった。

（3）「地理学としての経済地理学」

そうした事情は，ここにきて大幅に変化している。例えば，先にも指摘したとおり，企業家が「産業クラスター」[29]を注目したのは，「市場地域」と「地域社会」の親和から生まれる好循環ないし相乗作用を自己の経済活動に取りこみ利益の増進を図ろうとしたからであった。だが，いうところの親和なるものは，個々の「地域社会」に備わった特有の事情に由来する，その意味からすれば多様性を本質的な特徴とするものであって，経済学の枠組をもって有効な分析を加えうる対象とは見なしがたい。

かって玉野井芳郎（1978）は，20世紀末の異常な工業化が呼びおこした自然環境と人間社会の危機的現実に向きあう中で「地域主義」論を展開し，それを支える理論的枠組として「広義の経済学」の構築を目ざした。しかしながら，この玉野井の試行には重大な難点を認めざるをえない。玉野井のような軌道設定をとる限り，経済学とりわけ経済学の「原理論」が，歴史的な一社会が特殊の法則によって全面的に支配されていることの論証を通じて，人間社会の歴史において特殊な地位を資本主義社会が占めること，したがってまた異常な性格を持った社会であることを剔抉した意味が見失われてしまうからである[30]。

経済学は，「人と人との関係」が「物と物との関係」として立ちあらわれる商品経済の論理によって斉一化された社会を対象とすることで成立が可能となった専門科学である。そこに経済学の限度があるのであって，これを逸脱することは何人にも許されない。玉野井は軌道を「広義の経済学」にではなく，むしろ「経済学から地理学へ」と設定すべきだったのである。もとより「経済学から地理学へ」といっても，単純に経済学を放棄し追放せよなどというつもりはない。宇野弘蔵は，社会科学の研究が「原理論」「段階論」「現状分析」の三段階に大別されると主張してやまなかった。その「現状分析」の主役を地理学が担いうるのではないかと主張しようというのである[31]。宇野の宿願は，「現状分析」において社会科学の統一をはたすところにあったが，その具体的な場を地理学は提供しうるのではないか――そこにこそ著者は「地理学としての経済地理学」の活路があるように思う[32]。

補註　「地理学的思考」について

石田龍次郎（1968）によれば「地理学の出発点はきわめて平凡な『地上にはどこにも同一の条件ところはない』ということ」（同，22-23頁）に存するのであって，それゆえ「何々の条件を同一としてという前提で論ずることがないというのが，地理学的思考の根本」（同，22頁）をなす。「抽象化・理論化をめざすために，自然あるいは民族あるいは文化を捨象したり同一と見る作業仮説は，はじめから地理学を否定するものである。これらの諸条件の関連のなかで，一つの土地（大小いろいろある）をみようとするのが地理学的思考」（同，23頁）だというのである。「地理学がある一つの原理法則のみによって立論し，他は一応顧みないという理論諸科学と異なる点はここである。地域の諸条件の関連のなかで問題を構成し発見する」（同上）ところに石田は地理学的思考の要諦を求めるのであった。

同様の認識を示す論者は多い。例えば春日茂男（2000）は，「経済学などで，『ceteris-paribus（他の条件が同一ならば）』という前提のもとに，いろいろな理論が構成されている……が……地理学はこの他の条件が同一でないことを前提としてきた」（同，6頁）とのべ，「地理的条件の場所的相違性，これが〔地理学の――引用者註〕出発点であった」（同上）と指摘している。川島哲郎（1983）もいうように「現象に地理的差異がなければ地理学という学問が成立しない」（同，64）のだから，これは当然といえば当然であろう。

とはいえ「地理的条件の場所的相違性」は，あくまでも出発点にすぎない。地理学的思考の特質は，石田が指摘しているように「地域の諸条件の関連のなかで問題を構成し発見する」（石田，1968，23頁）ところにこそ存在している。地理学が「ある事物なり土地なりの全体的把握」（同，24頁）を重視し，そのためには「定性的追求に徹する」（同上）ことを辞せず「法則の支配をうけながらそれ独自のあり方を示すものを求める立場」（同上）を選びとったのは，「土地の上で一切のものが結合しているという地理学的思考」（同，19頁）

の帰結に他ならないのであった。

「地理学的思考は諸条件の関連のなかにおいて，土地における現象をみること」（同，23頁）であるという点に関しては，かくして大方の了解が得られているとってよかろう。ただし，いうところの「土地」についての理解ということになると，石田が「一つの土地(大小いろいろある)」（同上）と注記せざるをえなかったことからも知られるように，必ずしも共通認識が形成されているとはいいがたい。「土地」の理解をめぐっては，幾多の立場が存在し，それらが互に自己の正当性を主張しているからである。

いま，それらの一々を説明することはしない。ここでは地理学を「地球表面いわゆる地表上の状態に関する情報の収集と処理を目的としている学問ないし科学である」（高橋潤二郎，2001，237頁）と規定し，その立場から「地理学的アプローチ」（同上）の特質に言及した高橋潤二郎の見解を紹介するにとどめておく。そこに，「土地」の理解をめぐる立場の相違を整序する視点が準備されていると思われるからである。

高橋は「大多数の地理学者にうけいれられる物の見方」（同，248頁）として「地表」「空間」「系」の三項目をあげて以下のように地理学的アプローチの特質を解きあかす。すなわち「地理学的物の見方として，第一にあげねばならぬのは，地理学者が地表上に存在生起するさまざまな対象・事象ないしその組合せを何よりもまず地表そのものを構成し，かつその状態を規定する存在としてみている」（同上）ことであり，「第二にあげねばならないのは，地理学者が対象・事象を空間的存在としてとらえるということ」（同上）である。そして，第三に「系としての物の見方，すなわち，地表を一つの系として認識していること」（同，249頁）をあげ，系systemについて「ある全体とみなし得る存在を相互に密接な依存関係にある部分に分割可能であり，かつその部分を全体としてみなすこともできる場合，その存在を系と呼ぶ」（同，250頁）と規定しつつ，この系という認識が「地理学が伝統的につちかってきた地域という概念と密接に関連している」（同上）ことに注意を喚起したのであった。

「全体」と「部分」の関係を固定的にとらえるのではなく，その重層的な展開を積極的に認める高橋のシステム論に立脚した見解は，「土地」の理解をめぐる立場の相違を全面的に調停しうるとまではいわないが，少なくとも各々の位置関係を明確にすることで整序のための視点を準備しているといえよう。というのも高橋の見解は，個々の「土地」そのものが問題なのではなく，それが「全体」としての地表を構成する「部分」として位置づけられるがゆえに問題とされる点を明確化すると同時に，「部分」をなす個々の「土地」もまた自己を構成する下位の「部分」に対しては「全体」として向きあう関係にあることを闡明しているからである。このように「全体」と「部分」の関係は種々のレベルにおいて確認しうるのであるが，それらを「全体」としての「地表」――高橋によれば「地表こそ系としてみなすことができる実在」である（同，250頁）――に向けた系列と見るところに地理学的思考の重要な特質は存在しているのであった。

ところが，従来の議論においては，地域をめぐる議論の迷走からも知られるとおり，この点に十分な注意が払われてきたとはいいがたい。いかなるレベルの「全体」と「部分」を自身が想定し問題としているのかについての的確な認識ぬきには，地理学的思考なるものが効果を発揮しえないにもかかわらずである。同様のことは地理学的思考の出発点とされる「地理的条件の場所的相違性」ないし「地理的差異」に関してもいえよう。

「地表の状態が場所によって相違し，時の経過とともに変化する」（同，316頁）にもかかわらず，これまでの議論においては空間的な相違ばかりに目がむけられ，時間的な変化もまた地理学にとっての重要なテーマをなしている点が不当に軽視されてきたように思われてならない。けれども空間的な相違の有様が時間的に変化していくというのが現実なのであって，両者を分離切断して理解しようとする態度には本来的な無理があった。その無理がまかりとおってきたのは，「全体」としての「地表」が変化してやまないことを忘却してきたからに他ならない。

かくして，地理学的思考の要諦は，杉田繁治（1989）の言葉を借りれば，「ある場所での時間的な変化」（同，557頁）にとらわれて看過されがちな「空間的に同時平行的に生起している現象」（同上）を正面から見すえる点にこそある。地理学の課題は，それゆえ「同一時間で全体をとらえるというシンクロニックな方法」（同上）により，「空間的に同時平行的に生起している現象」（同上）の全体的な構図を把握し，その存立メカニズムを解明するところにあるといえよう。地理学が，何をもって「全体」とするかを，常に意識し明確化していかねばならない根拠，絶えず認識対象のスケールを問題とせずにはおられない理由がある。

すでに指摘したように「脱資本主義過程」への突入により社会に対する経済法則の支配が弛緩し，その秩序形成能力が弱化している具体像を分析しようとすれば，従来とは別次元の枠組が，そして手続が要請されるのは当然であろう。法則が支配し貫徹している社会の分析は，「理論」の適用ではたしうるが，それとは逆の状況にある社会の分析にあたっては大多数の論者が過去の遺物として扱ってきた「調査」に基づく「記述」を活用する以外に手はないように思われる。とはいえ，それは無手勝流の収集と観察でも，個人が相互に無関係なままに進める趣味的な見聞記録でもなく，すでにふれたように「突発的」な問題の把握にむけた組織的な「調査」であり，それを支える科学的な「記述」でなければならない。

この作業は，いうまでもなく伝統的な個別専門科学の研究者によっても遂行されるであろうが，しかし地表の現実を網羅的に把握するために「同時多地点的な現地調査」を継続的に展開しうるのは，それを使命としているのは地理学の研究者をおいて他に存在しないと考えられる。そして，この作業を抜きにしては「脱資本主義過程」の“地理的現実”を把握し，それを踏まえて市場社会の空間像を反省的に描きだすことで直面する社会変動の実相をつかむのは不可能といって良い。かかる意味において地理学は「現状分析」の主役を担いうる訳であるが，しかしこれを具体化するためには，久しく忘却されてきた「地理学的思考」の復権がまさに要請されるであろう。

註

(1)　戦前期日本における経済地理学の研究成果が持つ意義については，部分的にではあるが本書の第2章の原論文である加藤和暢（2003b）において言及している。そこでは海外の最新成果としてもてはやされている見解が，先んじて議論の対象とされ一定の決着を見ていた事実や，当面する難問に解答を与える上で重要な手がかりとなる論点なども多く見いだすことができる点に注意を促しておいた。本書では54-56頁にあたるので参照されたい。

(2)　いうまでもなく持続は時間的な概念である。その時間的な持続があって，はじめて空間的な濃淡の把握が可能になるというのは，極めて興味ぶかい事実といえよう。しばしば時間と分断した形で空間的な現象を取り上げている論者を見かけるが，この点からいっても疑問を禁じえない。

(3)　この概念は，池田善長（1977）「開発の二面性」概念に由来する。同概念と「二重運動」論の関連については，加藤（2005b）で考察した。なお，同論文は，加筆・修正の上，「『未完のプロジェクト』としての地域構造論」と改題し本書の第3章に再録したので参照されたい。

(4)　こうした「反省」の例としては，矢田俊文（1971），松田孝・森滝健一郎（1972），山口不二雄（1975）などをあげておく。

(5)　この点については，「日本の地域構造」シリーズの第一回として刊行された北村嘉行・矢田俊文編著『日本工業の地域構造』（大明堂・1977年）の「第1章課題と方法」（矢田俊文）にみられる以下のような叙述は興味ぶかい。すなわち「50年代後半以降のわが国の工業地理学は，量的にも質的にも発展」をとげたが，「そこには無視することのできない重大な欠陥が存在していた」。その第一点として矢田が指摘したのが「工業地理学の研究成果のうち，地方工業地域ないし大工業地帯のごく一部といった，個人の調査能力の範囲をこえないスケールの地域の研究が大半を占め，巨大工業地帯の全体的把握といった研究がきわめて少なかったこと」だというのである。

(6)　大明堂から刊行された「日本の地域構造」シリーズは全6巻からなっていた。全巻の構成は，以下のとおりである。第1巻：浅野洋一・寺坂昭伸・北村嘉行編著『地域の概念と地域構造』（1988年），第2巻：北村嘉行・矢田俊文編著『日本工業の地域構造』（1977年），第3巻：長岡顕・中藤康俊・山口不二雄編著『日本農業の地域構造』（1978年），第4巻：北村嘉行・寺坂昭信編著『流通・情報の地域構造』（1979年），第5巻：伊藤達也・内藤博夫・山口不二雄編著『人口流動の地域構造』（1979年），第6巻：千葉立也・藤田直晴・矢田俊文・山本健兒編著『所得・資金の地域構造』（1988年）。なお，本シリーズの第2巻『日本工業の地域構造』に対する書評で，伊藤喜栄（1978）は「この“日本の地域構造”シリーズの完結によって得られる成果は理論と実証研究の統一という意味において，日本の経済地理学研究に一つのエポックを画する」（76頁）とした上で，さらに「戦後経済地理学の総決算ともいうべき研究は，もちろん研究者グループによる共同研究によってはじめて可能である」（77頁）と述べ，「学閥を離れ，学風を超えたところで横断的に研究を組織し，問題意識を可能な限り共有して，分業に基づく協業の実をあげるということは，まさに若いエネルギーのたまものであり，地理学研究史上画期的なことではあるまいか」（同上）との高評価を与えている。

(7) ここでとりあげた戦前期の経済地理学者について何点か補足しておこくとにしたい。佐藤弘については，『一橋論叢』第46巻第6号・1961年に，彼の著作目録（青木，1961）が，また追悼記事が『経済地理学年報』第8巻・1962年に，それぞれ掲載されていることを追記しておくことにする。また，黒正巌については，完結に至っていないが加藤（2011a，2012，2013）を参照されたい。

なお，川西正鑑について，水岡不二雄が「マルクス経済地理学から最後には『地政学』による戦争支持に同様に転落しながら，戦後は東洋大学学長などの要職をつとめつつも経済地理学研究の筆を全く折った」（(1983b，26頁）としている点について一言しておきたい。水岡の指摘は事実と異なっている。戦後も川西（1959，1960）といった論稿を発表していたことを指摘しておく。

小樽高等商業学校の教授だった高橋次郎は，東北帝国大学で宇野弘蔵の演習に所属していた。宇野と師弟関係をもつ経済地理学者は他にいない。この点については，加藤（2006）の補註（46-47頁）で，言及しておいたので参照されたい。

小島栄次については，彼が敗戦直後に小島（1947）や小島（1948）などの論稿をまとめ「国民経済の地域的構造」への注目をうながしていた点が，もっと注目されるべきであろう。なお，小島の年譜と著作目録が『三田学會雑誌』（第57巻第7－8号）に，追悼記事が『経済地理学年報』（第9巻・1964年）に，それぞれ掲載されている。

伊藤久秋の略歴・著作目録は，青木外志夫・西岡久雄編（1967）に収録されているので参照されたい。

福井孝治の「経済的空間」については加藤（2003b）で言及しているが，その執筆を動機づけた名和統一の論文とあわせて，さらなる検討が求められるであろう。なお，『経済学雑誌』（第42巻第3号・1960年）には，彼の略歴・著作目録が掲載されている。

最後になるが，山中篤太郎の業績については，加藤（2001）で検討を試みているので参照されたい。

(8) 地域間関係にかかわる石原照敏の主著は石原（1979）であろう。石原（1969）は，そこに再録されている。

辻悟一の略歴と研究業績は，石巻専修大学『経営学研究』第21巻1・2合併号（2010年3月）に掲載されている。

(9) 国民経済の地域構造論が，地域を実体論的に把握する通念的な理解に根本的な疑念を突きつけた点については，矢田（1982）が刊行された直後に，加藤（1983a）で指摘した。しかし，それと同時に，こうした姿勢を貫きえていないことにも疑問を呈している（同，82-87頁，88-92頁）。なお同論文は，本書の附論1として再録したので参照されたい（該当箇所は273-281頁，282-289頁）。

(10) この点については加藤（2005a）ならびに同（2005b）を参照のこと。とくに後者（「『未完のプロジェクト』としての地域構造論」と改題し加筆・修正の上で本書の第3章に再録）の9-13頁（該当箇所は76-82頁）では，矢田のリプライ（矢田，2000，302-303頁）を踏まえて自説の敷衍を試みているので参照されたい。「完結性という基準で地域を規定するためには，あらかじめ『境界』が設定されていなければならない」として批判を加えるのは，そのような発想を認めてしまうと「境界」を作りだすメカニズムが不問に付されてしまうからである。地域認識の「革新」を徹底化するためには，「境界」の存在を自明視するのではなく，「核」形成の「結果」として「境界」は生みだされると理解しなければならない。そうすることによって，初めて「核」自体が生成してくる論理へと踏みこむことも可能となるからである。

なお，西藤雅夫（1964）が，「産業の地理的構造」ないし「産業の地域的構造」に言及し，以下のような説明を加えていることも，学説史的な一齣として記憶に留めおきたいと思う。すなわち，「国民経済は，地域的にある広さで成立し，その地域の内部では，もろもろの企業が，それぞれ異った位置と密度とで分布する。経営の実体から眺められる産業は，当然に地域的分布を示し，産業構造は，それみずから地理的な構造として理解できるわけである。／いま生産力の側からいえば，この分布は，生産力構造の産業的分布に他ならない。そこで，このような産業的分布が，それぞれの地点における企業の位置づけとして現れることが，ここにいう産業の地理的構造と名づけられる」（同，52-53頁）のであるが，西藤によれば，それは「産業構造と観念せられるものを，地理的に立地の観点から，とくに集中的なまとまりとして具体的に捉えた一面」である「産業地域」として「工業地帯・農業地帯・商業地帯など」の形をとって具体化する（同，100頁)。さらに，「工業地帯は，農業・商業などその他の産業地帯とむすびついて，さらに広い地域にわたってあるまとまりを形づくる。このような地域的なまとまりがいくつかより集まって，国民経済を構成することとなる。いまこのような地域的な構造に着目して，その地域を経済圏と名づけることができよう」（同，103頁）という。

ここで，西藤の議論を紹介したのは，それが矢田の議論に20年近く先行しているという理由からではない。著者は，竹内正巳（1966）が矢田の提起した「諸論点をほとんどすべて網羅しているばかりでなく『生活圏地域』の扱い，立地論的説明の努力，地域的不均等発展論の考慮，政策に対する意識といった点で……論点の不十分さを補うものとさえなっている」（水岡，1980，151頁）といった形の指摘には意味がないと思う。むしろ，注意をうながしておきたいのは，両者がともに京都帝国大学経済学部を――竹内は1929年に，そして西藤は1932年に――卒業しているという事実であり，彼らが在学していた時期には以上のような議論が「普通」になされていた可能性があるという点――だからこそ戦前期の蓄積をフォローしておくことが重要なのだが――である。

(11)　田村大樹（2003）は，経済地理学会第50回記念大会において自分が行なった報告に対するコメントで「地域構造論が特にさかんな時代というのは，地域についてはいろいろな理解がありうる一方で，産業概念は比較的安定していた。比較的安定していた産業概念を使って，いろいろな階層性や多様性を持っている地域を照射するということで，全体的なものを明らかにしていこうという方向性があったかと思う」（同，490頁）と指摘した。本書の議論ともつながり，非常に興味ぶかい見解であるが，何ゆえに安定していたかの理由が示されなかったのは残念である。この点は近年における「融業化」傾向などと関連づけた考察によって明確にしうると思うのだが，今後の課題としたい。

なお田村も「今日にいたって，産業概念も非常にあいまいな形になってきている」（同上）ことは指摘している。ただし，彼が「新しい現実にあった産業の概念を作り直すというような方向があるのではないかと思う。私自身は，産業ということのなかに空間性を見いだせるのではないかと考え，産業分類の中で空間克服産業ということを提起している」（490-491頁）点については疑問を持つ。手短に結論だけのべると，かって産業概念が持っていた安定性を，今度は地域概念が持ちはじめたのではないか，その証左が「産業集積」への注目ではないかと考えるからである。

(12)　「実物経済」との関連については山﨑朗（1991）が種々の興味ぶかい論点を提示している。なお同論文は山﨑（1999）に加筆訂正のうえ再録された。ただし，加筆訂正の結果，原論文が持っていた切れ味利の良さが削がれしまったのは残念である。また,「人間能力の限界」については塩沢由典（1990），とくに同書「第11章　複雑系における人間行動」を参照されたい。塩沢は，限界を「視野」「合理性」「働きかけ」の三方向においてとらえている。この認識は，経済地理学にとっても重要な意味を持つように思うのだが，その点も今後の課題として残しておきたい。

⒀　国民経済の地域構造論をベースとした環境問題研究として外川健一（1998）および同書の増補改訂版ともいうべき外川（2001）がある。ただ残念なことに，外川の業績も含めて従来の議論では，経済循環を物質代謝の一形態――ただし逸脱的な――として位置づけ，両者の関連を射程におさめようとする努力は十分でなかったように思う。いわゆる「空間克服論」なども，この点から再考すべき点が多々ある。市場コストという面からはともかく，エネルギー収支や環境負荷といった面からは，手ばなしで「空間克服」を礼賛するわけにはいかないように思うのだが，その点ついては十分な考慮がなされていない。

⒁　最初に「二視角の統一」を課題として掲げたのは矢田俊文（1981）であった。なお，この前年，山口不二雄（1980a，b）「２つの経済地理学説」として「地域社会から……説き起こす経済地理学説」ならびに「資本から説き起こす経済地理学説」の存在を指摘している（山口不二雄，1980b，65頁)。さらにいえば宮本憲一（1977）においても「鳥の目」と「虫の目」（同，24頁）といった対比がなされていた点も興味ぶかい。

⒂　ここでいう「市場地域」とは，市場メカニズムのもとで展開される個別取引を軸とする経済行為の累積が結果として生みだす経済活動の「空間的なまとまり」を意味している。したがって，立地論者がいうところの市場地域，すなわち「現実の消費地は地表上に多かれ少なかれ拡がっており，『市場地域』を形づくっている」（江澤譲爾，1967，50頁）とか「完全競争を前提とする古典派の経済学に，抽象的な市場の概念と区別された市場地域の概念が欠けている」（同，83頁）などとは，ひとまず区別しておくことにしたい。

⒃　このような理解をとるに至ったのは，櫻井毅（1979）を読み「具体的な歴史過程の中で非商品経済的なものと対立しつつその過程を主導していく主体としての資本主義の自立性をあきらかにする理論体系として，『原理論』が成立してくる……。そこには資本主義の具体的過程が商品経済の自己運動として展開するものではなく，資本主義が非資本主義的要因と対立しながら交互作用的影響のもとに展開するものであるとする宇野氏の独自な歴史把握がある」（同，23頁）という指摘に接してからのことであった。当時は，池田「開発の二面性」論を「地域の二面性」論へと再構成できることにも気づいていなかったし，ポランニーの「二重運動」論も十分に理解できていなかったので曖昧な部分もみられるが，すでに加藤（1983a）でも「現実の資本主義の歴史的過程における『地域』の包摂は，非商品経済的な外部的要因を残存させつつ，しかもある場合には――後に見るように――それを積極的に利用さえしながら進行したのであって，その意味からすれば，資本主義は『地域』の実体性を実際には消極的規定要因に転化させたにとどまった。そのため『地域性』なるものも現実には資本主義的な変形を被りつつ残存するのであり，『地域社会から説き起こす経済地理学説』も，それを根拠として自己の存在意義をひとまずは主張しえたのである」（92頁，本書287-288頁）との指摘を行なっている。

⒄　この点については，ポランニー（2009）にさまざまな事例があげられている。ただし，同書で「市場地域」と「地域社会」という概念が用いられているわけではない。とはいえ，同書には「居住か進歩か」（44-56頁）という示唆的な叙述がみられる。

⒅　この点を最初に気づかせてくれたのは山﨑（1992）の「産業配置は全産業のある時点での配

置状況のことである。配置状況の指標は固定資産残高である。この産業配置を徐々に変化させていくのは，年々産業配置に新しく追加されるプラスのストック部分と産業配置から徐々に脱落していくマイナスのストック部分である。……両者はいわば産業配置という資本ストックの総量（正確にはその配置）を変化させる『フローとしての資本ストック』と捉えることも可能である」（7－8頁）という指摘であった。宇沢弘文（1986）もいうように「投資というのはもともと，ストック量の時間的変化であって，ストックの差を時間で割ったフローの次元をもつ量である」（同，233頁）。それゆえ，山﨑流の理解に立つならば，その系論として産業配置もまた経済循環の一齣をなしているという論点が浮かびあがってくるのは，ごく自然のなりゆきであった。

時間地平については塩沢由典（1983，60-67頁）を参照のこと。なお，青木昌彦（1975）は，時間地平を「時間的な視野」（93頁）と表現しつつ，企業における「決定の時間的視野の階層性」（同上）に応じて「決定機能が分化してくると，そこには，一つの組織構造が現出してくる」（94頁）点に注意を促している。なお，そこで青木が行なった「より長い時間的水平にわたる決定が，より短い時間的水平における不確実性を減少させるということは，前者が後者の可能性を限定するということでもあり，それは一種の権限の行使となる」（同上）という指摘は，地域構造の変動を考えるにあたっても興味ぶかい。こうした思考は，アナール学派の総帥フェルナン・ブローデルなどにも見られるが，本書では，指摘するにとどめておく。

(19)　当該地域のBasic Industryとして判定されるのは，業種（部門）ごとに当該地域のシェアとベンチマークとする地域のシェアを比較した値である立地係数が1以上のケースである。卓越というのは域内で首位ないし首位に準ずる業種（部門）を意味するはずだから，通常その立地係数が1以下となることは考えられない。立地係数の算出にあたっては，ベンチマークとする経済単位の内部に均質な消費構造が認められることが前提とされていたことを想起すればなおさらである。

なお，ここで「『産業地域』は『等質地域』であるだけでなく，同時に域内のNon-basic Industryとの関係では『機能地域』ということにもなる」と指摘したことに対しては異論もあるだろう。だが，「産業地域」の内部で卓越する業種（部門）をBasic Industryとみれば，他の業種(部門)は当該地域のNon-basic Industryとして分類されるのは必然である。このBasic Industryの拡大テンポによってNon-basic Industryの規模は規定されるというのが経済基盤説のアイディアであった。つまり，経済基盤説は，地域経済の成長という観点からみたBasic IndustryとNon-basicIndustryの機能的連関を示しているわけだから，「機能地域」とみても論理的な矛盾や混乱はないと思う。経済基盤説を前提とした議論ではないが，石原（1970）は「酪農地域の内部それ自体は，同質的なものであると同時に，機能的なものであり，酪農地域の内部では，基礎的な地域構成が一つまたはいくつかの中心核によって相互に関連づけられている」（同，79頁）と指摘し，また山名（1970）にも「古典学派の場合にしても，そこに用意されている『地域』は経済的に統合された『機能地域』であるとみられるが，その『機能地域』は別の見方からすれば『等質』な『地域』なのである」（同，243頁）という指摘が見られることも申し添えておく。

(20)　経済循環の空間的分岐（spatialbifurcation）という表現を著者が最初に用いたのは，加筆・修正し本書の第1章に改題して「地域構造論の新展開に向けて――『経済循環』視点の再検討」として再録した加藤（1994）であった。地域構造は単なる地域の集合体とは区別されねばならないという共通認識は確立してきたように思われるが，しかし国民経済の地域構造という表現にこめられた「全体」のイメージをめぐっては相当の温度差が否定できない。そこで，空間的分岐という表現を用いることで，地域構造の構成要素をなす地域が国民経済を構成しつつ同時に（国民経済によって）規制されている点を明確化できないかと考えたのであった。

(21) アリン・ヤング（Young, 1928）は，「分業の深度は市場の規模に依存する」としたスミスの命題をうけて，市場の規模が技術水準を制約する点に注意をうながした。市場の規模が拡大すれば，それに対応する形で生産工程の分割を進めることが可能となり，その特定部分については機械化の余地が生まれてくる。市場の規模が拡大を続ければ，やがて「規模の経済性」が享受できるようになり，単位あたりの供給価格が低下することで市場の規模は一段と拡大するだろうとヤングはいう。

ヤングが非凡だったのは，収穫逓増が需要の規模に依存するだけでなく，需要の増大そのものが収穫逓増に由来していることを指摘した点である。消費面での「斉一化」を推進する動力はライフ・スタイルの確立と普及であろう。それが特定商品に対する需要を拡大し供給を刺激すると生産面での「多様化」を呼びおこすという関係こそ「市場地域」編制の動力に他ならない。

この点が従来の経済地理学では軽視されていた。生産面については綿密な議論をするが，消費面に関しては十分な議論がなされてこなかったのである。市場の飽和化が叫ばれ，製品差別化競争が激化する時代にはいった現在，こうしたバイアスは訂正されねばならないだろう。

(22) 先にも指摘したが，経済循環の「素過程」をなす個別取引が特定の場所に凝集することで作りだされた「空間的まとまり」が，市場社会における地域の基本的な存在態様である。それゆえ「市場地域」は，ただ経済循環が空間的に組織化される現実過程においてのみ存在しうるものであって，それ自体として先験的に存在するわけではない。この点からいっても，地域を「容器」として理解すべきことを強調する宮本憲一に代表される自治体経済論者の見解には根本的な疑念を抱く。

(23) これは，貯蔵も輸送も可能な「物質的財貨」の生産ならびに消費が，市場社会の基軸をなしていた点に基づいている。いわゆる「モノ中心社会」が“所得機会”の優越を担保してきたといいかえてもよい。しかし，近年のようにサービス経済化が進展してくると，“所得機会”の優越は維持されがたくなるのであって，それが新しい“地理的現実”への大転換を呼びおこしている点は，本書の第4章ならびに第5章で検討していする。

(24) 経済地理学の世界では，いまだに地域的不均等発展論が影響力を誇っている。矢田の「地域的不均等論批判」（『一橋論叢』第79巻第1号・1979年）が発表された以降も，基本的な事情に変化は見られない。しかも自治体経済論者のみならず，地域構造論を支持する研究者の間にも地域的不均等発展論に執心している論者が少なからず認められる。

経済力の地理的な格差が厳然として存在することは否定できない。したがって，これを説明する理論が要請されているのも十分に納得できる。だが，どうしてそれが価値収奪といった次元での議論に終始している地域的不均等発展論ということになるのかは容易に理解できない。

20世紀という時代の現実において重要なのは，むしろ爆発的な収穫逓増現象が特定の地域を舞台に進行した点であろう。その収穫逓増を基軸にすえて「空間的組織化」の具体像を検証することこそが，経済力の地域間格差に迫る本筋のように思われる。このところ産業集積論がブームとなっているが，産業集積が地域の一経済「状態」に他ならず，そしてそれが文字どおり収穫逓増の達成されている「状態」であることに注目している論者が日本の経済地理学者に見あたらないのは残念といえよう。

(25)　ポランニーの著作に示唆されつつ，日本で最初に19世紀システムならびに20世紀システムという分析枠組を提起したのは，公文俊平（1978）であった。これを受ける形で村上泰亮は，後に『新中間大衆の時代』（村上，1984）としてまとめられる一連の論稿を通じて21世紀システム論を展開する。その後，この分析枠組は，橋本寿朗（1991）でも検討が加えられ，やがて東京大学社会科学研究所がシリーズ（『20世紀システム 1－6』）をとりまとめるなど各方面で活発に議論されるようになった。

しかしながら，その空間的なインプリケーションについての検討はなされてきていない。これは日本の経済地理学にとっての課題といえよう。そこで，この課題にこたえるべく現在まで3度にわたり経済地理学会大会で「20世紀システムの経済地理」をテーマに掲げたラウンドテーブルを企画・実施しているが，いまだ十分な成果をあげたとはいえないのが偽らざる実情である。

(26)　空間認識の社会的組織化については，早世した磯部啓三が「フランスの地域構造」（松原宏編，2003）に以下のような興味ぶかい記述を残している。すなわち，「今後，どのような国土構造が形成されてゆくのかは，社会や経済の動きにかかっているが，同時に，諸主体が国土にむける眼差し，すなわち国土観にかかってもいるのである。その意味でDATARの試みは，国土に関する議論を喚起することによって，将来の国土構造を規定するダイナミズムのひとつを始動させようという意図をもつものなのである」（磯部，2003，84頁）と。社会現象は「空間的組織化」によって“地理的現実”を作りあげるのであるが，その現実がまた諸主体の空間行動を方向づけていく関係にもある点を磯部は指摘している。

(27)　この点については佐藤光（2006）参照。とくに147-56頁。そこで佐藤は，日本的経済システムの問題を「本来，家庭，地域その他の『非経済的領域』にあるべき基層社会の要素が，『会社』をはじめとする『経済的領域』に過剰に動員され，取りこまれて，経済発展の下支えとなってきたこと，そして，その結果として，日本文化の体系的な形の加速度的な破壊がもたらされたのではないかという点」（同，148頁）に求めている。

(28)　「脱資本主義過程」という概念は，関根友彦（1995）の90-94頁を参照のこと。なお，関根の「脱資本主義過程」論は，1980年代の初頭にまで遡ることができる。例えば関根（1983）を参照されたい。

関根も，「脱資本主義過程」において「経済学ばなれ」や「経済学の失墜」が必然的な現象であると指摘している。ただし，それは「学問的な経済学」の話であって，それが「光彩を失うのに反比例して実務的な経済学は隆盛をきわめている」と関根はいう。その理由を彼は「今日の混沌とした経済現象の背後に一貫した論理が認められない」点に求めた（同，226頁）。

これは「なぜかというと，我々の具体的な日常生活がもはや資本家的な抽象原理では処理しきれなくなってきているからである」（同，229頁）。したがって「もし実情を強引に原理に合わせれば，社会そのものが成り立たなくなってしまう」（同上）であろうというのが関根の診断である。そこで関根は「必要なのは資本家的な抽象性を越えた経済組織論であり，それを提唱しうるような社会科学ないし経済学である。それを私は『広義の経済学』と呼んでいる」（同上）と主張するのだが，この点ついては本文中で述べるような理由から疑念を禁じえない。

(29)　マイケル・ポーターの産業クラスター理論については，加藤（2000）を参照。

(30)　玉野井の業績を積極的に評価している中村尚司（1991）には，次のような叙述が見られる。すなわち「玉野井を夢中にさせた宇野経済学は，狭義のマルクス経済学における原点主義の精華である。宇野の原理論は，現実の資本主義経済の分析を直接的な研究課題とする学問ではなかった。経済社会の歴史的な規定性を捨象し，段階論や現状分析論から区別された『純粋資本主義社会』を，可能な限り厳密な論理で再構成するものであった。商品から始まる上向の論理は，貨幣，資本の順で，一つの概念が次の概念を定立してゆき，あたかも概念がそれ自身として展開するかたちをとっている。そして，資本が生産過程をとらえるためには，労働力が商品化されなければならない」（同，121頁）と。「広義の経済学」を支持する人たちは，しばしば中村と同様の理解をとっているように見えるので一言しておきたい。

「経済社会の歴史的な規定性を捨象し……た『純粋資本主義社会』」（同上）という理解は，まったくの事実誤認である。確かに経済学の原理論は，個々の国々や資本主義の世界史的な発展過程の歴史的規定性については論究していない。しかしながら，別の意味での歴史性，より正確に表現すれば資本主義社会そのものが人類史において占める特殊の位置については，これを積極的に問題としているのである。

宇野弘蔵（1974i）のいうように，そもそも人間社会が「自然科学における法則解明と同じような側面をいわば決定論的必然性の一面を示す」（同，103頁）「客観的法則に支配される」（同，108頁）という事態そのものが例外的といわなければならない。しかも，その法則を論証する経済学の原理論は，中村も認めているように「一つの概念が次の概念を定立してゆき，あたかも概念がそれ自身として展開するかたち」で完結した体系をもって，この間の事情を全面的に解明したという点でも特殊な存在といえるであろう。一見したところ原理論は歴史性をもたないように思われるかもしれないが，そのことが逆に資本主義社会の人類史的な特殊性を浮かびあがらせているのである。

(31) 宇野弘蔵（1973c）によれば「古典経済学以来，経済学研究の基本目標をなしてきた原理論の究明は，19世紀末の金融資本の時代の出現と共に，段階論的規定の必然性を明らかにして，経済学研究の窮極の目標が，経済過程の現状分析にあることを明確にすると同時に，原理は決してそれだけでかかる目的を達成しうるものではなく，段階論的規定を補足的に必要とすることを示すことになったのである」（同，14頁）とされる。ただ，マルクスが帝国主義段階の実情にふれることができなかったのと同様に，宇野も「脱資本主義過程」の本格化した世界を経験することはなかった。そのため窮極目標としての現状分析に関する宇野の発言は十分に吟味してかかるべきであると思うのであるが，この点については加藤（2006）を参照のこと。

(32) 「地理学としての経済地理学」という標語を最初に使用したのは，経済地理学会第50回記念大会シンポジウムでの報告であった。最初は「苦し紛れ」にヒネリだした標語のように感じていたのだが，時間がたつにつれて予想以上に議論の射程が広がっているのではないかと考えるようになった。とりわけ「脱資本主義過程」の展開という現実をうけて，抽象的な理論の失効という事態の後に，いかにして現状分析を遂行するかを考えはじめた時だったので，なおさら地理学という存在にひかれたのかもしれない。

第Ⅰ部

経済地理学の根本問題

第1章

地域構造論の新展開

――「経済循環」視点の再検討に向けて――

1　“地理的現実”の大転換

日本経済の地域構造は，1980年代からドラスティックな変貌をとげる。その基軸となったのが，急激な円高を契機に活発化した日本企業のグローバル展開（国内バナレ）であり，サービス欲求の高度化と多様化を背景に顕在化してきた若者の大都市指向（地方バナレ）という二つの潮流に他ならない。21世紀における地域構造の動向は，この二大潮流の展開いかんにかかっているといっても過言ではなかろう（加藤，1991）。

こうして，経済活動の「グローバル化」と「サービス化」の進展は，現実の地域構造を広範囲かつ根底的に変貌させようとしているのであるが，それにともなって地域構造の分析枠組もまた重大な反省を迫られているように思われる。先に「日本経済の地域構造」といったのだが，すでにそのような表現からして自明のものとはいえなくなってきた。とはいえ，このことは地域構造論を批判する論者たちがいうように，その「失効」を意味するものではないであろう。

いま求められていることは地域構造論の理論的枠組を，社会経済システムの新しい“地理的現実”に対応しうるよう再整序するための努力であるというのが，著者の率直な考えである。山川充夫（1993）も指摘しているとおり，「経済地理学における理論研究と実証的研究とを統一する方法論」（同，2頁）の道筋を提示することに成功した地域構造論の劃期的な意義を考えれば，なおさらそれが求められているといえよう。著者は，このような認識を踏まえて，1994年5月に阪南大学で開催された経済地理学会第41回大会シンポジウム（テーマ「1990年代日本の地域経済構造のダイナミズム」）にコメンテーターとして参加したが，そこでの討論を念頭に置きながら，新しい“地理的現実”に対応可能な分析枠組へと地域構造論の新展開を図るべく，その基礎的な作業を試みることにしたい[1]。

2　「経済の地域的循環」への着目

（1）地域構造論の理論的特徴

国民経済の地域構造論は，松原（2006）もいうように「日本を代表する経済地理学の学説」（同，10頁）であるから，経済地理学徒ならば，すでに一通りの内容は理解しているに違いない。ただし，一口に地域構造論といっても，論者によってアクセントの置きかたや細部の論理構成などの点で相違が見られることも事実である。そこで，あらかじめ地域構造論の主唱者である矢田俊文の所説（矢田，1990）を，以下で議論を進めるにあたって不可欠な論点に絞りこむ形で紹介しておきたい。

矢田説の基本的な論点は，

1．国民経済の地域構造とは一国経済の地域的分業体系に他ならない。その大枠は社会的分業体系である産業構造の規定を受ける。ただし，両者の対応関係は一義的でない。

2．それは，産業構造を担う諸部門・諸機能の地理的配置が媒介項として存在しているからである。この「産業配置」は，立地と地域的循環という二つの側面を持つ。焦点を前者の産業立地にあわせるならば「等質地域」としての多次元的な「産業地帯」構成が，また後者の地域的循環にあわせれば「機能地域」である「経済圏」の重層的編成が確認でき，この両者を統一することで国民経済の地域構造は把握される。

3．地域問題の淵源は，この「地帯構成と経済圏編成に著しい齟齬がみられる」（同，22頁）点にあり，それを根本的に解決するためには国土政策による地域構造の再編が不可欠である。

の三点に要約することができよう。

松橋公治（1989）も指摘しているように，従来の諸研究と矢田説との相違で注目されるのは「地域構造概念の規定にもみられるように再生産論の意義を大きく評価していること，『産業配置論』・『地域経済論』において『素材的（使用価値的）側面』とともに『価値的側面』を重視し地域的経済循環に光をあてていること」（20頁）である。こうした地域的循環を重視する矢田の姿勢は，彼が川島哲郎から継承した重要な論点の一つに他ならない。

（2）川島の「地域的循環」論

川島哲郎は，早くから「経済の地域的循環」を経済地理の重要な契機として着目すべきことを指摘してきた[(2)]。「経済現象の場所的差異，経済の地域的個性の形成・展開過程の理論的分析と，これを貫く法則性の追求」（川島，1965a，261頁）をもって経済地理学の課題とした川島は，この差異ないし個性の現象形態ともいうべき地域経済について以下のような説明を与えている。すなわち，一般に「国民経済内部の地域的構成部分を現わす」（川島，1965b，758頁）地域経済は「地域内部におけるある程度の経済上の機能的統一……つまり生産・流通にかんする核をもち，ある範囲の経済の地域的循環が独立して行われる場合に，はじめて……成立しうる」（同上）というのであった。

もとより，地域経済をなりたたせる「経済循環の地域的完結は，あくまでも相対的なものにすぎない。……資本主義経済のもとでは，この意味での地域的統一や完結をほぼ完全に近い形で備えているのは，全体としての国民経済以外にはないからである」（同上）。だが，「国民経済内部における生産要素の完全な自由移動の欠如」（同上）や，その背後に存在する「1）空間輸送距離の問題，2）生産の空間的集積にかんする限界の問題が，……そのときどきの技術の発展水準に応じて，つねにある範囲内での生産の地域的拡散と，経済の地域的循環を必至ならしめる」（同上）ことも否定できないところであろう。こうして川島は，現実の国民経済が「その内部での経済循環によって規定される核と境界とをもつ……いくつかの地方的規模の地域経済……の内部に数個の地区的規模の地域経済を包含し，しかも各層の地域経済はしばしばその核を共有するという……重層的構成をもって存在する」（同上）ことを指摘するのであった。

矢田の経済の地域的循環に対する注目が，川島説の継承である点は，以上の紹介からも明白であろう。論文「経済地域について」（川島，1955）や「日本工業の地域的構成」（川島，1963）で川島が主張した「法則定立と実証分析を統一した視角」（矢田，1982，33頁）を，矢田は経済の地域的循環という論点を基軸にすえつつ継承したのである。ただし，矢田は，川島説を全面的に受けいれた訳ではない。矢田（1982）は「経済の地域的展開の解明の要は，資本の立地運動とそれとの関連での労働力の地域間移動の解析でなければならない」（同，33頁）にもかかわらず，この点が川島説には「欠落」していると見た。そこで，この反省を踏まえて，矢田は資本の立地運動と経済の地域的循環を統一的に議論すべく「産業配置論」の構築へと進む。

（3）矢田による「産業配置論」としての再構成

矢田（1982）は「資本の空間的運動つまり立地・配置の解明」（同，33頁）に正面から取り組んだ点を，自らの地域構造論の最大の特徴と考えた。先行する諸研究は，この点で国民経済の地域構造論から区別される。「経済の地域的不均等と地域間支配・従属関係を規定するものとして，“地域的集積・集中”と“外延的膨張”の相反する二側面を有する資本の空間的運動を指摘した」（同，37頁）島恭彦の所説も，「『地域経済論』をめぐる『国民経済的視角』と『地域的視角』との乖離が著しいなかにあって，前者の立場に基本的に立脚しながら，なおつ後者の立場との接合を……『国民経済の地域的循環』という考え方を基軸に展開しようとしているところに……独自性があり，社会科学としての『地域経済論』の体系化への重要な手懸かりを与えてくれるものになっている」（同，93頁）と高い評価を与えた竹内正巳の所説も，矢田からすれば，いまだに十全な議論とはいえなかった。

島が，「生産の地域的不均等のみでなく，資金・所得の地域的不均等を強調し……地域間支配・従属関係の内容として鉱工業地域の農林水産業地域支配のみではなく，管理中枢大都市のその他の地域支配を提起」（同，37頁）して，生産配置論や川島説にはなかった「新しい重要な論点」（同上）を付け加えたことを，矢田は重視する。しかし，それは「あくまでも資本主義社会における産業配置を現象的に表現」（同，41頁）するにとどまった。島の議論は，「資本の立地・配置の運動の現象を表現したものにすぎず，こうした運動が生ずる機構の本格的解明とはなっていない」（同上）のであって，いまだ「マルクス経済学の理論体系と内的に統一されたかたちでの理論展開が行われているとはいい難い」（同，37頁）からである。

その点で，「それぞれの地域を……国民経済の地帯構造のなかで位置づけ，地域的不均等と地域間格差を各々の地域の分担との関連でみようとして」（同，93-94頁），「『国民経済の地域循環』を，『管理中枢機能地』としての大都市を基軸にし，これをめぐる所得・資金，商品，労働力の地域的循環としてとらえ」

（同，92頁）た竹内の見解は，議論を大きく前進させるものであった。ただし，竹内の議論には，「立地論の位置づけに対する相対的な軽視」（同，94頁）に起因する重大な難点があると矢田はいう。すなわち，竹内が「『素材的・立地的側面』での地域的循環と『価値的・構造的側面』での地域的循環を区別し，両者を統一的に把握しようとする視点を提起している」（同，94頁）ことに対して，矢田は「立地を地域的循環の第一の側面のなかに包含するのではなく，立地と地域的循環を相対的に区別し，前者の体系をもって『国民経済の地域構造』の骨格として位置づけ，その形成のメカニズムの相対的独自の解明」（同，95頁）を進めなければならないとするのであった[(3)]。

資本の立地運動と経済の地域的循環とを統一した産業配置論の構築は，かくして，矢田説の核心に他ならない。産業構造を担う諸部門・諸機能の立地は，それを基礎とする素材・労働力・価値の地域的循環を生みだし，この地域的循環に媒介されて諸部門・諸機能の立地・配置は有機的な相互連関を作りあげていく。矢田が，産業配置論で明かにしようとしたのは，そうした「一国というマクロレベルでの産業配置」（矢田，1990，16頁）なのであり，この「マクロレベルでの産業配置の形成は，必然的に国民経済の内部に重層的な地域経済をも編成することになる」（同，20頁）とする認識こそが，矢田の地域構造論を支える基本的なアイディアなのであった。

資本の立地運動について見るならば「一般に同一ないし同種の部門や機能の立地がほぼ同様の立地動向を示すことから，その立地が一定の地理的範囲のなかで卓越する傾向をもち，『等質地域』としての『産業地域』ないし『産業地帯』を形成する」（同上）。また，経済の地域的循環は「各々の財やサービス，労働力，所得・資金によって規模を異にするものの，いずれも一定の空間的範囲のなかで相対的なまとまりを示す」（同上）。しかも，「これらの多様な『機能地域』の重層的編成は，まったく別個に形成されるのではなく，……都市群……交通・通信網の二つが媒介となって，ほぼ共通した形態となる」（同上）ので，「国民経済は，一方では地帯構成として，他方では重層的な経済圏の編成としてとらえることができる」と矢田はいう（同，21頁）。

このように，矢田は，産業立地が地域的循環の基礎をなす点に着目して産業配置論を構築することで，川島説に「欠落」していた「経済の地域的展開の理論的解明」（矢田，1982，33頁）を果たそうとしたのである。

山川（1993）が指摘したとおり，矢田の議論は「産業部門間分業を基礎とする地域間分業」（同，3頁）の理論的・実証的究明を，一国の産業構造を担う諸部門・諸機能の産業配置の検討を手がかりに進めようとしたものであった。「産業配置をキーワードとして構築されていることからもわかるように，その基本は『産業空間』次元で展開されている」（同，2頁）。この意味において，矢田説を，“産業（構造）論的なパースペクティブ”として特徴づけることが可能であろう。

3　“産業論的パースペクティブ”の意義と問題点

（1）実体論的な地域把握への反省

矢田の提起した“産業論的パースペクティブ”は，二つの点において従来の地域概念の限界を突破する可能性をひめていた。

その第一は，「国民経済内部の地域経済なるものは産業配置の従属変数とみることができる」（矢田，1982，242頁）という指摘からも明らかなように，あたかも地域（経済）という「実体」が存在しているかのようにとらえてきた従来の通念に疑問を突きつけた点である。

そして第二は，第一の点と密接に関連しているが，経済の地域的循環の相対的な「空間的まとまり」（同上，42頁）を産業構造を担う諸部門・諸機能の立地・配置の帰結として明確に位置づけた点に他ならない。

こうして矢田は，“産業論的パースペクティブ”にたつ地域構造論の立場から，地域（経済）はあくまでも産業諸部門の立地展開によって生みだされた国民経済の「一切片」（矢田，1990，14頁）であり，それ自体が「実体」として存在するのではないとの見解を明らかにした。

もとより矢田も，地域（経済）の存在そのものを否定するわけではない。矢田は，川島が提起した経済の地域的循環についての議論を深めることで既存の地域概念への反省を推しすすめたのである。その結果，彼が到達したのが地域を「実体」として把握することはできないという理解なのであった。

川島や矢田にとって地域（経済）とは，「資本の空間的運動」のプロセスのうちにこそ存在している。地域（経済）は，このプロセスそのもののうちに生成し変容をとげていく「過程的な実在」に他ならない。だからこそ，あらかじめ地域という「実体」が存在し，それが「資本の空間的運動」によって変容をとげていくという立場を，彼らは斥けるのである。

矢田が「国民経済を自立的な経済単位たる『自治体経済』の集合とみる」（矢田，1990，14頁）自治体経済論を否定するのは，そうした理解の当然の帰結に他ならなかった。「地域経済を国民経済の『一切片』として見る」のは，なんらかの立場によるものではなく，扱っている問題の性格を反映したものなのである。ところが，この点は川島や矢田の所説にあっても，残念なことに一貫しているとはいいがたい。

（2）山本および岡田による批判

その点を突いたのが，山本健兒（1977）ならびに岡田知弘（1987）の批判であった。彼らは，川島および矢田の重視した経済の地域的循環という論点の取りあつかい方を問題とする。すなわち，山本は地域（経済）の把握における「経済循環の地域的完結性というパラダイム」（山本，1977，51頁）を，岡田は「地域的完結性」という基準を国民経済が満たしているとする地域構造論の前提を，それぞれ批判した。

山本（1977）は，川島の所説に対して「相対的な経済循環の地域的完結性をもつものが地域経済であるとして地域区分を行ない，とりだされた地域の間で不平等を論ずるとすれば，それは問題である」（同，51頁）という。経済循環の完結性を基準として地域を把握することは，仮に相対的という限定づきであっても適当とはいえない。「相対的にとは，何と対比してのことなのか」（同上）が明確にされたとはいいがたいからである。

これに対して岡田（1987）は，矢田（1982）が，島恭彦らの地域的不均等（発展）論を批判し，国民経済の地域構造論を対置した際に，「一つの『有機体』たる国民経済を任意に地域区分して，任意の指標によって，その不均等性を問題にすることは……それ自体意味のあることとは思われない」（同，56頁）とした点を取りあげ，「直接投資交流の発展によって，『国民経済』の枠組から大きくズレた，資本の世界大での活動が問題の前面に出てきているのではないか。その意味で，『国民経済』が『地域的完結性』をもつなどという議論は，一つの『仮象』にすぎず……資本の再生産を完結的に描ける究極の空間的単位は，『世界経済』しかありえない」（岡田，1987，37頁）と反論した。

山本の批判は，川島が地域（経済）を「資本の空間的運動」のプロセスのうちに存在する「過程的な実在」として把握する視点を持ちつつも，それによって自説を一貫させていない点を突いたものといえよう。また，岡田の批判は，地域構造論が前提としてきた国民経済の完結性が自明のものではありえない点を突くことで，それが国民経済を分析対象とする積極的な理由の明確化を迫ったものといってよい。山本が国民経済の内部に存在する対内的な完結性を問題としたのに対して，岡田は対外的な意味における国民経済の完結性を問題としたのである。

このように山本ならびに岡田の批判は，経済循環の完結性を相互に反対の方向から問題としたものであり，その意味において両者の議論を「コインの裏表」の関係になぞらえることも可能であろう。

国民経済の地域構造論を肯定すると否定するとにかかわらず同一の論点が取りあげられるのは，経済循環の完結性という議論が，それだけ理論的に決定的な位置を占めているからに他ならない。

経済循環の完結性という論点は，いわば国民経済の地域構造論に刺さった「トゲ」なのである。

（3）争点としての「地域的完結性」

山本の批判は，相対的な完結性を基準として地域（経済）の存在を説明しようとする川島や矢田の姿勢が，その本来の意図に反して地域（経済）を自存する「実体」と見る立場との相違を，かえって不明確なものにしているという点に向けられていた。

もし，完結性を基準にするのであれば，当然その程度が高いほど地域（経済）は真の姿に近づくということになる訳だから，山本（1977）がいうように「経済循環の地域的完結性を想定しうるのは，国民経済の中にあって国民経済それ自体にはありえない」（同，51頁）ということになり，国民経済という「全体」のみが真の地域経済であるという奇妙な結論に逢着せざるをえない[(4)]。

しかも，川島（1965b）が自ら指摘するように「全国的な地域的分業と経済循環を背景にもつ地域経済は，かっての封建社会における藩経済とはまったく異なり，一国経済の単純な……ミニチュアではありえない」（同，758頁）というのであれば，一国経済と同一の基準で地域（経済）を把握することは，両者の性格の違いを曖昧化させてしまうどころか，まったくの論理矛盾でしかないということになる。

岡田が指摘したのは，その国民経済でさえ従来のような経済循環の完結性を自明のものとして主張できなくなってきたという点であった。

「ボーダーレス・エコノミー」が時代のキーワードとして登場したからも知られるとおり，1980年代後半から急展開した「グローバル化」を通じて国民経済は，その様相を決定的な変容をとげている（これについては本書の第6章を参照されたい)。この結果，各国民経済の関係は，「相互依存」をこえて「相互浸透」とでも呼ぶべき状態へと突入していく（加藤，1991a，b)。いまや「グローバル化」の激流にあらわれた国民経済は，次第に規模の大きな地域経済へと転化しつつあるかのようにも見える。

かって，ハーシュマン（1961）は，国民経済と地域経済との相違を，経済的な主権の有無に求めた（同，343-353頁)。しかしながら，多国籍企業を特徴づけている企業内国際分業を一環とした「新しい国際分業」の進展は，トランスファー・プライシング（企業内取引の価格操作）やタックス・ヘイブンス（税金回避地帯）を利用した課税回避などによって，各国政府の主権を急速に形骸化させている。しかも，各国政府が規制強化などの手段を講じて「政策主権」の維持を図ろうとしても，多国籍企業の「退出」圧力によって逆に骨ぬきにされてしまうケースすら見られるようになってきた。

「地域的完結性」という議論は，かくして二重の意味において再検討されねばならない。まず第一に山本の指摘した「経済循環の地域的完結性というパラダイム」の是非を，そして第二には岡田の突いた地域構造論の分析対象をなす「全体」とは何かを，それぞれ明確化することが要請される。しかも，それがコインの裏表の関係にある以上，両者を密接に関連させつつ統一的な視点に基づく究明がなされなければならないのであった。

4　経済循環の「空間的分岐」視点への転回

(1)「過程的実在」という理解の含意

そのための重要な手がかりとなるのが，経済の地域的循環への着目を通じて川島や矢田が獲得した地域（経済）を「過程的実在」と見る理解に他ならない。山本ならびに岡田の批判に対する回答もまた，この理解を基軸にすえて地域構造論を再整序することで，自ずと明確にすることができよう。その意味からも，「経済循環の地域的完結性」という川島や矢田の「パラダイム」（山本，1977，51頁）の反省を踏まえて，「過程的実在」という理解の含意を明確にしておくことが求められる。

地域（経済）を「過程的実在」とする理解によって地域構造論を一貫させようとするとき，まずもって問題となるのは，いうところの過程とは何を指しているのかという点であろう。あらためて説明するまでもなく，ここでいう過程とは「経済循環」の過程に他ならない。それを川島や矢田は国民経済レベルの循環に求め，国民経済という「全体」の地域構造を分析の対象にすえたのであった。

ところで，経済を非平衡定常系として把握する立場から近代経済学の再構築を進めている塩沢由典（1983）が指摘するように，「『循環』とはあるものが中間の諸点を経過して元の出発点にもどる巡回的な運動，閉路を描く運動」（同，355頁）を指す。循環との関連で完結性が問題となるのは，この閉路運動という点をおいて他にはありえない。ただし，塩沢が続けて指摘しているとおり，閉路とはいっても経済循環を構成する「『貨幣の循環』，『商品の循環』などの表現はふつう『つぎつぎに持手を変えていく』点が強調され，同一紙幣・同一商品がもとの持主にもどることは絶対的な条件ではない」（同上）点には十分な注意が求められる。

ここで重要なことは「貨幣が……『貨幣』というおなじ機能物に戻ること」（同上）であり「商品を全体としてみれば時間の経過とともにおなじ状態にもどるという意味で『循環』をなしている」（同上）と理解されていることであった。閉路をなすのは，あくまで「全体」としてみた経済循環についてである。その進行過程を構成する各部分までもが閉路をなさねばならないという理由はない。経済循環の「完結性」が問題となるのは，どこまでも「全体」としての循環についてだけなのである。

（2）経済循環の空間性と時間性

問題は，川島や矢田が指摘した「相対的な経済循環の地域的完結性」の存在をどう位置づけるかという点であろう。ここで大切なのは，相対的な完結性の存在が観察することができるという「事実」と，その「意味」とを明確に区別しておくことである。この点をついたのが，山本の批判であった。

山本が批判したように，「全体」以外のレベルについて「完結性」を問題にすることは，つまるところ当該レベルにも「全体」としての性格を期待する以外の何ものでもない。そうなると川島や矢田の所説にあった地域（経済）を「過程的実在」と見る理解と論理的な矛盾をきたす点は，先に指摘しておいた。いま求められていることは「過程的実在」という理解によって地域構造論の枠組を徹底的に読み直してみる作業なのである。

そのためには，川島や矢田のいう「相対的な経済循環の地域的完結性」を，ひとまず特定レベルにおける「空間的なまとまり」（矢田，1982，42頁）の存在として「読み替え」てみることが求められよう。経済循環の完結性の有無や強弱という視点から離れても，経済現象が特定の「空間的まとまり」を持つという「事実」は否定できまい。しかし，ここでの問題は，そうした「空間的まとまり」は，なぜ生まれるのかという理由にこそある。

すでに紹介したとおり矢田（1982）は，その基礎に産業構造をになう諸部門・諸機能の立地・配置を位置づけた。彼によれば「『場所的固定性』としての立地を基本的に規定するものは，労働手段の立地」（同，232頁）に他ならない。かくして，山﨑（1992）も指摘するとおり地域構造論においては「産業配置はストック概念」（同，7頁）をもって把握されてきたということができる。

ところで「産業配置を総体的に把握……する……ためには，生産機能と中枢管理機能を統一的に分析するための指標を必要とする。産業配置を，第一次近似として，固定資本の配置と規定することで，それは可能になる」（同，6頁）であろうとの理解から産業配置の実証に進んだ山﨑は，この過程において産業配置に備わった他の一面を発見した。

それは，「産業配置は全産業のある時点での配置状況のことである。配置状況の指標は固定資産残高である。この産業配置を徐々に変化させていくのは，年々産業配置に新しく追加されるプラスのストック部分と産業配置から徐々に脱落していくマイナスのストック部分である。……両者はいわば産業配置という資本ストックの総量（正確にはその配置）を変化させる『フローとしての資本ストック』と捉えることも可能である」（同，7－8頁）という点に他ならない。

地域（経済）を「過程的実在」と見る理解で地域構造論を貫くための鍵は，産業配置を「フローとしてのストック」としても理解しうるとした山﨑見解のうちに用意されていた。宇沢弘文（1986）もいうように「投資というのはもともと，ストック量の時間的変化であって，ストックの差を時間で割ったフローの次元をもつ量である」(233頁)。山﨑の議論は，産業配置も，経済循環の一齣として位置づけうることを明確にしたのであった。

かくして，産業配置と「地域的循環」を区別するポイントは，その「時間地平」(塩沢，1983，60-67頁）の相違にこそ求められなければならない。矢田が重視する産業構造を担う諸部門・諸機能の立地・配置もまた，異なった「時間地平」においては「巡回的な運動，閉路を描く運動」を担う経済循環の過程の一齣として理解しうるのである[(5)]。山﨑の指摘は，このように諸部門・諸機能の立地・配置そのものが「過程的実在」であることを明確にした点で，極めて重要な意味を持っていた。

「全体」をなす経済循環は，このように「時間地平」の相違を媒介として産業配置と「地域的循環」という独自のリズムをもった巡回的運動として展開していく。そのリズムの相違は，経済循環のそこかしこに「空間的なまとまり」を生みだす。ミーゼス（1991）の指摘した「資本財の限られた転換可能性が，人類の地理学に重要な役割を果たす」(同，529頁）のは，このような脈絡においてなのである[(補註)]。

（3）「空間的分岐」を通ずる地域の生成

市場メカニズムの下における地域（経済）とは，こうして生みだされた「空間的なまとまり」に他ならない。もとより，現実の経済過程は，市場メカニズムばかりでなく，それに対して促進的ないし抑制的な作用を及ぼす非市場的なファクターが加わり，両者の複雑な絡みあいを通じて展開していく。したがって，現実過程で観察される地域（経済）もまた，そうした複合的性格をおびざるをえない。

しかし，複合的といっても，あくまでも基軸は市場メカニズムにある。その市場メカニズムに基づく経済循環は，ミーゼス（1991）の言葉を借りれば「資本財の限られた転換可能性」(同，529頁）の制約を受けて，あるいは宇沢（1986）の表現を用いるなら「固定的な性格をもつ実物資本」(同，234頁）に規定されて，さまざまな分岐をとげながら進行するのであった。市場メカニズムの下での地域（経済）は，このような経済循環の「空間的分岐（spatial bifurcation)」を通して生成するのである。

地域（経済）を「過程的実在」と見る理解は，この経済循環の「空間的分岐」という認識のコロラリー（系論）に他ならなかった。「閉路」を描く「全体」としての経済循環の具体的な進行過程は，一本の軌跡によって貫かれるのではなく，さまざまな理由による分岐を伴いつつ重層的に進んでいく。このように分岐として進行する経済循環の「部分」過程においては，先に引用した塩沢（1983）の「『貨幣の循環』，『商品の循環』などの表現はふつう『つぎつぎに持手を変えていく』点が強調され，同一紙幣・同一商品がもとの持主にもどることは絶対的な条件ではない」（同，355頁）という指摘が示唆していたように，それ自身に完結的である必然性はまったくない。

にもかかわらず，あたかも完結性が基準であるかのように誤認されてきたのは，その時々における技術水準からの制約を別にすれば，現実過程で観察される地域（経済）が複合的な性格を持っているがためである。非市場的なファクターが持つ「領域的」な性格が，そうした誤認を呼びおこしたのであった。市場メカニズムを通じて生成する地域（経済）の本質は，あくまでも「過程的な実在」という点に求められねばならないのである。

かくして，市場メカニズムに非市場的なファクターが絡みつく現実過程における経済循環の分岐をどう把握するかが問題となろう。それが次章以降の課題をなすのであるが，ここでは現実過程における経済循環の分岐が「空間的組織化」を通じてもたらされること，それを本章で指摘した経済循環の空間的分岐と統一的な枠組で議論するためにも，市場と組織（ないし非市場）との関連を整理すべくコース（1992）やウィリアムソン（1980，1989）の手で進められてきた「取引コストの経済学」の成果を経済地理学に導入する必要があることを指摘しておく。国民経済の地域構造論は，いま社会経済の新しい“地理的現実”に対応するためにも，従来の“産業論的パースペクティブ”に加えて組織論的なそれの積極的な導入を強く要請されているように思われるのである。[(6)]

5　新展開の方向性

以上，新しい“地理的現実”に対応しうる分析枠組みとして国民経済の地域構造論を発展させるための方向を素描してみた。やや抽象的にすぎたかもしれないが，「経済循環の空間的分岐」である「過程的実在」として地域（経済）を把握する方向と根拠を示すことができたのではないかと思う。検討が不十分な論点も少なくないし，また議論の及ばなかったところもあるが，これらについては，次章以降の議論で補っていきたい。

本章の課題は，地域構造論の発展に向けて，どのような点が問題となっているのかを明確にすることにあった。努めて問題提起的な議論を試みたのは，そのことを意識したからである。いうまでもなく，こうした問題提起が可能となったのは，さまざまな示唆と刺戟を，阪南大学で開催された経済地理学会第41回大会シンポジウムでの活発な討論から受けたからであった。

そこで最後に，抽象的に過ぎたきらいのある本章での議論を，シンポジウムの諸報告に示された論点と関連づけることで，多少なりとも具体化をはかっておきたい。

「工業分散の構造変化――90年代への展望」をあつかった山﨑報告では，「企業活動のグローバル化」と「東京の世界都市化」が問題とされ，これにともなう地域構造の変化が工業配置の観点から議論された。山﨑の結論は，グローバル化の進展によって「大都市圏の中小，零細事業所の再編成と過疎地帯に進出した零細な事業所の撤退という形で，大都市，地方同時に」打撃をこうむることになろうというものであったが，こうした事態を踏まえれば，地域構造論も従来のように国民経済循環を自明の前提にすえるのではなく，グローバルなレベルでの経済循環を前提とする分析枠組を確立する必要があるといえよう。こうした点については，すでに松原宏（1989）ならびに鈴木洋太郎（1990，1991，1992）が検討を開始しているが，グローバル循環の「空間的な分岐」という視点を明確におりこんだ分析の展開が要請されているのではなかろうか[(7)]。

加藤恵正の「企業の空間組織再編と分工場経済の今後」は，先にも指摘したコース＝ウィリアムソンによる取引コストの経済学を経済地理学に適用する試みであり，今後の展開がおおいに注目される。近年における企業内地域分業の進展とともに，これまでの市場プロセスによる地域分業に，組織プロセスの作りだすそれがオーバーラップしてきた。加藤は，集積概念の再検討をおし進める鍵として取引コストを基礎とする取引モードのタイプに着目したが，市場と組織という二つ論理を統一した地域間分業の具体的な分析枠組を構想するためにも取引コストの経済学を積極的に取り込んでいかねばなるまい。

「企業空間と社会資本」を問題とした山川充夫は，これまでの「産業空間」視点を「企業空間」視点へと転換させる必要性を説いた。山川は，その根拠として地域構造を編成する契機が流通過程から生産過程へとシフトしてきた点をあげたが，いま問題となっているのは，むしろ組織の論理が比重を高めてきた点にあることは，繰り返し指摘したところである。山川（1993）によれば，産業部門間分業を基礎とする地域間分業が作りだす「二重的地域構造」は，いまや企業内部における生産工程の空間的分割に基づく「求心的地域構造」へと変化しつつある（同，1－4頁）が，この変化はむしろ「貯蔵も輸送もできない」というサービスの特性との関連で説明されるべき現象ではないかと思う。

シンポジウムの諸報告を，本章の問題関心にそって読みこめば，このように多面的な示唆と刺戟にみちた論点を確認することができた。川島哲郎による「経済の地域的循環」への着目を発展的に継承して構想された矢田俊文の“産業論的パースペクティブ”に立つ国民経済の地域構造論は，いま経済活動の「グローバル化」ならびに「サービス化」という潮流を前にして，新しい展開を求められている。そこで，後続の諸章では，本章で示した基本線に沿って国民経済の地域構造論の新展開に向けた作業に取り組むことにしたい。

補註　限られた「資本財の転換可能性」が意味すること

矢田（1982）の「国民経済内部の地域経済なるものは産業配置の従属変数」（同，242頁）であるという主張の前提には，「生産過程の立地，つまり『場所的固定性』」（同，231頁）が「産業資本の地域的循環」（同，234頁）の起点をなすという理解がある。しかし，本文でも指摘したとおり「『場所的固定性』としての立地」（同，232頁）という場合，いかなる「時間地平」を設定しているかが，あらかじめ明確にされていなければならない。「時間地平」の取りかたによっては，立地も経済循環の過程の一齣として流動的な様相を示すからである。

かって，マレー・ケンプの直接投資論に対して，宇沢弘文（1986）は，「ケンプの定式化によれば，資本自由化，すなわち直接投資の自由化は，ある国から他の国への実物資本の移動としてとらえることができる。しかもその移動のために，時間もかからないし，費用も必要としないで済む。／言うならば，日本からオーストラリアへの直接投資というときに，八幡製鉄所がそのまま，瞬時的に，なんのコストもかけることなくオーストラリアに運ばれるということになる」（同，231-232頁）と整理した上で，「八幡製鉄所を日本からオーストラリアに移すということは，観念の世界では可能であるかも知れないが，現実には不可能に近い。たかだか，製鉄所を構成している機械や設備をできるだけ小さな部分に解体して，船で運ぶことになるであろうが，そのためのコストは膨大なものになり，時間的経過は非常に長いものになるであろう。また，製鉄所はたんに，構内に存在する物理的設備だけから構成されているのではない。工業用水，電力，道路，原材料の供給，労働者の雇用条件などにも依存する。／すなわち，製鉄所を構成する私的な資本だけでなく，社会的共通資本という私有されない，したがって国際間で移動できないような希少資源がどれだけ存在するかによって，製鉄所という私的な資本の限界生産のスケジュールが定まってくる。製鉄所を移動しても，これらの社会的共通資本は移動しないから，この点をどのようにして考慮に入れるのか，ケンプ・モデルではなんの説明もなされていない」（同，232-233頁）と強く批判した。

「費用も時間もかけないで国際間を自由に移動させることのできる実物資本は，第一近似の意味でも存在しない」（同，233頁）というのが，宇沢による批判の中心的な論点をなす。「実物資本を空間的に移動することはほぼ不可能に近いか，あるいは可能であっても，膨大な時間的，物的費用を必要とする」（同，324頁）から常識的には起こりえない。ましてや，製鉄所のごとき大規模な実物資本を空間的に，それも国際間で移動させるといったことは，起ころうはずがないというのである。ところが，この起こるはずのない事態が，しかも宇沢が「そのためのコストは膨大なものになり，時間的経過は非常に長いものになるであろう」から「観念の世界では可能であるかも知れないが，現実には不可能に近い」とした巨大製鉄所の移動が，まさに現実となった。閉鎖されたドイツの製鋼所を，中国の企業が買収し，宇沢の言葉どおり自国まで「製鉄所を構成している機械や設備をできるだけ小さな部分に解体して，船で運」び，それを組み立て直し再稼働させたのである。キング（2006）によれば，この間の経過は，次のようなものであった。

2001年に閉鎖したティッセンクルップ社のドルトムント製鋼所ヘルデ工場を買収した中華人民共和国の沙鋼製鉄所は，「サッカー場の25倍」（11頁）の広さを誇る「世界大戦前からドイツ最大の製鋼所」（同上）に建てられていた2,680㎥の大型高炉３基，180t転炉３基，連続鋳造機，1,700㎜熱間鋼板圧延機などの全施設を，「どこからともなく……流れ込んできた」（同，14頁）千人ちかい中国人労働者の“人海戦術”で2002年末までに解体し，「しめて25万トンの機材が，込み入った組立て作業を説明する40トンの書類とともに」（同，12頁）船でドイツの「ヘルデから9000キロ離れた揚子江河口の沖積層に築かれた，吹きさらしの小さな港」（同，19頁）である錦豊へと運ばれ，そこから「数百メートル内陸で，工場は組み立てなおされた」（20頁）のである。ドルトムント製鋼所を買収した沙鋼社長の沈文栄は，その狙いを「速く走って，飼い葉はあまり食わない馬が欲しかった」（同，23頁）とキングに説明し，さらに「『こんど鉄鋼の価格が世界で暴落するとき，きっとあと数年でそうなるが，高価な新しい設備を買った競合他社の多くが倒産するか多額の負債で首がまわらなくなる。そのとき，これがいい買い物だったことがわかるだろう』」（23-24頁）と語った。これに対してキングは，「新しい工場を買うと決めていたら，コストははるかに高かっただけでなく，建造に三年，組み立てに一，二年はかかったはずだ。比べれば『不死鳥』は，ずっと速く，しかも世話の楽な馬だった」（24頁）とコメントしているが，工場の解体を「〈ティッセンクルップ〉が合意した予定より一年の前倒しで，当初見積もったりよりまる二年早」(14頁）く終え，買収から3年後の2004年3月には1基目の高炉が出銑開始，翌2005年7月には移築した全設備の稼働に成功したこと，また買収に要した費用が「2400万ドル。ドルトムントからの陸路と海路の輸送費が1200万ドル。再建費が（1.5平方キロメートルの土地代も加えて）12億ドル。合計でも新しい工場を買う費用の60パーセントほど」(同，24頁）ですんだことを考えれば，確かに「『不死鳥』は，ずっと速く，しかも世話の楽な馬だった」といえるであろう。

このケースからも明らかなように，矢田（1982）が着目する「『場所的固定性』としての立地」(同，232頁）も，また宇沢（1986）の重視した「空間的に移動することはほぼ不可能に近い」「固定的な性格をもつ実物資本」(同，324頁）も，時に流動的な様相を示し経済循環の過程を構成する一齣としての性格を持ちうる。その意味からすれば，「固定性」といっても絶対的なものではなく，それが前提とする「時間地平」に対応した相対的なものとして理解されねばならない。もっとも，沙鋼によるドルトムント製鋼所の買収・移築は，「脱資本主義過程」への突入――この点は序論の註（28）での言及を参照されたい――という事情がなければ，おそらく現実化することのなかった変則的かつ異常な事態であることは認めておかなければならないであろう。

その意味からすれば，沙鋼によるドルトムント製鋼所の買収・移築は，通常「場所的固定性」をもって本質とされている立地も，「時間地平」の設定を長くとればとるほどに流動的な様相を示し，経済循環の一齣たる性格を強めていくことの例証として，必ずしも適切とはいえないかもしれない。ところで，本文中でも引用したが，実物資本の空間的な固定性と流動性，さらに立地の時間的な定着性と移転性の関係については，ミーゼス（1991）の提起した「資本財の転換可能性」――「固定資本と自由ないし流動資本を区別するのは誤解されやすいので，その代わりに資本財の転換可能性という概念を用いた方がよい。資本財の転換可能性とは，生産のデータに生じた変化への資本財の利用を調整するために与えられた機会である」(同，521頁）――論が，きわめて有力な手がかりを与えている。そこで，次に，ミーゼスの主張を簡潔に紹介しておくことにしたい。

ミーゼス（1991）によれば，「『自由な』資本と呼べるようなものは何一つない。資本は常に特定資本財の形態を取っている。これらの資本財は，ある目的に利用できる程度は高く，他の目的には低く，もっと別の目的には全く役に立たない。したがって，資本の各単位は何らかの固定資本，すなわち特定の生産過程専用のものである。実業家による固定資本と流動資本の区別は，種類の違いではなく程度の差である。固定資本について妥当することはすべて，その度合いは低いとはいえ，流動資本についても妥当する。すべての資本財は，程度の差こそあれ，特殊な性質をもっている。……／……／資本蓄積の過程をその発端から眺めてみると，自由な資本のようなものはあり得ないことが容易に分かる。特殊性の強い財に具体化している資本と，特殊性の弱い財に具体化している資本とが存在するだけである」(同，520頁)。このように，「すべての物質的富は過去の活動の残余であり，転換可能性が限られた具体的資本財に具体化されている。蓄積された資本財は，過去の行為に拘束されて行動の自由が制約されなかったならば選ばなかったはずの方面へ，生きている人々の行為を向ける。目的の選択と，その目的達成のための手段の選択は，過去の影響を受ける。資本財は，保守的な要素であって，昔の自分の行動によって，また過ぎ去った世代の思考・選択および行為によって生じた状況へ我々の行為を調整させる」(同，522頁）とミーゼスはいう。もちろん，「すべての産業は，生産発展の可能性に最も恵まれている場所へ移動する普遍的傾向が支配的である。妨害されない市場経済では，希少な資本財の転換不可能性に正当な考慮を払う必要が多くなるにつれて，この傾向が弱まる。このような歴史的要素は，古くからの産業に恒久的な優先権を与えるものではない。それは，一方では，まだ利用できる生産設備の未利用能力を生み，他方では，まだ満たされていない欲望の満足に利用できる資本財を制限する投資から発生する労費を防ぐだけのことである」(526頁)。

かくして，ミーゼスは，本文でも引用しておいたように「資本財の限られた転換可能性が，人類の地理学に重要な役割を果たす。地球上における人類の住居と産業中心地の現在の分布は，ある程度まで歴史的要因によって決定されている。特定の用地が遠い昔に撰ばれたという事実が，今もなお影響を及ぼしている。人々が，生産に最も好都合な可能性を提供する地域へ移動する普遍的傾向があることは事実である。しかし，この傾向は，移民障壁のような制度的要因によって制約されるだけではない。歴史的要因も重要な役割を果たしている。限られた転換可能性を持つ資本財は，我々の現在の知識から見ると，あまり有利な機会とは思えない地域へ投資されていた。そのような固定性は，地理学・地質学・動植物生理学・気候学，その他の科学部門に関する我々現代の情報の状況に従って工場・農場および住居の場所を定める傾向を減殺する。物理的に好ましい機会を与える場所へ移転する長所と，限られた転換可能性と移転可能性を持つ未使用の資本財を残す短所とを，比較検討しなければならない」(同，529頁）と主張するのであった。

以上のようなミーゼスの主張と，立地ないし実物資本の「固定性」を重視する矢田や宇沢の見解を比較すれば，そこに「時間地平」の取りかたとの関連で二つの異なる方向性が認められることは容易に理解されるであろう。すなわち，同じく実物資本が立地ないし投下された場所に着目しつつも，空間軸に焦点をあわせた矢田や宇沢が，そこに「固定」する――したがって「流動」しにくい――傾向を強調したのに対して，より時間軸での展開を重視するミーゼスは，実物資本が立地ないし投下された場所に「定着」する――したがって「移転」しづらい――傾向に着目した議論を展開したのであった。江澤譲爾（1954）もいうように「立地の本質は，集積の現象を通じて明らかにすることができる。……集積の要因として資本の生産性とその定着性，即ち転換性の欠如が考察されなければならない」(175頁）のであるが，その場合に投資にあたっては「ある目的に利用できる程度は高く，他の目的には低く，もっと別の目的には全く役に立たない」（ミーゼス，1991,522頁）特定の実物資本を選択へが迫られるだけでなく，そこにおける「目的の選択と，その目的達成のための手段の選択は，過去の影響を受ける」（同，522頁）を看過してはならないことを「限られた転換可能性」論は示唆しているように思われる。

註

(1) 1994年５月29日，経済地理学会は，「1990年代日本の地域経済構造のダイナミズム」をテーマとする第41　回大会シンポジウムを開催した。当日は，山﨑朗・加藤恵正・山川充夫の順に報告がなされ，それぞれの報告についてのコメントが木村琢郎・森川滋・著者からあった。本章の原論文となったのは，このコメントに基づく大会報告論文として『経済地理学年報』に掲載された加藤（1994）である。それまで，『年報』に投稿もせず，また大会で報告したこともなかった著者に，このような機会を同大会準備・実行委員長の山名伸作先生が与えて下さったことに期して感謝の意を表したい。

(2) 石井雄二（1984）は，地域産業連関分析を手がかりに，実証的なレベルで川島説を前進させようとした注目すべき試みといえよう。なお，田村均（1989，1990）も，経済地理学の視点から経済循環の問題を取りあげた貴重な成果である。あわせて参照されたい。

(3) ただし，竹内（1966）で，「素材的・立地的側面」ならびに「価値的・構造的側面」という表現が用いられているわけではない。

同書において使われているのは，「素材的な面」と「価値的側面」（同，18頁），「素材的な面」と「価値的な側面」・「機構的制度的な面」（同，28頁），「素材的側面」と「価値移転の仕組み」（同，117頁）などの表現である。確かに，竹内は「地域間の相互依存関係は素材的な面からいえば，地域間における社会的分業を決定する立地要因や商品および労働力の移動における量的な側面として把握されうる」（同，28頁）としているから，矢田が「素材的・立地的側面」という形で整理したこと自体を誤まりとはいえないであろう。しかし，竹内説には見あたらない「素材的・立地的側面」――むしろ中村剛治郎（1975）の「素材的空間的側面」（同，79頁）を想起させる――という表現をもって整理することが適切とも思われない。

なんとも些末な指摘をするように思われるかもしれないが，しかし，この点は後に言及する地域構造論にささった「トゲ」――経済循環の完結性――の問題を考えるにあたっても重要なポイントの一つなので，あらかじめ注意しておく。

(4) 先に紹介したとおり，このことは川島自身が「経済循環の地域的完結は，あくまでも相対的なものにすぎない。……資本主義経済のもとでは，この意味での地域的統一や完結をほぼ完全に近い形で備えているのは，全体としての国民経済以外にはないからである」（川島，1965a，758頁）として認めていた。だとすれば，その意味するところが，十分に自覚されていなかったということにならざるをえない。要するに，国民経済循環をもって地域構造論の分析対象である「全体」とするのは，いかなる事情によるか明確されねばならないということが，これまで意識すらされてこなかったということである。

(5) 本文でも指摘したとおり，「『場所的固定性』としての立地」（矢田，1882,232頁）をもって本質とされる産業配置も，日常的な時間感覚からすると動いているとは思えない大陸が地質学的時間で見れば移動しているのと同様に，「時間地平」の設定によっては流動的な相を持つ。すなわち，「時間地平」を短くとれば「『場所的固定性』としての立地」の性格が強く現れ，逆に「時間地平」を長くとればとるほど立地は流動的な様相を示し経済循環の過程を構成する一齣としての性格を強めていく。このような理解に立つならば，矢田（1982）が「『地域経済論』体系における立地論の位置づけに対する相対的な軽視がみられる」（94頁）と批判した，竹内正巳の「『素材的・立地的側面』での地域的循環と『価値的・構造的側面』での地域的循環とを区別し，両者を統一的に把握する視点」（同上）は，むしろ積極的に評価されるべきではないかと考える。

もともと，竹内が主張していたのは，「従来の地域分析においては……経済諸量の循環交流の素材的側面のみが重視され，機構的側面，価値的側面が忘れさられていた」（同，22頁）という事実認識であり，「商品の流れは，その素材的側面，すなわち物資の水平的な地域間の流動を中心とする分析しか行われてこなかった。地域的な社会的分業関係や，立地移動の方向や，輸送の流れを分析することによって地域経済発展の量的側面を知り，フィジカルな地域計画や輸送計画を考えることはできるが，それだけでは何故に或る地域が発展し，他の地域が後進地域としてのこらねばならないのか，についての充分な説明はできないであろうし，地域間格差是正の真の対策も樹立しえないであろう。商品流通（交換）に伴う価値移転の仕組みを生産と流通の結びつきと，そこに機能している資本の働きとの関係で明らかにすることが必要になる」（同，117頁）という対案の提示であった。それが，どういう脈絡で「立地論の位置づけに対する相対的な軽視がみられる」という結論へとつながっていくのか理解できないため，矢田批判の当否は判定できない。ただし，矢田による竹内説批判の狙いが「立地を地域的循環の第一の側面〔矢田の整理によれば「素材的・立地的側面」――引用者註〕のなかに包含するのではなく，立地と地域的循環を相対的に区別し，前者の体系をもって『国民経済の地域構造』の骨格として位置づけ，その形成のメカニズムの相対的独自の解明の必要性を強調」（矢田，1982，95頁）する点にあったのは間違いないところである。

この意味からいえば，問題とすべきは，むしろ矢田の「立地と地域的循環を相対的に区別」しなければならないという主張の適否であろう。この主張を否定するつもりは毛頭ない。しかし，両者の区別が「時間地平」の違いによって規定されている点を十分に認識しておかなければ，いうところの「相対的に」の意味もつかめないし，それがために議論の前進を阻む要因となる危険性さえあることに注意を喚起しておく。

(6)　組織論的な視点をめぐる興味ぶかい考察が，今井賢一・伊丹敬之・小池和男（1982）でなされているので参照されたい。

(7)　ここでは，「グローバルなレベルでの経済循環を前提とする」としているが，かならずしも現状はそうなっていないようである。そこで，加藤（2003a）においては，「グローバルなレベルでの経済循環への一元化に帰結するかどうかは現在のところ不明とせざるをえない」（同，247頁）との理解から，「東アジア大のトランスナショナルな経済循環」（同，248頁）との関連において日本経済の地域構造を考察した。その場合，「前世紀までにつくりあげられた日本経済の地域構造が，次第に姿を明確にしていくであろう東アジア大のトランスナショナルな経済循環の有機的な一部をなす国土構造とでもよぶべきものへと『改鋳』されていく」（同，249頁）と述べて，国民経済の地域構造という表現を国民経済が経済循環の基本的ユニットである局面に限定し，近年におけるトランスナショナルな経済循環の下でのそれを国土構造と表現することが，無用な混乱を回避する上で求められているのではないかとの考えを提起している。

第2章
経済地理学の「理論」についての考察
——その位置づけをめぐって——

1　アポリアとしての「理論」の位置づけ

1954年に設立された経済地理学会は，設立の翌年に開催された最初のシンポジウムで「地域（経済地域・農業地域・工業地域）について」（第2回大会・1955年）討議したのを皮切りに，その歴史の節目節目で，経済地理学の方法論——自らの対象や研究方法，理論の構成・内容など——をテーマとするシンポジウムを開催してきた。「経済地理学の方法論をめぐって」（第25回大会・1978年），「戦後日本における経済地理学方法論の展開」（第30回大会・1983年），「空間と社会」（第40回大会・1993年）と続いた学会シンポジウムは，50回記念大会の「新時代における経済地理学の方法論」受け継がれてきている[(1)]。そして，これら一連のシンポジウムで取り上げられた多岐にわたる論点の「通奏低音」をなすのが，以下で省察を試みる経済地理学における「理論」の位置づけの問題であった。

「地理学者は法則に飢えているのである。法則ぬきのベッタラ記述への克服欲求の中に経済地理学会は会の発展の基本的エネルギーを得てきた。しかしながら，地域的具体から遊離したところで，かかる意味での抽象的な法則にもまた，経済地理学者はかならずしも共感を寄せ得なかった。それではどのような位置づけのところでどのような具体的法則が定立できるのか」（経済地理学会幹事会，1958，76頁）とは，学会草創期の第5回大会議事録にみられる文言である。以来，半世紀の歳月を隔てて，依拠する理論の洗練化は進み，分析手法面での飛躍的な進歩が見られたにもかかわらず，そこで指摘された問題に決着はついていない。経済地理学における「理論」の位置づけは，依然としてアポリアたり続けているのである。

本章では，従来の方法論をめぐる学会シンポジウムにおいて獲得された知見を踏まえつつ，経済地理学における「理論」の位置づけというアポリアを考察してみたい。その場合，1983年に開催された第30回大会記念シンポジウムの総括で，川島哲郎が「経済地理学の理論的アプローチにはさまざまな道があり得ようが，１つの方向に収斂し共通の土俵が出来上がりつつある，と強く感ずる」（経済地理学会第30回大会実行委員会，1983，80頁）と指摘したことを受けて，国民経済の地域構造論における「理論」の位置づけに焦点をあわせて考察を進めていきたいと思う。もとより，ここで地域構造論を「共通の土俵」として定位するのは，あくまでも著者の判断であって，川島自身が具体的な指示を与えている訳ではない。だが，同大会以降における経済地理学の動向を踏まえるならば，川島のいう収斂先を「国民経済的視角」の定着化とし，さらにそれと「地域的視角」の統一に向けた努力だったと見ることは，衆目の一致するところであろう。その意味において，こうした動向を牽引してきた地域構造論を「共通の土俵」と比定しても的外れではないと考える[(2)]。

2　「国民経済的視角」と「地域的視角」の統一という収斂方向

（1）「経済地域の構造」から「経済の地域構造」へ

川島が「収斂」を指摘した翌年，古賀正則（1984）は「産業の地域的構造のマクロ的な把握の方法」を前面に押し出した研究成果が相次いで登場したことに着目し「従来の個別的な産業地域の研究や生産構造の地域類型分析」（同，30頁）とは区別される新境地が切りひらかれたとする評価を与えた。ところで，こうした評価が与えられるに際して決定的な役割を果たした地域構造研究会（1975年発会：世話人代表・北村嘉行）による共同研究の成果をとりまとめた『日本の地域構造シリーズ・全６巻』（大明堂・1977-88年）の第１巻『地域の概念と地域構造』（朝野洋一・北村嘉行・寺坂昭信編著，1988）に，以下のような注目すべき指摘が含まれていた点は見のがせない。北村嘉行が同書冒頭において地域構造概念の変遷を跡付けた際に行った「地域構造という語は，産業構造という語と対置して，比較的早くから経済学の分野で使われていた」（北村，1988，２頁）との指摘がそれである。

事実，経済学の分野においては，山中篤太郎（1944）が「地域的構造の展開，変動は，国民経済の生産力的構造（産業の構成の発展）を起動点として副次的にこれに相応しつつ発生する」（同，９頁）との理解に立って日本工業の地域的構造を分析した業績や，酒井正三郎（1942）が国民経済の構造変動を究明する上での重要な要因の一つとして「産業立地の配置」（同，73頁）を位置づけた著作の存在などからも知られるとおり，戦前から「国民経済的視角」に立脚した研究成果が見られた。さらに付言しておけば，名和統一（1932）がジンメルとヴァイクマンの所説に依拠しつつ「経済の空間形態」を考察した論文や，福井孝治（1939）がゴットルの所説を踏まえつつ「経済的生活の構造変化と経済的空間の構造変化とは相互に原因となり結果となる」（同，199頁）点に注目して展開した経済空間論のように――このところ活発化している「空間論」研究の水準を一面では凌駕する――研究成果も存在していたのである[(3)]。また，経済史家としても高名な黒正巖（1931）は，地域構造という用語こそ用いなかったもののアルフレート・ヴェーバーの影響下に経済地理学の研究課題は「国民経済の地理的編制」の究明にあるとする見解を提示していたし（同，序３頁），高橋次郎（1935）も「現代の帝国主義時代に於ける現実の具体的なる世界的なる経済事象は如何なる地理的編制を有するかと云う事を，理論経済学の教えるところの一般的なる抽象的法則の光に照らして研究することが，吾が新経済地理学の任務である」（同，38頁）と述べるなど，「国民経済的視角」を前面に押し出した議論が経済地理学の分野でも提起されていた点は記憶に留めておくべきであろう[(4)]。

このような経済学の分野における動向とは対照的に「地理学の世界では，特定地域の構造を『地域構造』としてとらえることがしだいに認知されるようになっていったが，特定産業の『地域構造』を研究することはまだ一般的ではなかった」（北村，1988，６頁）という状態が戦後になっても依然として継続していた。しかしながら，地理学の分野でも日本経済にドラスティックな変貌をもたらした高度成長の進展とともに「国民経済的視角」への関心は次第に高まりをみせ，川島哲郎の「日本工業の地域的構成」（川島，1963）などにも触発されて「地域構造」をテーマに掲げる研究者が増加したことは，すでに指摘したとおりである。そして，彼等の交流と協働の「合流点」に地域構造研究会が生み出され，その活動を通じて「１つの方向に収斂し共通の土俵」が形成されていったというのが，日本における経済地理学の研究に「国民経済的視角」が定着化していく過程の全般的な見取図といえよう[(5)]。

（2）地域構造論の「受皿」となった先行成果

とはいえ，このような整理は，あくまでもラフ・スケッチに過ぎない。地域構造研究会の活動が「共通の土俵」のハード・コアを形成していることは事実であるとしても，これと親和的な関係にたつ種々の先行する学問的営為があって，それが地域構造研究会による問題提起の受皿となったからこそ，「国民経済的視角」の定着化が円滑化したという事実を無視する訳にはいかないからである。それらの中でも重要と思われる業績を指摘しておくならば，さしあたり以下のようなものをあげることができよう。

まず最初に注目しておかねばならないのは，地域構造という言葉そのものが，既に『年報』第1巻に掲載された横山辰夫の論文「戦後における日本農業の地域構造の変動について」（横山，1954）で使用されていたこと，そして西岡久雄が「国内後進地域の成因に関する覚書」（西岡，1959）において国民経済全体の中で個別地域が占める位置こそが後進性の問題を考える際に決定的な重要性を持つとする視点から「経済地域構造」分析の必要性を指摘していたという事実である。また，酪農地域の研究を進めていた石原照敏（1969）によって「社会的分業の発展とともに生じた経済地域が，国民経済の一環として，相互に関連しながら，いかに組織されているのか」（同，91頁）を解明しない限り個別地域の十全な分析を果たしえないとする見解が提起されていた点も見逃せない。さらに大阪府立商工経済研究所の竹内正巳（1966）が「地域経済は，いわば，国民経済循環のあらゆるセクションの部分過程の地域的な表現にすぎない」（同，2頁）との立場から地域問題にアプローチしていたことや，北海道立総合経済研究所の武山弘（1968）が立地論的な拡充を経済基盤説に施すことで「経済発展の地域的不均整を横断面的に」（同，2頁）究明するための分析枠組を提示するなど，地方の経済調査機関に所属する論者によって，「国民経済的視角」の重要性を強調した研究が進められていた点も注目されよう[(6)]。

日本の経済地理学における「国民経済的視角」の定着化は，これら一連の学問的営為が累積し交錯する中で生み出された帰結に他ならなかった。水岡不二雄（1992）のように「『地域構造論』こそ経済地理学理論の戦後におけるひとつの集約点であるかのような誤解」（同，43頁）と主張する論者もあるが，こうした理解に対して著者は根本的な疑問を持つ。焦点をなすのは，あくまでも「国民経済的視角」の定着化なのであって，それを牽引する役割を担ったという事実こそが，地域構造論をもって「共通の土俵」と比定する根拠だったからである。

（3）「二視角統一」に向けた努力

ところで，「国民経済的視角」が導入された以上，それと従来の研究が立脚してきた「地域的視角」との統一が課題となってくるのは当然の流れといえよう。「国民経済的視角」と「地域的視角」の統一を模索した矢田俊文の「地域経済論における二つの視角」（矢田，1981）は，その代表的な成果の一つに他ならないが，そこで矢田は「下から上へ（地域から国民経済へ）の研究方向と，上から下へ（国民経済から地域）の研究方向が接近しつつある」ところに「両者の統一の芽」を見出すことができると指摘する一方で，その鍵となる「地域の重層性なるものが理論的にも実証的にも十分にとらえられていない」がために両視点の統一を果たせないでいる事実を認めざるをえなかった（同，349頁）。「高度経済成長によって形成された経済地域区分の作業……に成功し，ある種の経済地域ないし経済圏を摘出する」（朝野洋一・北村嘉行・寺坂昭信編著，1988，247頁）ことを目差した地域構造研究会の活動は，だから両視点を統一する鍵を手中に収めるための理論・実証両面にわたる共同的な努力として重要な意味を持っていたのである。

「国民経済的視角」と「地域的視角」の統一にかかわっては，いわゆる「自治体経済論」との論争を通じて明確化してきた論点にも目をむけておかねばならないだろう[(7)]。当初，地域的不均等発展論に対する批判からスタートした論争は，その過程で，次第に両者の「地域」認識における対極性，すなわち地域構造論が市場メカニズムの作り出す「市場地域」の側面に関心を集中させているのに対して，自治体経済論は市場メカニズムによって存立基盤の浸食が進む「地域社会」の側面に注目するという落差を浮かび上がらせていく（加藤，1997）。「地域社会」の重視は，飯塚浩二の見解に代表される「経済地誌」学派とも共通するところであるが，地域構造論は市場メカニズムが支配する社会における経済地域の形成にあたっては「市場地域」こそが積極的な意味を持つとの理解に立って「国民経済的視角」の優越を主張したのである[(8)]。

しかし，だからといって「地域社会」が一方的に浸食され消滅してしまうということにはならない。かってカール・ポランニーは『大転換』（ポラニー，2009）において市場と社会の「二重運動」の具体像を鮮やかに描写したが，「地域社会」の自己防衛にも目を向けて，これを的確に位置づけるのでなければ二視角の「統一」は不可能だからである。そして，そこにこそ経済地理学という学問の持つ独特の性格を理解する鍵が存在しているのであった。

3　経済学と地理学の「学際領域の学問」ということの含意

（1）経済学と地理学の対極的な位置関係

『大転換』でポランニーが，社会を粉々に破砕する自己調整的市場——それこそが経済学の研究対象である——を「悪魔のひき臼」になぞらえたことからも知られるように，「明らかに商品ではない」（ポランニー，2009，125頁）労働・土地・貨幣をも擬制的に商品としてあつかうことで成立する特殊な世界を経済学は問題としている[(9)]。だからこそ経済学は「理論的に再構成された資本主義社会として，それ自身に存立する完結した一歴史社会をなすものとして解明」（宇野，1973c，13頁）した「原理論」を持ちえたのであった。そして，また「法則性を原理的に完全に説きうるという点で，対象を抽象的に，一般的にではあるが，完全に認識しうるという，特殊の，おそらく他の如何なる科学にもない——対象が歴史的なるものであるということからくる社会科学の基礎をなすものとしての特殊の——性格をもっている」（同，163頁）と見なされてきたのである。

ここで注目されるのは，ロザンヴァロン（1990）の「空間をもはや政治的境界によってではなく，価格の一般地理によって構造を与えられたものとしてとらえることによって，外国貿易と国内商業を同じ次元において考えさせるのが，ほかでもない市場概念なのである」（同，121頁）という指摘であり，「価格地理の動きだけで構造が与えられる流動的な等質空間を構築する」ところにこそ市場社会の成立に向けた「自由主義の地理的戦略」（同上，130頁）はあったとする見解に他ならない[(10)]。彼の見解に従えば，市場社会は内部に含まれる場所的相違性の「斉一化」を通じて形成されていく訳であるが，そうすると経済学の「原理論」が問題とする純粋資本主義社会（ポランニー流にいえば自己調整的市場）は，まさに「悪魔のひき臼」によって場所的相違性が粉砕され商品（価格）のみが存在する世界ということになろう[(11)]。逆説的にいえば，そうした世界であったからこそ櫻井毅（1979）がいうように「商品経済の一元的な構造」（同，27頁）を把握することも可能となったのであった。

それに対して地理学は「経済学などで，『ceterisparibus（他の条件が同一ならば)』という前提のもとに，いろいろな理論が構成されている……が……地理学はこの他の条件が同一でないことを前提としてきたといえます。地理的条件の場所的相違性，これが出発点であった」とする春日茂男の指摘（春日，2000，6頁）からも明らかなように，経済学とは対極的ともいうべきところに出発点を持っていた。川島哲郎（1983）が端的に指摘しているように，「現象に地理的差異がなければ地理学という学問が成立しない」（同，64頁）からである[(12)]。そして，地理学にとっての課題は，まさに以上のような地理的差異が契機となって生みだされる「場所的，地域的多様性」（西川治，1996，3頁）の究明に他ならなかった。

（2）川島哲郎の見解

ところで，川島（1983）によれば「長い間，経済地理学界が課題や方法の問題に苦しみ，真剣に取り組まざるを得なかった理由」（同，280頁）は，いずれも固有の伝統を持った有力な学問分野である経済学と地理学の両者に跨がる形で経済地理学が成立している点に求められる。「伝統的な考え方に従うと，経済学は普遍的認識にかかわる学問であり，あくまで理論指向的，あるいは法則定立的な学問」（同上）であり，これに対して「地理学は，歴史学と並んで個別認識にかかわる学問，個性記述的な学問」（同上）とされてきた。そして，経済地理学にあっては，しばしば後者が強調されて地域の経済的個性の解明や記述こそが任務であるとする見解が優勢を占めてきたのである。

このような通説的見解に対して，川島は「地理学と経済学とは同じ現象を学問研究の素材として扱って」（同上）おり，しかもまた「すべての学問は分析的であるとともに総合的であり，法則定立的であるとともに記述的でもあり……同一の現象を取り扱う学問をnomotheticな学問と，ideographicな学問とに分けるという分類は，必ずしも説得的と思われ」（同上）ないとの批判を加えた。さらに彼は，経済地理学を「地理学と経済学という二つの学問の扱う現象が，オーバーラップしている領域で成立する，いわゆる学際領域の学問である」（同上）とする理解についても，「ここには，単純な学際的研究とはかなり性質を異にした問題が」（同上）存在しているとして注意を促す。というのも「経済地理学の対象は，経済学の対象と全く同じことになり……両者を区分するものは，ヘットナーの言うように方法，あるいは視角にその根拠を求めざるを得なくなります。……一言でいえば，広い意味での経済の空間的秩序を理論的に取り扱うのが，経済地理学だ」（同，282頁）からである。

対象は経済学，方法は地理学という川島の主張は，従来の議論に比べれば格段に説得的であるといえるであろう。しかしながら，「経済地理学がnomotheticな学問であるとした場合，そこで展開される理論は結局経済学の理論だということになりはしないでしょうか」（同上）と川島がいうとき，著者には，なお検討すべき論点が残されているように思われてならない。一体「法則定立的」という時，そこでいう法則は何を指しているのであろうか——もし，それが経済学の「原理論」における法則であるということであれば，先に見たロザンヴァロンの見解も示唆しているごとく場所的相違性を「斉一化」するものではあっても，それを生み出すものとは考えられないからである。

（3）「時間による空間の絶滅」の意味するところ

著者は，川島の「経済学，とくに経済理論は点の上の科学であって，空間の捨象された場で展開されています。しかしよく考えてみますと，経済学自身が学問の性格上，空間を捨象しなければならないという必然性はないはずであります」（同，282頁）という指摘を，そのまま受け容れることはできない。奥雅博（1977）は「世界の形式としての時間・空間と哲学の問題」において「もしも我々が盲目なら，距離は時間の関数となるであろう」（同，63頁）とする興味ぶかい指摘を行っているが，それを踏まえるならばロザンヴァロンいうところの「等質空間」——それこそ経済学の「原理論」が前提する世界であった——にあっては，いわば空間的距離が翻訳されて時間的経過のうちに折り畳まれている[13]と理解することが可能だからである。川島自身「もともと経済学は，空間を捨象する場合にも時間を捨象することはありませんでした」（同，283頁）と指摘していたが，その捨象は場所的相違性の「斉一化」によって空間を時間に翻訳する——それをマルクス（1993）は「資本は時間によって空間を絶滅しようと」「また空間を時間によってますます大規模に消滅させようと努める」（同，216頁）[14]と表現したのである——ことによって根拠づけられていたのであった。

しばしば経済学は空間を無視してきたとする議論を耳にする。これは視点を変えれば，200年以上もの間，大方の経済学者は空間の問題を正面から取りあげることをサボタージュしてきたというのと同断であるが，しかし，それを経済学者の怠慢に帰する議論は，なんとしても受け入れがたい。むしろ，経済学の「原理論」が対象とする世界——純粋資本主義社会（宇野弘蔵）ないし自己調整的市場（ポランニー）——の特殊な性格を反映した結果であったと見る方が，はるかに自然なように思われるからである。

このように経済学の「原理論」が地理学と対極的な位置に立つことを認めるならば，経済地理学という学問分野に具わった根源的な緊張関係の存在が浮かびあがってくるであろう。それは，現実の人間生活を「斉一化」するロジックないしメカニズムを開示することに力点を置けば置くほど地理学は希薄化し，逆に現実の人間生活に具わった「多様性」を活写しようとすればするほど経済学から離脱せざるをえないというジレンマに他ならない。そして，この点にこそ経済地理学のアポリアは存在していたのである。

4　理論と実証を結ぶもの——「経験的理論」としての地域構造論

（1）「空間と社会」という問題設定の欠陥

かつて著者は「空間と社会」をテーマに掲げた第40回大会のシンポジウムにおいて，フロアから「『空間性』とは，社会そのものが，『時間性』とならんで本来的に備えているものではないでしょうか。だから問題は，『社会の空間的組織化』であって……市場経済が外部から『空間を包摂する』プロセスを理論的に解(ママ)く点にあるのではないように思います。そして，空間〔的〕組織〔化〕が歴史的にみた前段階を受けて進行することを考えれば，具体的〔な〕生産力水準その他〔の〕歴史的条件をイメージしつつ議論を展開する必要がある」（経済地理学会第40回大会実行委員会，1993，87頁，ただし〔　〕は引用者が補完した）との発言を行なった。端的にいって著者は「空間と社会」という問題設定そのものに根本的な疑問を抱いている。そもそも社会なるものは血の通った肉体を持つ人々の織りなす間柄を抜きに語りえないのであって，およそ身体性という事実一つをとって見ても空間性を欠落させた議論が成り立たないのは当然なのだから，それを含まない社会概念があるというのであれば早々に放棄して適切な概念を別個に構築すれば良いと考えるからだ。

いわゆる空間論においては，しばしば「均質空間」を始原に置き，それを出発点とし論理的な展開によって現実の経済空間を復元することが企図されている。しかしながら，始原に認められるべきは「均質空間」などではなく，多様性に彩られた地理の世界に他ならない。先にも指摘したように「均質空間」は，むしろ経済学の「原理論」が前提とする世界の特性であって，宇野弘蔵に倣っていえば現実に見られた「資本主義の純粋化傾向」を延長して理論的に再構成するところにえられたものだからである。

「均質空間」を始原と見做すことは，それゆえ資本主義社会の特殊な歴史性を見逃すものといわざるをえない。むしろ，多様性に彩られた地理の世界が，いかにして経済学の「原理論」で取り扱われる「均質空間」へと翻訳されるか，そのメカニズムこそが問題とされねばならないからである。著者が，先のシンポジウムで「具体的〔な〕生産力水準その他〔の〕歴史的条件をイメージしつつ議論を展開する必要がある」と述べたのは，そうした点を明らかにしたかったからであった。

（2）「地理的多様性」の翻訳メカニズム

とはいえ，それは資本主義社会の特殊な歴史性を問題とする経済学の「原理論」の世界について述べているのであって，地理の多様性が人々の生活する「現実」世界から蒸発してしまうと主張している訳ではない。実際，資本主義社会の発展過程においても，時々の生産技術ならびに組織の事情に応じて一定の資源・土壌や地表上の位置などに特別の意味が付与されてきたことは，19世紀の鉄鉱石や石炭，そして20世紀のボーキサイトや石油などを見ても明白なところである。しかしながら，それが地理的な多様性そのものとしてではなく，あくまでも資本主義社会の展開に適合的な形に「翻訳」されていた点には十分な注意が必要であろう[15]。

そして，その「翻訳」メカニズムこそ，従来から使用されていたにもかかわらず十分に意義がとらえられてこなかった立地因子と立地条件という概念装置に他ならない[16]。ある土地に具わっている多様な性質が経済主体の立地因子によって評価づけられることで（当該経済主体にとっての）立地条件として現象することは立地論の教えるところだが，市場において諸経済主体のくりひろげる競争（立地競争を一局面として含む）を通じて（企業や産業）相互の立地因子が有機的に関連づけられる結果，諸処の土地に具わった多様な性質は次第に経済主体にとっての立地条件として一元的に整序され秩序化されていく。この秩序化の過程において鍵をにぎるものこそ，立地競争の各場面を裁定する地代負担力の多寡に他ならない。

地域構造論において「リーディング・インダストリー」の立地が重要視されてきた理由も，それが高度の生産性と成長性をベースに生みだす他産業を圧倒的な地代負担力を背景ゆえに一定局面における立地競争の最終的な裁定者として登場し，結果的に該産業の立地因子が諸処の土地における立地条件の評価を根底的に規定するという関係を持つ点に求めることができよう[17]。こうして主導産業（の立地因子）の交替は，立地条件の「全体的な評価替え」をもたらし大規模な地域構造の変動へとつながるのであった。地域構造の変動は，インフラの整備などによる人為的な立地条件の改変を通じても引き起こされるが，山﨑朗（1998）や田村大樹（2000）の注目する「空間克服産業」における革新が地域構造の分水嶺ともいうべき巨大な変動を呼びおこすのは，これら両方向からの変化が重複的かつ集中的に発生するからに他ならない。

（3）経済地理学における「実物経済」視点の重要性

以上，立地因子と立地条件という伝統的な概念装置が，経済学と地理学とを媒介する位置を占めていることを指摘した。「空間〔的〕組織〔化〕が歴史的にみた前段階を受けて進行することを考えれば，具体的生産力水準その他〔の〕歴史的条件をイメージしつつ議論を展開する必要がある」と述べた際に著者が念頭においたのは上述のような文脈だったのである。柳井雅人（1997）は，著者が「歴史記述の段階で，立地論を導入する立場」（同，20頁）をとっているとしているが，こうした理解は著者のとらないところである。

著者が強調したいのは，いわゆる「実物経済」視点（柳井の表現を用いるならば「使用価値的側面」）の重要性であり，その意味からいえば歴史的（それはまた地理的でもあるが）な事実という経験的な基礎の上にのみ経済地理学の「理論」なるものは存立しうるという点なのである。経済地理学の課題は，他の機会（加藤，2001）にも述べた通り「どこかに町ができる」ことの究明にあるのではなく，「どこに町ができる」という事実を確定し，これを説明する点にこそ求められねばならない。「どこかに町ができる」というのは思考実験によっても究明できるであろうが，「どこに町ができる」かという出来事の説明にあたっては，先行する状態はもとより多様な諸契機のうち当該局面において支配的な要因が何であるかといった具体的な事実を確定する必要がある。

かくして，経済地理学における「理論」は，社会学者マートン（1961）の言葉を借りるならば「日々繰返される調査などで豊富に展開されている，小さな作業仮説と，経験的に観察される社会的行動の，非常に多くの劃一性をできれば導出しうるような主要な概念的図式を内容とする包括的思弁とを媒介する理論」（同，3頁）として，従ってまた「国民経済的視角」の定着化を牽引した地域構造研究会の意図した「理論研究と実証研究とを統一」（山川，1993，2頁）するところに構築されねばならないのであった。(18)

5　経済地理学「復権」の条件

かって川勝平太（2000）は，経済誌のインタビューにこたえて「経済史こそがすべての学問を統合する……経済史学は経済学の王者です」（同，32頁）と述べた。理論・政策・歴史という伝統的な三分法もあって，ともすれば経済地理学は経済史学の背後に押し遣られがちであったが，著者は経済地理学もまた「百学の王」(19)たらんとする自負をもって然るべきだと考える。そのためには，以上でみたような経済地理学の独自性に配慮しつつ，他の諸学とも積極的な対話を図りながら方法論や経験的理論を積極的に彫琢していくことが求められよう。そして，その意味でも「国民経済的視角」を踏まえた地理学的調査に基づく経験的な事実の蓄積が不可欠であることを強調して第2章を締めくくりたい。(20)

註

(1)　2003年6月1日，「新時代における経済地理学の方法論」をテーマとする経済地理学会の第50回記念大会シンポジウムが，法政大学市ヶ谷キャンパスで開催された。ソフト委員会の松原宏委員長による趣旨説明からスタートしたシンポジウムでは，続けて著者・熊谷圭知・青山裕子の順で報告がなされ，各報告へのコメントが田村大樹・永田淳嗣・長尾謙吉からあり，加藤恵正と藤田直晴の司会で討論に入ったのであるが，当日の大会報告論文として『経済地理学年報』に掲載された加藤和暢（2003b）が本章の原論文である。本章で，田村大樹の見解への言及が多いのは，もっぱら彼が著者の報告に対するコメンテーターだった関係からである。ただ，田村からのコメントには，著者の所説に対して経済地理学会の会員が抱きがちな疑問ないし誤解を相当程度に含んでいることから，そのままの形で残しておくことにした。

(2)　この表現は，矢田俊文（1982,70-108頁）に従っている。「地域的視角」という表現については，山口不二雄（1980b）の「資本から説き起こす経済地理学説」と「地域社会から……説き起こす経済地理学説」との対比（同，65頁）を踏まえて，地域社会的視角とした方が的確かもしれない。しかし，ここでは矢田の表現に従うことにする。

(3)　ここであげた名和と福井の論稿について，川島哲郎（1980）は「私の習った福井先生には，

『経済空間』という大きい論文があります。先生がその論文を書かれる動機になったのは，国際経済学で有名であった名和統一先生が昭和7年にかかれた『経済の空間形態』という論文です。これはジンメルを中心にして経済の空間的形態を追求したもので，難解なために何度読んでもいまだに解りません」（同，37頁）との証言を残している。川島をして「難解」といわしめた名和の論稿についてはさておき，以下では福井の「経済空間」について一言しておきたい。とりわけゴットル——ナチスのイデオローグと目され，それゆえ戦後はかえりみられることがなくなった——の所説に依拠しつつも，そこから一歩ぬけだすべく福井の展開した議論が，いわゆる空間論の問題構制を一面において先取りしていた点に注意を促しておきたいと思う。

福井（1939）自身の言葉をかりれば，同論稿は「ゴットルが空間世界を専らその自然的構成に局限して論じているのに対し，それをヨリ具体的に自然と人工の統一として考察してみようとしたもの」（序2頁）である。福井は「一つの時代は前の時代から一定構造の世界を与えられたるものとして受け取り，それらに制約されつつ一定の変化を加えて，後の時代へ譲り渡す」（同，149頁）点に着目し，この関係を「要するに，人間は自然的空間世界に対して働きかけ，生活手段を単に占取したり，或いは原始人の器具や道具の生産の如く，単に個々の空間的事物を加工したりするだけでなく，個々の客体から貯蔵及び設備を構成する仕方で，自然的空間世界を改良し，補足し，変形して，人工世界に転化する。かくの如き人工世界に於いて規則正しき生産及び消費が始めて可能となる。吾々は先に自然的空間世界の部分を居住空間，培養空間，資源空間，交通空間，立地空間に分類したが，現実にかかるものとして利用されているところの空間部分は，程度の差はあるであろうが，すべて貯蔵と設備により補足され変形されたる空間部分である。一つの時代は，前の時代から，この貯蔵及び設備の形成によって補足され変形されたる空間世界を受け取り，それに変形を加えて更に後の時代へ譲り渡すのであり，今日吾々が生活している空間世界は，幾千年に亙るかくの如き授受によって吾々に伝えられたものである」（同，192頁）と整序している。ここでは詳細な検討を加えることができないけれども，近年の空間論をめぐる論議において注目をあつめたハーヴェイの「建造環境」論と——日本では上野登（1968）が1960年代にランゲの所説を踏まえつつ「人為的環境」を経済地理学の重要な論点として位置づけていたが，それとも——クロスする問題関心を福井が抱いていた点を読み取ることは容易だろう。

なお，ゴットル自身の空間をめぐる議論は，ゴットル（1942）の59-90頁に見られる。

(4)　意外に感ずる人も多いだろうが，小原敬士の『社会地理学の基礎問題』（古今書院・1950年）と並んで高橋の著書を「是非思い出して，復習しておいていただきたい文献として」経済地誌学派の総帥と目される飯塚浩二が挙げていた点は注目される（飯塚，1976，540頁）。

(5)　加藤（1990）は，地域構造論の「形成」「確立」「発展」を基軸に据えて戦後日本の経済地理学が歩んできたプロセスを概観したものであるが，そこでは紙幅の関係から本来であれば言及すべき多数の重要な業績が割愛されている。とりわけ，以下で見るような地域構造研究会の問題提起が定着化するにあたって受皿としての役割を果たした諸業績を取り上げることができなかった点は残念であった。

(6)　「国民経済的視角」の重要性を提起した業績としては，他にも辻悟一（1974a）や山口不二雄（1977）も見のがすことはできないし，地域構造研究会の発会に先行する形で刊行された野原・森滝編（1975）が「国民経済的視角」の浸透に与って大きな役割を果たした点も，あわせて指摘しておく必要があろう。

(7)　宮本・横田・中村（1990）では，「経済地理学は既成の生産重視の国民経済学の立場と同様に産業から出発して地域をとらえる。経済は経済地域として，産業の空間的展開からとらえられる。経済地域の『地域』は，areaであり，機能的に統合された経済圏を意味するのである。経済地理学者はしばしば，経済地域と地域経済を混同し，地域経済論を展開しているかのように錯覚している」（同，55頁）との理解が表明されている。その背後にあるのが「地域は，全国や世界の全体システムの中に占める位置によって規定されるとしても，一方的にその運命を決定づけられる受動的な存在ではない」（同，58頁）とする認識に他ならない。けれども，経済地理学者は，いうところの「経済地域」が市場社会の現実を突き動かしていることを重視する形で論理を構築したのであって，「経済地域と地域経済を混同し，地域経済論を展開しているかのうような錯覚」に陥っている訳ではない。

(8)　なお，飯塚（1975）には「地域地域とやかましくいいながら，地域の歴史性ということが，まだ一般化した常識となるにいたっていない恨みがあるようである。かりにも今日の世界で，市場論ぬきの地域論は困るのである」（同，297頁）という叙述もまた確認される点については注意を喚起しておくべきであろう。

(9)　この表現はポランニーのものである。宇野弘蔵の理解するところによれば，労働ではなく労働力としなければならないし，貨幣の商品化という把握にも問題はのこされている。このように両者の間には無視しえないズレが存在しているのであるが，にもかかわらず宇野の所説とポランニーの所説が，相互に補完的な関係に立っている点は注目されよう。

両者の問題意識が重複している点は，かねてから玉野井芳郎（1978）や馬場宏二（1988）によって指摘されていた。しかしながら，両者が方法論的にみて補完的な関係にたっている点については，必ずしも――馬場が両者の「接近は逆方向」であるがゆえに補完的な「問題提起」となっている点を指摘してはいるが――注目されてこなかったように思われる。

宇野が提示した経済学の原理論は，17世紀から19世紀中葉にいたるイギリス資本主義の展開を歴史的基礎として想定された「純粋資本主義社会」を対象とすることで，あらゆる社会形態に共通する「経済原則」が商品経済的な関係によって全面的に包摂され，それ自体に「完結的な論理」――すなわち，他の社会とはちがって政治的・法律的・慣習的その他の関係からする規定をまつことのない自律的な商品経済の法則――として把握しうる点を示すものであった。これに対して，ポランニーの経済人類学は，人間社会が時代や地域によって種々に相異する組織や制度を作りあげてきた「事実の枚挙」によって，彼のいう「自己調整的市場」を唯一の例外として一般的には経済が他の社会的諸関係の中に「埋め込まれている」点を描き出したのである。梅棹（1991b）に従うならば，宇野とポランニーの所説は，前者を「つらぬく論理」（同，366頁）――「多数の現象を縦につらぬいて存在する理法」（同上）――，後者を「つらねる論理」（同上）――「現象を横につらねて，それを構造的に把握すること」（同上）――によるものとして補完的に位置づけることが可能であろう。なお，この点については加藤（1983，88頁：本書附論1として再録）も参照されたい。

(10)　ロザンヴァロンの見解に言及した論稿としては，あくまでも管見の範囲に過ぎないが，坂上（1988）と佐藤（1994）をあげることができる。このうち前者では，18世紀における空間への関心が，国内「市場の内包的発展」への注目と密接にかかわっており，「〈自由主義〉は〈内部への復帰〉の主張だった」とするロザンヴァロンの主張が，また後者では「境界をもった等質の政治的主権空間」というロザンヴァロンの概念に依拠しつつ「共同体の破壊者であると同時に守護者でもある」という「国民国家の両義性」が考察されている。なお，坂上は「価値＝労働時間を理論的基礎とする均質な経済空間のもとでは，これらの〔交換がくりひろげられる空間――引用者註〕問題は主要な問題ではなくなる……／……経済的なものは時間に憑かれている。しかし経済をもっぱら時間の関数として把握する認識は，アダム・スミスとリカードの労働価値説以後，つまり労働が価値の源泉であり，商品の生産に必要な労働量（労働時間）が商品の絶対的な尺度であることが認識されて以後のことである。それ以後，生産＝労働時間としての時間は，交換に先立ち，交換を基礎づける根本条件になり，そのようなものとして経済的分析の根底を構成する」（坂上，1988,45頁）として18世紀から19世紀に向けた――坂上の言葉を借りれば「空間の時代から時間の時代への移行」に伴う――経済学の変貌を要約しているが，これは本章の問題関心とも重なり合っている。

⑾　50回大会のシンポジウムで，著者の報告に対するコメンテーター役を務めた田村大樹は，原理論の想定する「純粋資本主義社会」では場所的相違性が「斉一化」されるとした著者の見解に対して以下のような批判を加えた。

すなわち，「場所的多様性は自明だし，市場メカニズムによってであろうとそれが均質化されえないこともあきらか」なのだから，「斉一化」を主張するのは，「空間的分業」という自明の事柄を無視した議論といわざるをえないと田村はいう。ここでは小麦が栽培され，あそこでは砂糖を作付けし，かの地においては鉄鋼や綿織物が生産される――それが「空間的分業」という言葉からイメージされるものであることは著者も十分に承知している。しかしながら，場所によって生産される財貨が相異しているという事実があれば，そこに必ず空間的分業の存在が確認できるとする訳にはいかない。

ある地域における特定産業（部門）の特化水準を計測する指標である立地係数は，一般に当該産業の全国的なシェアと地域におけるシェアの比率として表現され，１よりも同係数が大であれば特化して他地域に移出していることを，反対に１よりも小となればなるほど他地域から移入をあおいでいることを意味するとされる。以上のような理解が妥当性を持つためには，いうまでもなく消費パターンが全国的に「斉一化」されていなければならない。消費パターンが相異しているならば，各々の地域で生産される財貨が相異していたとしても不思議はないのだから，いくら以上のような計算をしたとしても特化や非特化を云々することはできないからである。

このように生産の「場所的多様性」が，田村のいう「空間的分業」として現れるためには消費パターンの「斉一化」が前提されねばならない。しかも，この「斉一化」を通じて拡大される市場の規模が分業の進展度を規定する要因ともなっている点は，すでに「分業の程度は市場の広さに依存する」としてアダム・スミスが指摘した――そこにアリン・ヤングは「収穫逓増」をめぐる経済分析の出発点を認めている――ところでもあった。こうして市場規模の拡大に伴って不断の進展をとげる分業が，いかなるメカニズムに基づいて社会的に編成されるかを究明するところに経済学の「原理論」が果たすべき重要な課題の一つがある。

いま，結論だけを述べておくならば，それを経済学の「原理論」は，利潤率をめぐって諸資本が繰り広げる市場競争を通じて各種の生産部門に資本が社会的に配分され，資本による生産の社会的編成が自律的に具体化されていく過程として解明した。小麦や砂糖，あるいはまた鉄鋼であるとか綿織物だとかいった使用価値の相異には直接の関心を持たない資本が，利潤率をめぐる競争の意図せざる結果として「社会的総労働の均衡をえた配分」（宇野，1973c，112頁）を達成し，これによって社会の需要する多種多様な使用価値が生産されるのである。この場合，利潤率の極大化を目ざして行われる諸資本間の競争が，かえって平均利潤率を個別資本におしつけ，諸商品が生産諸条件の差異にもかかわらず費用価格に平均利潤を加えた生産価格を基準に売買されることを明らかにした点は注目されよう。

「利潤率均等化」は，このように異部門間においてのみならず同一部門の内部でも貫かれている。本書との関連で重要なのは「制限され，独占せられうる自然力」の差異に基づく――生産条件の違いから生み出される――超過利潤が，一物一価の法則の下で生産力水準を巡って展開される競争を通じて地代へと転化し土地所有者に引き渡されることによって「利潤率均等化」の運動を補完している点であろう。以上で見たように，経済学の原理論の想定する「純粋資本主義社会」において場所的相違性が「斉一化」されると見る著者の理解は，消費パターンの「斉一化」と並んで，こうした分配面における関係をも視野に入れたものであって，決して経済「景観」といったレベルでの議論ではなく，資本主義社会において生産を支配する資本の視点からするものである点に注意を促しておきたい。

最後に，経済学の原理論に「義理だて」する必要はない，経済現象を対象として空間的法則を究明すればよいのではないか，という田村のコメントに一言しておくことにしよう。著者は，経済学の原理論を抜きにして経済現象を把握することができるといった主張には根本的な疑問を持っている。何を基準に特定の現象を経済現象として取りだすのかは，本文中でも触れたが，200年をこえる経済学者の努力――経済学説史として蓄積された英知――を踏まえることなしには不可能だと考えるからに他ならない。

⑿　本節における川島説の紹介は川島（1983）に依拠した。川島（1986）は，この講演を土台に執筆されたものとされる（辻，1999，169頁）。両者の間には表現上の相違が少なからず認められるものの論旨自体には基本的な変更が見られないので，前者をテキストとして用いることにした。なお，対象は経済学，方法は地理学という認識については，辻悟一（2000）も同様の理解を示している（同編，1-26頁，特に13-17頁を参照のこと）。

⒀　この表現は，植村高久（1997）における「貨幣に《折りたたまれた》世界」から学んだ。なお同書で植村が試みている「『広さ』のある市場」をめぐる考察は，極めて興味ぶかい論点を含んでいる。しかし，それについては機会を改めて検討することにしたい。

⒁　この箇所は，ハーヴェイによって言及されて以来，極めて頻繁に引用されるようになったが，日本の経済地理学界では，すでに1970年代初頭の時点で島岡光一（1973）が注意を喚起していた。著者も加藤（1986b）で，この箇所を引用して水岡不二雄の見解とマルクスのそれとの間に存在する距離を指摘したことがある（同，77頁）。しかし，当時は，なお本書のように「等質空間」では，空間的距離そのものではなく，移動に伴う時間的経過のみが問題になるという関係を十分に理解していなかったために，「一点経済」論に引きずられた側面が見られることを反省している。

⒂　この点に関連して，川島哲郎（1986）による以下の指摘が注目されよう。川島によれば，「経済現象の空間的形象」は，「物理的空間」，「自然条件」，「与えられた技術」，そしてまた「歴史的な規定と制約，経済の体制や組織」といった「重層的な規定と制約」の下で作り出されるのであるが，これらのうち「経済地理学の理論的研究において最も重要な側面は，現実・具体的な経済現象の地域的形象を，直接的に規定し制約している次元での研究」である。それゆえ「経済地理学は現代社会の高度に発展した技術の水準とともに，それを包む体制や組織から導かれる法則性の究明に主力を向けなければならない」（同，10頁）とするのであった。

これを「経済学の研究は，その具体化の各次元で空間，あるいは地域の観点を復元，導入せざるをえない……経済地理学は経済現象のもつこの空間（地域）的形象に着目して，その形成，変化，消滅の過程を貫く法則性を追求する科学」（同上，8頁）であるとする主張と重ね合わせて考える時，以上のような「重層的な規定や制約」相互間の連関そのものを問題とせざるをえない。本章でいう「翻訳」は，その点にかかわっている。

ところで，大会報告では，上山春平（上山ほか，1973）と今西錦司（1974）の見解を引きつつ，理論の外延と内包との関係に注意をうながした。そこで指摘したかったのは，理論の「現実性」にこだわればこだわるほど，つまり内包を豊富化しようとすればするほど反対に外延は限定されるのに対して，演繹的な論理の整合性を求めれば求めるほど，そこに盛り込まれる内包は稀釈されざるをえないという現実に他ならない。だが，この点は，必ずしも十分に理解されてきたといえないようである。

川島が指摘するように「現実・具体的な経済現象の地域的形象を，直接的に規定し制約している次元」が経済地理学の理論にとっての問題であるとすれば，その外延は歴史的にも地理的にも限定されたものとならざるをえない。外延と内包を，ともに大きくする訳にはいかないからである。この意味において「大梯尺の地図ほどその内容がくわしく，小梯尺の地図になるほどあらいというのは，もともと地図一般の通則である。にもかかわらず，いままでのひとは往々にして，この簡単な通則を無視し」て来たのではないかとする今西の指摘が，経済地理学における「理論」の位置づけをめぐって示唆するところは大きいであろう。

(16) この点については，加藤（1983a）の93-94頁，同（1986b）の30-32頁，同（2001）の39-44頁を参照のこと。なお，以下での議論は，経済地理学的概念としての「資源」に検討を加えた小原敬士の著作（1940，1965）からも重要な示唆をえた。

(17) 立地因子の変化に伴う立地条件の評価替えという理解は，石炭から石油への「エネルギー革命」に伴う「北海道の経済発展転型」を考察した武山弘（1968）から学んだものである。

同論稿において武山は，地域経済の「構成的構造条件」をめぐる立地論的な考察を踏まえつつ，拡充された経済基盤説にのっとって「全国的視野から……経済発展の地域的不均整」の実情を解明しようとした。そして，1959年を転機として北海道経済が停滞におちいった理由が「石油による石炭の敗退，石油化学製品による石炭化学製品（化学肥料，ゴム製品，塗料）と天然繊維（麻紡績）の敗退」といった「『資源失格』による構造条件の変化に根ざす」（同，25頁）ことを明らかにしたのである。

なお，こうした武山の所説を踏まえて国民経済の地域構造論を再構成しようとした試論として加藤（1985，1986a，1986b）——本書に附論として再録——がある。あわせて参照されたい。

(18) 1972年のノーベル経済学賞を受賞したヒックスに『経済史の理論』（ヒックス，1995）と題された注目すべき著作がある。同書は「歴史的時間」の重視を核とする後期ヒックスへの第一歩を印した著作として位置づけられているが，そこに見られる以下のような「理論」についての指摘は，この問題を考える上で興味ぶかい。ヒックスによれば，いうところの「歴史の理論」とは「歴史家が史料を整序する手段として利用することのできる一般的な理論」（同，13頁）に他ならないが，それは歴史上の出来事のうち「統計上の一様性という考え方で論ずるのが有効であるような」（同，14頁）もの，いいかえれば「一般的な現象」を問題とするところに成立するものであって，「ある特殊な歴史に関心があるときは，必ずしも理論は直接関係しない」（同，16頁）とされる。

「歴史の理論は，このような一般的な現象を対象としなければならない……このように考えられた歴史こそが，歴史の理論が適用されねばならない歴史なのである」（同，18頁）とするヒックスの見解は，本章での議論にひきつけていえば「どこかに町ができる」ことを説明する枠組をもって「理論」とするものに他ならない。それゆえ「どこに町ができる」という事実の説明は，別の作業として残されているのである。ヒックスが「理論」の問題とする「標準的な過程は，それがいったんはじまるや，かならずしも完結されたものとして考えられてはならない。それは外生的諸要因によって短縮されることもあるし，あるいは，まれにしか逃れることのできない内生的諸障害に遭遇することもある。このような例外の起こる可能性は常に秘められている」（同，20頁）と述べているのは，この間隙を指摘したものといえよう。

実際，「どこに町ができるか」は，先行して存在する他都市の位置や，これに影響を与えた地勢ならびに気候の状態，その時代の産業動向，さらには生産技術の水準から規定される使用原材料の種類など，前掲註⒁でも触れたように「重層的な規定や制約」が交錯するなかで具体化される。しかしながら，回顧的な立場から分析する場合についていえば，以上のような交錯が，既に事実的経過のなかで相当程度にまで解きほぐされているのであって，ここでは，その点への注意を喚起しておきたい。ヒックス流の「理論」に事実問題を繋ぐ「通路」の適切な設定という問題は，アルフレート・ヴェーバー（1966）の指摘した「経済の場所に関する理論」と「経済地理」の相違とも密接にかかわっているのだが，いま立地因子と立地条件という概念装置こそ経済地理学において「通路」の役割を果たすものであることを述べるにとどめておく。

なお，註⑴でも注意したように，本章は，経済地理学会の第50回記念大会報告論文である加藤（2003b）に加筆・修正を加えたものである。同報告では，社会学者マートン（1961）が――「一般理論も特殊理論もともに必要であるというのはいかにも尤もで不思議はないが，問題はわれわれの貧弱な資源をどう割当てるかということである。わたくしはここで，社会学の効果的な概念図式を確立する道は特殊理論をつくりあげることによっていっそう効果的に開拓されるということを，また現在，直接に一般理論の樹立を求めても，それは計画倒れに終わる」（同，7頁）との認識を踏まえて――提唱した「中範囲の理論」に学びつつ，経済地理学における「理論」の性格を考察した。このことは，同論文を一読すれば，容易に理解されるであろう。

ところが，2009年に経済地理学会編で刊行された『経済地理学の成果と課題第Ⅶ集』には，そのような著者の主張を「誤読」し，いらざる「誤解」の増幅を危惧させる記述が見られる。以下，それを「誤読」とする所以を明らかにしておきたい。直接の対象となるのは，同書の冒頭章をなす宮町良広（2009）である。

宮町は，著者の報告を「経済学理論指向の立場から，経済地理学の『理論』について考察し，『斉一化』を指向する経済学と『多様性』に力点をおく地理学の間で揺れ動く経済地理学のジレンマを見いだした。そして『国民経済的視角』を踏まえた地理学的調査に基づく経験的事実の蓄積が不可欠であり，経済地理学の理論がそこから帰納的に生成すると主張した」（同，1-2頁）と整理した。さらに続けて「加藤報告のコメンテーターをつとめた田村大樹（2003）は，経済的事実の説明においてこそ経済学と地理学が昇華しうること，および抽象度の高い理論と多様な現実の間にある中間概念に経済地理学の立ち位置を見いだせることを指摘した」（同，2頁）という。あたかも，著者が「抽象度の高い理論と多様な現実の間にある中間概念」に無関心であるかのような印象を植えつける文章といわざるをえない。

まず最初に，確認しておきたいことは，加藤（2003b）に「『国民経済的視角』をふまえた地理学的調査にもとづく経験的な事実の蓄積が不可欠」（同，437頁）だという記述はあるが，どこを探しても「経済地理学の理論がそこから帰納的に生成すると主張した」箇所など見あたらないという事実である。「経験的理論」（同，434頁）や「経験的な基礎」（同，434頁）という表現が見られるからといって，また「経験的理論を構築していくうえでは，地域調査史（誌）

といった視点もまた必要になってくる」（同，441頁）と書かれていることを理由に，「経済地理学の理論がそこから帰納的に生成すると主張した」と断定したのだとすれば，著者としては困惑せざるをえない。読者には，あらためて加藤（2003b）に目を通して，事実を確認していただければと思う。

次に，中級の社会科学的常識をそなえていれば，著者が「中範囲の理論」に言及した時点で，「抽象度の高い理論と多様な現実の間にある中間概念」を重視していることは，容易に推察できるはずである。のみならず，著者は，「立地因子と立地条件という伝統的な概念装置が，経済学と地理学とを媒介する位置を占めている」という形で，「市場地域」の生成・変動を解明するための枠組みについての試論を提示した。つまり，「中間理論」が求められるという御題目を唱えるだけでなく，具体的な内容に踏みこんだ議論を提起していることを無視しているのは解せない。

かくして，加藤（2003b）に対する田村（2003）のポイントが「抽象度の高い理論と多様な現実の間にある中間概念に経済地理学の立ち位置を見いだせることを指摘した」ところにあるという宮町の指摘は全くの的外れである。本書を通読すれば理解してもらえるように，「中間理論」や「中間概念」という言葉の使用は意識的に避けてきた――その意味するところが曖昧すぎて正確な議論ができないとの考えによる――けれども，著者が一貫して追い求め主張し続けてきたのは，まさに経済学における理論と経済地理学における「理論」の位置関係を明確にし，経験的理論たる後者の内容を整備することなのであった。それを無視する格好で「経済地理学に求められる理論とは，高度に抽象化された空間を対象として全ての地域に通用するような『大理論』ではなく，地域や時代の差異性を内包した『中理論』であり，いわばそうした『空間に開かれた理論』を追求することが経済地理学の方法論を導きだすのではないか」（宮町，2009，２頁）といわれると，著者としては二の句の継ぎようがない。

(19)　この部分については「同様の自負」という表現に改めようかとも考えたが，あえて「百学の王」とした。「経済学の王者」という川勝の表現を踏襲せずに，「百学の王」などという誇大とも思える表現をとったのは，「経済学としての経済地理学」の側面だけでなく「地理学としての経済地理学」という側面にも注目しておく必要があるのではないかと考えているからである。地理学――ここでは人文地理学を念頭においている――がデシプリンとして確立されるにあたって「経済学としての経済地理学」が基軸的な役割を果たした点は否定しがたい事実であるとしても，このデシプリンという知の形態によって地理学の可能性を全面的に収容しうるとは思えないがゆえに，著者としては「地理学としての経済地理学」の側面にも注目していきたい。

社会科学の研究が，理論・歴史・政策の三領域に区分されるという「通念」は，すでに宇野弘蔵によって棄却された。この点については，本書の終章で検討を加えている。宇野は，経済学の「原理論」を理論的基準にすえることで，（経済）政策を資本主義社会の世界史的な発展段階の「表示器」として位置づけ直し，「段階論」を確立した。

現実の社会経済システムの分析は，この「段階論」的規定を媒介とした「現状分析」として遂行されなければならないと宇野はいう。かくして理論・歴史・政策ではなく理論（＝「原理論」）・政策（＝「段階論」）・「現状分析」という三領域が確定されたのであるが，段階論として歴史的変容の表示器へと政策が繰り上げられた後を埋めるものこそ地理ではないかと考える。「経済史こそがすべての学問を統合する」という川勝の見解は，この意味において再検討が求められよう。

(20)　ヒックス（1995）の冒頭には「経済史の一つの大きな役割は，経済学者，政治学者，法律学者，社会学者および歴史家——一般史家，思想史家，技術史家——が一堂に会して互いに話し合える公開討論の場をつくりあげることである」（同，12頁）との指摘がみられる。

第50回大会の報告において，熊谷圭知は，「フォーラム」としての経済地理学を主張したが，経済地理もまたヒックスが経済史について指摘したのと同様の役割を果たすべく努力していく必要があろう。そして，そのためにも守備範囲を「近・現代」にまで拡張してきた経済史の研究者——例えば，松嵜（2001）や武田編（2003）など——の成果を積極的に評価し吸収していく作業が欠かせない。歴史における「『使用価値』の復権」に向けて「文化・物産複合論」を提起している川勝平太（2003）などの業績を，経済地理学の視点から読みこむ作業も重要だと思われる。

また，本文中で指摘した「経験的な事実の蓄積」という点に関連していえば，地域調査の成果を，その背景や問題関心に即しつつ体系的に整序する作業を経済地理学者の手で行うことも不可欠であろう。この点については，実際のところ調査成果の所在を一望することさえ困難なのが実情である。いうところの経験的理論を構築していく上では，地域調査史（誌）といった視点もまた要請されてくるように思う。

第3章
「未完のプロジェクト」としての地域構造論
──市場社会における空間的組織化の構図──

1 「地域」認識の革新を完遂するために

(1)「工業地域の構造」から「工業の地域構造」へ

国民経済の地域構造論が日本の経済地理学界に登場してから約40年の歳月が経過した。いまや日本の経済地理学者にとっては，例えば「個別具体的な工業地域の内的構造」を意味する「工業地域の構造」(北村嘉行・矢田俊文編著，1977，9頁)よりも「工業の地域構造」の方が，はるかに日常的な表現となっている。この点からもうかがわれるように，国民経済の地域構造論は，それを肯定するか批判的な立場をとるかにかかわらず，日本の経済地理学界を語る上で無視することができない位置を占めるに至っているといえよう。

地域構造研究会が1970年代後半から手がけた共同研究の成果をとりまとめて大明堂から刊行された『日本の地域構造シリーズ①〜⑥』，そして70年代と80年代における理論的研究の蓄積を踏まえて刊行された矢田俊文編著(1990)，さらには出発時点からの課題であった国際比較に手をそめた松原宏編(2003)など，国民経済の地域構造論に立脚した研究成果は，過去40年の間に実証面でも理論面でも着実に積み重ねられてきている。近年では，さらに柳井雅人編著(2004)のような「地域構造論を新しい方向に展開していく道」(同，8頁)を探ろうとするグループの手になる研究成果が公刊されると同時に，水岡不二雄(1992)のごとく「『地域構造論』の理論的欠陥は，『地域構造論』というときの『地域』という概念自体がひとつの現象的・記述的把握の域を出ておらず，空間的社会過程の帰結としての説明と範疇化が与えられないままにおかれていることである」(同，58頁)との否定的評価を踏まえて別箇の枠組を確立しようとする論者も登場してきた。また，中村剛治郎(2004)のように，つまるところ国民経済の地域構造論は

「地域に自律性を認めず，多様で個性的な発展の単位として地域を認識し，諸地域の集合体として国土を理解する地域経済学の問題意識を否定するところから生まれている」（同，16頁）ものに他ならないと批判する論者も現れている。

とはいえ，継承を目ざすにしても，あるいは発展的な再編にむけて努力を傾注するにせよ，さらにまた全面的な批判を行なって展開方向の転轍を企図とする場合であっても，いまや国民経済の地域構造論と無関係な形で議論を進めることは不可能であろう。その点を考えれば，国民経済の「『地域構造論』こそ経済地理学理論の戦後におけるひとつの集約点であるかのような誤解」（水岡不二雄，1992,43頁）といって片づけるわけにはいくまい。実際，新たな一頁が日本の経済地理学説史に加えられるとすれば，それは否応なしに国民経済の地域構造論をめぐる章に続く形でしかありえないからである。

（2）著者の意図する方向

問題は，その新頁が，いかなる内容をもって叙述されるかに他ならない。すでにみたとおり，国民経済の地域構造論を独自の酵母によって発酵させることで達成しようとする方向もあろうし，また全否定を試みて白紙にかえした上で自分ごのみの論理を編成する方向もありえよう。しかしながら，著者の意図している方向は，そのいずれでもない。

かねてより著者が模索してきたのは，まさに国民経済の地域構造論が出発点において意図していた方向を徹底化することによって，新たな頁をうめることであった。とりわけ国民経済の地域構造論が提起した「地域」認識の革新を継承し，それを徹底化する形で経済地理学の分析枠組を再検討することは，常に著者にとって重要な関心事であったといって良い。これは，矢田俊文（1982）について考察を試みた加藤（1983a）——本書初期論稿１——で，「国民経済の内部から『地域』を直ちに自明のものとして抽出しうるという通念を斥け，むしろ産業や諸機能の立地・配置の結果として形成される」（同，82頁——本書273頁）点を明確化したところに矢田説の特徴を見いだして以来の一貫した課題である。

故武山弘の業績に学びつつ経済基盤説の導入によって国民経済の地域構造論を再構成しようと試みた加藤（1985，1986a，1986b）——本書初期論稿２——は，このような「地域」認識を踏まえた実証的な分析枠組の構想であったし，また「経済循環」視点を徹底化することによって国民経済の地域構造論がはらむ弱点を解消する方向性を示そうとした加藤和暢（1994）――本書第1章――も同様の考えにたって理論面での展開を企図したものであった。いずれも国民経済の地域構造論が提起した「地域」認識の革新を継承し発展させようとしてまとめた試論に他ならない。これらは市場社会における経済活動の「空間的なまとまり」である「地域」の性格づけについての究明を試みたものであり，いわば存在論的考察を取りまとめたものである。

（3）「地域」生成の論理

このような作業とともに，著者は「空間的なまとまり」としての「地域」が生成してくる論理の究明作業にも取り組んだ。水岡（1992）の「『地域』という概念自体が……空間的社会過程の帰結としての説明と範疇化が与えられないままにおかれている」（同，58頁）とする批判や「地域に自律性を認めず，中村剛治郎（2004）の「多様で個性的な発展の単位として地域を認識し，諸地域の集合体として国土を理解する」（同，16頁）姿勢を欠落させているという批判は，著者の見るところ国民経済の地域構造論が提起した問題に対する理解不足からくるものに他ならないが，しかし同時に，それらが国民経済の地域構造論がはらむ弱点を突くものとなっていたことは正当に評価すべきだろう。こうした理解にたって「地域」生成の論理を究明すべく取りまとめたのが加藤（1992）であり加藤（1997）に他ならない。

国民経済の地域構造論が提起した「地域」認識の革新を継承し徹底化すべく現在までに著者が進めてきた作業の経過は，おおむね以上のとおりである。もとより不敏な著者であるから，どの程度まで目標に近づけたか自信はないが，とりあえず中間報告的に，これまでの思索を通じて明らかになった論点を整序しておきたいと考え本章をまとめた。この問題については，すでに矢田編著（2005）のために加藤（2005a）を執筆し，また経済地理学会第50回大会における報告内容に基づく加藤（2003）――本書第2章――でも議論しているが，それらにおいて検討することのできなかった論点を本章では取りあげてみたいと思う。

すなわち，ラフ・スケッチは書きあげたものの十分な検討をなしえないままになっている「地域」生成の論理に他ならない。本章では，その考察を通じて，かって加藤（1994）において提起した組織論的なパースペクティブに基づく地域構造論の展開方向を探るとともに，水岡や中村によって指摘された弱点の補強作業を多少なりとも試みたいと思う。国民経済の地域構造論を全面撤回し清算する以外に経済地理学の再建はありえないとする水岡流の蛮勇はもとより，それを美酒にかえる柳井グループ的な新酵母も持ちあわせていない著者がなしうる唯一可能な仕事だからである。

以下，加藤（1994）で提起した「経済循環」視点の徹底化が求められる所以を再説し，その上で加藤（1997）において示唆した市場地域と地域社会の「二重運動」視点を踏まえつつ，市場社会における「地域」の生成を「空間的組織化」視点にたって考察してみたいと思う。その場合，本章では，とりわけ従来の議論で提起した諸論点が，どのような位置関係を立つかを示すことに力点をおく。個々の論点についていえば，なお説明の不十分な箇所も見られるかもしれないが，それに関しては後続の諸章で議論することにしたい。

2　「経済循環」視点の徹底化が意味するもの

（1）地域構造論が国民経済を分析対象とする根拠

加藤（1994）で狙ったのは，国民経済の地域構造論が提起した「地域」認識の革新を徹底化していけば，経済地理学の対象をなす「地域」は国民経済循環の「空間的分岐」として位置づけられる点を明らかにすることであった。

このことで，地域構造論が分析対象を国民経済に求めてきた根拠を明確化すると同時に，「空間的なまとまり」である個々の「地域」を——それと同時に（水平的ならびに垂直的な次元を持つ）地域間関係をも——作りだす動力こそが究明されねばならない所以を示そうとしたのである。

塩沢由典の著作に学びつつ「経済循環の『完結性』が問題となるのは，あくまでも『全体』としての循環についてだけなのである」（加藤，1994，324頁）とし，空間的「分岐として進行する経済循環の『部分』過程においては……それ自身に完結的である必然性はまったくない」（同，325頁）ことを強調したのは，その点にかかわっていた。

しかしながら，このような狙いは，必ずしも十分に理解されなかったようである。それが，著者の説明不足よることは否定しがたい。より鮮明な形で国民経済循環をもって「全体」とする理由を強調すると同時に，「部分」である地域を分岐させるメカニズムに注目すべき事情を積極的に開示しておけばよかったと反省している。

著者が主張したかったのは，何よりも「経済循環の地域的完結性」を基準とする限り，「境界」によって地域を把握することが避けられないという点であった。

古賀正則（1975）は，「地域経済を取り扱う理論は，総じて国民経済と地域経済との基本的な差異について注意を払いつつも，なお地域をあたかも一つの経済主体かのごとくにみるという視角を共有しているようにみえる」（同，67頁）と指摘している。著者の理解するところによれば，その起因をなすものこそ「境界」によって地域を把握しようとする姿勢にあった。何らかの基準に基づき地域を区分し「境界」を引いたとしても，それは一定の基準を設定したことによる「結果」であって，「空間的なまとまり」を生みだす原因そのものが示されたわけではない。

「境界」をもって経済循環の「空間的なまとまり」を把握することは，国民経済についていえば十分な意味を有している。実際，国民経済と地域経済の差異については，例えば両者の間にみられる開放性の相違や主権の有無といった形で従来から指摘されてきた。だが，そうした点との関連からいって当然のように意識されるべき「通貨」の問題については，これまでの経過を見る限り適切に位置づけられてきたとはいえない。

経済地理学の世界では，「境界」をもって国民経済を把握する意義が，十分に理解されてこなかったのである。通貨の違いが国境をまたぐ経済活動の障壁をなしている点は認識されていたかもしれない。しかし，以下のような事情に関しては明確な形で意識されてきたとはいえないであろう。

小島清（1973）では，立地論と貿易論の関係にふれつつ，以下のような興味ぶかい指摘がなされている。彼によれば，前者の対象をなす取引が個別的経済主体相互の間の「個別的取引」であるのに対して，後者の対象をなす国境をまたぐ取引は単なる「個別的取引」としては片づけられない性格を伴わざるをえない。というのも，そこにおいては「個別的取引」の積み重ねが生みだす「総体的現象」である国際収支の状態が，「個別的取引」そのものの展開方向を規定するという関係が重要な意味を持つからであった。

（2）経済循環の基本的ユニットとしての国民経済

つまり「個別的取引はより高く供給するものを打ち負かし，より低廉に供給するものに優先権を与えるという絶対的競争原理によってつらぬかれている。ところが国際収支を均衡させなければならないということは，一国が輸出のみを，また輸入のみを継続することはできず，輸出するかわりに輸入しなければならないということを意味するのであり，したがって相対的競争原理に貫かれねばならない。すなわち一国があらゆる産業をもち，相手国は消費だけするのではなく，相手国もまたほかの産業をもって，国際分業を行ない，その生産物を交換しなければならない」（同，9頁）ことになる。

国民経済が「境界」をもって把握しうるのは，このような「総体的現象」である国際収支の調整を担う「総合的主体」としての国家（より具体的には中央政府および中央銀行ということになるであろう）の存在にかかるところが大きい。そして，それがまた国民経済を経済循環の基本的なユニットとして位置づける根拠でもあった。矢田（1982）の「資本主義の成立によって国民経済が確立して以来，基本的には国民経済が一つの『有機体』をないしているのであって，いかなる意味でも国民経済とアナロジカルな『地域』なるものは存在しえない」（同，56頁）という指摘の背後にあるのは，まさに以上のような事情なのである。

だから，「国民経済の地域構造とは，一国の国土を基盤にして，長い歴史的経過をへて作りあげられてきた国民経済の地域的分業体系のこと」（同，230頁）であると規定するにしても，いうところの国民経済は，決して国民国家の版図である国土の範域をもって「外枠」から規定されたものではありえない。そうではなくて，市場社会においては国民経済循環こそが社会的物質代謝を確保する上での基本的なユニットをなしてきたという歴史的事実に立脚してとらえられたものとしなければならないからである。そして，この点が，明確に理解されない限り，国民経済の地域構造論が内在させている理論的な可能性は十分に引き出せない。

これを裏返していえば，経済循環の基本的ユニットは，歴史的な可変性を持つということである。国民経済の地域構造論は，国民経済という存在を自明視し絶対視することによってではなく，それが経済循環の基本的ユニットをなしていたという歴史的な事実によって基礎づけられているという点が，決定的な重要性を持つ。したがって，EUの誕生によって現実のものとなってきたが，国民国家をこえる空間的規模での実物経済循環が生まれ，それに対応する形で国際的な通貨統合が進むことになれば，地域構造論が問題とすべき「全体」は当然ながら変化していくであろう[(1)]。

しばしば，地域構造論は，国民経済のみならず世界経済にも適用可能であるとする主張を耳にすることがある。だが，以上のような事情を考えれば，「援用」という意味でならばともかく，直接的な適用については無理といわざるをえない。にもかかわらず，このような不適切な主張は，現在も繰り返されている。

これは，国民経済の地域構造論をとる論者の間でも，いまだに「全体」と「部分」双方に対する理解が曖昧さを払拭できていないためであろう。もともと国民経済の地域構造論は，「全体」（をなす国民経済）が「部分」（である地域）の総和をこえた内容を含むとする認識を出発点としていた。しかし，それが論理的に意味するところは，どうやら明確につかまれていないようである。

このことが明確になっていれば，「全体」にあてはまるからといって同様の事柄が「部分」についても妥当するとは限らないことや，「全体」と同一のものさしで「部分」を説明しようとする態度に無理があることは，容易に理解されよう。実際，そうでなければ古賀（1975）の「国民経済と地域経済との基本的な差異について注意を払いつつも，なお地域をあたかも一つの経済主体かのごとくにみるという視角を共有している」（同，67頁）とした指摘を，矢田（1982）が「まさに至言である」（同，57頁）とするはずがない。だが，実際には，必ずしも十分に経済循環との関連性を意識した上で「全体」の「全体」たる所以が整理されたわけではなかった。

その点は，国民経済のみならず世界経済についても地域構造論を適用することが可能であるという時に，どのように両者の差異が理解されていたのかを考えれば明白であろう。そして，この点が明確にされてこなかったことが，裏腹な関係で経済循環の「完結性」という「全体」にのみ適用可能な基準をもって，したがってまた「部分」である地域を「境界」よって把握するという論理的な混濁が生みだされる起因ではなかったかと著者は考えている。その点を簡単に説明しておこう。

地域的不均等発展論に対して矢田（1982）が投げかけた「一つの『有機体』たる国民経済を任意に地域区分して，骨格・筋肉・血液・神経の分布の不均等性を論ずることと同様，それ自体意味のあることとは思われない」という批判は，その「論理的な裏返しとして」地域的不均等発展論が「国民経済とアナロジカルな『地域』」（同，56-57頁）を問題とせざるをえないであろう点を鋭角的に突いたものであった。これは川島哲郎（1965b）の「全国的な地域的分業と経済循環を背景にもつ地域経済は，かっての封建社会における藩経済とはまったく異なり，一国経済の単純な地域的分割またはそのミニチュアではありえない」（同，758頁）とする指摘を継承したものに他ならない。このような認識は，いうまでもなく地域の把握にあたって「全体」とは別個の「部分」に適合する尺度の用意を要請するものであろう。

（3）「完結性」を基準にすることの難点

ところが，これまでの議論においては，「相対的」という留保こそつけられてはいるものの，経済循環の「完結性」を基準とした議論が自明視されてきたことは否定しがたいように思われる。この点は，著者の反省的な議論（加藤，1994）――本書第1章――に対する矢田俊文（2000，302-303頁）の弁明を参照することによって確認できるであろう。以下，矢田の弁明と，それに著者が納得できない理由を示しておく。

矢田（2000）は，「『経済循環の地域的完結性というパラダイム』をリジットな形で強調したつもりはなかった」（同，303頁）とする。しかし「厳密な意味の『経済地域』」を判断する基準として「産業地域」と「経済圏」の整合性をあげ，「もし『産業地域』と経済圏が整合しているならば，すなわち重層的な市場圏の内部にそれぞれの市場規模と対応したかたちで各種の産業部門が立地し，生産された製品が基本的に域内で循環しているならば，経済圏内部に有機的な産業連関が確立し，しかも同じレベルの経済圏相互の産業構成は類似化するであろう」（矢田，1982，253頁）としている以上，どう弁明しても「完結性」が地域をとらえる上での尺度となっていることは否定できまい。もとより「完結性」という基準が地域の把握にかかわって意味を全然もたないというつもりはないが，しかし地域をとらえる上では「結果」である「完結性」よりは，そのような「空間的なまとまり」を作りだす「過程」こそが問題とされるべきであって，この点を明確にするような論理展開が求められると著者は考える。

加藤和暢（1994：第1章）で，あえて「過程的実在」などという不器用な表現を用いたのも，こうした点を浮きぼりにしたいと考えたからであった。いまとなってみれば「過程的実在」などといわず，たんに経済循環を構成する取引ネットワークの「状態」とでも表現しておいた方がよかったようにも思う。だが，あの時点では，他に著者の意図するところを明確に指ししめす適切な言葉を見つけられなかったのであった。

それはともかく，この「空間的なまとまり」が作りだされる過程を問題とするにあたっての手がかりとして注目されるのが，ルイス・マンフォード（マンフォード，1969）にみられる「都市は，固定した住居の場となるより先に，人々が定期的に戻ってくる集まりの場として始まった。すなわち，容器より先に磁力があった」（同，83頁）とする指摘に他ならない。

マンフォードの同書は，しばしば「容器の経済学」を標榜する人々の典拠とされてきたが，そこには自治体経済論者たちの主張とは対蹠的な以上のような指摘が含まれていたのは注目される(2)。

国民経済の地域構造論が構想されるにあたって多大な影響を及ぼした川島哲郎（1965b）は「地域経済がその内部での経済循環によって規定される核と境界をもつこと」（同，758頁）を指摘しているが，それとの関連でいえば「結果」として浮かびあがる「境界」よりも，むしろ「核」が生みだされる「過程」において作用する「磁力」を問題にしなければならないというのが，そこで著者の主張したかったことであった。

この場合，経験的な事実である経済活動の「空間的なまとまり」を生成させ，かつその持続を可能とする論理を剔抉していくだけでなく，進んで「空間的なまとまり」自体の変動を呼びおこすメカニズムを明かにすることが課題として浮上してくるのであるが，この作業を遂行することによって水岡（1992）が批判した「『地域』という概念自体が……空間的社会過程の帰結としての説明と範疇化が与えられないままにおかれている」（同，58頁）といった弱点は，自ずと解消されるであろう。

いま概略的な方向性を示しておくならば，市場社会での社会的物質代謝を担っているマーケット・メカニズムの下で，経済循環の「素過程」をなす企業相互間の，あるいは企業と家計間においてなされる種々の財やサービスの取引，そしてまた中央政府に代表される公共部門が税収を基礎として行なう様々な経済活動に付随して発生する諸取引などが複雑に連鎖し交錯するなかで，特定地点の周辺において「素過程」が重複し濃密な形で展開されている状態を「地域」として把握し，それを生みだす「磁力」を収穫逓増との関連において探ることが，この作業の要諦をなす。

ただし，現実の市場社会が，その全局面にわたってマーケット・メカニズムの支配下にあるとするのは短絡的である。櫻井毅（1979）も指摘するように「具体的な歴史過程の中で非商品経済的なものと対立しつつその過程を主導していく主体としての資本主義の自立性」（同，23頁）を重視するのは当然であるが，しかし現実の市場社会をマーケット・メカニズム一色で理解することは誤りであろう。問題は，あくまでも櫻井のいう「資本主義」と「非商品経済的要因」の関係にあるのだが，その点については，節をあらためて考察してみたい。

3　「二重運動」視点に基づく地域像の再検討

（1）伝統的政策論への疑念

著者が，あるべき政策の姿を提起するところに存在意義を見いだす伝統的な政策論に疑問を抱くようになったのは，学部生の頃であった。

北海学園大学の経済学部で池田善長ゼミナールに所属した著者は，そこで「開発は二面性をもっているのである。一つはEconomic Developmentであり，一つはSocial Developmentの達成である。この二つが矛盾することのないように両立してはじめて開発といえるのである」（池田善長，1977，12頁）という見解を学んだ。

池田（1977）の「開発は『経済の発展』（Economic Development）とともに『住民のウェルフェアー』（Social Development）をどう実現していくかという問題を含めて，この二つの問題を命題としているのである。これが開発なのである。わたしは，これを『開発の二面性』といっているのであるが，ただ単に経済発展だけを問題にするということは開発にならない。ウェルフェアーをどう実現したかということが開発の効果を測る一つの大きなポイントであるという点をつよく述べておきたい」（同，10頁）という主張の重要性は十分に理解できた。

しかしながら，その「必要性」に関してはともかく，「開発の二面性」が実現される「必然性」については別次元の問題といわざるをえないのではないか，との疑念を拭いさることができなかったのも事実である。

「開発の二面性」論は，当時の状況からいっても，また国土政策の現状から見ても，疑いなく魅力的な主張ではあるが，現実過程において具体的な展開をなしえずに足ぶみしていることは否定しがたい。

そこで，こうしたズレが生じざるをえない事情を究明し，なおかつ「開発の二面性」という主張が浮かびあがってこざるをえない根拠を解きあかしたいと著者は考えてきた。

にもかかわらず，この作業は遅々として進まず，当初は全く予想しなかった大規模な迂回を余儀なくされる。なんとか著者なりに得心のいく説明がつけられたのは，ごく最近のことであった。そして，それが同時に，中村（2004）が国民経済の地域構造論に対して投げかけた「地域に自律性を認めず，多様で個性的な発展の単位として地域を認識し，諸地域の集合体として国土を理解する地域経済学の問題意識を否定するところから生まれている」（同，16頁）のではないかという批判に対する一定の回答ともなっていた点には，著者自身が驚きを感じている。

（2）地域構造論と自治体経済論における「地域」認識の対極性

1990年は，日本の「地域問題」研究史にとっての重要な劃期をなす年であった。同年春に矢田俊文編著（1990）と宮本憲一・横田茂・中村剛治郎編（1990）が相前後して刊行されることで，国民経済の地域構造論と自治体経済論という戦後日本の「地域問題」研究をリードしてきた二大アプローチの相異点が一段と鮮明になったからに他ならない。とりわけ，相異の起因をなしている「地域」認識をめぐる対極性が，両書の刊行によって明確化された意義は大きかった。

しばしば国民経済の地域構造論と自治体経済論は，対立的な位置関係にあるといわれている。実際，地域的不均等発展論をめぐる評価において，あるいは開発の具体的な進めかたをめぐって，両者の理解には決定的ともいうべき差違が見られる点は否定できまい。だが，その起因をなす「地域」認識にまで遡って両者の位置関係を考えるならば，通常いわれるような対立関係にあるとは一概に断定しえないのではないかと思う。

池田善長から「開発の二面性」とのかかわりで「社会開発は，経済開発の『対置概念』であって対立概念ではない」（池田，1977，219頁）とする認識姿勢を学んでいた著者にとって，いうところの対立とは別の理解を可能とする方途がありうるように思われてならなかったのである。こうした疑問をときほぐす糸口となったのが，1990年春の『地域構造の理論』と『地域経済学』の刊行に他ならなかった。そして，そこに著者は，一般的にいわれてきた両アプローチの対立関係ではなく，「地域」認識の対極性を見いだしたのである。

中村剛治郎は，宮本憲一・横田茂・中村剛治郎編（1990）において，「地域経済学は，任意に区分した地域や単なる行政単位としてとらえられた地域の経済ではなく，人間の共同的生活空間，自治体（行政単位ではなく，人間共同体あるいは住民の共同社会）を地域ととらえ，地域を支える経済を地域経済として把握することから出発する。その上で，資本主義の空間的展開，重層的経済地域の形成との関連の中で地域経済を分析する。いわば地域経済学の自治体論的アプローチとでもよぶべき方法」（同，55頁）こそが唯一の正当な方法であることを主張した。

これに対して，矢田俊文は矢田俊文編著（1990）で「国民経済の内部は，一つの空間システムを構成しており，そのなかの一部分として地域経済があるのであって，『自治体経済』なるものが自立的に発展するというのは現実を正確に反映する理論だとは」（同，13頁）いいがたいと指摘し，「政府の行政単位としての地方自治体なるものは，中央・地方政府の管轄の範囲，財政循環の範囲，住民自治の単位であり，それなりに重要な位置を占めるものの，モノ・サービス・ヒト・カネ・情報の循環といったマーケット・メカニズムによって作られる経済圏のあくまでも一部」（同，21頁）に過ぎない点を直視して理論を構築することが求められると指摘する。

こうした矢田の指摘に対して，中村は「産業の空間的展開からとらえられる……『地域』は，areaであり，機能的に統合された経済圏を意味する経済地域と地域経済を混同し，地域経済論を展開しているかのように錯覚している」（宮本憲一・横田茂・中村剛治郎編，1990，55頁）に過ぎないとの批判を加えた。

中村の理解からすれば，『地域構造の理論』で提起されたマーケット・メカニズムが作りだす「空間システム……の一切片として地域経済を位置づける」（同，14頁）という「地域」認識は，「地域が独自の統合空間として形成されないまま……他の支配的な地域の構成部分にくみこまれること」（同，71頁）を容認するものである。このことからも知られるとおり，自治体経済論は「資本主義の発達，資本の浸透」（同，152頁）にともなう「人間の共同生活圏（共同体）＝自治体としての地域」（同，70頁）の変容を重視し問題としているのだから，その意味において両者が対極的な「地域」認識に立脚していることは明確であろう。しかし，両者の「地域」認識が対極的な位置関係にたつことは事実だとしても，そこから両者の対立関係を導きだすというのは短絡的といわざるをえまい。

同じく地域問題をあつかいながら，「地域間地域問題」としての地域格差に力点をおく国民経済の地域構造論に対して，自治体経済論が「自立性」や「独自性」といった「地域経済の質にかかわる問題」を重視してきた起因は，以上のような「地域」認識の対極性にかかっていた。それを中村は「経済地域と地域経済」との相異として説明した訳である。しかしながら，両者の位置関係を明確にしておこうとすれば，むしろ国民経済の地域構造論が現実の社会を支配しているマーケット・メカニズムの作りだす「地域」（これを「市場地域」と呼ぼう）に関心を集中させてきたのに対して，自治体経済論の方はマーケット・メカニズムによって存立基盤の侵食が進む「地域」（これを「地域社会」と呼ぼう）に注目して議論を構築したというべきであろう。

だとすれば，それぞれが焦点をあわせている「地域」を，対立的として片づけてしまうことには疑問が残る。

（3）統合視点としてのポランニー「二重運動」論

両者は，別々の視角から市場社会において「地域」が直面している現実をとらえたものだからに他ならない。いうところの「市場地域」と「地域社会」は，ともに現実の「地域」に備わった二つの側面なのである。しかも，両者は，これまでの経過を巨視的に見る限りは，拡張し浸透する前者と浸食され縮小する後者という対比が可能であるとしても，その過程で「地域社会」が「市場社会」の浸食に対して反撥する局面もありうるし，このところイノベーションの母胎として注目を集めている産業集積のように「地域社会」が「市場地域」の展開に対して親和的な関係に立ち，そのパフォーマンスを支えるといった事態もありうるから，一概に対立関係にあるとして片づけるわけにはいかない。

国民経済の地域構造論と自治体経済論がともに究明を目ざした現実の地域問題は，この両者が交錯し複合するところに成立する現象であった。その意味からすれば，それぞれのアプローチが焦点をあわせた「市場地域」と「地域社会」は，むしろカール・ポランニーが著書『大転換』（ポラニー，2009）で市場社会の実相として活写した市場と社会の「二重運動」過程の一局面として理解すべきであろう。ポランニーは，彼のいう「二重運動」を以下のように要約している。

「一世紀の間，近代社会のダイナミクスは二重の運動によって支配されてきた。すなわち，一つは絶えざる市場の拡張であり，もう一つはその市場の拡張が遭遇した運動，すなわち市場の拡張がある一定の方向へ向かうのを阻止しようとする対抗運動であった」（同，237頁），「この対抗運動は，変化に直面した社会によってとられる通常の防衛行動を超えるものだった。つまりそれは，社会の骨組みを破壊せんとする混乱に対する反作用であり，市場が生命を吹き込んだ生産組織それ自体を破壊しかねない運動でもあった」(同，237-238頁)。

本来的に商品ではありえない労働・土地・貨幣をも擬制的に商品としてあつかうことで成立するポランニーいうところの自己調整的な「市場経済が社会の骨組みをなす人間および自然という構成要素に対する脅威であるならば，さまざまな人々のあいだに何らかの保護を求める衝動が生ずる」(同，267-268頁）のは当然だからである。

ポランニーによれば，この二重運動は「社会における二つの組織原理の作用として擬人化することができる。それらはともに，自己のために特徴的な制度的目標を設定し，そのために特定の社会的勢力の支持を得，また独立の特徴的な手段を用いたのである。一方の組織原理とは，経済的自由主義の原理であった。それは自己調整的市場の確立を目標とし，商業階級の支持に依拠しながら，その手段として自由放任と自由貿易を広く利用したのである。もう一つは，社会防衛の原理であった。それは人間，自然および生産組織の保全を目標とし，市場の有害な作用によってもっとも直接的な影響を受ける人々，すなわち労働者階級と地主階級を中心にそれ以外の人々の支持にも依拠しながら，保護立法，競争制限的組織，その他の干渉方法を手段として利用したのであった」(同，240-241頁)。

このようなポランニーの議論を踏まえるならば，市場社会における「地域」が持つ複雑にして動態的な性格を究明するためには，国民経済の地域構造論がいうように「市場地域」を積極的な要因と見なすことは当然であるとしても，そこに自治体経済論が重視した「地域社会」による自己防衛という要因が絡んでくる事情を十分に考慮することが求められているのは明らかであろう。

市場社会における「地域」の現実は，まさに「二重運動」のダイナミズムによって貫かれているからであって，そこにおける「地域の二面性」，すなわち「市場地域」と「地域社会」の親和と反撥を正面から見すえるのでなければ，現実の「地域」を把握することは到底かなわないからである。

もともと「資本主義の具体的過程が商品経済の自己運動として展開するものではなく，資本主義が非商品経済的要因と対立しながら交互作用的影響のもとに展開する」(櫻井毅，1979，23頁）ことを考えれば，現実の地域をとらえるにあたって「商品経済の自己運動」との関連で理解すべき側面ばかりでなく，「非商品経済的要因」との絡みあいにおいて把握しなければならない側面が残されていることは当然至極の事柄というべきであろう。

しかも，それが単線的な規定関係としてではなく「交互作用的」に展開することを認めるのであれば，たえず親和と反撥をくりかえす「二重運動」過程としてとらえる以外に，これを把握する方法は考えられない。そしてまた，この市場社会における「地域の二面性」という現実的な基礎にまで遡ることで，池田善長が主張してやまなかった「開発の二面性」の必然性を解きあかすことが可能になろう。これが現時点における著者の理解に他ならない(3)。

4 「空間的組織化」視点からみた市場社会における「地域」の生成

(1)「地域」生成における契機の複合性

「地域」の問題については，さまざまな分野の論者が，それぞれの立場から多彩な考察を加えてきたし，現に試みている。馬場啓之助（1955）も，その一つに他ならない。マーシャルの『経済学原理』を翻訳した経済学説史家として，また農業経済学の研究者としても高名な彼は，この論稿において経済学説史の知見を踏まえつつ地域についての多面的な考察を経済社会学の立場から試みた。

といっても，ここで馬場が「地域性の探究」で展開した議論を詳細にトレースしようというのではない。極めて興味ぶかい内容を含む同稿の検討については他の機会に譲りたいと思う。本書では，彼が「経済生活は生活圏・政治圏・社会圏の三つの社会圏の交錯のうちに展開される」（同，44頁）とし，それが社会の地域性を規定する契機となっていると指摘している点に限定して議論を進める。

具体的には，馬場が「家計を中心として構成された地域社会であり……広く一般に社会生活の基底となる基礎社会」（同，41頁）を意味する「生活圏」と「企業を中心として市場を場として構成された機能社会」（同上）である「経済圏」，そして「政治圏」――「集団の意志を決定し，その意志にもとづいてその生活圏の秩序を確立し，これを維持運営していく」（同，43頁）にあたって求められる権力の妥当する範囲を指す――の交錯するなかで現実の生活が営まれると述べている点に他ならない。

すでに指摘したとおり市場社会における「地域」は，「市場地域」と「地域社会」が親和と反撥を繰り返しながら複雑に交錯する過程として存在しているのであるが，馬場の論稿は，そうした「地域」の生成を解きあかすにあたっては，複数の契機からなる立体的な議論を組みあげなければならないことを示唆しているからである。馬場の論稿に接したのは，つい最近のことだが，伊丹敬之（1991）の提起した「ヒトの三面性」論に示唆をうけて「生活における空間的組織化」（加藤，1992）をとりまとめていた著者にとっては，先行者を見いだした思いがした。とりわけ，馬場が「生活圏と経済圏の交錯の交点にたつものは，明らかに個々の主体である」（同，42頁）との観点を前面に押しだして，それが積層していく過程のうちに「地域」の実相を究明しようとしている点は，伊丹の議論とも重なる面があり，この問題についての議論を進める上で貴重な手がかりになるのではないかと考えている。

さて，著者が加藤（1992）で試みたのは，人間の生活を，さまざまな欲求充足活動の束としてみて，個々の欲求充足活動に備わった固有の「時間的リズム」と「空間的パターン」のうち後者が発現してくる論理を探ることであった。前者の「時間的リズム」は，加藤（1994）でもふれたように「空間的パターン」の発現に対しても重要な影響を及ぼす。この点は，本書の序論や第１章において指摘したとおりだが，いまだ両者の関係を十分に解明できたとは思われないのであって，説得的な議論を展開については今後の課題として残しておきたい。

現時点でなしうることは，「市場地域」の生成をめぐって，「二重運動」視点によって浮きぼりとされる商品経済的（ないし市場的）要因と非商品経済的（ないし非市場的）要因を区別するだけでなく，さらに前者の商品経済的（ないし市場的）要因が空間的パターンを作りだすにあたっての契機を抽出し整序することにとどまる。すなわち，先行する諸社会とは違い消費と生産の分離が決定的に進行する市場社会においては，社会全体が分業関係の網の目によっておおわれ，他人のための生産に従事することで獲得された所得をもって自己の必要とする財やサービスを商品として購入することが常態化するのであるが，そこに生みだされる所得者であることによってのみ消費者たりうるという関係性に含まれている“所得機会”ならびに“消費機会”を「市場地域」の生成にかかわる二つの契機として抽出する以上のことはなしえない。

とはいえ，この点を明確にすることは，今後における市場社会の地域構造を究明する上での重要な手がかりとなりうるのではないかと著者は考えている。

そこで以下においては，「市場地域」生成の契機となる“所得機会”と“消費機会”，そしてまた「地域社会」をささえている非商品経済的（ないし非市場的）

要因の核をなす共同体的な諸関係の三者を契機とする「空間的組織化」を通じて市場社会における人間生活の「空間的なまとまり」である地域が生成してくる過程を整序する作業を試みることにしたい。

その場合，まず最初に伊丹の提起した「ヒトの三面性」論をトレースし，これを経済地理学の文脈から再検討して「空間的組織化」論へと展開した上で，さらに20世紀システムにおける「空間的組織化」の特質とサービス経済化にともなう変容の方向を明かにしつつポスト20世紀システムの“地理的現実”について言及することにしよう。

（2）伊丹敬之「ヒトの三面性」論

人間生活を構成する諸活動が，それぞれに特有の空間的パターンを示すことは経験的な事実といって良い。個人についてみれば，いきつけの飲食店，かかりつけの床屋や病院などを各自が持っているのが，その実例である。また，都市の商圏や通勤・通学圏などは，そのような個人レベルの空間的パターンが交錯することで生みだされたメゾ・レベルの「空間的なまとまり」に他ならない。

いま，こうした「空間的なまとまり」が作りだされる過程を「空間的組織化」と呼べば，その契機をなすものは何であるか，いかなる論理に基づいてそれは発現し，どのようなメカニズムを通じて変化をとげるかは，経済地理学者にとっての重要な関心事といえよう。こうした問題を考える上で注目すべき論点を提起しているのが，伊丹敬之の提起した「ヒトの三面性」論に他ならない。経済活動がグローバル化し，地球的規模でのヒト・モノ・カネ・チエ（情報）の交流が活発化しているにもかかわらず，国と国とのボーダーは容易に消滅せず，かえって貿易摩擦の深刻化に象徴される「ボーダーフル・エコノミー」化の傾向すら見られる現状を解きあかすべく伊丹が展開した議論の中に，ここでの課題である「空間的組織化」の契機に関する一般的理解のエッセンスを確認しうるからである。

伊丹（2004）によれば，地球経済がボーダーレス化したり，逆にボーダーフルの傾向を強化したりするのは，人間が「消費者としてのヒト，所得者としてのヒト，そして共同体生活者あるいは文化者としてのヒト」（同，89頁）という三つの側面をあわせ持った存在だからである。すなわち，“消費者としてのヒト”は「自分の好みにあった製品やサービスが安価で良質に提供されるのであれば，どの国で作られたかにかかわらず，それを選択しようとする」（同上）から，この側面が押しだされる時にはボーダーレス化の急展開がみられるのに対して，“生活者としてのヒト”についてみれば「自分の生まれ育った国の慣れ親しんだ秩序のなかに居心地よく収まっているのを望むのが，多数のヒトのふつうの姿」（同，90頁）であることからも知られるようにボーダーレス化の進展に難色を示すことが多い。これに対して“所得者としてのヒト”が，いかなる立場をとるかは，自分たちへの「所得分配が有利になる可能性」におうじて，すなわち「国際競争力の強い企業をもった国の所得者……は，ボーダーレスを要求するだろう。しかし，競争力の弱い守るべき産業を多くもった国の所得者はボーダーフルに傾きやすい」（同，110頁）というように時々の状況に依存して変化すると伊丹はいう。

このように，ボーダーレスにふれるか反対にボーダーフルとなるのかは，伊丹によれば「ヒトの三面性」のいずれが前面に押しだされかによって変わってくるのだが，ここで注目されるのは“消費者としてのヒト”と“共同体生活者（文化者）としてのヒト”が対極的な位置にたつという指摘に他ならない。旧来の共同体的関係を基礎とする生活のあり方は，近代に至って「自己調整的市場」の論理に基づく「大転換」（カール・ポランニー）をとげ，これにともなって共同体の占有する空間の内部に制約されてきた人間生活の舞台は市場全体へと拡張していく。市場の論理の浸透は，旧来の狭域的な生活の「空間的なまとまり」を流動化し解体していくが，“消費者としてのヒト”の浮上は，こういった文明史的ともいうべき基調の転換を象徴するものに他ならない。

とはいえ，“共同体生活者（文化者）としてのヒト”に起因する生活の「空間的なまとまり」が，近代以降の歴史から完全に姿を消したというわけではなかった。それが，ポランニーのいうような「社会の自己防衛」によるものか，それとも市場の論理の展開にとって重大な阻害要因とならなかったという消極的な理由によるのかはさておき，「自己調整的市場」の論理が人間生活を全面的に覆いつくさなかったことは歴史的な事実である。現実の歴史過程は，市場の論理を基調としつつも，それに共同体的ないし文化的な諸側面が交錯する形で展開をとげたのであって，伊丹の表現を借りるならば，人間の生活が“消費者としてのヒト”に一元化されるのではなく，そこに“共同体生活者（文化者）としてのヒト”が交錯し絡みついているのが現実的な姿に他ならない。

伊丹のあげる「維持費のかからない車が欲しければ日本製を買わなければならないとは，アメリカ人としてまったく情けないかぎりだ」（同，96頁）という発言は，そうした事態の反映ということができるだろうし，やや視角をかえて見れば川勝平太（2003）の重視する「文化・物産複合」論（同，85-01頁）も，こうした点を照射した議論といえるであろう。そして，このモディファイ要因としての“共同体生活者（文化者）としてのヒト”に備わった強固な「土着性」（伊丹，2004，90頁）こそ，人間生活におけるボーダーフルな「空間的組織化」を呼びおこす契機として一般的に理解されているものなのであった。「地域」をめぐる議論において，「境界」したがってまた「経済循環の地域的完結」を問題とすることが，あたかも自明のごとくとらえられてきたのは，こうした事情によるものと推察される。

さて，生活における「空間的組織化」の契機として，次に取りあげるべきは，伊丹いうところの“所得者としてのヒト”であろう。先にも述べたとおり“所得者としてのヒト”が，ボーダーフルにふれるかボーダーレスを指向するかは「所得分配が有利になる可能性」に依存しているのだから，場合によっては既存の「空間的組織化」を変動させる要因ともなりうる。けれども「多くの人間にとってその仕事の場所は自分の住んでいる土地になければ意味がないことが多い。所得者としてのヒトの大半は，その意味で土着性，地域性が強い」（同，89頁）という経験的な事実を考慮すれば，いうところの“所得者としてのヒト”もまた「空間的組織化」の重要な契機をなすことは明らかであろう。

“所得者としてのヒト”の基盤をなしている企業を，市場という大海のなかに出現した「意識的な権限の島」（ロバートソン・デニソン，1967，76頁――ただし訳書では「意識的力の島嶼」となっている）いう象徴的な表現を用いて特徴づけたのはロナルド・コースであった。コース（1992）は，有名な「企業の本質」（同，39-64頁）という論稿で，不完全情報と不完全競争によって特徴づけられる現実の市場において生産を組織しようとする時，市場を利用するよりも別のメカニズムを選択した方が有利なケースの存在していることに着目する。というのも，価格メカニズムを利用するためには，交渉や情報収集などの取引コストが必要となるが，それよりも権限を通じた資源配分の方がコストを節約できる場合が存在するからであり，そこに市場にかわる別個の取引システムとしての組織が成立し，具体的には企業として展開するというのがコースの主張であった。

“所得者としてのヒト”の基盤をなす企業は，このようなコストの節約可能性を根拠として市場のなかに成立する組織に他ならないのであって，その点に“所得者としてのヒト”が「空間的組織化」の有力な契機となる原因も存在している。というのも，組織としての企業を呼びおこす技術的な理由――立地決定が資本装備の場所的固定化に直結するために従業員の通勤範囲が限定されざるをえない点など――や，市場的な理由――例えばコースの着目した長期契約雇用にともなう従業員の固定化など――から“所得者としてのヒト”は，伊丹（2004）が「消費者の需要にしても，購買のためにはまず所得がいる。所得は雇用から生まれる。雇用のためには企業活動が自分の住んでいる場所でおこなわれる必要がある」（同，108頁）と指摘した連関を通して，次第に企業の存続を自分自身の問題とせざるをえなくなっていくからであった。“所得者としてのヒト”は，市場の中に成立する企業という組織を存立の基盤としているがゆえに，その時々の状況におうじてボーダーレスに賛成したりボーダーフルにふれたりという振幅を示すのである。

（3）「空間的組織化」論への展開

以上のように，伊丹の提起した「ヒトの三面性」論は，近代社会の基調である市場の論理によって前面に押しだされた“消費者としてのヒト”の側面が旧来の生活における「空間的なまとまり」を流動化させるのに対して，“共同体生活者（文化者）としてのヒト”の側面が旧来的なまとまりを残存させる方向で働き，さらに市場のなかに成立した組織（企業）を基盤とするがゆえに“所得者としてのヒト”の側面もまた生活の「空間的組織化」を呼びおこす契機となっていることを示唆するものとして整理することができよう。

ところで，生活における「空間的なまとまり」を流動化させるものとして位置づけられてきた“消費者としてのヒト”が，「空間的組織化」の契機となることはありえないのであろうか。従来の一般的な理解では，そうした可能性はかえりみられることがなかったが，しかし契約コストが市場という大海のそこかしこに企業という意識的権限の島を呼びおこしたように，現実には“消費者としてのヒト”を契機とする「空間的組織化」が存在している。この点を，井原哲夫（1981）を手がかりとして検討してみたい。

“消費者としてのヒト”が，生活における空間的まとまりを流動化させる方向で機能するというのは，いいかえるならば消費者が全ての欲求を市場で充足しようとすることを意味している。そして，その窮極的な姿は，あらゆる欲求をサービスの形で市場から購入し消費することであろう。いま，「食」という欲求を例に考えても，その充足方法は多様である。自ら野菜などの素材を栽培し料理して食卓にのせるというのから，素材の調達だけは店屋ですますという中間的な形態をへて，外食にいたる様々な方法があげられよう。これらの中で，もっとも「安価で良質」なモノをという「消費者としてのヒト」の選択基準にマッチするのが，外食というサービスの形態を通ずる欲求の充足に他ならない。

こういうと，決して外食は安くないという批判がでるだろう。だが，自宅で食事しようとすれば，素材の調達費用をはじめ，ざっと考えただけでも調理や食事のための道具などのモノにかかわる支出，さらにはその購入や調理のための時間支出などが必要なのであって，これらをトータルして考えると外食よりも低コストであるというのは強弁に過ぎない。一般的にいえば，長期的な収支を考える限り，「安価で良質」なのは，市場でサービスを購入することなのである。それにもかかわらず，ほとんどの人間は，生活の拠点として住居を持っているが，これはどうしてなのであろうか。

そこに他の二契機，すなわち“所得者としてのヒト”や“共同体生活者（文化者）としてのヒト”が作用していることも否定できないところであるが，しかし住居——持家か借家を別にしても——を持つことは“消費者としてのヒト”の選択基準からいっても，欲求充足の合理的な方法たりうる。その点を明確に示したのが，井原哲夫（1981）の提起した「行動と行動の間をつなぐコスト」（同，155頁）の節約論であった。井原によれば，その事情は以下のとおりである。

「個々のニーズを分離して考えてみれば，コスト面からいう限り，外部化〔つまり商品やサービスとして市場から購入——引用者註〕した方が安いことが多い」（同，153頁）が，これは外部化した方が設備の稼働率の点や規模の経済性などの面からみて有利だからに他ならない。ところが，人々の欲求を一度にまとめて満足させなければならないような場合，例えば「寝る場所となるとそうはいえなくなってくる。……人間は毎晩，ほぼ決まった時間に寝るという行動が重要」（同上）だから，このような場合は外部化しても稼働率が高くなるとはいえないであろう。さらにまた「自分の寝具のシーツは毎日換える必要はないが，不特定の客を相手にするホテルのシーツは毎日換える必要がある」（同，153-154頁）といった管理コストの問題なども加わってくるが，とくに井原が重視したのが「人間の行動は個々独立に見れば細分化されているが，連続的につながっている」（同，154頁）ことに由来する「行動と行動の間をつなぐコスト」の存在であった。

長期的な収支からすれば外食は安いとしても，それを利用するためにはレストランやソバ屋に出向く移動時間がかかるし，食事のあとに映画でも見ようかとなれば今度は映画館への移動時間というコストが必要となる。「このように人間の行動は連続的であり，行動と行動の間をつなぐコストを省くことの必要性があり，現在の住宅はこのコストを省く上にきわめて有効であるという所に一つの大きな存在理由がある」（同，155頁）点に井原は注意を促す。そこに市場でサービスを購入する方が「安価で良質」な選択であるるにもかかわらず，ほとんどの人間が生活の拠点として住居を持つ根拠があるというのである。

「つなぎコスト」を節約しようとすれば，さまざまなサービスを身近に集中させれば良い。そして，その方法としては，「サービスの缶詰」ともいうべき耐久消費財に代表される各種の道具を購入して供給の内部化を図るか，さもなくば多様なサービスの供給主体が密集している場所に居住することが想定できよう。このうち前者の外部化されたサービスの利用を前提とする場合には供給者の立地点と住居の位置関係が，また後者のサービスの内部化にあたっては住居の規模が，それぞれ重要となることは説明するまでもない。後に見るとおり，こうした両者の相違が将来における「空間的組織化」の展開方向を見さだめるにあたっては重大な意味を持ってくるのであるが，ここでは，現実生活が「つなぎコスト」節約のために両者を併用する形で組たてられているため，住居の規模と位置が同時に問題とされている点を指摘するにとどめる。さしあたり“消費者としてのヒト”もまた，このような意味で「空間的組織化」の契機となっていることが理解されれば良い。「ヒトの三面性」を構成する“共同体生活者（文化者）としてのヒト”，“所得者としてのヒト”，そして“消費者としてのヒト”の各側面は，いずれも「空間的組織化」の契機となりうるのである。

この場合，後二者が「空間的組織化」の契機となるにあたっては，コストの節約という点が重要な意味を持っていた点は注目されよう。すなわち“所得者としてのヒト”の場合には，不完全市場・不完全情報という条件下における取引コストの節約を可能とする企業という組織の存在が，また“消費者としてのヒト”の場合は「つなぎコスト」節約を目ざした住居の保有が，それぞれ「空間的組織化」の起点となっていたのであるが，これらはともにも，さまざまな制約条件の存在によって教科書的なパフォーマンスを発揮しえない現実の市場において，その落差を埋める方向で機能してからに他ならない。両者がともにコストの論理に

立脚することは，それが市場メカニズムと親和的な関係にたつことを象徴している。(4)

5 新しい“地理的現実”解明の鍵

（1）耐久消費財産業の意義

以上，国民経済の地域構造論が提起した「地域」認識の革新を継承し，その方向性を徹底化することで市場社会の“地理的現実”を明かにしたいと考えて著者なりに進めてきた思索の過程で浮かびあがってきた「経済循環」「二重運動」「空間的組織化」という三視点について説明するとともに，これまで言及する機会をえなかった三視点間の相互関係についても言及してみた。

説明の不足している点もあろうが，市場社会における「地域」がポランニーのいう市場と社会の「二重運動」に対応して「市場地域」と「地域社会」という二面性を持つこと，現実の「地域」は両者が親和と反撥を繰り返しながら複雑に交錯する過程のうちに存在すること，また「経済循環」の「素過程」をなす個々の取引が伊丹のいう“所得者としてのヒト”と“消費者としてのヒト”を契機とした「空間的組織化」によって「市場地域」を生成させ，それと“共同体生活者（文化者）としてのヒト”の作りだした「地域社会」が交互作用的に絡みあうところに同過程の具体的な姿を見てとることができる点は了解されたと思う。

そこで最後に，以上で提起した論点を踏まえつつ，「サービス経済化」の進展によりドラスティックな転換をとげようとしているポスト20世紀システムの“地理的現実”に検討を加えて，続く第4章・第5章における議論との関連を明らかにしておきたい。

市場社会における「空間的組織化」の具体的な姿が，その時々の経済状態によって規定されていることは，すでに指摘したとおりである。生産技術の水準，交通・通信手段の発展度合，企業の規模あるいは金融市場のあり方など多種多様な要因が「空間的組織化」に影響を及ぼすのであるが，それが一挙に変化することで生活の「空間的組織化」が大規模な変容を経験しつつあるのが現局面の特徴といってよい。そこで，様々な変化の中でも市場社会における「空間的組織化」の変貌という点で，極めて重要なインパクトをもたらすと思われる「サービス経済化」に焦点をあわせて考察しようと思う。

これまで市場社会の「空間的組織化」の形態を規定してきた経済のあり方を，村上泰亮（1997b）にならって「20世紀システム」と呼ぶ。通常，「20世紀システム」は，ケインズ主義に基づく「総需要管理政策」をテコとした経済活動への政府の介入によって特徴づけられているが，それはまた耐久消費財生産の爆発的な発展を基礎とする「高度大衆消費社会」の到来でもあった。「高度大衆消費社会」という言葉を最初に用いたロストウ（1974）は，その特徴を以下のように要約している。

すなわち，そのトップ・ランナーをつとめた「アメリカ合衆国は自動車に乗って走りはじめたのである。これはまさしく大衆自動車の時代であった。自動車とともに，郊外に新しく建てられた一世帯用の住宅へと大挙して国内移住がはじまった。そしてこれらの新しい住宅はラジオ・電気冷蔵庫等の家庭器具によって次第に充たされていった。これらの家庭器具は，労働力移動と生産性向上とが個人サービスをほとんど払拭してしまった社会においては，必需品となったのである。これらの住宅の中で，アメリカ人は彼らの食料消費を次第に缶詰――あるいは後には冷凍――の形で買える高級品へと切り替えていった」（同，105頁）というのであるが，このロストウの要約に，20世紀システムにおける生活の「空間的組織化」の形態的な特徴は凝縮されているといっても過言ではない。

耐久消費財産業の発展は，“消費者としてのヒト”の側面においても，また“所得者としてのヒト”の側面に関してみても，20世紀システムにおける生活の「空間的組織化」の鍵を握るものであった。

前者については，ロストウが「自動車とともに，郊外に新しく建てられた一世帯用の住宅へと大挙して国内移住がはじまった」と指摘した点からも明かなように，「サービスの缶詰」である耐久消費財の登場が可能とした内部化による「つなぎコスト節約」を追求するために，その「置き場所」としての住居がクローズアップされ，しかもサービス供給者と住居との間の位置的な相互規定関係がよわまっていき「郊外化」の傾向がみられるようになり，これにともなって旧来の共同体的関係がますます希薄化していったなどの諸点を指摘することができよう。この場合，個人的レベルにおける「移動コスト」の大幅な節約を可能とした自動車が，耐久消費財の中心をなしていた点は，まさに象徴的であった。

耐久消費財のインパクトをこうむったのは，しかしながら“消費者としてのヒト”の側面ばかりではない。

(2)“ソフト化”と“サービス化”の関係

“所得者としてのヒト”の側面もまた重要なインパクトを受けた。そこで注目されるのが「大企業体制」の確立である。耐久消費財生産の発展をうながした大規模生産の利益は，他方で大企業体制の形成を呼びおこすが，工場など生産設備の巨大化を重要な契機の一つとする企業規模の拡大は，二重の意味で雇用機会の「制約」を強化し，これにともない“所得者としてのヒト”の側面は，市場社会における「空間的組織化」の契機としての意義を増大させていったからであった。

すなわち，大規模生産利益の追求は，プラント・サイズの巨大化をまねき，それに伴って企業経営における立地問題の比重が飛躍的な高まりを見せる。視点を変えれば，これは「雇用の場」が空間的に固着化することであった。そしてまた，企業規模の巨大化にともなって種々の場面に発生した取引契約の長期化の一齣をなす長期雇用契約の浸透は，空間的な意味においてだけでなく時間的にも“所得者としてのヒト”の側面を前面に押しだすことになった。

このように，市場社会の20世紀システムにおける「空間的組織化」は，耐久消費財の産業的発展と大衆的普及に規定されつつ，“所得者としてのヒト”の側面がイニシアティブをとる形で展開したのである。かくして20世紀システムとは，「雇用の場」が市場社会の空間的まとまりを規定する上での決定的な要因として作用した時代だったのであり，いかなる場所においても「雇用の場」さえ確保できれば生活を営むことが可能と考えられた時代といってもよい。

以上のような意味において，「生活問題」は「所得問題」に一元化されていたという事情が，20世紀システムにおける重要な政策現象の一つである「地域開発」をして，その主要な戦略的手段を企業誘致に求めることを可能にしたのであった。どのような僻地であれ「雇用の場」を確保することで，「購買のためにはまず所得がいる。所得は雇用から生まれる。雇用のためには企業活動が自分の住んでいる場所でおこなわれる必要がある」（伊丹，2004，108頁）という論理に始点を与えることさえできれば，問題は解決しうるという強烈な確信があったからである。実際また，生活を構成する諸欲求の対象が耐久消費財という「モノ」に傾斜している限りで，この確信の妥当性は明らかであった。

しかしながら，所得水準の上昇や社会福祉の充実などに象徴される20世紀システムの成熟とともに，こうした「空間的組織化」の形態は揺らぎはじめる。その起因となったのが，「サービスの缶詰」という耐久消費財の特殊な性格であった。

フルーツ缶詰の消費が，やがて本物の果物に対する強烈な欲求を呼びおこすように，耐久消費財の普及は，レコードではなく生演奏を，映像によってではなく現地体験をという欲求の「進化」を生みおとしたが，こうした変化を媒介として，いまや市場社会における「空間的組織化」の形態は重大な変貌をとげようとしている。

「サービス経済化」の進展は，どのような方向へと市場社会における「空間的組織化」の形態を変貌させようとしているかを理解する上で重要なポイントとなるのが「貯蔵も輸送もできない」という特性からくるサービス産業の立地特性に他ならない。「サービス経済化」が注目された当初は，このため在庫も輸送も無理ならば，人の居住している場所にサービス産業が張りつくはずだといわれていた。実際，「サービス経済化」の進展は，地方経済の「活性化」につながるという楽観的な主張をする論者も多かったのである。

けれども，「サービス経済化」の過程で呼びおこされたのは，全国レベルにおける東京「一極集中」現象であり，そのミニチュア版といわれる札幌や福岡などへの地方ブロック圏内での「一極集中」傾向だった。なぜ，このような事態が生まれたのであろうか。ここに，市場社会における「空間的組織化」が21世紀に向けて経験しつつある変貌の方向を占う鍵がある。

このような「一極集中」現象の原因として指摘されてきたのは，現局面における「サービス経済化」の主軸である“ソフト化”を担う産業群が典型的な「都市型産業」としての立地特性を示すという事実であった。研究開発や商品企画など財やサービスの生産過程で消費される「中間投入サービス」の増大傾向（=“ソフト化”）が大都市圏への経済力の集中を加速化させ，その経済力に支えられる形で消費者ニーズの高度化・多様化（あるいは個性化）を背景とした“サービス化”が急進行しているというのが一般的な理解である。だが，市場社会における「空間的組織化」という観点からすれば，「一極集中」の原因として注目すべきは，むしろ一般消費者による「最終サービス」需要の高まり（=“サービス化”）の方であろう。

というのも，耐久消費財という「サービスの缶詰」でニーズを充足できなくなった消費者にとって重要なのは「生のサービス」をめぐる「選択の幅」だからである。その意味からすれば，巨大マーケットを背景に多種多様なサービスを集積させている大都市が，生活の舞台としてクローズアップされるのは当然であった。したがって，「一極集中」現象は市場社会の歴史をつらぬいて進行する“サービス化”の流れが，現局面の発展をリードする“ソフト化”という追風に乗って急展開をとげたことに刺激されて生みおとされたと見る方が正確な理解といえよう。

（3）「人材立地」の根底にあるもの

実際，“ソフト化”をになう産業群が，つねに「都市型」の立地特性を示す必然性はない。コンピューター・ソフトの開発や新技術の研究といった最終的にモノに体化させられるサービスの生産にかかわる分野では，環境や地価などの関係もあって，積極的な地方展開に乗りだすケースも少なからず認められるからである。(5) かえって，現在のような「都市型」の立地特性を示す方が，過渡的な現象といえるかもしれない。

しかしながら，この点は「サービス経済化」の空間的インパクトについて研究している論者によっても十分に注目されてこなかった。

例えば，この問題に体系的な考察を加えた数少ない労作の一つである石丸哲史（2000）は「サービス経済化の進展は，あらゆる機能の空間的集中と空間的分散を同時に進行させるといえる。知識・情報主体のサービスの中には，情報化の進展とともに立地のフットルース性が高まるものも考えられるが，総じてサービス業は，集積の利益，企業間の関係強化，対面接触の必要性などによってフットタイド的性格を持ち続ける」（同，267頁）であろうと結論づけている。

だが，石丸自身が，他方で事業所サービスは「理論的にはフットルースであるが，労働市場の質的側面が重視され，知識・技術集約的業種であるため，良質な労働力が必要とされる。すべての非大都市圏中小都市において，容易にこのような良質な労働力が調達されることができるとは限らない」（同，252頁）というのであれば，「知識・情報主体のサービスは，情報化の進展とともに立地のフットルース性が高くなる」（同，258頁）と断定する訳にはいかように思う。

むしろ，貯蔵も輸送もできない「用役主体のサービスは，取引の空間的制約上フッタイド（foottied）的性格を持ち続け」（同上），しかも消費者ニーズの高度化・多様化に伴って低利用頻度のサービス（エスニック料理やホビーの専門店など）を含めた「選択の幅」を確保することが重要な意味を持つようになればなるほど，そういった「選択の幅」を生みだす大規模な市場つまりは大都市への指向が強ま

らざるを得ないからである。[(6)]

「サービス経済化」の進展は，そこに必然化する消費者ニーズの高度化・多様化にともなう「選択の幅」の確保という要請が，「貯蔵も輸送もできない」というサービスの特性と絡みあう結果，従来の“所得者としてのヒト”と並んで“消費者としてのヒト”を「空間的組織化」の重要な契機として浮上させていく。

すなわち，石丸がいうように，成長性の高いサービス産業の多くが「知識・技術集約的業種であるため，良質な労働力が必要と」（同，252頁）とすればするほど，「都市化がサービス化を生み出し，サービス化が都市を育てるという」（同，89頁）回路の焦点は，まさに確保すべき人材が求める“消費機会”にあるといわなければならない。ここにこそ，ポスト20世紀システムにおける“地理的現実”の動向を占う鍵がある。近年，「人材立地」への関心が，とみに高まりを見せている根拠もここにあった。

註

(1)　ところで，国民経済の地域構造論が，経済地理学の「研究プログラム」としてリアリティを発揮しえた背景には，各国が1930年代の大不況期以降，相ついで金本位制から離脱し管理通貨制を採用して「対内均衡」重視の経済運営にのりだしたという歴史的事実が存在していた。

意外に思われるかもしれないが，もともと経済政策論の一分野をなす地域開発論の研究から出発した著者が，次第に経済地理学に，とりわけ国民経済の地域構造論にかかわる仕事に手をそめるようになったのには，この「対内均衡」重視の経済運営への関心が密接にかかわっている。

「対内均衡」重視の経済運営――それは一般にケインズ主義と呼ばれている――によって，国民経済が「全体」としての意味を一段と強化された点については，とりわけ十分に注意しておかねばならないはずなのだが，それに対する意識は不思議なほど弱い。

それを象徴するのが，山﨑朗（1998）における「『地域間格差の是正』，『国土の均衡ある発展』というイデオロギーは，各種社会資本整備計画を統合する際の論理，デコレーション（装飾）の一つである」（同，59頁）という断定である。山崎ほど大胆に断定しているケースは珍しいが，類似の主張をする論者は少なくない。しかしながら，通貨管理の現実に目を向けるならば，「地域間格差の是正」や「国土の均衡ある発展」を「装飾」として片づけることは到底できないはずである。

マンデルらが提起した「最適通貨圏の理論」は，一国の内部における生産要素の移動が不十分であり，それが原因となって構造的不況地域などの「問題地域」が発生している場合に，これらの「問題地域」が為替レートの調整による競争力の回復を目ざして別の通貨を採用する可能性があることを理論的に示した。事実，EUも通貨統合と軌を一にして地域政策の再編・強化に着手している。こうした事情を考慮するならば「地域間格差の是正」や「国土の均衡ある発展」を「デコレーション」として片づけるわけにはいかないであろう。

加藤（1991a）や同（1991b）などの論稿は，まさに，このような認識からとりまとめたものであった。

国民経済の地域構造論に立脚して研究を行なうのであれば，山﨑のように予断をもって分析にのぞむのではなく，むしろ中央政府の手で進められる国土政策の歴史的な展開を，現代資本主義の歴史的位相に迫るための「通路」として位置づけ，その形成過程に実証的な究明の光をあてることが肝要であろう。

いいかえるならば，国土政策の形成をめぐって種々の立場からなされる主張が，たがいに反撥と親和を繰り返しつつ複雑に交錯する中から一定の方向性が生成し具現化されてくるという経験的な事実がはらむ「問題性」に着目し，その構図を国民経済の地域構造にまで遡って究明するところにこそ真の課題はある。

あるべき政策の姿を提起するところに存在意義を見いだす伝統的な政策論のあり方――それはまた山﨑らの政策論に対するスタンスでもある――が，国民経済の地域構造論という「研究プログラム」のもつ歴史性を希薄化させることになっているとすれば，それは残念なことであるといわざるをえない。

(2) 先にも言及したが，中村（2004）は，国民経済の地域構造論を「地域に自律性を認めず，多様で個性的な発展の単位としての地域を認識し，諸地域の集合体として国土を理解する地域経済学の問題意識を否定する」（同，16頁）ものであるという。そして，「地域の運命は，地域の人々によって決定されなければならない」（同，61頁）とする立場から，「地域は，全国や世界の全体的システムの中に占める位置によって規定されているとしても，一方的にその運命を決定づけられている受動的な存在ではない。地域に生きる人々が自らの人生を考え，人間らしく生きる場，自らの生き方の空間的な証として地域をどう作っていこうとするか，既存の国土構造における地域経済の位置を含む過去からの条件をふまえたうえで，地域の新たな歴史を切り拓こうとする人間の意欲と行動が，地域経済の新たな発展を生み，国土構造における地域の位置を変え，ついには，国土構造という全体の改革を実現していくための推進力となるという意味で，地域は自律的で主体的な存在である。この面を無視しては地域分析たりえない。それゆえ，地域経済学は，国土構造からだけでなく，個々の地域に注目しなければならないし，基本単位たる個々の地域から出発する」（同，58頁）と主張する。矢田（1982）における「国民経済内部の地域経済なるものは産業配置の従属変数」（同，242頁）という指摘は，確かに「一方的」な規定関係を強調したように見えるが，他方において矢田が地域経済の「相対的独自性」（同上）に言及したのは，中村の重視する「主体的な存在」としての側面を配慮したからであろう。

主体（住民）の存在がクローズアップされるのは，いわば当然のことである。しかし，その主体なるものが，また「全体」の動向に規定されつつも，その中から防衛的な方向――中村の表現を借りれば「既存の国土構造における地域経済の位置を含む過去からの条件を踏まえたうえで，地域の新たな歴史を切りひらこうとする人間の意欲と行動」ということになろう――で立ち上がる点こそが直視されなければならない。それとともに，この動きが，地域経済の「プラス」を伸ばそうとする動き，「マイナス」を押しもどそうとする動きとして現れる点にも留意しておかなければならないだろう。

ただし，その場合，経済地理学者は，地域を一般的にとらえて，「主体的な存在」であるから自由な「意欲と行動」がなされるというようには考えない。「主体」の存在を重視せねばならないという自治体経済論の主張は理解できる。だが，「地域のことは地域で決める」とか「地域の運命は，地域の人々によって決定されなければならない」という時に，いうところの「地域」の中に「地域」が発見されるというのが重層性の一面である限り，その範囲が再び問題として登場してこざるをえない。ここに至って自治体経済論者の依拠する「容器」論は「認識論的障害」（バシュラール，1975）と化すのであって，経済地理学者が経済循環の「完結性」，したがってまた「境界」の問題で苦慮してきたのと同様の状況に，自治体経済論者も直面する。これを突破するためには，本文中でも言及するように「核」を作りだす「磁力」の形成そのものが，市場と社会の多層的な二重運動――親和と反撥――の過程で具体化することを解明していかなければならないであろう。

(3) 池田善長の業績については，加藤（1987）を参照のこと。著者の手許には，池田が北海道大学経済学部に学位請求論文として提出したタイプ印刷の「地域開発政策に関する研究（昭和45年10月）」がある。その見返しには，「加藤学兄　恵存　一応のとりまとめで，あとの大成を期待しつつ著者」とあるが，カール・ポランニーが提起した「二重運動」論を媒介に，池田「開発の二面性」論を地域の「二面性」論という形で発展的に継承しようとした著者の試みが，多少なりとも池田の「期待」に応えるものとなっていればと願う。

(4) もっとも「共同体生活者あるいは文化者としてのヒト」の側面も，ひろい意味ではコストの論理によって説明できるのかもしれない。伊丹の「自分の生まれ育った国の慣れ親しんだ秩序のなかに居心地よく収まっているのを望むのが，多数のヒトのふつうの姿」（同『経営と国境』白桃書房・2004年，90頁）であるという指摘は，これを背後からよみこめば，他の国の異質な秩序に適応するためには多大のコストが必要となるというふうに理解することも可能だからである。事実外国で生活するためには，その国の言葉をマスターしなければならないが，その習得には時間と費用が必要だし，また移住することによって，それまで形成してきた人間関係や社会的地位などが消滅するような場合も少なくないだろうから「共同体生活者あるいは文化者としてのヒト」の側面に関しても，コストの論理を用いて説明可能な部分が相当程度あるように思われるが，本章ではこれ以上たちいらないことにする。

(5) 加藤幸治（2011）は，情報サービス業の地方展開についての貴重な実証分析である。とりわけ，地域産業連関表を駆使した「情報サービス需給における地域内・間の流動（フロー）」の検討は重要な意味を持つ。参照されたい。

(6) この点は，後続の第5章で，矢田俊文の見解を検討する際に，あらためて詳細な検討を加えることにしたい。

第4章
サービス経済化の地理学
——空間的組織化における「貯蔵」「輸送」「通信」の役割——

1 “地理的現実”を変容させる二つの動力

「大都市圏におけるサービス・文化産業の新展開と都市ガバナンス」をテーマに掲げた第58回大会のシンポジウムは，過去の大会で必ずしも十分に議論されてこなかったサービス経済化の問題を本格的に取り上げた点という点で重要な意味を持つ。

経済地理学の世界では，グローバル経済化の地理的インパクトに焦点をあわせた研究成果が数多く存在するのとは裏腹に，サービス経済化にともなう地域構造の変容を取り上げた研究は手薄といわざるをえない状態が続いている。しかしながら，グローバル経済化とならんで，サービス経済化の展開が，現代社会の“地理的現実”を変容させる動力の一つであることは否定しがたい事実といえよう。その意味からも，今回のシンポジウムを契機に，サービス経済化の研究が，学会レベルで活発化することを期待したいと思う。

本章では，大会時のコメントを土台に，サービス経済化の研究に経済地理学が取り組むにあたってのポイントを提起してみたい[(1)]。

2 サービス経済化をめぐる論議が迷走する理由

(1)「サービス・文化産業」という括り方

まずもって確認しておかねばならないのは，どこに着目してサービス産業を把握するかという点である。先に，サービス経済化の地理的インパクトを取り上げた研究の少なさを指摘したが，これには反論もあり得よう。インターネットの普及に象徴される情報産業の発展が呼び起こした地理的な変化を論じた業績は着実に積み重ねられてきているし，ロジスティクスを担う運輸業の研究も少なからず存在しているからである。

このこと自体は著者も否定しない。だが，同時に，そうした理解が，実は重大な問題をはらんでいる点にも目を向けて欲しいと著者は考える。このように考える所以を明らかにする意味で，「サービス・文化産業」という対象の括り方を吟味してみることにしよう。

第58回大会のシンポジウムでも，実際には「サービス・文化産業」という括り方で議論を展開した報告者はいなかった。加藤幸治が取り上げたのは，育児・保育，医療・介護といった「基本」的サービスやエステ・グルメといった「選択」的サービスであり，河島伸子の取り上げたのは，舞台芸術・デザインから音楽・出版・ソフトウェアに至る13産業からなる創造産業である。ただし，河島が「創造産業に先立つ言葉としては，『文化産業』がある」と述べていることからすれば，いうところの創造産業と文化産業の類縁は近いと判断されるから，加藤・河島のあげた産業をもって「サービス・文化産業」の具体的な内容としても大過なかろう。

育児・保育は明らかにサービス産業である。舞台芸術やデザインが文化産業であることも自明といえよう。したがって，「サービス・文化産業」という括り方に問題のあろうはずがない，という考え方は十分に成りたちうる。

だが，「サービス・文化産業」という括りの基準は何か，という問いに答えられるかどうかを考えてみて欲しい。いずれも非物財生産，つまりモノづくりではないといった形で消極的に答えることは簡単だが，これらの産業に共通する積極的な特性を示すことは容易ではなかろう。否，創造産業としてあげられた音楽・出版などの生産物は，CDや本といった物財の形で提供されることも多いわけだから，非物財生産という括り方も実のところ危うい。

サービス産業は，しばしば第三次産業と同一視されてきた。著者も，講義などでは，便宜的にサービス経済化を「第三次産業の生産額や就業者数の伸び」と説明することが少なくない。だが，厳密な議論をしようというのであれば，こうした説明は，やはり問題があるといわざるをえないだろう。

サービス概念をめぐる議論は，ドゥロネとギャドレ（2000）の整序からも知られるように長い歴史的経過を持つ。その経過については同書に委ねることにして，ここではサービス産業＝第三次産業という広く普及している「通念」の難点に絞って検討を加えることにしたい。実は，第三次産業という括り方は，極めて厄介な性質を持つ。

産業の三区分を提起したのはコーリン・クラーク（クラーク，1955）だが，彼の定義では全産業から第一次と第二次産業を「差し引いたもの」（同，380頁）が第三次産業とされていた。そのため，現行の日本産業分類（第12回改訂）を見ても，第三次産業の内容は，F電気・ガス・熱供給・水道業，G情報通信業，H運輸業，郵便業，I卸売業，小売業，J金融業，保険業，K不動産業，物品賃借業，L学術研究，専門・技術サービス業，M宿泊業，飲食サービス業，N生活関連サービス業，娯楽業，O教育，学習支援業，P医療，福祉，Q複合サービス事業，Rサービス業（他に分類されないもの），S公務（他に分類されるものを除く）と実に雑多である。その雑多な内容を，サービス産業といい慣わしてきたところに「混乱」の種はあった。

全産業から物質的財貨の生産部門である第一次・二次産業を引き去った「残余」として第三次産業が規定された結果，何とはなしに非物財生産部門として括られ，それがさらにサービス産業が持つ特徴の一つである無形性への注目に転じたところに「混乱」の起因は求められる。M宿泊業，飲食サービス業やN生活関連サービス業，娯楽業のみならず，F電気・ガス・熱供給・水道業もJ金融業，保険業もといった具合に全部の業種をサービス業と見なすならば，いうところのサービスが「非物財生産」以上の意味をもたなくなるのは当然の帰結であろう。かくして，アウトプットが無形物であれば何でもかんでもサービスとする「錯視」が常態化することになる。

（2）距離克服の三モード――「貯蔵」「輸送」「通信」

いかなる点をサービスの特性と考えるかについては，物財（モノ）との比較で①非貯蔵性，②無形性，③一過性，④不可逆性，⑤認識の困難性をあげる野村清（1996），①在庫が不可能，②市場が時間と空間で分断される，③需要者が分断された市場をつなぐ点に注目する井原哲夫（1999）をはじめとして種々の見解が存在している。そうしたなかで，いずれの論者も共通して認めるのが，サービスは貯蔵（在庫）することができないという点であった。しかし，このサービスは貯蔵できないという事実が持つ意味は，必ずしも正確に理解されてこなかったようである。

モノと違ってサービスが「貯蔵も輸送もできない」ことは，以下のような例を考えると理解しやすいであろう。モノならば釧路で秋にとれたサンマを冷凍庫に入れておき次の夏に売ることができるし，それ以前に東京の市場へ運んで売り捌くことが可能である。しかし，スキー場でゲレンデの高い場所まで座ったまま身体を送り届けてくれるリフトのサービスを，サンマのように貯めておいたり，別の場所にいるスキー客に運んだりできるかを考えてみて欲しい。

一昔前の正月風景といえば，スキー場でリフトの順番を待つスキーヤーがつくる長蛇の列であったが，これを解消しようとして夏の間に無人のスキー場でリフトを運転する経営者はいないであろう。また苗場のスキー場にできた長い行列を解消するのに富良野のリフトをフル稼働させても役には立たない。この例からも明らかなように，サービスについては「貯蔵も輸送もできない」のである。

あくまでも管見の範囲ではあるが，貯蔵と輸送の関係については，必ずしも的確な整理がなされてこなかったように思われる。そして，このことが実はサービス経済化をめぐる論議の「迷走」と深くかかわっているのではないかと著者は考えてきた。そこで，以下，この問題に関する著者の理解を示してみたい。

貯蔵とは，ある対象が備えている諸属性を変質させることなく，同一地点で，後続する特定時点まで維持することを意味している。先にあげた例でいうと，秋に釧路港で水揚げされたサンマの鮮度を冷凍庫に入れて維持し夏が来たら出荷するところに貯蔵の狙いはあるのだから，その意義は「時間的距離」の克服にあるといいかえることができよう。これに対して輸送は，釧路でとれたサンマを売り捌くために大市場である東京へと送り届けることを眼目としているから，こちらの狙いは「空間的距離」の克服ということになる。

ここで見落としてならないのは，釧路から東京までサンマを届けるためには，トラック便か航空便かで長短は異なるが，いずれにしても時間的な経過が欠かせない点である。要するに，「時間的距離」の克服である「貯蔵」が可能でなければ，絶対に「輸送」することはできない。にもかかわらず，現実の地理的空間における距離の克服は，時間的な経過を抜きに成立しえないという当然至極の事実が，従来しばしば看過されてきた。

そればかりではない。ここにきてコンピューター・ネットワークが普及したことで，「通信」というモードは，電信や電話の時代とは比較ならないほどの情報量を低コストで扱えるようになった。その結果，これまで人間と人間の対面接触や情報を体化させた物的媒体を相手の手許に送り届けなければ成立しなかった高密度のコミュニケーションが，空間的な距離を隔てたままでも可能となり，そのことが空間的距離の克服と時間的距離の克服が分かち難く結びついてる点を，一段と見透しづらくさせているのである。

経済活動における「距離の暴虐」は，「貯蔵」「輸送」に続く第三の距離克服モードである「通信」がドラスティックな発展をとげたことで完全に克服されたとするオブライエン（O'Brien, 1992）の「地理の終焉」論からフリードマン（2006）の「フラット化」論に至る一連の議論は，この点を象徴するものといってよかろう。情報が一瞬のうちに地球上を周回し，また「仮想空間」上に蓄積した無限ともいうべき量の情報を自由に出し入れできるようになったことは，確かに「貯蔵」と「輸送」に対する認識を変化させずにはおかない。自室から一歩も出ることなしに，パソコンの画面を通じて，地球の裏側にいる人が立ち上げたショップに，それも自分の都合の良い時間にアクセスして，気に入ったら，カードで代金を支払って買い物するという「ネット・ショッピング」が日常化していることを考えても，認識が変わってくるのは当然といえよう。

しかしながら，音楽や映画のダウンロード・サービスは別として，購入したのがモノであれば，それを玄関口まで届けてくれるのは，相も変わらず宅配業者である点を忘れてはならない。かつて月尾嘉男（1998）は「インターネットなどの通信サービスは均一料金かつ定額料金で提供される結果，既存社会で地域や産業の発展を左右してきた遠近格差や位置格差は消滅する」と主張したが，商品の選択・発注，カードでの決済，配送日時の指定といったあたりまでは仮想空間で可能だとしても，モノの引き渡しは現実の地理的空間でなければ不可能なのである。このことを考えるならば，「遠近格差や位置格差は消滅」したとする主張には，にわかに従いがたい。

（3）“情報化社会”論と“サービス社会”論の落差

にもかかわらず，「通信」の飛躍的な発展に眩惑されて，それが「貯蔵」や「輸送」というモードに取って代わったかのような議論が横行しているのが実情である。第三の距離克服モードである「通信」の取り扱えるのが，現在のところ――そして，見透せる限りの間は――情報にとどまっている点は，しばしば忘れられている。そこで，この点にかかわる混乱を正すべく「貯蔵」，「輸送」，「通信」

という三つのモードの関係を整理してみよう。

図4－1は，「貯蔵」，「輸送」，「通信」の関係をとりまとめたものである。いま，縦軸に時間（的距離）を，横軸には空間（的距離）を，とることにすれば，「貯蔵」は，場所的な移動をともなわずに時間的距離の克服を狙うわけだから横軸上の任意の一点から垂直に伸びる線分として，また時間的距離の経過をともないつつ空間的距離を克服する「輸送」は速度に応じた傾きを持つ線分として示されよう。これに対して「通信」は，一瞬のうちに地球規模で情報をやりとりするのだから横軸に対する平行線として表現できる。

ただし，「貯蔵」と「輸送」の両モードが現実の地理的空間におけるモノを対象とした距離の克服に役立つのに対して，「通信」の場合は情報を対象とする距離克服に限定される。ここに，後者との関連で「仮想空間」が論ぜられる所以も存するのであろう。さて，そこで問題のサービスである。

モノと違って「貯蔵も輸送もできない」サービスは，どのような形で図に示すことが可能だろうか。サービスを，**図4－1**に表現するとすれば，そもそも貯蔵が不可能なのだからタテに線分が延びるわけはなく，また輸送もできないことから考えるとヨコにも延ばしようがない。つまりは，時間と空間を，それぞれ縦軸と横軸とした座標面上の「点」――特定の時点と地点の組み合わせ――ということにならざるをえないであろう。

すなわち，歴史的時間を構成する特定時点に，地理的空間上の特定地点で，提供者と受け手とが，直接に出会うことこそ，サービスの生産・消費を成り立たせる大前提なのである。これに対して，先にみた音楽や映画のダウンロード・サービスなどの場合，現実の地理的空間に所在地を持っている「受け手」が，「仮想空間」上の供給者との間でサービスをやりとりするため，現実の地理的空間と「仮想空間」との区別が曖昧化してこざるをえない。オブライエンやフリードマンらの議論が，それなりの「リアリティ」を持ったのは，金融をはじめとするビジネスの世界で，こうした区別の曖昧化――融合化というべきなのかもしれない――が猛烈な勢いで進み，それに刺激を受ける形でグローバル経済化が急展開をとげたからであった。

このあたりで，問題を再整理しておこう。本章の課題は，サービス経済化の地理的インパクトに関する研究の前進を阻害している事情を明らかにし，その上で今後の研究展開にあたってのポイントを示すことであった。ここまでの検討で明

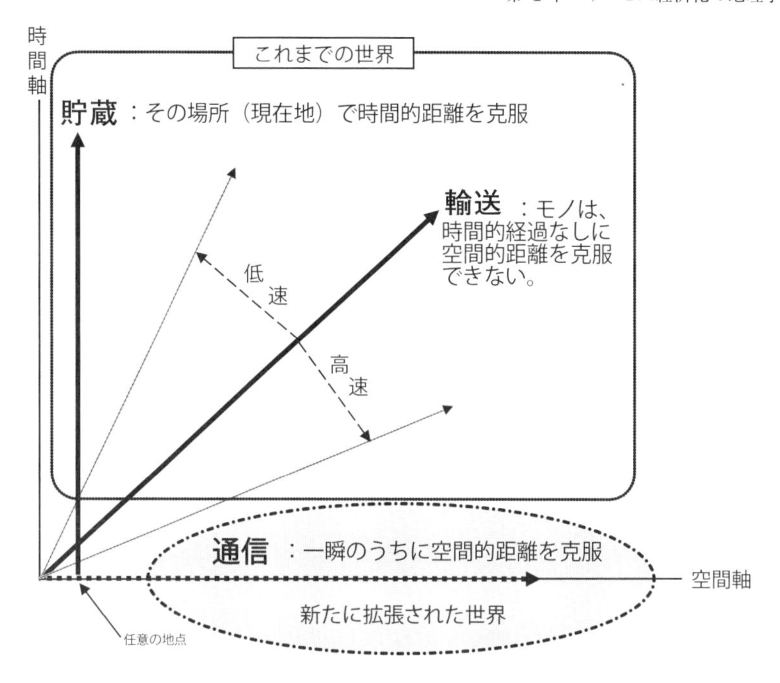

図４－１　距離克服の３モードの関係

らかになったことは，大づかみにいえば，①第三次産業とサービス産業を同一視する「通念」によって，本来的な意味からすればサービスとは呼べない部分までも混入させたまま議論が進められており，②この混乱は近年における「通信」の飛躍的発展により一段と増幅されているため，③サービス経済化の地理的インパクトを究明しようとするならば従来以上にサービスの本来的な特性である「貯蔵も輸送もできない」点に焦点を合わせた議論が求められるという三点に要約される。

いうまでもないことだが，これに類する論点整理は，以前から行われていた。例えば，ドゥロネとギャドレ（2000）にも「『情報化社会』と『サービス社会』は同義語ではない」（同，33頁）という興味深い指摘が見られる。

彼らによれば，一口にサービスといっても，そこには①生産の合理化という点で「製造業の場合とよく似ている」テレコミュニケーション，運輸，商業取引，銀行業などの「情報関連のサービス」と，②「ほとんどの生産者サービス，保健や教育関係のサービス，社会サービス，文化活動などに見られる」「消費者との相互作用が生産過程で重要な役割を担っている」「人間関係的サービスや専門的サービス」という「二つのタイプ」が含まれており（同，10-11頁），それゆえ，ともにサービス経済化を対象とする議論であるにもかかわらず，前者に着目した“情報化社会”論と後者を重視する“サービス社会”論とでは，内容に大幅な相違がでてくるのは，むしろ当然なのである。

ところが，サービス経済化をめぐる研究の中心をなしてきたのは，冒頭でも指摘したとおり，発展の顕著な情報サービス業や，これに刺激されつつ新たな局面をむかえたロジスティクスの実態把握であり，さらには近年の流行ともいうべき「知識経済」論の研究であった。ドゥロネとギャドレの用語法をもってすれば，これまでの研究は，著しく“情報化社会”論に偏っていたのであって，「人間関係的サービスや専門的サービス」に代表される「貯蔵も輸送もできない」というサービスの本来的な特性を備えた産業を対象とする研究は手薄だったのである。いったい，どのような理由が，こうした研究の偏りをもたらしたのか。

いま端的に結論のみ示すならば，“サービス社会”論は，「工業部門における技術革新……による労働生産性の上昇に比しての『消費者サービス』産業の技術革新の遅れをベースとした……消極的な意味での『サービス化』論」（矢田，1999，110頁）であって，社会経済システムの発展動向を見透す上で重要な「技術革新を軸とする産業構造の高度化を推進する部門」（同，102頁）ではありえないと考えられてきたからである。著者も情報社会論や知識経済論の研究が無用であるとはいわないが，しかし生産性の向上を促すイノベーションにのみ注目していたのでは，百年単位の変化はともかく，社会経済システムの深部から起こりつつある千年を単位とする変移の存在を見逃してしまうように思われてならない。以下，節をあらためて，この点を検討しておこう[(2)]。

3　なぜ「貯蔵も輸送もできない」点を重視するか

（1）地理学的思考の復権

“情報化社会”論からは「貯蔵も輸送もできない」というサービスの特性が，いかなる地理的インパクトを社会経済システムに及ぼすかは明らかにすることはできない。この点を把握するためには，「貯蔵も輸送もできない」という特性を，最も集約的に表現している「対人接遇サービス」に目を向けることが求められる。したがって，今回のシンポジウムで，加藤幸治が医療を典型とする「対人接遇サービス」に焦点をあわせた報告を行った意義は大きい。

著者が，かくも「貯蔵も輸送もできない」点を重視するのは，いうまでもなく，ここに新しい“地理的現実”を見透す上での重要な手がかりがあると考えているからである。世界を猛烈な勢いで攪拌し，あらゆる存在を流動状態に巻き込もうとするグローバル経済化が進行する中で，それを主導するアクターである企業が，ローカルな要因への関心を高めていることは，しばしば指摘されてきた。例えば，産業クラスター論で高名なマイケル・ポーター（ポーター，1999）も，「逆説的ではあるが，グローバル経済において最も持続性のある競争優位は，ローカルな要因から得られる場合が多い」（同，163頁）と述べている。

実際，「地域的イノベーションシステム」論や「革新的ミリュウ」論など，このところローカルの重要性に注目した議論は急増してきた。その場合，指摘されるのは，知識ないし情報との関連である。知識には，他の場所に移動しやすい「形式知」と地理的な粘着性の高い「暗黙知」とがあり，後者がイノベーションの具体化にあたって重要な意味を持つというのであるが，こうした理解に著者は疑問を禁じえない。

いかにITが飛躍的な発展をとげたとしても，なお移動の困難な知識・情報があるというのは事実であろう。しかし，そこからローカルな要因が重要性を増してきた理由を，直線的に説明するのは無理がある。いうところの「暗黙知」は，あくまでも「個人」に，そしてまた個人を構成員として成立する「組織」に備わったものとして理解されるべきであって，それ自体として場所に「粘着」するものではないからである。

知識・情報は「場所」に着くのではなく「人」に着く。だから議論の焦点は，組織や諸個人を特定の場所的に「粘着」させる要因にこそ求められなければならない。「暗黙知」の存在といった事情が，企業にローカルな要因の重要性を意識させている決定的要因とは考えられないのであって，むしろサービスに備わった「貯蔵も輸送もできない」という特性こそが組織や諸個人の場所的な移動を妨げていると考えるべきではなかろうか。

この意味からすれば，しばしば目にする「グローバルvsローカル」という問題設定は，むしろ「グローバル経済化vsサービス経済化」として再設定されるべきであろう。場所による習慣や制度，あるいは文化の違いも確かに重要だが，それ以上に社会経済システムの重心がモノの生産・消費からサービスのそれへと移行しつつあるところに基本的な理由は求められねばならない。事実，この点に注目しなければ，情報化が急展開をとげ，またドラスティックな物流環境の改善にもかかわらず，産業の地理的集積が存続する積極的な根拠も理解できないからである。

日本の産業集積を代表する大田区の実態解明に取り組んだ竹内淳彦・森秀雄・八久保厚志（2002）は，同地区の業態別構成において，加工（64%）が製品（19%）や部品（18%）を圧倒していることを明らかにしている。従来ほとんど意識されてこなかったが，鋳造・成形，鍛造・プレスといった「加工機能はサービスと考えてよい」（井原，1999，183頁）。本章では，問題の所在を指摘するにとどめざるをえないけれども，サービスの「貯蔵も輸送もできない」という特性と結びつけて製造業の地理的集積を再検討することが求められているといえよう[(3)]。

このように，ドゥロネとギャドレのいう“サービス社会”論の側に立った研究は，オブライエンらのいう「地理の終焉」なる議論とは逆の事態，すなわち「地理の再興」が現実化しつつあることを明らかにしている。“情報化社会”の進展による現実の地理的空間と「仮想空間」の曖昧化が生んだビジネス・チャンスに殺到した企業は，それまで経済循環の基本的な単位をなしてきた国民経済の枠組みを易々と乗り越えて，ありとあらゆる国と地域を絶えざる流動化の渦に巻き込んだ。これが「地理の終焉」の構図である。

フロリダ（2009）は，「地理の終焉」論の「そもそもの間違いは，グローバリゼーションを二者択一の理論で捉えようとしたところにある。私たちを取り巻くグローバル化の新たな現実を知る手がかりは，世界がフラットであると同時に，スパイキーである実態を理解することにある」（同，26頁）と批判した。しかしながら，彼がスパイキーな世界を呼び起こす契機として注目する「才能，イノベーション，クリエイティビティのような現代の主要な生産要素」（同，14頁）を特定の「場所」に引きつける事情を究明するためには，むしろ「貯蔵も輸送もできない」というサービスの特性を積極的に考慮すべきであろう。サービス経済化の進行が「地理の再興」をもたらし，地理学的思考の復権――これについて，どのような理解を著者が持っているかについては，本書の序論（補註）で言及しておいたので参照されたい――を要請していることを認めるべきなのである。

(2) 経済学的究明の限界

戦後日本の経済地理学では「経済学としての経済地理学」というスローガンが広く受け入れられてきた[(4)]。経済学の成果を積極的に取り入れることで，単なる記述を超えて経済地理現象の展開メカニズムに迫りたいという願いが，そこには込められている。実際，戦後日本の経済理地理学は，この標語の下で，国民経済の地域構造論に代表される数々の成果をあげてきた。

しかしながら，サービス経済化の進展は，その経済学の有効性を，大きく揺るがしつつあるという声が，他ならぬ経済学者の間からあがっている事実を見逃してはなるまい。経済学が，究明の対象としてきた市場システムは，実のところサービスが「苦手」なのである。以下，その点を簡単に説明しておこう。

村上泰亮（1997a）も注意しているように「ある物が『商品』となるためには一定の条件がある」。とりわけ重要なのが，「認定可能性（identifiability）」──「市場で扱われている財が参加者全員にとってはっきりそれとわかる（identify）ものでなければならない」──であり，「測定可能性（measurability）」──「ある参加者がその財を１単位（１単位とはかぎらずN単位でもよいが）買い入れようとするとき，測定されたどの１単位（どのような組合わせのN単位）をとっても，その参加者にとって同じ意味をもっているようにしなければならない」──である（同，170-172頁）。ところが，モノと違ってサービスの場合には，この「認定可能性」と「測定可能性」の確保が極めて難しい。

「サービスは，状況に対する判断，顧客との間の情緒的関係に対する配慮など細心のものでなければならない。したがって一般論としていえば，サービス産業の産出物について等質性を保証するのは難しそう」に見えるというのが第一のポイントである（同，173頁）。さらに第二のポイントとして「豊かな社会に入るにつれて消費者の要求が多様化し，とくに情報，レジャーなどサービス関連……については『規格化』が困難であり，規格化を強行すれば多様化する消費欲望にさからってしまうという困難がある」（村上，1998，289頁）ことが指摘されよう。このようにサービス経済化の進展は「規格化され定量化された財貨の配分を行うのに適している」（同，178頁）市場システムの長所を減殺していく可能性が高い。

「資本主義にとって農業はいわば苦手である」と述べたのは宇野弘蔵であった（宇野，1974e，152頁）。とはいっても「農産物は，規格化されやすく，使用に伴う間接的影響──外部効果──も少ないから，商品化に適している。しかし各種のサービス，情報などは規格化も難しく，外部効果もしばしば無視しがたい」（村上，1978，298頁）。市場システムにとって，サービス産業は，苦手な農業よりも一段と御しがたい存在なのである。

とりわけ問題なのは，人と人との関係それ自体を目的とする活動の場合であろう。村上（1997a）が指摘するように「市場システムとは……人と人との個人的関係を，人と物化したシステムとの間の非個人的な関係に変換する工夫」（同，177頁）であった。それゆえ「対人接遇サービス」のような「人と人との関係をめざす活動が……市場システムによって対応できないことは，あまりにも明瞭」（同上）なのである。

サービスの生産・消費は，「経済的交換」というよりは，「社会的交換」としての意味合いが強い。ブラウ（1974）によれば，両者の「基本的でもっとも決定的な差異は，社会的交換が特定化されない（unspecified）義務をともなっている」（同，88頁）点である。サービスの内容や質は，時間などの量的な尺度で測ることが極めて難しく，そのため「経済的交換」の形がとられているとしても，サービスの提供者と受け手の間に，特定化された文書的な合意が存在するのではなく，「事態の理解・予測についてある程度の合意が漠然とした形で存在し，相当程度の信頼関係が成立していて，特定化されない形でサービスが提供されるのが普通」（村上，1997b，457頁）なのである。

しかも，介護のような「対人接遇サービス」は，アンガーソンも指摘しているとおり物理的な面——「ケアフォ（care for）」——だけでなく，感情的な面——「ケアアバウト（care about）」——をもあわせ持つ。サービスの生産・消費が「社会的交換」たらざるをえないのは，こうした二重性に起因する部分も大きい。さらに，サービスの提供者と受け手が長期的な関係を保つことが求められる介護のようなケースでは，後者の「ケアアバウト」な面が「感情労働」の問題とも密接に関わってくることになろう。

以上のような理由から，サービス経済化の進展にともなって，経済学的な究明の有効性は，低下せざるをえない。この意味からも「経済学としての経済地理学」というスローガンの見直しは避けられないのである。それでは，経済地理学は，今後どのような方向を目ざすべきなのか。

（3）経済地理学の立ち位置

藤田昌久ほか（2000）の冒頭には「地理学再発見」と題された節が置かれている。彼らは，そこで「経済地理学にとって決定的に重要な課題は，人口および経済活動の集中，すなわち工業地帯と農業地帯の差，都市の存在，産業集積の役割などを説明することである。もっと広くいえば，これらすべての集中は，何らかの形態をとる集積の経済によって生成され，かつ，維持される。……空間集積に対する収穫逓増をモデル化することによって，いつ，どのようにして収穫逓増が変化するのかについて何らかの知識を得ることができるとともに，収穫逓増により経済がどのように変化するのかを探求できる」（同，４頁）と主張した。さらに続けて彼らは，マーシャルが空間集積の要因として指摘した「知識のスピルオーバー……，熟練労働の厚みのある市場の有利さ，ならびに巨大な地域的市場と結びついた前方連関効果および後方連関効果の……３つの力すべてが現実世界では働いているものの，新しい経済地理学のモデルでは，いかなる方法にせよ，最初の２つの力を明示的にモデル化するのは依然として困難であることから，これらを軽く扱っている。その代わり，連関効果の役割に注意が集中される」（同，４-５頁）と述べる。

こうした姿勢に，著者は，根本的な疑念を抱く。モデル化が無用だとはいわないし，「地域および都市の発展に関して意味のあるいかなる議論も収穫逓増に決定的に依存する」（同，２頁）ことが事実であることも認める。しかし，そこで明らかにされるのは，「どこかに都市ができる」という以上のことではありえない。だが，経済地理学の課題は，彼らも認めているとおり「経済活動がどこに，なぜ起こるのか」（同，１頁）を究明するところにある。つまりは「どこに都市ができるか」を具体的に究明することこそが経済地理学の課題なのであった。「どこかに都市ができる」メカニズムが理解されていれば，この課題の究明に役立つことは確かだが，しかしそれだけでは都市が特定の地名を持った場所に形成される具体的なプロセスを明らかにすることはできないのである。

「地理学再発見」を主張するのは彼らの自由であろう。だが，その実態は，新たな分析ツールを手に入れた経済学者が，地理学の伝統的なテーマに注目したという以上のものではないように思われる。著者には，地理学そのものが「再発見」されたとは考えられない[(5)]。

だからといって，著者は，「どこに都市ができる」かを全て理論的に説明しつくさなければ，経済地理学の存在意義を主張できないとする見解にも組みしない。むしろ，「どこに都市ができる」かの究明にあたって重要なポイントは，理論的に説明可能な事柄も相当程度に含まれているが，それと並んで事実問題として前提すべき事柄もまた少なからず含まれている点を積極的に認めることだと考えるからである。「経済活動がどこに，なぜ起こるのか」を究明するための要諦は，どこまでを前提すべき事柄と見て，どこからが説明を求められている事柄であるのかを判別するところにあるといっても良い。

モデル化できない要因は軽視するというのも，確かに一つの行き方ではある。しかし，それは経済地理学の求める方向ではない。経済地理学が求めるのは，「常に既に」存在している現実の機制を明示的に織り込むことで，そこに働く諸力を可能な限り忠実にトレースするところにこそある。

川島哲郎（1986）によれば，「経済現象の空間的形象は，まず最も基礎的には，位置，距離，広がりといった物理的空間の基底や制約を受ける。次にそれは地形，地質，気候などの自然条件の規定や制約を受けている。さらに与えられた技術の規定や制約の下にもある。……経済現象はこうした各種の規定や制約に加えて，すぐれて歴史的な規定と制約，経済の体制や組織の下で，その空間的形象をつくり上げている」（同，10-11頁）。この指摘からも明らかなように，前提すべき事柄と説明を要する事柄の区別は，さまざまなレベルで可能となるのだが，とりわけ重要なのは，いわゆる「実物経済」の次元に他ならない。「実物経済」レベルに密着した議論を展開するところにこそ，経済地理学の真骨頂はあるといっても過言でない。

「実物経済」次元の重要性は，先にも（本書10頁）指摘したとおり山﨑（1991）が「産業論の存立根拠」を明らかにすべく提起した論点であった。彼によれば，「製品の輸送を考える場合，製品の価格だけでなく，製品の重量や形，物理的・化学的・生物的性格が問題となる。製品特性の差異は，輸送の形態に大きく影響する」ことからも知られるように，「企業や市場という単位に還元，あるいは国民経済単位に集計してしまったのでは明らかにすることができない問題が現実にはある」（同，403-404頁）。経済地理学が，その真価を発揮するためには，この点を率直に認めて，「実物経済」レベルに密着した分析を進めることが不可欠といってよい。

川島（1955）の「経済現象を扱う科学の総称が経済学であるとすれば，経済地理学が広い意味での経済学に属することはもとより自明のことである。そして他方また，経済学が狭義の経済学，すなわち理論経済学をいみするものであれば，われわれがけっして経済地理学をこのいみでの経済学に解消するものではないことも同様に明らかなことである」（同，32頁）という指摘は，これまで「経済学として経済地理学」の根拠と考えられてきた。しかしながら，そこで彼が主張したのは，あくまでも経済地理学の対象が，「こと経済にかんするかぎりいっさいの現象を含むものとかんがえなければならない」（同，2頁）という点である。その方法についても経済学に依拠するとは一言も述べていない。辻悟一（1999）も強調しているように，川島が目ざしたのは，経済学が扱うのと同じ対象を，地理学の方法によって考察する「真の『経済の地理学』」（同，167頁）へと経済地理学を前進させることであった。著者は，この川島の「経済の地理学」説に経済地理学の立ち位置——ただし，「経済」に対する川島の理解は混乱しており，そのため「経済の地理学」説にそなわった本来の価値が発揮できていないと思われるのだが，この点については終章の最後で検討することとしたい——を指示していると理解している。

4　経済循環の空間的組織化という視点

（1）地域構造論のミッシング・リンク

戦後日本の経済地理学をリードしてきた国民経済の地域構造論には，「ミッシング・リンク」ともいうべき論点が存在している。山川充夫（1992）は，それを「地域構造論から地域経済論を，つまり産業配置から地域経済を構築する限り，いくら相対的独自な論理を主張しようとも，地域経済は産業立地に従属したものでしかない」（同，305頁）点に求めた。地域経済論の展開が不十分であると見る論者は山川に限らない。

松原宏（2005）は，「ローカルな制度的・文化的環境や地域社会のありようなどの非経済的要因を考慮した地域経済論の再構築」（同，11頁）を説いている。また，山本健兒（2005）も，地域regionという用語に，変動——「変動やまない経済の動きが地域の空間的範囲を変える」——とならんで，持続——「歴史的風雪に耐えて長期に持続する実体である」——の意味がこめられている点への注意を促し，その「変動と持続という相反する現象」を射程に収めることが地域構造論の現代的課題であると指摘した（同，29頁）。このように，制度や文化，さらには地域社会といった非経済的な要因，あるいは歴史的側面に配慮した地域経済論の構築は，いまや共通の認識となっている。

だが，こうした論点を「国民経済を一つの空間システム＝地域構造としてとらえ，その一切片として地域経済を位置づける立場」（矢田，1990，14頁）と整合的に展開することは容易でない。とりわけ問題となるのは，国民経済の地域構造論が重視してきた「経済の地域的循環」という発想との整合性である。経済循環の具体像に注目することは，先にも指摘した「実物経済」レベルに密着した議論の要請という点からも十分に首肯できるのだが，そこには以下のような難点も残されていた。

第1章でも検討したとおり，「経済の地域的循環」を議論するためには，「経済循環の地域的完結性」（川島，1965b，758頁）という基準を持ち込まざるをえない。もちろん，これまでも「経済循環の地域的完結性は，あくまでも相対的なものにすぎない。なぜなら資本主義経済のもとでは，この意味での地域的統一や完結をほぼ完全に近い形で備えているのは，全体としての国民経済以外にはない」（同上）ことは注意されてきた。しかし，完結性をリジッドな形で強調するか否かは，ここでの中心的な論点ではない。

決定的なのは，あらかじめ「境界」が設定されていなければ，完結性は基準としての意味を持ちえないという点である。市場社会における地域を，「資本の空間的運動」の基軸をなす「産業配置の従属変数」として把握する地域構造論の立場からすれば，これは明らかに論点の先取りといわざるをえまい。川島は「地域経済がその内部での経済循環によって規定される核と境界をもつ」（同上）と指摘しているが，それを踏まえていえば，何らかの事情が「核」を作りだし，その「核」が結果として「境界」を生み出したと考えなければ，整合的な説明とはいいがたいのである。

市場社会における地域が，それ以前の共同体とは違って自存する実体ではありえない点を明示したことは，地域構造論の特筆すべき成果であろう。にもかかわらず，「経済循環の地域的完結性」という議論によって，この地域認識における理論的革新の徹底化が阻まれてきた。「境界」の存在を前提とする限り，伝統的な共同体との種差は見失われざるをえないからである。

理論的革新の徹底化を図るためには，大胆な視座の転回が求められよう。その大筋を予め示しておけば，実物的な経済循環の単位を「全体」と見て，これが

「空間的に分岐」することを通じて生み出された「空間的なまとまり」として市場社会の地域を位置づけるというのが転回の基軸をなす。かくして，いかなる事情が「空間的分岐」を促し，経済循環の「部分」たる「空間的なまとまり」を作りだすかの究明が，経済地理学の中心的なテーマとして登場してくるのである。

もちろん，市場社会の現実過程において「空間的分岐」をもたらすのは，経済的な要因だけではない。松原や山本の指摘する非経済的要因やregionという「実体」――ただし，このような表現が重大な問題をはらんでいることは上で指摘したとおりである――も，現実的な契機として重要であろう。しかも，その影響力は，本章の課題でもあるサービス経済化の進展とともに，さらに大きくなる傾向を持つことは後に見るとおりである。

先に「社会的交換」としての性格が強化されることを指摘したが，そればかりではない。「貯蔵も輸送もできない」という特性を持つサービスの生産・消費が比重を高めることで文化や価値観の違いは，一段と重要性を増していくからである。こうして，川島の提示した「経済の地理学」――経済学が扱ってきた対象を地理学の方法をもって考察する学問としての経済地理学――が，その存在意義を明らかにしつつある。

（2）空間的組織化の三契機

社会経済システムは，時間的なリズムを刻みつつ，空間的なパターンを描きながら展開していく。この空間的パターンを作りだすメカニズムが，決定的な転換をとげるのは，市場社会が勃興した15・16世紀以降のことであった。それまでの伝統的な共同体に代わって，企業と家計をアクターとする新たな空間的パターンの形成メカニズムが登場したのである。

もともと人類は共同体を単位として自己の生活を組み立ててきた。その伝統的な共同体に埋め込まれていた経済過程を市場システムの下に包摂し，国民国家を外枠とした商品経済循環へと拡大再編することによって成立したのが市場社会である。市場社会が成立したことで，家族を有機的細胞とする伝統的な共同体の内部において原生的な結合を見ていた諸要素は，“所得機会”と“消費機会”，さらには“共同生活機会”という三契機へと分離していく。

分離した三契機を担うべく登場したのが，市場社会の主要なアクターである企業と家計であり，それを非市場領域にあって補完する中央・地方の政府と家族や

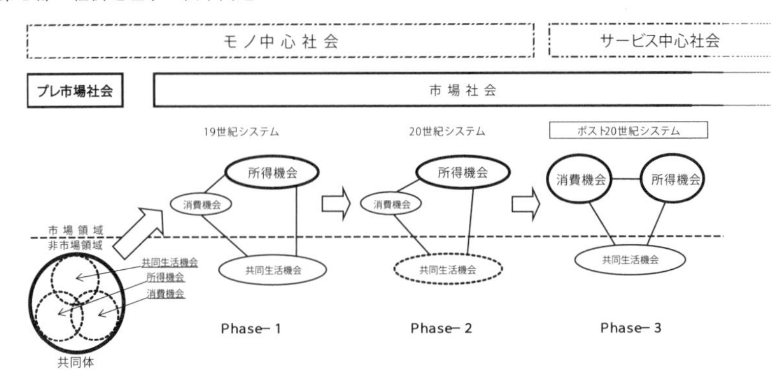

図4－2　空間的組織化の諸局面

注：空間的組織化の諸契機（所得機会・消費機会・共同生活機会）を囲む線の面積と太さは，その重要性を示している。面積が大きく太線で示されているものが主導的な契機である。また点線は，それが契機としての意味を希薄化したことを示す。

各種団体などの中間集団であった。かくして，生産の主体である企業との結びつきが強い“所得機会”，家計と濃密な関わりを持つ“消費機会”，中央・地方の政府や各種の中間集団によって担われる“共同生活機会”という三契機の絡みあいを通じて市場社会の空間パターンは形成されることになる。そこで次に，市場社会における空間的パターンの形成メカニズムを，経済循環の「空間的組織化」という分析枠組みを用いて説明してみよう。

図4－2は，人間社会の歴史的諸局面において，どのような契機が空間的パターンの形成に関与してきたかを整序したものである。人間社会の歴史は，プレ市場社会と市場社会に二分される。前者のプレ市場社会は，典型をなす農業共同体が，土地と労働力の直接的結合に基づく自給自足性を特徴としていたことからも知られるように，それ自身に明確な「境界」を備えた経済循環の単位であった。

市場社会の成立は，国民国家的な規模へと経済循環の単位を拡大したのみならず，内容的にも専門化をともなう高度な社会的分業へと再編成していく。無数の企業や家計が繰りひろげる膨大な取引の連鎖によって駆動される経済循環の登場である。それはまた，伝統的共同体とは比較にならないほどの複雑さを，市場社会の経済循環が持たざるをえないことを意味していた。

この拡大され格段に複雑化した国民経済循環の円滑な運行を支えているのは，塩沢由典（1977）も指摘しているように，市場「経済システムが全体として緊密に繋がっている硬直したシステムではなく，ほとんどの変数がある程度独立に動きうる柔軟性をもったシステム」(同，242頁）だからである。すなわち，国民経済循環の安定的運行は，それが複数の「小さな部分系」の「ゆるやかな結合系」(同，244頁）であることに裏付けられているのであった。そして，この「小さな部分系」の一つとして注目されるのが，特定の場所に企業や家計というアクター間の相互関係——その基軸をなすのは，いうまでなく「経済循環の素過程」(本書「序章」参照）をなす市場での個別的な経済取引である——を引きつけることで生み出される「空間的なまとまり」なのである。

「空間的組織化」論は，こうしたアクター間の相互関係を特定の場所へと凝集させるメカニズムを整理したものに他ならない。組織といえば，あるいは市場と対立する議論を展開しようとしているかのように受けとる人もあろう。しかし，ここでいう組織化が意味するのは，企業や家計というミクロ経済主体が市場システムを通じて相互に繰りひろげる経済取引の連鎖が——まさに市場の論理に導かれつつ——特定の場所へと牽引され凝集していく過程である。

すなわち，“所得機会”“消費機会”“共同生活機会”という三契機の絡みあいが国民経済循環の空間的分岐をもたらし，それが「空間的まとまり」——塩沢のいう「小さな部分系」——となって現象する過程を描き出すことで，地域構造論のミッシング・リンクをなす市場社会における「地域」生成の論理を，国民経済的視角の確立による「地域間関係」の重視という地域構造論が達成した成果と整合的な形で把握しようというのが，「空間的組織化」論の狙いに他ならない。「空間的組織化」論の立場からすれば，市場社会における「地域」は，アクター間の相互関係を凝集させる力が空間次元に作りだした「状態」である。したがって，それは伝統的共同体のような明確な境界線を持たないし，また凝集している個々の相互関係が衰弱すれば「空間的なまとまり」も希薄化せざるをえない。

以上で見たように，「空間的組織化」論の要諦は，市場システムの下でアクター間の相互関係を特定の場所へと凝集させている動力の究明にある。ただし，先にも注意したとおり，市場社会における「地域」生成を現実過程に即して把握する際には，“所得機会”“消費機会”という市場領域に属する契機が積極的地位を占めるとしても，これとならんで非市場領域に属する“共同生活機会”の役割を無視することはできない。いま，ポランニー（ポラニー，2009）が提起した市場と社会の「二重運動」論を踏まえて，前者を「市場地域」，そして後者を「地域社会」と呼べば，両者の親和と反撥を視野に入れない限り，市場社会における

「地域」の実像は把握できないであろう[6]。

(3)「サービス中心社会」への移行にともなう空間的組織化の変容

「空間的組織化」の視点から眺めると，市場社会は，さらに19世紀システム(Phase-1)，20世紀システム（Phase-2），ポスト20世紀システム（Phase-3）の三局面へと区分することができる。このうちPhase-1とPhase-2はモノの生産・消費を中心とする社会（=「モノ中心社会」）であった。これに対して，サービスの生産・消費が中心的な地位を占めつつあるPhase-3は，「サービス中心社会」といってよかろう。

「モノ中心社会」であるPhase-1およびPhase-2の「空間的組織化」には，共通点が多い。伊丹敬之（1991）の「購買のためにはまず所得がいる。所得は雇用から生まれる。雇用のためには企業活動が自分の住んでいる場所で行われる必要がある」（同，20頁）という指摘からも明らかなように，この局面で空間的組織化のイニシアティブを握っているのは“所得機会”であり，具体的には職場である工場やオフィスなどの立地パターンであった。“消費機会”の方はといえば，主たる購買対象がモノであるために「自分の好みにあった製品やサービスが安価で良質に提供されるのであれば，どの国でつくられたかにかかわらず，それを選択し」（同，55頁）手に入れようとするのが一般的だから，こちらは“所得機会”とは逆に「空間的なまとまり」を流動化させる要因として働くことになる。

このようにいうと“所得機会”と“消費機会”が真正面から対抗していたように聞こえるかもしれない。だが，Phase-1とPhase-2における消費の主役をなしたのは輸送可能なモノであったから，“消費機会”は潜在化していた。つまりは，“所得機会”が「空間的組織化」の主導的な契機として圧倒的な優位を誇っていたのである。

もちろん，両局面の間に存在する重要な違いを見逃すことはできない。Phase-1からPhase-2への移行を象徴するのは，マイカーをはじめとする耐久消費財の登場である。アメリカ型の生活様式を世界各地に浸透させる尖兵となった耐久消費財の普及は，セルフ・サービスによる“共同生活機会”の代替傾向を強め，結果として“所得機会”の存在感は一段と増大していった。

市場社会への移行にともなって，それまで伝統的共同体が提供してきた種々の機能は，商品化され，財やサービスとして市場で供給されるようになるのだが，

Phase-1では範囲も限定的であり，非市場領域において“共同生活機会”の形で提供される方が多かった。“共同生活機会”の具体的な姿は，歴史的な経緯や文化的背景によって規定される傾向が強いから，これも“所得機会”と同じく，企業や家計といったアクターを特定の場所へと繫留し「空間的なまとまり」を生み出す方向で作用する。もとより，“共同生活機会”の存在理由は，いまだ商品化をまぬがれているという消極的なものであったことはいうまでもない。

Phase-2をなす20世紀システムの「空間的組織化」の鍵となったのは，所得水準の上昇によって可能となった耐久消費財産業の発展であり，それにともなう大企業体制の成立であった。“所得機会”の面でいえば，大規模生産の利益を追求した結果である大企業体制は，一方でプラント・サイズの巨大化を通じて「雇用の場」を空間的に固着化させ，他方では企業規模の巨大化に起因する取引契約の長期化傾向――長期雇用契約の定着を一環とする――を引き起こすことで「空間的なまとまり」を時間的な面からも補強する。これに対して“消費機会”は，ロストウ（1974）の「自動車とともに，郊外に新しく建てられた一世帯用の住宅へと大挙して国内移住がはじまった。そしてこれらの新しい住宅はラジオ・電気冷蔵庫等の家庭器具によって次第に充たされていった。これらの家庭器具は，労働力移動と生産性向上とが個人サービスをほとんど払拭してしまった社会においては，必需品となったのである。これらの住宅の中で，アメリカ人は彼らの食料消費を次第に罐詰――あるいは後には冷凍――の形で買える高級品へと切り替えていった」（同，105頁）という指摘からも明らかなように，その役割を一段と後退させていく。

しかしながら，この“所得機会”の圧倒的優位は，耐久消費財需要の一巡，さらには自由時間の増大にともなう最終消費サービスへの欲求増大といった事情によって，1980年代に入る前後から変化し始める。「貯蔵も輸送もできないサービス」の生産・消費が，経済活動の中核を占めるようになると，“消費機会”は，これまでとは反対に「空間的組織化」の促進要因として浮上してきた。サービスの利用にあたっては，消費者自身が自分の住居からサービスの供給場所へと出かけ，利用後は住居に戻るという双方向の移動が不可避なのであって，住居の位置により利用できるサービスの内容は限定されざるをえないからである。

Phase-3で注目されるのは，このように，従来は流動化要因だった“消費機会”が，一転して「空間的組織化」を促進する要因となった点であろう。その結果，“所得機会”が必要条件へとデヴァリュエートされ，そこに十分条件である“消費機会”を加えた新たな図式が浮上してきたのである。サービス経済化の進展により「空間的組織化」の契機として浮上してきた“消費機会”は，かくして世界を絶えざる流動の大渦に巻き込み各地で人々の生活を不安定化させているグローバル経済化への「対抗力」として，ポスト20世紀システムの“地理的現実”を見透すにあたって無視しえない要因となってきた。

このように主張すると，サービス経済化の過大評価だという人や，それこそが誤認ではないかと批判する人も少なくなかろう。実際，かつて家族や地域に埋め込まれていた機能が外部化して，市場において供給されるのがサービス経済化の本質なのだから，それをもって市場の拡張運動への「対抗力」とする見方が奇異に映るのは理解できる。そこで，最後に，この点を検討して本章を締め括ろう。

5　グローバル経済化への「対抗力」としての役割

消費者のサービスに対するニーズは，このところ急テンポで「高度化」し「多様化」をとげている。いうところの「高度化」とは一般人が特別な事情のある場合に限って利用するサービスへの，また「多様化」は特定の人が頻繁に利用するサービスに対する欲求の増大だから，どちらも平均的な利用頻度は低いために，必需的なサービスは高利用頻度，そして低利用頻度のそれは選択的サービスという従来の「棲み分け」は崩れ，「低利用頻度サービスの必需化」ともいうべき現象が見られるようになった。こうして低利用頻度のサービスを含む「選択の幅」の確保が重要になってくると，市場規模の面で有利な大都市圏が人々の居住地として魅力を増すのは当然であろう。

サービス経済化は，特定の場所に人々を集めるだけでなく，そこへ繋ぎ止めておく力として働くという意味で，世界を絶えざる流動化に追いやろうとするグローバル経済化への「対抗力」となっているのである。こうした傾向がとりわけ顕著に出てくるのは，教育，医療・保健，育児・介護といった「対人接遇サービス」の分野であろう。サービス産業のヴァリュー・チェーンを見直し，業務プロセスの一部をネットワークで処理可能な形態に再編成しようとする傾向も確かに強力だが，「対人接遇サービス」の分野については，全部を仮想空間でオペレートするのは今後も不可能と思われる。

とりわけ医療のように専門職が提供する高質なサービスにおいて，その限界は明瞭である。しかも，「対人接遇サービス」の場合は，供給者と需要者の協働水準が生産効率のみならず提供されるサービスの質にも影響する――いわゆる「なじみ」の問題――という事情もあって，人々を繋ぎ止める傾向は一段と強い。こうして，単に人々を地理的に集中させるのみならず，そこで成立する関係を持続させることが供給者はもちろん需要者にとっても有利であるために，「対人接遇サービス」の提供・利用が契機となって，ある種の「共同性」が引き出される可能性を考えることもできる。

実は，こうした可能性は，すでにダニエル・ベル（ベル，1975）が指摘していた。ベルの議論は，知識経済論としての側面ばかりが強調されて，彼が，新しい共同性についても重要な指摘を行っていた点は全くもって注目されていない。しかし，彼はサービス経済化との関連を意識しつつ「脱工業社会は，社会の単位が，個人であるよりはむしろ共同体であるような『共同』社会である」（同，173頁）点に注意を促していたのである。

カール・ポランニーは，人間の生活を破砕する「悪魔のひき臼」である自己調整市場の拡張と社会の自己防衛という「二重運動」の過程として19世紀システムを描きあげた。その枠組みを踏まえるならば，ポスト20世紀システムへの移行過程においては，グローバル経済化という市場の拡張運動に対抗する社会の自己防衛運動としてサービス経済化を位置づけることも可能であろう。もちろん，そのためには解決されなければならない難問もある。

サービス産業，とりわけ「対人接遇サービス」の分野では，顧客のニーズに適合した良質なサービスを提供しようとすれば，内容を個々人の事情にあわせていかなければならない。そのため，誰もが簡単に利用できないほどの高価格となる危険性をはらんでいるからである。この意味において，サービス経済化は「諸刃の剣」ともいえるのだが，暴走するグローバル経済化への歯止めとしてサービス経済化を位置づけ，これをテコとした社会再生の具体的なデザインの構想も十分に可能であろう。

かって，阪南大学で「日本の地域構造のダイナミズム」をテーマに開催された第41回大会（1994年）シンポジウムでのコメントをもとにまとめた「地域構造論の発展のために」（加藤，1994：本書・第１章）で，著者は「経済活動の『グローバル化』と『サービス化』の進展」を，日本経済の地域構造に変容をもらしつつある二大潮流として指摘し，これに有効な分析を加えるためには地域構造論を「社会経済の『新しい現実』に対応しうるよう再整序」することが求められていると述べた。

そこでは，国民経済の地域構造論が，①産業論的なパースペクティブに立脚することによって，旧来の実体論的な地域認識を革新する糸口を確保することに成功したこと，②にもかかわらず「経済循環の地域的完結性というパラダイム」（山本，1977，302頁）に阻まれて，この革新を全面的に展開することができずにいる実情を示し，③「経済循環の空間的分岐」として地域を把握する方向を提起した。

こうした方向を具体化すべく，加藤（2003b）を含む自分なりの検討を積み重ねてきた結果たどり着いたのが，経済循環の空間的組織化を通ずる地域構造の形成・変動という分析枠組みである。そして，これを練り上げる過程で強く意識させられたのが，モノの生産・消費からサービスのそれへと社会経済システムの重心が移行してきたことによる地理的インパクトの広範さであり強さと深さであった。次章では，この点を，さらに掘り下げてみたいと思う。

註

(1)　国士舘大学梅ヶ丘キャンパスを会場とする経済地理学会の第58回大会が開催されたのは2011年5月21日のことである。恒例となった共通論題シンポジウムのテーマは「大都市圏におけるサービス・文化産業の新展開と都市ガバナンス」であり，加藤幸治・河島伸子・武者忠彦が順に報告し，それに対して著者と増淵敏之がコメントした上で，座長を務めた小俣利男・柳井雅人の進行で討議に入った。本章の原論文は，当日のコメントを基に大会報告論文として『経済地理学年報』に投稿した加藤（2011b）であり，当日の議論に言及した箇所が少なからず見られるのは，その関係である。

(2)　矢田俊文の所説については，次の第5章で，さらに踏みこんだ検討を試みることにしたい。そこでは，国民経済の地域構造論の前提をなしているリーディング・インダストリーが「マクロレベルでの産業配置を基本的に規定」するのであり，だからまた「リーディング・インダストリーの交代こそが，地域構造再編の駆動力」であるとする認識図式が，ここにきて社会経済システムの現状分析を歪める「認識論的障害」となったことを示す。日本の高度成長から安定成長の局面において，国民経済の地域構造論の鋭角的な切れ味を支えた中核的命題が，いまやラカトシュ（1986）のいわゆる「退行的研究プログラム」として作用し始めた事実を前にして，あらためて時の流れを感ずるのは著者だけではあるまい。

(3)　この点については，加藤（2017a）の4-5頁も参照されたい。

(4)　日本の経済地理学界では，「社会科学としての地理学」や「経済学としての経済地理学」といったスローガンが愛用されてきた。けれども，そうしたスローガンを声高に叫ぶ論者に限って，社会科学や経済学の体系的な知識が身についていないように見える。「理論」や「法則定立」という言葉の用法が混乱を極めているのは，その点を象徴する事態といえよう。

本書の第2章でも，その難点を検討しておいたが，経済地理学の「理論」を，あたかも経済学の「原理論」と同水準のものでなければならないと考えている人は，いまもって少なくない。しかしながら，経済地理学が，「実物経済」の次元における空間秩序の解明を課題としていることを認めるならば，「資本主義経済関係を厳密に論理的な展開として解明する」（櫻井毅，1979，12頁）経済学の「原理論」のような性格を，その「理論」に期待する方が間違っているのは説明するまでもなかろう。同様に「法則」といっても，「原理論」で明らかにされる「循環的にくり返す法則」（同，27頁）が問題となるのではなく，それと非資本主義的要因とが対立しつつ交互作用的影響の下で展開する現実的過程に認められる規則性の把握こそが課題をなす。

にもかかわらず，こういった当然のように考慮されねばならない事情への注意が，日本の経済地理学界では欠けている。いまだに，経済地理学の課題が，どこにあるか明確にされていないのは，その意味では当然というべきであろう。「社会科学としての地理学」や「経済学としての経済地理学」というスローガンを愛好するのは構わないが，その前に社会科学や経済学の中級レベルの知識を身につけなければならないと著者は考える。

(5)　矢田俊文（2005）は，クルーグマンの議論に言及しつつ「経済地理学が復活と再生を果たし，経済学体系の中での位置づけが急上昇して」（同，311頁）いると指摘する。しかしながら，事態は，矢田が考えているほど容易なものではありえない。むしろ，近代経済学の十分な素養を身につけた者以外は，「経済学体系のなかでの位置づけの急上昇」している経済地理学の研究から「退場」せよというのがクルーグマンの真意だと思われるからである。

実際，クルーグマン（1994）は，「経済地理学において収穫逓増の重要性は無視しえないものであるにもかかわらず，分析の仕方を知っている事情に関心を集中させてしまったため，収穫逓増に関する研究を全面的に避けてしまっていたことは残念であった。とくに1940年以降になると，経済学の議論で要求される厳密さの程度が上昇したため，経済地理学の議論は影をひそめるようになってしまった。／しかし，時代は変わった。1970年代に産業組織論において生じた新しい理論の波は，経済学にいくつかの不完全競争モデルを提示することに成功した。それらのモデルはいずれも一長一短ではあるが，それを用いることで収穫逓増下の経済を，論理的で，厳密で，さらに洗練されたモデルで描き出すことが可能になったのである。収穫逓増はもはや避けて通ったり仮定として退けてしまうものではなくなったのだ」（同，17頁）という。その上で，さらに「経済地理学を経済学の主要な分野として復活させるために，この収穫逓増という新しい分析道具をこの分野でも使うときがきたと私は考えている。収穫逓増を容易にモデルに取り込めないために研究が進まないというようなことは，もはやありえない。逆に，収穫逓増は，少なくとも現時点では，きわめて人気のあるアプローチとなっている。地理的問題の重要性を確認し，これを経済分析のなかに取り戻す時がきたのである」（同，18頁）と主張するのである。この文章に接して危惧を抱くのは著者だけではあるまい。

もちろん，こうした「勧告」に従わねばならない理由はなかろう。しかし，その場合，「退場勧告」を斥けるに十分な積極的理由を示さねばならない。本章の議論は，いうところの理由づけの開示を試みたものである。

(6)　ここでいう経済循環の空間的組織化論は，宇野弘蔵が社会科学方法論として提起した「原理論・段階論・現状分析」をもって構成される三段階論における段階論的規定たることを意図したものではない。しかし，そのことは，著者の議論を好意的に評価してくれる中澤高志や山本大策にも上手く伝わっていないようである。以下，この点について釈明しておきたい。

中澤（2016a）は，「空間的組織化論は，二重運動論に依拠した理論展開を図った結果，現状分析に資する段階論的規定を与える枠組みとなった」（同，70頁）とし，さらに「空間的組織化論は，同時代的に観察される空間的組織化の地域差を検出するための枠組みというよりは，諸契機のうち主導的なものの変遷をもって，19世紀システム，20世紀システム，ポスト20世紀システムといった市場社会の諸段階を規定する段階論としての側面が強い」（同，71頁）とする。また，山本（2017）も「空間的組織化論を宇野理論でいうところの『段階論』的な規定」（同，66頁）ないし「宇野理論における『段階論』（ここでは中間理論といってもよい）に近似する構築物のように見える」（山本大策，2017，69頁）という。著者が段階論的な経済地理学の規定を提示しさえすれば，こうした誤解は解消できるのだが，その作業が思うように進んでいない。

本書に附論1として再録した加藤（1983）で，著者は，経済地理学の「理論」を段階論の領域に設定することを提起し，その具体化に向けて資本主義の世界史的な発展段階に対応した「地域差の処理機構」の解明という課題を設定した。しかし，そのために要請される幾つかの論点をあげるにとどまって，これを具体化する作業は棚上げのままになっている。一つには，「地域差の処理」というアイディアに無理――地域差を問題とするためには地域の存在が前提されざるをえないのであって，これは著者の立場と整合しない――があったからであり，いま一つには「脱資本主義過程」を射程に収めた議論をするようになった関係で，市場社会を問題とするようになったからであった。

空間的組織化論は，宇野のいう資本主義の世界史的発展過程における地域構造の編成論理に確認される段階的な変容を問題としたものではなく，むしろ市場社会――著者の念頭にあるのは佐藤光（2006）の「経済活動の本質部分に市場システムを利用した社会」（同，87頁）という規定であり，資本主義社会よりも緩やかな概念を想定している――の“地理的現実”に規定的な影響を及ぼす契機の変遷を整理したものにとどまる。したがって，加藤（1983）などで主張した段階論の領域に設定される経済地理学の「理論」が，空間的組織化論でいうPhase-1の19世紀システムを対象に，重商主義・自由主義階・帝国主義の各段階における支配的資本の蓄積様式が呼びおこす，地域構造の編成論理に典型規定を与える形で構築されるのとは別物といわざるをえない。こうした理解に対しては，レギシュラシオン学派あたりから「19世紀の特権化」という批判もあろうが，「資本主義の歴史性を『原理論』としての完結性の中に論証」（櫻井毅，1979，28頁）することで人類史における「特殊性」を解明した宇野弘蔵や，一般経済史の立場から史実を連ねることによって19世紀システムの「異常性」を活写したポランニーなどの議論を踏まえるならば，「特権化」には十分な理由があった。

ところで，三段階論に対しては，このところ宇野の学統を継ぐ論者の間からも修正の動きが出ている。そうした動向は，降旗節雄・伊藤誠共編（2000）や櫻井毅・山口重克・柴垣和夫・伊藤誠編著（2010）を一読すれば明らかなところであろう。著者は，しかし，「(発展）段階論」の延長はもとより，「原理論」の見直しにも正直なところ関心がない。

「原理論」も「(発展）段階論」も宇野によって完璧に仕立て上げられているというつもりはないし，補強や改正の余地があること自体は著者も否定しないのだが，「原理論」については従来の経緯を見る限りマイナー・チェンジ以上のものは出ておらず，また「(発展）段階論」の延長に関しても社会経済システムの現実を観察すればするほど資本主義的な発展過程にあるとはいえないので，これらの作業の遂行が要請されているとは思われないからである。著者には，むしろ「原理論」や「(発展）段階論」の改訂に腐心する論者の動きが，20世紀末の再版「修正主義論争」のように思われてならない。実のところ，「地理学としての経済地理学」というような主張をするようになった理由は，このあたりにあった。

資本主義社会が人類史に占める特殊な位置――「あらゆる社会形態での人類の生存にとって普遍的な労働＝生産過程が，資本主義では商品経済的な関係によって包摂されている」（櫻井毅，1979，42頁）――の存在論的な開示である経済学の「原理論」，その「原理論」の解明した経済法則が歴史過程で秩序形成的に働く様相を典型規定として整序することにより「資本主義の自立性の限界」（同，40頁）を明確にした「(発展）段階論」の意義を薄めずに改訂作業を行うことは著しく困難ではないかと考えるからである。「(発展）段階論」の延長は，現在もなお資本主義的な発展の過程にあるという理解を前提とするから，当然のように「原理論」の書き換えが要請されることになろう。しかし，降旗節雄（1997）もいうように「金本位制を基軸とした自律的システムが資本主義であり，この体制は自由主義段階に対して帝国主義段階に入ると，独占という本来の運動原理である競争の否定を生みだしたとしても，独占はまだ部分的であって，全体としては自由な資本の蓄積を保証する自立的体制であった。それに対して第一次世界大戦後，ポンド支配体制が再建されたとしても，その実体は，強力なドルのテコ入れによって支えられた擬似的ポンド対整理再建であり，アメリカ経済の動揺によってドルの支えがはずされると，たちまち解体してしまわざるをえないような根拠のないものだった。／ということは，厳密な意味では，第一次世界大戦後の資本主義は，自立した体制としての資本主義ではなくなった……資本主義は第一次世界大戦をもって終わり，それ以後は，厳密には資本主義とはいえない，すくなくとも資本主義と他のなにか別の歴史的段階との混合システムとみなされるべきものに変質」（同，297-298頁）したこと，すなわち現状が関根友彦（1995）のいう「脱資本主義過程」にある以上，そうした試みは無謀といわざるをえない。

いま求められているのは，「原理論」を前提とした「(発展）段階論」を媒介に「現状分析」を遂行するという従来的な宇野・三段階論にとどまることなく，さらに進んで「脱資本主義過程」に社会科学的分析を加えるべく「固有の意味を有する現状分析」（櫻井毅，1979，82頁）の枠組みを整備することだと著者は考える。もとより，「(発展）段階論」が無用になったというつもりはない。経済地理学に限らないが，段階論的な規定は，とりわけ帝国主義段階の規定は，資本主義的な安定構造の極限を示したものとして，これから整備されるべき「現状分析論」にとっても逆説的な――換言すれば，いかなる条件の欠損が構造の崩壊をもたらしたのかを知るための手がかりとなるという――意味で大いに役立つであろう。

だから，「経済学としての経済地理学」の確立に向けて，地域構造の編成論理を「(発展）段階論」的に規定する作業は，依然として重要性を持つ。しかしながら，直面している事態を解明するためには，新たな視点から「現状分析論」を構築する作業が求められており，その際に忘却の彼方に追いやられてきた「地理学としての経済地理学」が有用性を発揮するのではないかというのが著者の認識である。空間的組織化論が，段階論的規定たることを意図したものではないというのは，このような文脈で理解していただければと思う。

第5章

「生産の地理学」を超えて

——サービス経済化が地理学に問いかけているものは何か——

1　「知識産業」に牽引されたサービス経済化

サービス経済化の地理的なインパクトについては，日本の経済地理学界でも種々の考察が積み重ねられてきた。矢田俊文（1996，2001）の所説は，その「到達点」といってもよかろう。本章では，矢田説の検討を手がかりに，サービス経済化の進展が地理学に対して何を問いかけているのかを考えてみたい。[(1)]

「サービス産業とは，ものづくり以外の雑多な産業の集合であり，『サービス化』によって時代の本質を捉えることはできない」（矢田，2001，172頁）というのが矢田の出発点である。彼によれば，「科学技術の発展と産業構造の高度化の関係」（矢田，1996，150頁）を明らかにすることが，時代変革の特徴を的確に把握する上での鍵をなす。したがって，この場合は，「科学技術の進展による『サービス化』をポジティブに捉え直す」（同，152-153頁）ことこそが重視されなければならないというのである。

こうした理解を踏まえて，矢田は「産業分類の原則に立ち戻り」（矢田，2001，172頁），「生産物の性格や生産工程の視点から」（矢田，1996，150頁），次のような再整序の方向性を提起した。彼は，まずフュックスと同様に全産業を「モノを生産するか，モノ以外の生産活動をするか，で大きく二つに分け」（矢田，2001，172頁），問題の焦点をなす「広義の『サービス産業』と呼ばれる『第三次産業』」が「モノづくり中心の産業構造に付随した」（矢田，1996，150頁）運輸，卸・小売，不動産などの部門と，それ以外の「狭義の『サービス産業』」から構成されていることを指摘する（同上）。その上で，狭義のサービス産業の内部にも，さらに「『人の状態』を変化させるために人が労働を直接に投入する」（矢田，2001，173頁）娯楽・飲食や医療・教育といった「消費者サービス」と，「情報や知識をインプットし，新たな情報・知識を作る」（同上）「知識産業」という二つの異なったタイプを区別することができる点に注意をうながす。

「サービス化」をめぐる伝統的な理解は，経済の発展にともなって産業構造の重心が，第一次から第二次へ，次いで第二次から第三次産業へと移行していくとするコーリン・クラーク流の議論であった。しかしながら，こうした「工業部門における技術革新……による労働生産性の上昇に比しての『消費者サービス』産業の技術革新の遅れをベースとした……消極的な意味での『サービス化』論」（矢田，1996，152頁）をもってしては時代の本質はとらえられない，と矢田はいう。彼によれば，「『農業社会』から『工業社会』へ，そして『工業社会』から『脱工業社会』への移行を推進するエンジンは技術革新であり，『脱工業社会』の内容は，『知識の生産』を核とする『知識社会』である。コーリン・クラーク以来の『消費サービス』を核とする『サービス社会』の到来とみるのは時代変革の特徴をみのがすことになる」（同，154頁）からである。

ここで矢田のいう知識産業とは，「狭義の『サービス業』」（日本標準産業分類〔第10回改訂〕の大分類L）中の「映画業」（同中分類77）・「放送業」（79）・「情報サービス・調査・広告業」（84）・「自然科学研究所」（931）などに，「通信業」（大分類Hから39鉄道業等を除いたもの）と製造業の「出版・印刷・同関連業」（19）を加えたものを指す（矢田，1996，154頁）。この知識産業をおいて他に時代変革を推進する真のエンジンは考えられないというのが彼の基本認識であった。それらの部門が「ME革命によるハイテク部門と一体となって，いわゆる『IT革命』と表現され，現代の主導産業となっている」（矢田，2001，173頁）点にこそ科学技術の進展と「サービス化」の関わりが集約的に表現されていると理解するからである。

ただし，彼の議論には，こうした文脈とは明らかに異質な「現代を特徴づける『サービス化』の内容は，非『ものづくり』と言う第三次産業の比重の増大ではなく，知識産業と社会サービス産業の２つの『サービス』部門の全く異なる原理の成長として特徴づけることができる」という論点もまた含まれていた（同上）。ここで，矢田は，驚異的な発展をとげる「知識産業」と並んで「今後人々のクオリティー・オブ・ライフ志向の高まりのなかで急成長するとみられる社会消費サービス」（同上）の重要性に対する注意を喚起したのである。ただ，社会サービス産業の成長をめぐる論点は，「IT革命期の国土構造は，この革命のもとでの主導産業となる知識産業（知識財サービス）の立地動向に影響される」（同，176頁）

という指摘からもうかがわれるように，あくまでも彼にとっては副次的な要因にとどまるものとして処理されてしまう。

このように，矢田は，サービス経済化の進展が，「知識産業」の成長によるだけでなく，同時に「社会消費サービス」の成長からの刺激も受けていることを認めてはいる。にもかかわらず，彼は，結局のところ，コーリン・クラーク流の「サービス化」を消極的なものとして斥けた。矢田は，ドラスティックな進展を見せる「情報化」に関心を集中させるのである。

サービス経済化の流れを，「情報」技術の急速な発達を基礎とした「知識産業」の成長に帰着させる矢田説は，日本の経済地理学界にとって通説的立場といえるであろう。社会科学の研究者には，生産力水準の上昇をもたらす技術革新こそが社会経済システムの動向を方向づけるという図式を，議論の前提にすえている人が相当数いる。そのような理解からすれば，「人々のクオリティー・オブ・ライフ志向の高まりのなかで急成長するとみられる」とはいえ，あくまで知識産業に牽引された生産力の発展に随伴する形でしか拡大できない「社会消費サービス」を，副次的な要因とみなすのは当然の扱いということにならざるをえない。

しかしながら，この主張には，重大な難点があった。矢田（1996）の「『工業社会』から『脱工業社会』への移行を推進するエンジンは技術革新であり，『脱工業社会』の内容は，『知識の生産』を核とする『知識社会』である。コーリン・クラーク以来の『消費サービス』を核とする『サービス社会』の到来とみるのは時代変革の特徴をみのがすことになる」（同，154頁）という主張は，過去の経験にとわられ過ぎており，その結果ここにきて重要な意味を持ちつつある新たな現実を看過してしまったからである。その難点を鋭角的についたのが，村上泰亮の産業化をめぐる「二重基調」説であった。

2 「認識論的障害」としての主導産業＝「知識産業」説

（1）村上泰亮の見解

いうまでもないことだが，村上も「情報化」のインパクトを軽視しているわけでは決してない。その点は「今始まりつつある〔産業化の――引用者註〕第三の段階の主役は情報であり，機械とエネルギーの使用を，そして人間生活のある側面（手段化された側面）を殆ど質的に変貌させようとしている」（村上，1997c，61頁）

という指摘からも明らかなところであろう。村上の議論を特徴づけているのは，「産業社会はすぐれて技術先導型の社会ではあるが，しかし技術を受けとめる需要なしには社会は安定しない。需要は社会の安定性のためには技術以上に重要な要素であり，新しい需要パターンの展開なしには新しい技術は実を結ばない」（村上，1997b，423頁）という認識であった。

綿織物に対する大衆消費の爆発が19世紀システムを成立させ，20世紀システムを需要面において支えたのが自動車と一連の耐久消費財への世界的ブームだったという事実からも知られるとおり，「情報化」を軸とする「21世紀の技術パラダイムに対応する大衆消費として何が期待できるか。21世紀社会の成立可能性は，この点にかかっている」（同，425頁）のである。この場合にポイントとなるのは，村上によれば，20世紀システムの「満ち足りた耐久消費財によって作り出された時間の余裕を，どのような形の『内的充足』に使うか」（同，462頁）であった。そして，彼の見るところ「貯蓄率が上昇する（先進国ではそれを予想させる要因はない）ことでもないかぎり，結果として人々の需要は，衣食住そのものでも耐久消費財でもなく，サービスに向かう」（同，433頁）ことになる。

「情報化」という技術次元の変化に着目するだけでなく，あわせて需要次元における「サービス化」の進展を視野に入れなければ，現下の大規模な変容の本質に迫ることなど到底できないというのが，彼の基本的なスタンスであった。ここで重要なのは，村上が需要次元への配慮を要請した根拠であろう。「需要の問題は，実は，より根本的な問題から派生するものにすぎない。問題は，21世紀の社会はどうなるか，そこでの人々の世界観・価値観はどう変わるかというところにある」（同，460頁）という指摘からも知られるとおり，彼の関心は，文明史的レベルでの変移に向けられていたのである。

（2）「超産業化」と「脱産業化」の二重基調

村上によれば，産業社会は「将来中心・効率志向・仕事志向・社会的関心などの特徴をもつ手段的行為」（同，201頁）に重きを置く価値観である「手段主義」を動力として展開してきた。ところが，20世紀システムの下で実現された「豊かな社会」は，大衆を「生存の脅威という最終的動機付けシステムから解放」（村上，1997a，144頁）し，彼らの関心を「現在中心・情緒志向・余暇志向・私生活志向などの特徴をもつ即自的行為」（村上，1997b，201頁）へと向かわせる。この結果，「手段化の即自化に対する優位の増大」(村上，1998，491頁）という定着農耕の開始以来ほぼ一万年にわたる人類史の基本的傾向は根底から揺らぎ始めたのであった。

「生産は消費のためだが，消費はそれ自身のためのもの」(村上，1997b，427頁）であることからも知られるように，「即自的行為が消費には中核として含まれていて，消費全体が即自性を指向した行為系」(同，428頁）をなしている。その中でもサービスの消費は，典型的な「即自的活動であり，純粋な意味での消費活動」(村上，1998，490頁）といって良い。「情報化」という新技術が実を結ぶにあたって不可欠の前提である「サービス化」の進展は，同時にまた，手段化の優位という産業社会の基調を掘り崩していく不気味な存在でもあったのである。

村上の議論においてポイントとなるのは，何よりもまず「『超産業化』と『脱産業化』の二重基調の社会」(村上，1997b，431頁）という彼の現状認識であろう。「情報化は，手段的合理性を基本理念とする産業化をさらに一歩進めるという意味でむしろ『超産業化』であり，サービス化は，手段化から即自化へと向かうという意味でまさしく『脱産業化』であり，あるいはむしろ『反産業化』ですらある」(村上，1998，491頁）との指摘は，彼の主張を凝縮したものといえる。そして，人間社会の将来は，このような「逆の方向をもった二つのベクトルの合成の問題であるから，非常に見通しが難しい」(同，527頁）と村上は見るのであった。

(3)「技術革新」エンジン説の難点

村上が指摘した「二重基調」の存在は，しかしながら，ほとんど注目されていない。インターネットやデジタル技術の驚異的な発達が，人々の目を「情報化」に釘付けにしてしまったからである。連続的な技術革新によって絶えざる経済発展を達成することができると考えた20世紀システムの「常識」からすれば，「ドッグイヤー」や「マウスイヤー」といった表現がなされるほど速く激的な技術の変化が見られ，しかもマスコミが華々しく喧伝する「情報化」に関心が集中するのは，ごく自然の流れであった。また，どちらのアウトプットも非物質的財貨であるところから，「情報化」と「サービス化」の相違が曖昧なままで議論が進められてきた点も指摘しておくべきであろう。第三次産業をサービス産業と同一視する「通念」は，こうした傾向に拍車をかけて混乱を一段と増幅させた。すなわち，情報産業は第三次産業に分類され，その第三次産業がサービス産業である以上，情報産業もまたサービス産業であるという三段論法を「真顔」で語らせたのである。

しかし，第三次産業という括りは，全産業から物質的財貨の生産部門である第一次および第二次産業を除いた「残余」概念に過ぎないのであって，これをサービス部門と言い改めたとしても，いうところのサービスは非物質的財貨生産部門に対するレッテル以上の意味を持つものではない。そういった現象論のレベルで情報産業とサービス産業の異同を問題とする限り生産的な議論は展開できないし，いわんや村上が強調してやまない産業化をめぐる「二つのベクトル」――「情報化」=「超産業化」と「サービス化」=「脱産業化」――の存在を捉えることなど到底できないであろう。世紀（=百年）単位の変化と千年紀を尺度とする変移が重合して呼び起こした“地理的現実”の大転換を解明するためには，村上の指摘した「二重基調」を正面から見すえてかからねばならないのであるが，この点は日本の経済地理学界にあっても，残念ながら十分に理解されてこなかった。

生産力水準の上昇をもたらす技術革新こそが社会経済システムの動向を方向づけるという図式――その端的な表現が矢田の主導産業=「知識産業」説である――は，この二重基調――矢田自身が「知識産業と社会サービス産業の２つの『サービス』部門の全く異なる原理の成長」として指摘したにもかかわらず――の存在についての進んだ考察を放棄させてしまうのである。そこに村上の指摘する「手段的合理性」という産業化の理念が，したがってまた技術革新に絶対的な信頼を寄せる20世紀システムの「常識」が強力に作用していることを確認するのは容易であろう。だが，このような姿勢こそが，社会経済システムの新しい“地理的現実”に対する「認識論的障害」（バシュラール，1975）となっている点を見逃すわけにはいかない。

3　“情報化社会”と“サービス社会”の「二重基調」

（1）「生産」偏重の帰結

ドゥロネとギャドレ（2000）が指摘しているように「『情報化社会』と『サービス社会』は同義語ではない」（同，33頁）。一口にサービスといっても，彼らが強調するように，①生産の合理化という点で「製造業の場合とよく似ている」テレコミュニケーション，運輸，商業取引，銀行業などの「情報関連のサービス」と，②「ほとんどの生産者サービス，保健や教育関係のサービス，社会サービス，文化活動などに見られる」「消費者との相互作用が生産過程で重要な役割を担っている」「人間関係的サービスや専門的サービス」という「二つのタイプ」が含まれているのであって（同，10-11頁），それゆえ，ともにサービス経済化を問題としているにもかかわらず，前者に着目した“情報化社会”論と後者を重視する“サービス社会”論とでは，内容に大幅な相違がでてくるのは当然といえよう。ところが，サービス経済化をめぐる地理学的な研究では，この点が十分に意識化されてこなかった。

というよりも，「時代変革の特徴」は「科学技術の発展と産業構造の高度化の関係」にこそ求められねばならないという確信から，ドゥロネとギャドレのいう“情報化社会”論に極端なくらい肩入れする格好で議論が進んできたのである。その結果，「貯蔵も輸送もできない」という本来的な特性を備えた「人間関係的サービスや専門的サービス」を対象とした研究は驚くほど手がけられてこなかった。これは，サービス経済化の地理学的な研究にとって極めて遺憾な事態といわざるをえない。

矢田の主導産業＝「知識産業」説からすると，IT革命によって「ビジネスにおけるVirtual空間の出現と，これによる需要・供給情報をマッチングする『取引』部門の地的緊縛性からの脱却」（矢田，2001，174頁）が相当程度まで具体化したのであって，「生産と消費の『対面性』や『同時性』という狭義の『サービス産業』特有の特徴」（矢田，1996，152頁）に拘泥する理由は全然ないということになるのであろう。しかしながら，他面，彼自身も認めているように「Virtual空間によって代替されにくい役務サービス中心の医療・福祉，教育・文化，娯楽・スポーツなどの消費者サービスは，Face to Faceの役割が依然として重要」（矢田，2001，174頁）だとすれば，そこにサービスの特性——貯蔵も輸送もできないという——が貫かれていることもまた明白な事実である。しかも，このような特性を有する消費者サービスの利用を抜きにしては，矢田が重視する知識産業の従事者も自己の生活を組み立てられなくなっている以上，生産と消費の対面性や同時性といった特性が，現実の社会から跡形もなく蒸発してしまったかのように考える訳にはいくまい[(2)]。

（2）「モノ中心」的な思考の限界

にもかかわらず，矢田は，あくまでも「『消費者サービス』を核とする『サービス社会』の到来とみるのは時代変革の特徴をみのがすことになる」とのべて，ドゥロネとギャドレのいう“サービス社会”については，さらなる考察を試みようとしなかった。意外に思う読者もいるであろうが，それは矢田によって提起された国民経済の地域構造論（矢田，1990）の中核的な命題——「それぞれの生産力段階に対応した産業構造のなかでの，リーディング・インダストリー（基軸産業・鍵産業）の配置を軸にしてマクロレベルでの産業配置を組み立て……この産業の配置こそが，マクロの産業配置を基本的に規定し，多くの関連産業もまた，このリーディング・インダストリーに先導される形で配置される。このリーディング・インダストリーの交代こそが，地域構造再編の駆動力となる」（同，19頁）——の理論的な帰結だったのである。サービス経済化を，“情報化社会”と“サービス社会”の「二重基調」として把握し，それを踏まえて新たな“地理的現実”を生成してくる論理に肉迫するためには，このように国民経済の地域構造論として提示された「枠組み理論[3]」の徹底的な「反省」作業を遂行しなければならないのだが，以下では紙幅の都合もあって，その手がかりを示すにとどめざるをえない。

生産面に絞り込んだ矢田の議論が，これまで有効性をもっていたことは疑いのない事実である。そうでなければ，国民経済の地域構造論が，あれほど絶大な理論的影響力を発揮することはありえなかった。したがって，解明されねばならないことは，むしろ消費面を射程に取りこまなくても有効な議論が可能であった事情ないし理由の方であろう。

結論からいうと，それは，従来の社会経済システムにおける主役が，生産面でも，消費面においても，モノだったからである。モノは貯蔵がきくため生産と同時に消費しなくてもすむし，輸送が可能だから生産した場所とは別のところで消費することもできた。このようなモノの特性によって，時間的にも空間的にも生産と消費を「切り離す（decoupling）」ことができたので，とりあえず矢田は消費面を無視し生産面に絞り込んだ議論を進めることが可能だったのである。

（3）求められる「二重基調」の直視

しかも，20世紀システムが登場するまでは，村上（1997a）も強調していたように「生存の脅威という最終的動機付けシステム」（同上，144頁）が途切れることなく作動し続けてきたから，所得の増大があっても，それは必需的衣食住のモノ消費へと振り向けられていくのが当然であった。そして，20世紀システムの場合には，冷蔵庫やマイカーに象徴される耐久消費財の爆発的なブームが巻き起こったこともあって，これまでとのころは「作れば売れる」し「運べば買ってもらえる」というのが，むしろ常態であったといって良い。消費面を気にかけることなく，生産面のみに議論を集中させたとしても違和感が持たれなかったのは，こうした事情があったからである。

だが，所得水準の上昇によって市場が成熟化し「モノばなれ」が進み，そこに自由時間の増大という事情も加わることで，消費者の目が急速にサービスへと向かい，これまで社会経済システムの主役であったモノの地位を脅かしはじめたことが事情を大きく変えた。モノと違って，貯蔵も輸送もできないサービスの場合には，生産と消費が時間的にも空間的にも「切り離せない」からである。かくして，サービス経済化の地理的インパクトを解明するためには，従来の議論では視野の外におかれてきた消費面を考慮することが不可避的に要求されてくるのであった。[(4)]

矢田（2001）のいうように「IT革命」を基礎とする「超産業化」として成立した“情報社会”が「ビジネスにおけるVirtual空間」を出現させ「需要・供給情報をマッチングする『取引』部門の地的緊縛性」（同，174頁）を解き放ったことは否定しがたい事実として重視されるべきであろう。しかしながら，「Virtual空間によって代替されにくい役務サービス中心の医療・福祉，教育・文化，娯楽・スポーツなどの消費者サービス」（同上）が「人々のクオリティー・オブ・ライフ志向の高まりのなかで急成長する」（同上）ことを認めるのであれば，村上のいう「脱産業化」――彼によれば「むしろ『反産業化』ですらある」――としての“サービス社会”の存在を抜きに議論を進めようとする矢田の姿勢には疑念を禁じえない。ここで求められているのは，“情報社会”と“サービス社会”の相剋という「二重基調」を正面から見すえた議論なのである。

4　サービス経済化の地理的インパクト――「空間的組織化」論による解明

（1）市場社会における「空間的組織化」の意味

サービス経済化は，いうまでもなく市場社会，それも20世紀末以降の市場社会に特徴的な現象といって良い。もともと伝統的な共同体に埋め込まれていた経済過程を市場メカニズムの下に包摂し，さらに国民国家を外枠とする商品経済循環

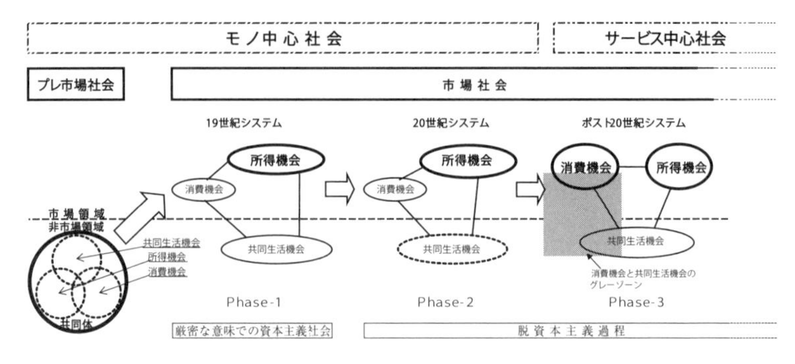

図5-1　空間的組織化の諸局面Ver. 2

注：空間的組織化の諸契機（所得機会・消費機会・共同生活機会）を囲む線の面積と太さは，その重要性を示している。面積が大きく太線で示されているものが主導的な契機である。また点線は，それが契機としての意味を希薄化したことを示す。

へと拡大・再編する形で成立した市場社会は，これまでに大きく三つの局面を経験してきた（**図5-1**）。いわゆる資本主義社会の「自由主義段階」と「帝国主義段階」を含む「19世紀システム（Phase-1）」であり，次に第一次世界大戦から高度成長期の終焉までをカバーする「20世紀システム（Phase-2）」があって，最後に新たな社会経済システム像を見いだせぬまま彷徨を続けている現局面である「ポスト20世紀システム（Phase-3）」がくる。(5)

ところで，人間社会の全歴史からすれば，市場社会よりも，それに先行する「プレ市場社会」の時代の方が圧倒的に長い。プレ市場社会における人間生活は，伝統的な共同体を単位として営まれた。そこでは，土地と労働力の直接的結合に基づく自給自足性を特徴する農業共同体が典型であったことからも知られるように，物体の輪郭と同様の劃然とした「境界」をもった共同体が「経済循環」の単位をなしていたのである。

その伝統的共同体は，市場社会が勃興した15・16世紀以降，商品経済の世界市場的な発展を背景に進んだ「土地」と「労働力」の商品化によって解体を余儀なくされていく。この過程で，共同体の有機的細胞であった「家族」は，労働力再生産の場としての「単婚家庭」へと変容させられ，共同体内部における“所得機会”“消費機会”“共同生活機会”の原生的な結合関係も切断され分離していった。かくして，“所得機会”と密接な関係をもつ生産の主体としての「企業」，“消費機会”と強い結びつきを示す消費の主体となった「家計」，それを補完する“共同生活機会”と深いつながりをもつ中央・地方の「政府」や各種「中間団体」が，この分離した各機能に対応するアクターとして登場してくる。

先にも指摘しておいたように，市場社会の起点をなす資本主義社会は，世界市場の発展に刺激され猛烈な勢いで拡張をとげた商品経済の圧力が，もともと生産物ではありえない「土地」と「労働力」までも商品化し，「商品による商品の生産」が経済循環の基軸的地位を占めるようになったことで成立した。いまや旧来の伝統的共同体における狭域的な経済循環は，その規模を国民国家大へと拡大し，内容面でも個人的な職業的分業から高度な専門化をともなう産業的分業への再編が進むことで，極めて複雑な取引連鎖をもって覆われることになったのである。しかも，それをミクロ経済主体として登場してきた無数の企業や家計が担当するのであった。

取引の空間的範囲が拡大し，その連鎖も格段に複雑化した国民経済循環が円滑に運行されたのは，何といっても市場「経済システムが全体として緊密に繋がっている硬直したシステムではなく，殆どの変数がある程度独立に動きうる柔軟性をもったシステム」（塩沢由典，1997，242頁）だったからである。複数の「小さな部分系」の「ゆるやかな結合系」（同，244頁）という存立機制を備えていなければ，おそらく国民経済循環の安定的な運行は絶望的に困難であったに違いない[(6)]。そして，その「小さな部分系」の一つが，特定の（地理的）場所に企業や家計というアクターが繰りひろげる相互関係――その基軸をなすのは，いうまでもなく市場での個別的な経済取引である――を引きよせる形で，そこかしこに生み出される「空間的なまとまり」なのであった。

このようなアクター間の相互関係を特定の場所へと凝集させるメカニズムを整序したものが，「空間的組織化」論である。すなわち，“所得機会”“消費機会”“共同生活機会”を担うアクターの絡みあいが国民経済循環の空間的分岐をもたらし，それが「空間的まとまり」――塩沢のいう「小さな部分系」――となって現象する過程を描き出すことで，市場社会における空間秩序の形成論理を明らかにするところに「空間的組織化」論の狙いはあった。「空間的組織化」論の見地からすれば，市場社会における「地域」は，企業や家計そして中央・地方政府や各種の中間団体といった諸々のアクターが現実過程において展開する相互関係を特定の場所へと凝縮させる力が社会の空間次元に作りだした「状態」に他ならない。したがって，アクター間に作用している凝集力が衰弱すれば「空間的まとまり」

は希薄化する。市場社会の「地域」に，伝統的共同体のような物体の輪郭にも似た明確な「境界」が確認できないのは，だからむしろ当然なのであった。

「空間的組織化」論の要諦は，市場システムの下で展開される諸アクター間の相互関係を特定の場所へと凝集させている動力の究明である。ただし，市場社会における空間秩序の形成論理を現実過程に即して把握するためには，積極的な役割を担っている「企業」・“所得機会”，「家計」・“消費機会”という市場領域でのアクターに注目するだけでは十分でない。これとならんで“共同生活機会”を担う非市場領域に属する中央･地方「政府」や各種の「中間団体」――ここにはNPOやNGOなどもふくまれるだろう――の役割が無視できないからである。ポスト20世紀システムともなれば，なおさらであろう。

それだけではない。いずれも伝統的な共同体の内部で提供されてきた生活の諸機能が外部化したものであることから，“消費機会”と“共同生活機会”の間には多分に代替性が存在する。その意味で，両者のグレーゾーンが存在していることに十分な配慮がもとめられるといえよう[(7)]。

市場社会の空間秩序が形成されるにあたって積極的な要因をなすのは，市場領域のアクターである「企業」や「家計」の空間行動を通じて生成する「市場地域」である。非市場領域を本来的な位置とする“共同生活機会”を基礎として存在する「地域社会」は，市場メカニズムの浸食作用にさらされているのが常態であるという意味からいって消極的要因といえるだろう。ただ，こうした関係は絶対的なものではなく，常態では消極的な要因にとどまる「地域社会」が時として市場メカニズムの浸食に対して激烈な反撥をみせ，短期的には事態の進行を支配するケースも見られる点には注意しておかねばならない。

（2）「空間的組織化」の諸局面

さて，**図5-1**にそって，プレ市場社会から市場社会への移行をも射程に収めつつ，経済循環の「空間的組織化」が，どのような形で展開してきたかを説明していこう。市場社会における空間的組織化は，先にも指摘したとおり，現在までに三つの局面を経験してきた。モノ中心社会であったPhase-1とPhase-2に対してPhase-3はサービス中心社会であるという違いは見られるが，いずれも空間的組織化によって「地域」というメゾ単位を作り出すことで国民経済循環の安定的運行の支えとなってきた点では共通している。

モノ中心社会における空間的組織化としてのPhase-1およびPhase-2は，貯蔵も輸送も可能なモノの生産と消費が基軸をなしていたことから共通する点が多い。この局面で，空間的組織化のイニシアティブを握っているのは，伊丹敬之（2004）の「購買のためにはまず所得がいる。所得は雇用から生まれる。雇用のためには企業活動が自分の住んでいる場所で行われる必要がある」（同，108頁）という指摘からも明らかなように“所得機会”であり，工場やオフィスとなど職場の立地パターンであった。これに対して“消費機会”は，主たる購買対象がモノであるために「自分の好みにあった製品やサービスが安価で良質に提供されるのであれば，どの国でつくられたかにかかわらず，それを選択し」（同，89頁）手に入れようとするのが普通なので，一般的に“所得機会”とは逆方向の流動化要因として働くことになる[(8)]。

ところで，伝統的共同体の提供してきた機能は，市場社会への移行にともなって商品化され財やサービスとして市場で供給されるようになるが，その範囲もPhase-1では限定的であり，非市場領域において“共同生活機会”の形で提供されるものが多かった。“共同生活機会”は，その具体的な姿が，歴史的経緯や文化的背景によって規定される傾向が強いため，これもまた“所得機会”と同様に，「企業」や「家計」といったアクターを特定の場所へと繫留する方向で作用する。もとより，“共同生活機会”の存在理由は，いまだ商品化をまぬがれているという消極的なものであるから，Phase-1の特徴は“所得機会”と“消費機会”の対蹠性にあったということができよう。

続くPhase-1からPhase-2への移行を象徴するのは，日本でいえば高度成長初期の「三種の神器」――白黒テレビ・電気洗濯機・電気冷蔵庫――や，これに続く3C――カラーテレビ・クーラー・カー（乗用車）――に代表される耐久消費財の普及である。耐久消費財は，アメリカ型の生活様式を世界各地に浸透させる尖兵であったが，その普及はセルフ・サービスによる“共同生活機会”の代替傾向を強め，ここに“所得機会”の主導性は決定的なものとなった。かくして，Phase-2は“所得機会”が絶対的な優位を得た局面として要約できるであろう。

この“所得機会”の絶対的優位は，所得水準の上昇による耐久消費財需要の一巡，さらには自由時間の増大にともなう最終消費サービスへの欲求増大といった事情に基づくサービス経済化の進展もあって，1980年代に入る前後から変化し始めた。貯蔵も輸送もできないサービスの生産・消費が，経済活動の中核を占めるようになってくると，“所得機会”とならんで“消費機会”が人々の居住地選択を媒介として重要な意味を持つことになり，その結果として経済循環の空間的組織化も大きな変貌をとげていく。そして，このPhase-2からPhase-3への転換メカニズムを解明することが，サービス経済化の進展にともなう新しい“地理的現実”を理解する上で鍵をなす。

Phase-3で注目されるのは，経済活動の重心がモノからサービスへと変化することで，従来は流動化要因として作用してきた“消費機会”が，一転して空間的組織化の推進的な契機となった点であろう。Phase-3では，“所得機会”が絶対的な優位性を失って必要条件へと地位を低下させ，“消費機会”が十分条件として浮上する新図式が登場してくる。貯蔵も輸送もできないサービスが消費者の生活に不可欠の存在となると，その“消費機会”へのアクセス可能性が，居住地選択を左右することになったからであった。

しかも，いまや企業――従来型のモノづくり企業かVirtual空間で活躍する知識産業系の企業かを問わず――経営の成否を分かつ決定的ファクターは，優秀な人材の確保にこそあるとする認識が強まっている。そのことを考えれば，矢田（2001）の「IT革命期の国土構造は，この革命の下での主導産業となる知識産業（知識財サービス）の立地動向に影響される」（同，176頁）という見解とは逆の文脈，すなわち「高度な知的労働者が……好む優れた生活環境」（同上）の地理的な存在態様が主導産業の立地動向を規定するという関係こそが注目されねばならない。これもまた“サービス社会”という「消費面」を無視して，“情報社会”という「生産面」のみを問題とすることはできなくなっている証左の一つといえよう。

その場合，消費者のサービスに対するニーズが，急テンポで「高度化」し「多様化」をとげている点は，とりわけ重要な意味をもつ。いうところの「高度化」とは一般人が特別な事情のある場合に限って利用するサービス――たとえば高度医療――への，また「多様化」は特定の人が頻繁に利用するサービス――いわゆる「オタク系」のマニアックな専門店――への，それぞれ欲求の高まりだから，いずれのケースとも平均的な利用頻度――例えば，国民一人当たりの年間利用回数――は低下せざるをえない。この結果，「必需的」なサービスは高利用頻度，そして低利用頻度のそれは「選択的」サービスという従来の「棲み分け」は崩れ，「低利用頻度サービスの必需化」ともいうべき現象が見られるようになる。

かくして，低利用頻度のサービスを含むサービス「選択の幅」の確保が重要になってきた関係で，利用頻度の低下を市場規模の面においてカバーできる大都市圏が，人々の居住地として一段と魅力を増すことになった。この傾向は，教育，医療・保健，育児・介護といった「対人接遇サービス」の分野で特に強い。確かにサービス産業の「ヴァリュー・チェーン」を見直し，業務プロセスの一部をネットワークで処理可能な形態に再編していこうとする傾向も強力ではあるが，とりわけ医療のように専門職が提供する高質な「対人接遇サービス」においては，今後も仮想空間で全局面をオペレートすることは不可能であろう。

（3）「地方創生」論議で看過されていること

「対人接遇サービス」の場合には，供給者と需要者の協働水準が生産効率のみならず提供されるサービスの質にも影響する――いわゆる「なじみ」の問題――という事情もあって，人々を繋ぎ止める傾向は一段と強い。

人々を地理的に集中させるだけでなく，そこに成立した関係を持続させていくことが，供給者のみならず需要者サイドから見ても有利であるために，対人接遇サービスの提供・利用を契機とし，新たな「共同性」が引き出される可能性も十分に考えられるのである。

サービス経済化の地理的インパクトを問題とするにあたっては，このような点にも配慮していかなければならない。

近年とみに関心の高まっている「地方創生」問題を考察するにあたっても，この点が重要な手がかりを与えてくれるように思う[(9)]。いまや「地方」という名の旅客船は，超弩級の暴風雨である「グローバル経済化」の荒波に翻弄されて，まさに満身創痍の状態にある。その意味からすれば，「地方創生」問題の焦点は，「地方」の沈没という最悪の事態を回避するためには，いかなる点に留意しなければならないかを，現状分析的に絞りこむところにあるといって良かろう。

いまの比喩を続けるならば，沈没をまぬがれようとすれば，次々と襲いくる横波から船体を守るため，なんとかして船首を風上の方向に保たなければならない。そのためには，いかなるアクションをとらねばならないかを明らかにすることが重要であろう。こうしたケースで，しばしば用いられるのが「シーアンカー」である。それを舳先から海中に投じて船体をコントロールしようという訳だ。

先に，サービス経済化が特定の場所に人々を集め，そこに繋ぎ止めておく力として作用していることを指摘したのだが，この力を上手く活かすことで，世界を絶えざる流動化の渦に巻き込もうとする「グローバル経済化」への「シーアンカー」としての役目をサービス経済化に期待できるように思う。

このような主張に対しては，サービス経済化の過大評価だという人や，それこそが「誤認」ではないかと批判する人の方が多いかもしれない。伝統的な共同体に埋め込まれていた諸機能が外部化して，市場において供給されるというのがサービス経済化の内実だからである。したがって，これをもって市場の拡張運動である「グローバル経済化」への抵抗拠点とする主張を奇異に感ずる人がいることは十分に理解できる。

サービス経済化が，「諸刃の剣」としての性格を持つことは否定できないであろう。サービス産業，とりわけ「対人接遇サービス」の分野で，顧客のニーズに適合した良質なサービスを提供しようとすれば，その内容を個々人の嗜好や体質さらには体調の変化といった諸事情にあわせねばならない。このため，結果的に誰もが簡単に利用できないほどの――禁止的ともいうべき――高価格となる危険性をはらんでいるからである。

しかしながら，かってないほどに「地方」沈没が切迫していることを考えれば，サービス経済化が「グローバル経済化」を乗り切るための「シーアンカー」となりうる可能性を簡単に切り捨てることはできまい。

5　求められる経済循環の地理学への方向転換

「国民国家という形態は大きな生活問題を解決するには小さすぎ，小さな問題を解決するには大きすぎる」と指摘したのはダニエル・ベル（ベル，1990，447頁）であった。彼の口吻を借りるならば，百年という単位は日常的な問題を考えるには長すぎ，文明史的な問題を考えるには短すぎるというべきなのであろう。眼前に展開しつつある新しい“地理的現実”を的確に捉えるためには，矢田のように「情報化」を「唯一の推進力」と断定するのではなく，サービス経済化という千年紀的な変移をも射程に取り込んで，村上（1997b）のいう「『超産業化』と『脱産業化』の二重基調の社会」（同，431頁）を正面から見すえた分析を敢行することが求められているのである。

その場合，サービス経済化の進展により重要性を高めている消費面を射程に取り込むことが喫緊の課題をなす。従来の経済地理学は，どこまでも「生産の地理学」であった。それを超えて生産―消費の地理学に，したがってまた「経済循環の地理学」へと方向転換することが，いま強く要請されているのである。

日本の経済地理学研究は，戦前期におけるライトモチーフであった「自然と人間の関係」，そして戦後に国民経済の地域構造論が中心的なテーマとした「地域間関係」と，これまで少なくとも二つの関係に注目してきた。いま求められているのは，それらに続く第三の関係として「地域を作り出す関係」――もっといえば「関係としての地域」――を位置づけることであろう。“地理的現実”が三重の関係をもって存立している点を明確にすることが，ここにきて重要な課題となっているのである。

その場合に留意しておかねばならないことは，いうところの「地域を作り出す関係」が，その内部に市場と社会という異質な論理を内在させており，両者の複雑な絡み合いによって“地理的現実”が生み出されている点に他ならない。市場と社会の絡み合いは，しばしば指摘される「対立」ないし「反撥」のみならず，「親和」の局面をも含む。そのような複雑な事態を捉えるための有力な枠組みこそ，ポランニー（ポラニー，2009）の提起した「二重運動」論であろう。

近代以降の“地理的現実”を支配してきたのは，国民経済の地域構造論が強調したように，市場メカニズムの下に作り出された「市場地域」編制である。宮本憲一や中村剛治郎などの自治体経済論者が重視した「地域社会」は，趨勢的に見れば，むしろ「市場地域」によって浸食されていく存在なのであった。もちろん，先にも指摘したとおり，常態では消極的要因をなす「地域社会」の反撥によって一時的に事態の進行が支配される場合があり，また「市場社会」が自己の利害を貫徹するために「地域社会」を温存し利用するといったケース――このような側面に注目したところにポーター「産業クラスター理論」の意義を認めることができるのではなかろうか――が見られるのも否定し難い事実ではある。

この点は，村上泰亮の見解，すなわち「超産業化」としての「情報化」と「脱産業化」としての「サービス化」という産業社会の「二重基調」という現状認識を活かす上でも重要な意味を持つ。現局面における市場と社会の「二重運動」は，あらゆるものを自己の支配下に服属せしめるために絶えざる流動の相に置こうと世界を攪拌する「グローバル経済化」――「情報化」を一部として含む「グローバル経済化」の姿をとった「市場」の論理――の動き，それに翻弄される社会という名の船を安定させるべき錨としての「サービス経済化」――貯蔵も輸送もできないという特性を媒介として創出される共同性は「社会の自己防衛」にあたっての拠点を準備する――の親和と反撥として捉えることができる。こうした「脱産業化」としての「サービス化」が潜在させている文明史的なインパクトを透視するためには，百年を単位とする思考ではなく，千年紀的な変移を見据える姿勢が要請されるのであり，経済地理学もまた，その対象を明確に経済循環――これには「実物レベル」の経済循環という限定をつけた方が正確だろう――と規定し，それを①基底にある「自然と人間の関係」(＝物質代謝レベル)，②「地域を作り出す関係」(＝二重運動レベル)，③「地域間関係」(＝市場社会レベル) という三重の関係に着目しつつ“地理的現実”を考察する方向へと転換していくことが期待されるのである。

本章では，「経済循環の空間的組織化」論の構築を，現下の経済地理学における最大の課題とする事情を議論してきたが，その意図するところは以上の説明で理解していただけたと思う。ポスト20世紀システムの文明状況を見透すためにも，サービス経済化の進展にともなう空間秩序の変移メカニズムの解明を担う経済地理学の役割は，かってないほど重要となってきた。空間的組織化論を踏まえつつ，社会経済システムへのインパクトを整序し“地理的現実”の大転換を解明することが，いまや経済地理学の根本問題となっているのである。

註

(1) 本章の原論文は，『経済地理学年報』の和文特集号「サービス経済化：地理学研究の新局面」に掲載された加藤 (2017) である。前章での議論を踏まえて，この問題に対して活発な発言を続けてきた矢田俊文の所説に検討を加えた。また，中澤高志 (2016a) や山本大策 (2017) から指摘された論点を取り込んで，空間的組織化論のバージョン・アップも図ってみたが，著者自身も必ずしも十分に対応できたとは考えておらず，今後の課題としたい。

(2) この点は矢田自身の認めるところでもあった。矢田 (2001) では「IT革命期の国土構造は，この革命のもとでの主導産業となる知識産業（知識財サービス）の立地動向に影響される。……知識産業の立地因子は，市場への接近性と知識労働者の集積の２つに集約される。簡単に言えば，これらの産業で生産される知識財を発注する企業の中枢管理機能の集中する大都市圏や中枢都市，高度な知的労働者が集積する大都市圏及びこれらの労働者が好む優れた生活環境に恵まれるとともに，高度職業人を育成する基幹大学の立地する大都市圏周辺や中枢都市などが，知識産業の成長地域となるものとみることができる」(同，176頁）としている。高度化し多様化した最終消費者のサービスに対するニーズを満足させられるだけの「選択の幅」をそなえていなければ「高度な知的労働者が……好む優れた生活環境」とはいえないであろうことを考えると，「高度な知的労働者」の居住地選択という媒介項を経由して，「貯蔵も輸送もできない」というサービスの特性が新しい“地理的現実”を規定している事実を矢田も実質的には承認しているといえよう。

(3) 「枠組み理論」については，矢田俊文（2015）を参照のこと。彼自身の説明によれば，「個々に独立した事象，複雑に絡み合って生起している事実を，特定の観点から大局的に掌握する『理論』」（同，ⅱ頁）であるとされる。この「枠組み理論」を，矢田は，チュウネン『孤立国』などのような「厳密に条件を設定して，その条件の下で精密な論理を組立てたり，数式展開をる」第1タイプの理論が，「現実社会の体系的説明を企図しながら，前提の置き方，論理展開の仕方の『高度な抽象性』によって，現実からの乖離を免れ」ず，またブレッドの「都市システム論」のような「特定の時代の特定の事象の実証的分析をベースに一般化して『モデル』ないし『図式』を提起する」第2タイプの理論には，「先の抽象度の高い『理論』からみれば，現実の説明力は極めて高い。他方，特定の時代の特定の事象かせの『モデル化』であり，適用範囲は限定的である」のと比較して，「第一の理論や第二の理論を分析『枠組み』の中に取り込むことのできる懐の深さを有している」（同，ⅱ-ⅲ頁）としているが，その根拠を十分に明らかにしているとはいえない。

なお，矢田･地域構造論そのものについての検討は，加藤（1983）からの一貫した研究テーマであるが，最近のものとして加藤（2009）をあげておく。

(4) 経済史学の世界では，川勝平太（1991）が提起した「文化・物産複合」論に刺激される形で，消費面への関心が高まりをみせている点は注目されよう。川勝（2003）において「文化･物産複合」論は一段と整理されたが，そこでは「経済生活を時間軸によって見る発展段階論的視角」に対して「物産複合を指標にすれば，経済生活を空間軸によって分けることができ，経済の地域性をはっきりさせられる」（同，91-92頁）という指摘がなされている。もっとも，戦前期日本の経済地理学界では，黒正巌（1941）が「如何なるものが如何なる程度に，如何なる方法により，且つ如何なる人又は団体によって消費せらるるかは，一定地域の経済的個性を最も明白に表示するものである。即ちその地域に存する経済形態，人口関係，富力の程度の如き純経済的事情を示すのみならず，更にその自然的文化的特徴をも反映するものである」（同，159頁）という川勝説を先取りする議論を展開していた点を忘れてはなるまい。なお，黒正の経済地理学については，この点を含めて加藤（2011a，2012，2013）を参照されたい。

(5) 加藤（2017）では，「帝国主義段階」が「20世紀システム」に属するかのような書き方となっている（同，14頁）が，この点は訂正しておく。

(6) モノは貯蔵しておけるから，原材料や仕掛品，さらには製品および流通などの諸形態で「在庫」することが可能である。そうでなければ工場の関係者は，原材料の購入が一瞬でも途絶えると操業を即座に停止しなければならないといった厄介な事態に，毎日のように直面させられることになったであろう。もちろん購入と投入（原料在庫）だけでなく，ある工程の産出と次の工程の投入（仕掛かり在庫），産出と販売（製品在庫），仕入れと販売（流通在庫）についても各々の結びつきを切り離す（decoupling）という重要な役割をもっていたのである。

このように従来の主役であったモノの貯蔵できるという特性が，「在庫」の形成を通じて社会経済システムの存立をささえる根幹ともいうべき経済循環――つまり生産と消費の繰り返し――の安定的な運行に多大の寄与をしてきた。「在庫」は，生産（供給）と消費（需要）を「ゆるやか」に結びつけることで，ありうべき調整のズレを吸収し，経済循環の運行を安定化させる方向で機能したのであった。

そのような形で経済循環の安定運行を支えてきた「在庫」（の前提である貯蔵）が，サービスの場合にはきかないところから，困難が生じている点を見逃してはならない。

(7) 中澤高志（2016）から，「空間的組織化論では，所得機会と消費機会を市場メカニズム，共同生活機会を非市場メカニズムに位置づけている。機械的に対応させると，互酬と再分配は共同生活機会に相当することになると考えられるが，互酬はともかく，再分配はむしろ所得機会や消費機会の点で，市場による交換を補完する役割が大きい。また，家政はどう扱うべきか。消費機会に解消されるのか，3つの契機のすべてにまたがると考えるのか，その位置づけはさらに難しい」（同，70-71頁）という指摘を受け，また山本大策（2017）からも著者の「意識の上では，……行政サービスやNPOやNGO活動など……は中心的な考察対象にはなっていないとみてよいだろう」（同，67頁）との指摘を受けた。これを踏まえて，本章では“消費機会”と“共同生活機会”の間にグレーゾーンが存在することを明示したのだが，先にも述べたとおり，決して十分な対応とはいえない。これについては，著者の次なる論稿での課題としたい。

(8)　多様なサービスを利用するには二つの仕方がありうる。一つは「サービスの缶詰」ともいうべき耐久消費財を購入して供給の内部化を図るという20世紀システムで追求された方向性であり，いま一つは本章で問題とした多様なサービスの供給主体が密集している場所の近くに居住することである。前者の場合には，種々の耐久消費財を保管しておけるだけの十分なスペースをもつ住居が，後者の場合には住居の位置が，それぞれのポイントとなる。この点に関連して宇野弘蔵（1973a）が実に興味ぶかい指摘をしているので紹介しておこう。「保管が商品経済とそうでないのとで変わる点を，ぼくはマルクスにおそわるまで考えたことがなかった。ぼくは高円寺の商店街の裏に住んでいるんで，うちに保管する必要は全然ない。ちょっと鍵を持って行きさえすれば，みんなまわりの店が保管していてくれる。その鍵というのがかねだけどもね。子供の時，ぼくの家なんかたくわんを漬けていたりしていた。それはもちろん単なる保管ではないが，保管していたといっていい。裏の物置に樽をいくつも置いてあったのを覚えている。東京へ来て，1本のたくあんをいくつにも切って売ったりしているのを見てびっくりした」（同，877頁）というのである。この宇野発言を受けて弟子の一人が「農家とか，古い家では，家庭における保管というのは，相当大きな意味をもっているわけでしょう。商品経済が発達するとだんだんなくなくってくる」（同上）と述べているが，「保管」の場という役割をモノ中心社会における住居は備えていなければならない。もっとも「ぼくはほんとうに驚いた。たくわんというものも切って売るもんだということを知ってね。それは『資本論』を読んだときに初めて意味がわかった。（笑い）たくわんの経済学といいたいところだね」（同上）というのは宇野独特の諧謔であろうが。

(9)　「地方創生」問題については，『経済地理学年報』第62巻第4号の特集「地方創生と経済地理学」を参照されたい。なかでも，中澤高志（2016b）は注目すべき論点を多く含んでいる。とりわけ「『地方創生』論は，実は反地理学的思考に他ならない」（同，299頁）と結論づけている点は注目されよう。

第Ⅱ部

国土政策論の再構築

第6章

「マクロ空間政策」としての国土政策

――「ボーダーレス・エコノミー」の歴史的位相――

1 「プラザ合意」の意義

1985年9月，ニューヨークのプラザ・ホテルで開催された先進5ヵ国の蔵相・中央銀行総裁会議（G5）は，①行きすぎたドル高の是正，②マクロ・ミクロの両面における各国間の政策協調と，その実現のための③サーベイランス（相互監視）の必要性を主内容とする緊急宣言を行った。

この「プラザ合意」以降，世界経済は新しい局面に突入し，それにともなって各国間の経済バランスも大きな変化をとげる。

とりわけドラスティックな変動を経験したのが日本であった。猛烈な円高の進行に直面した日本企業は，海外との生産コスト格差の急拡大を契機に，従来とは比較にならないテンポで国際活動を一挙に拡大させていく。また，円高によって魅力を増した日本市場への参入意欲を強めた海外企業からの市場開放要求も高まりをみせるなど，経済の「国際化」が急速に進行することになった。

各国間の政策協調の推進や「国際化」への対応は，こうして1990年代における世界経済の重要な課題となってきている。

その根底にあるのが，経済の「ボーダーレス化」ないしは「グローバル化」と呼ばれる動きに他ならない[(1)]。

ここで注目されるのは，そうした事態の進展にともなって，戦後の資本主義諸国における経済運営の指針とされてきたケインズ主義が深刻な動揺にさらされつつある点であろう。

20世紀も90年代に入り，「世紀末」を再び迎えた資本主義は，このたびも重大な転機に直面している。本章では，この「ボーダーレス化」という事態を「通路」に，現代資本主義が直面している転機の大まかな見取図を提示してみたい。

その場合，従来は付随的にしか論ぜられてこなかった現代資本主義の空間的側面に焦点をあわせて議論を進めていく。

1990年代における「ボーダーレス化」の進展は，そうした側面への配慮が，将来の動向を展望する上で決定的な重要性を有していることを誰の目にも明らかなものとしてきた。

以下，この点に留意しつつ①両大戦間期にさかのぼってケインズ主義的な経済運営の生成プロセスをあとづけ，次いで第２次世界大戦後の「高度成長」局面におけるケインズ主義の展開構造を明らかにし，その上で③「ボーダーレス・エコノミー」状況下における変容を検討することで，転機の歴史的な位相に迫ってみたい。

2　現代資本主義の空間的フレームワーク

(1)「国境」の経済的意義

中谷巌（1987）によれば，「経済活動における『国境の形骸化』」（同，８頁）こそが「ボーダーレス・エコノミー」の意味するところである。そこで，「国境の形骸化」が，いかなる事情によって呼びおこされ，どのような帰結をもたらそうとしているのかを明確にしてみたい。そのためにも，経済活動にとって「国境」とは何であったのかを最初に検討しておこう。

資本主義の歴史において国境のあり方が問題化したのは今回が最初ではない。いわゆる現代資本主義に限って見ても，既に生成のプロセスそのものが，国境をめぐる深刻な問題を伴っていたのであった。いわゆる「経済的ナショナリズム」の問題がそれである。

ユージン・ステーレー（1940）も指摘しているように「国家が為替の制限や金融の攪乱により，一般に厳重な輸入制限を行つたり，外国貿易を妨害したりするが如き場合には，自国の領域外での販売は，従って又外国からの原料輸入は，非常に困難な仕事とならざるを得ない。国家間の通商の障壁が増大するにつれ，各種の経済活動を自国の政治単位内に限定しようと云う傾向が生じて来る。茲に於て自国の政治領域内に，――この場合に於ては即ち自国貨幣の流通範囲内に，乃至は生産物の交換が確実に障害なく行なわれ得る範囲内に，――凡ゆる必要原料を持ちたいと云う要求が各国に生じ」（同，54頁），その結果「政治的国境の経済的意義」（同，

230頁）は異常なまでに高められたのである。

（2）「政治的ナショナリズム」の投影という認識の難点

ステーレーは，かくも国境の意義が増大することになった「原因の大部分は，過去の諸戦争並びに将来戦の予測の内にあると云う事は，今更云う必要も殆どあるまい」（同，58頁）という。「経済的ナショナリズム」の高揚をもたらした「起因」は，両大戦間期，とりわけ1930年代を特徴づける「国際経済の解体」（Röpke, 1942）に求められるのであるが，ステーレーによれば，それを常態化させた「原因」は戦争という政治的な事象に他ならなかった。だが，この「経済的ナショナリズム」を経済的側面に投影された「政治的ナショナリズム」の問題として把握するステーレーの理解に含まれる，決定的な難点を見のがしてはならない。

かつてアーサー・ルイス（Lewis, 1969）は，二つの世界大戦に挟まれた20年の歳月を「混乱の時代であり，また実験の時代であった」（同，10頁）と表現した。その「実験」の主軸に位置するものこそ，1930年代の世界大不況という未曾有の「混乱」に対処すべく資本主義諸国が試みた「経済的ナショナリズム」だったのである。アメリカの「ニューディール」，ドイツの「ナチス統制経済」，フランスの「ブルムの実験」，そして日本の「高橋財政」は，この「実験」を代表する政策展開に他ならない。

政策の具体的な内容は，いうまでもなく各国資本主義の特殊事情を反映して多様である。しかし，これらの政策は，管理通貨制度への移行を前提とするフィスカル・ポリシーの発動によって，経済的にはもちろん政治的にも緊急の課題となっていた恐慌と失業問題の打開を図ろうとする点では共通していた。資本主義諸国は，いずれも景気循環の自主的な規制によって経済の管理を実現しようとしたのである。

（3）「自主的な景気政策」の前提としての“マクロ空間”

その場合に注目されるのは，宇野弘蔵の「景気の循環……を規制する為めには一定範囲の経済を金融市場ないし商品市場に於ける自動的なる金利ないし価格の運動にまかすことなく，その自動作用に代わる調整を意識的に行なわなければならない。これを国民的規模に行なうためには国際金本位制の廃棄が絶対的条件である」（宇野弘蔵・藤井洋，1997，65頁）とする指摘であろう。1930年代初頭の金本位制度からの離脱にともなう管理通貨制度への移行は，資本主義諸国の政策展開に新局面を切りひらくものであった。この新局面は，それに理論的な裏づけを与えたケインズの経済学説にちなんで，後年，ケインズ主義ないしマクロ経済政策と呼ばれるのであるが，その具体化にあたっては一定の空間的範域が政策対象として特定されていなければならないことに宇野は注目する。

宇野は，そうした要請が，両大戦間期における「経済的ナショナリズム」の擡頭を呼びおこし，かつまた国境の意義を増大させたと見た。彼によれば，「経済的ナショナリズム」は，「政治的ナショナリズム」一般の経済的な投影などではありえない。ステーレーの見解と反対に，むしろ国境の意義が増大してきたこと自体，経済過程からの要請を基礎としていたとする宇野が，その鍵を握るものとして注目したものこそ管理通貨制度である。

1930年代初頭における管理通貨制度への移行は，アーント（1978）もいうように「『正常化』のシンボルとして，金本位制への復帰に熱心であった」（同，9頁）資本主義諸国にとって見れば，まさしく意図せざる結果だった。しかしながら，それは同時に，彼が「ウォール街のブーム崩壊以後，大不況期中に各国は次から次へと短期資金の突然の引上げや逃避に直面して，通貨切下げか為替管理か，いずれかによる自国通貨の防衛を余儀なくされた」（同，53頁）と指摘するとおり戦後経済の必然的な帰結だったのである。だから，ステーレー（1940）のように，自ら大不況と「経済的ナショナリズム」が「色々な方法で互いに連関し合ってはいる」（同，53頁）ことを確認しておきながら「不景気が経済的国家主義に拍車を加えると云う重大な事実を無視す」（同，53頁）る訳にはいかないのであって，それを呼びおこしたのは資本主義の経済過程そのものなのであり，国境の意義を増大させた原因もまた経済過程に内在していたことを明確に認識しておかねばならない。

宮崎義一（1967）も指摘しているとおり「ケインズ主義には，その根底に，経済的ナショナリズムが横たわっていた」（同，318頁）。

すなわち，①完全雇用状態を維持するためには経済過程を調整する必要があるが，両大戦間期の事情からすれば，国民国家の中央政府をおいて調整者はありえず，また②中央政府の調整が成功するためには，対外的な貿易・投資・送金の統制が不可欠だったからである。こうしてケインズ流のマクロ経済政策は，いわば各国通貨の流通圏の「囲いこみ」を前提にはじめて存立しえたのであり，そこに両大戦間期における「経済的ナショナリズム」の原因もあった。

いま，各国通貨の流通圏がマクロ経済政策の重要な存立要件となっている点に着目してこれを“マクロ空間”と呼べば，両大戦間期の特徴は，その空間的範域が緊急避難的に設定されたこともあって，極めて「対外閉鎖」的な性格をおびた点に求められよう。ここで「対外閉鎖」的とは，国境の外部から経済的な影響を遮断しつつ内部の経済環境を自主的に調整しようとする姿勢をさし，国境が経済的な領域性をおびることを意味する(2)。ここにこそ，ケインズ主義を運営の指針としてきた現代資本主義において，経済過程における国境の存在と意義が，あたかも自明のものとして観念されてきた根拠はあった。

3 「マクロ空間政策」の成立と展開

(1) 戦後におけるケインズ主義的経済運営

第二次世界大戦後の世界経済の再建は，両大戦間期における苦い経験を踏まえつつ進められた。とりわけ「近隣窮乏化」の回避は，重要な課題とされ，そのための制度的枠組みとして構築されたIMF・GATT体制の下で，①金為替・ドル本位制をベースとする固定相場制の確立や，②貿易ならびに資本の「自由化」の推進などが図られる。その結果，戦後の世界経済編成とりわけ1970年代にかけてのそれは，両大戦間期とは比較にならぬほどの安定性を示すこととなった。

とはいえ，このことが「経済的ナショナリズム」の根底的な払拭を意味したわけではない。むしろ，世界経済の安定は，「経済的ナショナリズム」を前提としつつ，そこに発生する利害対立を「覇権国家」アメリカの圧倒的な経済力によって「同調化」していく形で達成されたのであった。そのため両大戦間期に形づくられた“マクロ空間”の「対外閉鎖的」な性格は，この「同調化」によって緩和されたものの，基本的な点では一貫していたのである。

戦後におけるケインズ主義の展開は，およそ以上のような世界経済的セッティングのもとで進められ，極めて良好なパフォーマンスを示しつつ，一国レベルでの経済運営の指針として定着していった。その場合，原油に代表される原料資源の低価格・安定供給や連続的な技術革新といった好条件の存在によって，ケインズ主義への信頼度が増幅された点は指摘するまでもなかろう。ところで，このようなケインズ主義＝マクロ経済政策の制度化と体系化の進行にともなって“マク

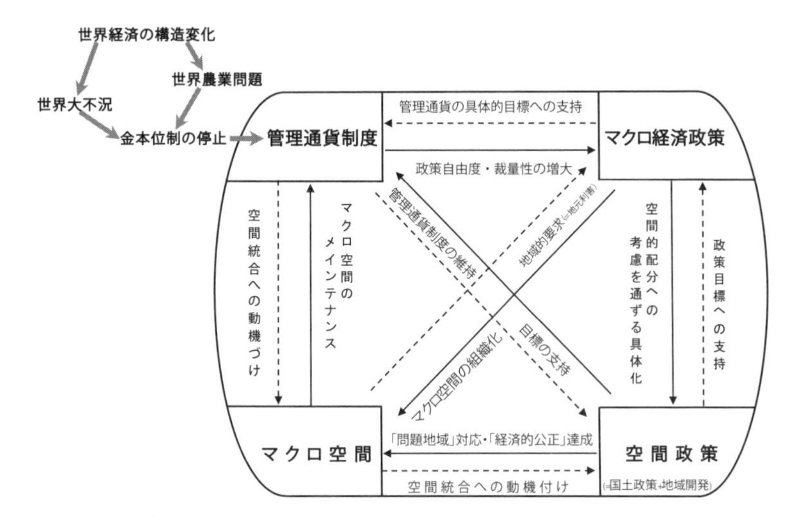

図６−１　空間的視点からみた現代資本主義の枠組み

ロ空間”とケインズ主義との関係にも新たな展開が見られることとなった。

（2）マクロ経済政策における「空間政策」の定着化

それは端的にいうと，国土政策ないし地域開発と呼ばれる政策現象が，マクロ経済政策の有機的な一環として意識的に位置づけられ展開されるようになったことである。すでに両大戦間期にあっても，世界経済の構造変化のあおりをうけ1920年代から慢性的な不況に悩まされていたアメリカ中・南部の農業地帯やドイツの東部農業地帯，さらにイギリスの斜陽産業地帯といった「問題地域」の処理が問題化していた。そのため国民経済の地域構造の再編成を目ざした政策展開が，「特定地域法」（イギリス・1934年）に基づく地域政策や，ナチスの手になる「国土計画Raumordnung」（ドイツ・1935）などの名称の下に進められたのである（加藤，1990b）。

これら両大戦間期における政策展開は，しかしながら大不況に直面した資本主義諸国の「緊急避難」的な行動として行われた。そのため，ケインズ主義における位置づけは，必ずしも明確なものとはいえない。これに対して，戦後におけるマクロ経済政策の展開過程で，それは**図６−１**に示したような注目すべき地位を獲得するのである。

すでに見たとおり，①管理通貨制度への移行は一国の経済政策の自由度ないし裁量性を著しく増大させ，それをテコに国家（=中央政府）は経済過程の管理を実現しようとした。管理通貨制度は，この意味でマクロ経済政策の不可欠の前提をなすのであるが，②財政政策と金融政策というマクロ経済政策の二本柱のうち，前者の具体的な展開にあたっては「社会資本」の空間的配分（いわゆる「箇所づけ」）という課題を避けて通ることはできず，また後者の金融政策の領域にも同様な事情を無視できない。空間次元への配慮は，このような意味においてマクロ経済政策の重要な属性の一つをなしているといって良いのだが，とりわけ注目すべきは③戦後の大衆民主化状況下において重要な政策目標とされた「経済的公正」問題の典型例ともいえる「地域間格差」解消の有効な手段として「空間政策」の役割がクローズアップされた点であろう。

（3）「空間政策」の組み込みを必然化した事情

しかしながら，「地域間格差」の解消には，そうした一般的目標の達成という以上の意味が含まれていた。マンデル（Mundell, 1961）らが提起した「最適通貨圏の理論」は，最適な通貨圏として生産要素の移動性が十分に高い空間的な範域をあげ，それが現実の国境と一致する保証はないことを明確にしている。それどころか，一国——本章の議論に即していえば“マクロ空間”——の内部における生産要素の移動性が不十分であり，それが原因で構造的不況地域などの「問題地域」が発生しているような時には，これらの地域が為替レートの調整よる競争力の回復をめざして別の通貨を採用するケースさえ理論上は想定できるという。このように“マクロ空間”が，常に分裂の危険性をはらんでいるところから，④「空間政策」の展開によって諸地域間の利害を調整し“マクロ空間”の統合性を高めておくことが，マクロ経済政策の展開にあたって不可欠の前提をなしているのである。

国土政策や地域開発と呼ばれる「空間政策」が，ケインズ主義の有機的な一環として現代資本主義の政策体系にビルトインされ，しかもマクロ経済政策の展開にあたって重要な位置を占めることになった事情は，おおむね以上のとおりである。これまでの「空間政策」をめぐる研究では②と③だけが問題とされきたといっても過言でない。①と④の側面については十分な考察が加えられてこなかった。

だが，いわゆる現代資本主義の政策体系において「空間政策」が占める位置を明らかにするためには，後者の側面にも十分な配慮が求められているといえよう。いま，そうした側面をもふくめて，国土政策や地域開発と呼ばれる政策現象の持っているトータルな意味を仮に「マクロ空間政策」という用語によって表現することにしたい。そして，「ボーダーレス化」の進展にともなって，それが経験しつつある変容を「通路」に，現代資本主義が直面する転機の構造を概観してみよう。

4　変容する“マクロ空間”

（1）転機の見取図

「ボーダーレス・エコノミー」の進展を促す要因として，①通信技術の飛躍的発展や②輸送手段の効率化といったハード面，③「自由化」の定着ないし④先進諸国における規制緩和の浸透などのソフト面の二方向が指摘される点からも明らかなとおり，一般的に「ボーダーレス化」は生産力水準の上昇にともなって進展する傾向を持つ。しかし，その具体的な様相は時代とともに変化するのであって，現に1960年代の多国籍企業の急増に象徴される市場と企業活動の国際化を通じた「相互依存」が，1980年代には生産ならびに金融の両面における「相互浸透」へと新展開をとげ，さらには冒頭で見たような「プラザ合意」以降の政策協調を呼びおこしつつ現在に至るという形をとって進行している。そして，こうした多国籍企業の発展と「政策主権」の動揺とを両軸とする一連の経過の中で，次第にケインズ主義のパフォーマンスが低下してきたところに20「世紀末」の混迷は胚胎していたのであった。

いま，このような大枠を踏まえつつ，「ボーダーレス化」の具体的な進行プロセスと帰結について要点をとりまとめ，それを前提に現代資本主義が直面している転機の見取図を示せば次のようになろう。まず前者について見ると，多国籍化の促進要因は，国によって，同じ国でも時期によって相違しており一概に論ずることはできない。ただ，これまでの経緯からいって，スペロ（1985）も指摘するように，急速な市場規模の拡大への対応を目ざして展開された市場戦略と生産の合理化戦略が決定的な重要性をもっていたことは明白であり，多国籍企業の主力業種が自動車や耐久消費財といった分野にあった点も考慮に入れるならば，その発展を戦後ケインズ主義の帰結としてとらえることは十分に可能であろう。

だが，ケインズ主義にとって，多国籍企業の発展は一つのパラドクスでもあった。ケインズ主義の存立要件をなす“マクロ空間”の「対外閉鎖」的な性格が，それにともなって根底から動揺をきたしたからに他ならない。多国籍企業を特徴づける企業内国際分業と「新しい国際分業」の進展は，トランスファー・プライシング（企業内取引の価格操作）やタックス・ヘイブンス（税金避難地帯）の利用による課税回避（スペロ，1985）を日常化させたばかりでなく，各国政府が規制強化などの手段を講じ「政策主権」の維持を狙っても，中谷（1987）が指摘したとおり，逆に――「空洞化」の危機感を背景とする――「退出」圧力をかけ威嚇することで「制度の国際的平準化」要求をつきつけさえするのである。

（2）ケインズ主義の自壊現象

かくして，各国政府による一元的な経済管理，したがってまた“マクロ空間”の「対外閉鎖」的な性格は，1980年代に至って急速な弛緩を経験したのであった。このような多国籍企業の発展にともなう影響は，どちらかといえば“マクロ空間”の外部から作用する力として位置づけられる。これに対してケインズ主義の展開そのものを通じて内部から“マクロ空間”の弛緩を呼びおこした点で注目されるのがフィスカル・ポリシーに代表される後者の問題であった。

日本やフランスの経験が端的に示しているように，石油危機後における混乱からの脱脚を目ざしたケインズ主義の展開は，1970年代後半（フランスの場合は1980年代）の大量国債発行を呼びおこす。やがて，それは，中川辰洋（1989）も指摘するように，公社債市場の確立・急成長をともないつつ，金利や業務分野さらには国際取引をめぐる各種規制の緩和・撤廃へとつながっていく。こうして産み落とされた「ふたつのコクサイカ」――国債大量発行と金融の国際化――という金融自由化の促進要因は，それまでケインズ主義を支えてきた統制的な「政策手段」を制度的にあるいは機能的に失効させる原因となった。

いま，ここで「マクロ空間政策」と名づけた政策現象との関連についてポイントを整理しておけば，とりわけ問題となるのは次の諸点であろう。まず直接的には①産業立地の誘導を目ざして戦略的に空間配分されてきた「社会資本」の投下や②地域間所得格差の改善に向けてなされた財政トランスファーなどの原資が重大な量的制約をこうむった点，さらには③制度金融という伝統的な政策手段の失効といった事態を指摘できようが，より根本的には④従来のような一国的な金融政策が機動性を喪失したことが重要であった。それは，いいかえればケインズ主義の存立要件であった「対外閉鎖」的な“マクロ空間”が「金融の国際化」の過程で根底的な変容を余儀なくされていること，しかも“マクロ空間”の統合を維持するために不可欠な「マクロ空間政策」の手段それ自体も従前の効果を発揮でなくなってきたことを意味しているのであって，まさに一国主義的なセッティングを前提として成立・展開してきたケインズ主義の「自壊現象」に他ならない。

（3）「ボーダーレス・エコノミー」の歴史的位相

1980年代以降における「ボーダーレス・エコノミー」の進展は，以上の概観からもあきらかなように，ケインズ主義に内在するパラドクス――すなわち一国的な統制手段にもとづく経済運営の「成功」が，はねかえって市場指向への転換をうながし，それが国際協調にもとづく経済運営を必然化することで自己の存立基盤を解体していくという逆説――の必然的な帰結ということができよう。“マクロ空間”の弛緩を意味する「ボーダーレス化」は，まさに現代資本主義が直面している転機の歴史的な位相をシンボライズする現象といって良い。かくして，「ボーダーレス・エコノミー」の究明は，現局面における「固有の意味を有する現状分析」（櫻井，1979）の中心的な課題をなしている。(3)

「ボーダーレス化」の意義や実態などの検討を課題とする著作が1980年代の後半に相次いで登場したのは，そういった事情を反映したものに他ならない。類書の中で，とりわけ注目されるのは「鎖国国家日本への警鐘」という副題を持つ中谷巌（1987）である。同書は，この問題に関する通説的な見解を網羅的に含むという意味からして，日本における「ボーダーレス化」に関する「スタンダード・ワーク」といっても過言でない。

中谷説のポイントは，「経済の世界については『グローバリズム』，政治の世界については『ナショナリズム』という……相対立するふたつの原理の並存という事実に，実は，現代世界の矛盾が凝縮されているのである」（同，10-11頁）という現状把握にある。中谷は，「グローバル化」という「経済の論理」が，「政治の論理」を基礎として形成された国境の制約を打破しはじめたところに「ボーダーレス化」が開始されると見る訳であり，彼にとって国境とは「政治の論理」の具体化に他ならないのであった。しかしながら，中谷のように「ボーダーレス化」

の問題を，単純な「経済の論理」と「政治の論理」との対立図式へと還元したのでは「現代世界の矛盾」のよってきたる所以は決して究明できない。

中谷説には根本的な無理がある。それは，すでに検討したステーレー（1940）の見解と同一の難点を持つ。現代資本主義における国境は，むしろ「経済の論理」に発していたからである。

確かに，それは国民国家という政治的枠組みを前提とし，これを利用する形で前面に押しだされてきたという経緯を持っていた。けれども，大恐慌による「混乱」への経済的な対応として登場し，かつ戦後の経済運営の指針として定着したケインズ主義という「経済の論理」が国境の意義を高めた点は否定できまい。とはいえ，そこでいう「経済の論理」が，純粋資本主義の経済法則を指すものでないことも明白なところである。

一口にいえば，それは「市場機構にたいする外的な非経済的制約機能と資本蓄積にたいする外的な非経済的促進効果」（櫻井，1986）が交錯することで具体化した経済過程それ自体だからであった。中谷流の表現を用いるならば，ケインズ主義を登場させ定着させた背景は，「政治の論理」による補完を抜きにして「経済の論理」が存立しえなくなるという事情にもとめられねばならない。だから，この不純な現実を「経済の論理」と「政治の論理」との純粋な対立図式へと割りふり，そこから「ボーダーレス化」の歴史的位相を把握しようとする中谷の作業が限界をもつのは当然であった。

5　空間論的アプローチの重要性

かくして，1980年代以降における「ボーダーレス化」の急展開が，ケインズ主義の原点ともいうべき通貨主権を媒介にして空間の問題と密接に関係していたことは注目される。市場メカニズムに絶大の信頼をおくハイエク（1988）は，通貨主権の徹底的な解体こそが経済安定化の条件であるとし，その方策として「政府の発行する単一の国民通貨の各国領域内での排他的な使用を廃止……し，……他の政府の発行した通貨を同等の条件のもとで認め」（同，7頁）競合通貨の併存状態を創出することを提唱した。彼によれば「ある特定の領域内では一つの単一種類の流通通貨がなければならないとする」（同，9頁）理解は，「ボーダンが……貨幣鋳造権を統治権の最も重要かつ本質的な部分として取り扱っ」（同，12頁）たことと密接な関係をもっている――つまり，現在のような通貨の姿は，もっぱら「政治の論理」に発するものなのであって，それを「経済の論理」に基づき「貨幣発行自由化」へと転換して行くべきだというのである。

ハイエクは，通貨主権をみとめるかぎり“マクロ空間”の「対外閉鎖」的性格は払拭しえず，それゆえ経済の安定化は期待できないと見るのであるが，この議論において問題となるのは，彼が主権の二側面――政策の決定権を意味する「制度としての主権」と政策の自律性にかかわる「機能としての主権」との区別（鴨，1989）を十分に考慮していない点である。実際，「プラザ合意」以降における政策協調の経験は，「制度としての主権」の維持を図りつつ「機能としての主権」を共通のスキームで運用することの可能性を，あるいは「全世界的な相互依存が深まっている現代においては，国家主権とは，こうした現実を正視し，他の主権国との間で互いに整合する政策の採用に合意し，そしてこの合意を実行する能力と解釈されるべきである」（緒方四十郎・クーパー・シュルマン，1989，36頁）ことを，様々な紆余曲折をともないつつも，次第に明確なものとするプロセスに他ならなかった。通貨主権の維持が，直ちに“マクロ空間”の「対外的閉鎖」化を意味するものではない点が明らかとなってきたのである。そればかりではない。むしろ，通貨主権を維持するためにも“マクロ空間”の「対外閉鎖」的性格に変更を加えることが現実から要請されてきたのであった。

1980年代に至って戦後の「対外閉鎖」的な“マクロ空間”を前提とするケインズ主義は重大な転機に直面し，そのパフォーマンスは大幅な低下を見たのであるが，それをもってケインズ主義一般の限界とすることはできない。事実，「プラザ合意」以降における展開は，経済活動の「グローバル化」や「ボーダーレス化」の進展を背景に「対内閉鎖」的な“マクロ空間”への転換を模索しつつあり，その一環として通貨主権のありかたを再構築することでマクロ経済政策の復権が目論まれている。こうして，現代社会の将来が“マクロ空間”の転換の成否にかかっている以上，空間論的アプローチは今後ますます重要性を増してくるであろう。(4)

註

(1) 「グローバル化」や「ボーダーレス化」現象の真の意味は，空間論的な認識を抜きにして把握できない。やや一般化していえば，「グローバル化」とは経済現象の空間的な「拡張」と

「凝集（＝センター形成）」にかかわる問題であり，とりわけ経済活動の空間的な拡大に伴う分布と凝集の変動のいかんが重大な関心事となっている。これに対して「ボーダーレス化」の焦点は，空間的な「領域」ないし「境界」と経済現象との関連にあり，境界の弛緩がいかなる影響を経済運営に及ぼすかが問題となる。

このうち前者の「グローバル化」の究明にあたっては，「集積の利益」などを動力に展開される経済活動の広域化が，同時に財やサービスの供給点の空間的な凝集を通じて諸「市場地域」間の分業編制をつくりだすプロセスでもある点に着目し，そのメカニズムの検討を課題としてきた経済地理学の蓄積を吸収していくことが重要だろう。また，後者の「ボーダーレス化」についていえば，「境界線」の存在が財やサービスの取り引きメカニズムに及ぼす変容を問題としてきた国際経済学が重要な成果を蓄積してきている。関税ないし非関税障壁をめぐる分析，為替レートと国際収支の関連といった空間的な領域性が呼びおこす諸問題が，境界の弛緩に伴ってどう変貌するかは，この国際経済学における分析枠組みを用いて究明することができよう。

このように経済地理学と国際経済学の双方からの接近を通じて「グローバル化」や「ボーダーレス化」現象のインプリケーションは，かなりの程度まで明確化することが可能であるが，しかし，それで問題がすべて解決される訳ではない。両者の交錯する部分，すなわち「境界線」の形成メカニズムの問題が手つかずのまま残されているからである。センターの求心力がつくりだす「空間的なまとまり」を課題としてきた経済地理学にとって，求心力の有効限界は一本の「境界線」というよりは，むしろグレーゾーンであることが一般的であったし，境界の存在が経済活動におよぼす影響を重視してきた国際経済学の場合にも，その形成については権力にかかわる問題として政治学にゆだね，自己の検討課題とはしてこなかったのであった。

(2) 両大戦間期には，ブロック経済や広域経済のような「経済圏」も“マクロ空間”として登場したが，その点の詳細な説明は紙幅の関係から省略せざるをえない。ただ，宇野が遺稿（宇野弘蔵・藤井洋，1997）において剔抉したとおり，1930年代の「国際経済の解体」という事情に規定されつつ資本主義諸国が進めた経済的領域の拡大は国民経済の直接的な拡大による統合（ナチス・ドイツや日本）ないし間接的な準統合（イギリスやアメリカ）の形態をとって展開されたのであって，その意味からすれば以上のシェーマによって基本的な部分の説明は可能であろう。さらにいえば金本位制度のもとでの国民経済は「対外的に開放的」な性格として特徴づけることができる。なお，本章における「開放的」ならびに「閉鎖的」の概念は，マックス・ヴェーバー（1972）により，これを翻案したものである。

(3) かって櫻井毅（1986）は，一般に了解されている原理論の形成史のみならず「原理論と段階論の，段階論と現状分析の，あるいはその三者の混同の根拠と性格を明らかにする作業も学説史の課題である」（同，63頁）ことを主張した。

実際，「ボーダーレス化」をめぐる中谷らの見解は，櫻井の言葉をかりるならば「世界の資本主義の段階的な特徴・具体性を無視し，資本主義の体制的危機に直面してとらざるをえなかった政府の積極的な経済過程への政策的な介入の歴史的性格を無視し，それを現代の資本主義の一般的な特徴としてとらえようとする……試み以外のなにものでもなかった」（同，66頁）のである。その意味からすれば，中谷らの主張は，まさに「現状分析的な課題を一般理論に解消するものとして，それに批判的な歴史的整序をあたえる」（同，66-67頁）べき対象ということになろう。

以上における考察は，直接的には「ボーダーレス・エコノミー」の歴史的位相を現状分析的に確定するための予備的作業なのであるが，その過程で展開した通説批判が櫻井のいう「批判的な歴史的整序」として，なにがしかの成功をおさめることができたとすれば，現状分析の領域にも学説史研究の余地があるとした櫻井の指摘を多少なりとも具体化し裏づけることになったのではないかと思う。

(4)　実際，「プラザ合意」の結論としてサーベイランスを通ずる政策協調が打ちだされたことは，従来の「覇権国家」の負担による「対外閉鎖」的“マクロ空間”の同調化という方向性からの明確な転換を意味している。すなわち，政策協調の名のもとに，“マクロ空間”の「対外閉鎖」的なありかた自体に修正を加えることが目論まれたのであった。いかなる事情が，この重大な転換を要請したかを考察するにあたっては，“マクロ空間”の性格と国家主権のありかたとを関連させながら議論することが有益であり，とくに通貨主権の問題が重要な意味をもっているが，この点については今後の課題として残しておきたい。

第7章

政策現象としての地域開発

——方法論的再検討に関する覚書——

1　政策論研究の社会科学化に向けて

本章の狙いは，今は亡き志村嘉一（1976）の「金融政策に関する評価は，個々の政策自体の成功，失敗，いいかえれば金融政策が本来的に備えていると期待される効果の達成度によってのみ行われるべきではない。金融政策の登場，展開を余儀なくする経済自体の働きかけが金融政策の目標なりあり方を規定しているのである。したがって，他の現実的諸条件を切りすてて金融政策だけを取り出し，その効果を評価することはできない。現実の経済過程は部分的に金融政策に影響を受けつつ（金融政策のいわゆる効果といってよい）一定の運動をとげ，その結果，ふたたび新しい政策体系を要請する（金融政策の限界）。金融政策はこの新たな政策体系の一環として（いわゆるポリシー・ミックス），現実に要求される政策課題総体の一部を担当することになる」（同，411頁）という指摘を地域開発の政策論的研究において具体化することである。

志村の指摘は，金融政策だけの問題ではない。むしろ，社会科学としての政策論研究を前進させるためには，ぜひとも明確にしておかなければならない論点といえる。当然，それは地域開発論の分野にもあてはまる。

否。地域開発論こそ，この点についての深刻な反省が要請されているというべきであろう。本章では，志村の指摘を手がかりに，地域開発の政策論的研究についての方法論的再検討を試みることにしたい。

2　地域開発をめぐる研究の二方向

（1）「高度成長」下における新たな政策課題への対応

地域開発と呼ばれる政策現象の存在が，ひろく一般の人々によって注目され始めるのは第二次世界大戦後のことであり，とりわけ1960年代以降においてであった。それは，この時期に先進資本主義諸国が経験しつつあった「高度成長」の裏面で，地域間格差の拡大や公害・環境破壊の深刻化といった一連の新たな政策課題が生みおとされ，その解決策としての役割が地域開発に期待されたからに他ならない。そして，このような「期待」の高まりを背景に，先進諸国では地域開発をめぐる理論的・実証的研究が活発化していく[(1)]。

日本においても，1960年に策定された国民所得倍増計画の「太平洋ベルト地域」構想，空前の陳情ブームを引きおこした1962年の「新産業都市建設促進法」，そして1967年の「全国総合開発計画」といった一連の政策展開をうけて，1960年代に入ると同時に地域開発論の研究が本格化した。

まず着手されたのが，①政策の推進主体である国や地方自治体サイドから要請されたプランニングの手法にかかわる研究である。これに，やや遅れて②各地で発生した「地域開発」に対する批判的運動の要請に基づく研究が活発化した。このように地域開発をめぐる研究は，二系列に分かれて展開をとげていく。

（2）各系列の問題関心

そのうち①の系列で主題とされたのは，開発計画の策定・実施にあたって不可欠の前提となる投資効果分析をはじめとした戦略論的研究であった。このタイプの研究を中心的に担ったのは，近代経済学派に属する学者や官庁エコノミストである。アイザード流の「地域科学」が，彼らの結集点となった。

これに対して②の研究の中軸を占めたのはマルクス主義経済学派であり，中でも地方財政学の研究者たちであった。彼らは，過疎・過密，公害といった問題の深刻化を契機に各地で展開された住民運動の政治的要請に応えるべく研究を進めていく。そして，革新自治体の簇生という時代状況を背景に，「自治体経済論」（矢田俊文，1990，13頁）の構築を目ざすことになる。

このように，日本の地域開発論研究は，①「地域科学」に立脚するものと，②

「自治体経済論」の系譜に連なるものとが二大潮流を形成する形で展開をとげてきた。両者は，時に論争を交えることがあったにせよ，基本的には別個の発展経路をたどって現在に至っている。そうした事情もあってか，従来，この二大潮流に関しては相違点ないし対立点ばかりが強調され，両者の間に存在する共通項には，ほとんど注意がはらわれてこなかった。

（3）「実践的要求」の自明視という共通性

一見したところ正反対の方向に展開をとげたかに見える二大潮流に共通しているのは，①政策の推進主体の必要に発するにせよ，あるいは②批判的運動のサイドからの要請に基づくにせよ，いずれの潮流にあっても特定の立場からなされた実践的要求に具体的な回答を与えることが，研究上の指針として自明視されてきた点である。すなわち，①「地域科学」の立場にあっては「地域開発計画を合理的に樹立するに当って……必要な」（日本地域開発センター編，1965，iii頁）手法の整備が，また②「自治体経済論」の場合には「住民のための地域開発の構想を考える」（宮本憲一監修，1986，89頁）作業が，全く当然のこととして，それぞれの中心的な課題にすえられてきたのであった。このように，実践的要求に対するスタンスに焦点を合わせれば，両者の間には意外な共通項を確認することが可能なのである。

社会科学の窮極的な研究目標が，時々刻々と変化してやまない現実過程を貫くロジックの究明にあることは，あらためて説明するまでもなかろう。その意味からすれば，さまざまな実践的要求の存在を直視し，これを研究の対象にすえるのは当然といって良い。その意味において，日本の地域開発論研究が，実践的要求と密接なかかわりを維持しながら問題の究明に取りくんできた点は率直に評価すべきである。

実際，1960年代以降における研究の急速な展開は，そうした実践的要求の形をとって表現された国民各層の地域開発に対する「期待」を動力とすることで，始めて可能となった。これは否定しがたい事実である。しかしながら，この「実践的要求から出発する」研究スタイルに潜在する重大な難点を見のがすことはできない。

3　「実践的要求」から出発する研究スタイルの難点

（1）出発点としての「期待」

あらゆる政策現象に通ずることであろうが，「期待」は，政策の出発点をなす[(2)]。政策の形成は，何らかの「期待」が存在しない限りありえない。そして，その「期待」が目ざすのは，「現実」の状態を特定の方向へと変化させることである。

政策は，したがって「現実」を特定方向に向けて変化させるための手段をともなう。こうして「期待」は手段によって媒介されつつ「現実」と対面することになるであるが，その場合，「期待」された方向への「現実」の接近度をもって政策の成否を判定するというのが，これまでの標準的な政策論のスタンスであった。しかし，この出発点をなす「期待」を，どのように理解すべきかは――あまり意識されてこなかったが――極めつけの難問なのである。

従来の研究は，それを政策の推進主体サイドの「期待」に求めてきた。すなわち，①の「地域科学」に立脚する研究では，現代の議会制民主主義下における政府が選挙による国民的支持の獲得を基礎として成立することに着目し，この政府の「期待」をもって国民各層の多様な「期待」の集約点をなすものと見る。これに対して，②の「自治体経済論」の場合は，中央集権制の限界を強調する立場から，それぞれの地域住民こそが政策の推進主体でなければならないとし，彼らの「期待」を問題とすべきことを主張した。

（2）「期待」把握の問題点

このように，同じく出発点を政策主体の「期待」に求めながらも，具体的な政策主体について両者が相違した見解を抱いている点は，当面の問題を考える上で注目されよう。なぜなら，②の「自治体経済論」が主張するように，政府の「期待」を集約点とみなすことに問題があるとすれば，政策の出発点をなす「期待」は，国民各層の多様な「期待」を含んだモザイクとして理解されねばならないからである。実際また，政府の「期待」を集約点として承認するにしても，そのことで国民各層の多様な「期待」が消滅する訳ではない。

多様な「期待」そのものは，あくまでも存続し続ける。政策の出発点をなす「期待」に備わった固有の構造を，いわば立体的な形で把握することが強く求められるのは，その意味からして当然といえよう。しかし，この点は，①の「地域科学」に立脚する研究でも，②の「自治体経済論」にあっても，十分に考慮されてきたとはいえない。

政府の「期待」をもって国民各層の多様な「期待」の集約点とした①「地域科学」に立脚する研究の主張は，いうところの「集約」が一時的な休戦として成立するにすぎないことを無視しがちである。その意味からすれば，一面的といわざるをえないであろう。とはいえ，地域住民の場合にも集約の問題を回避できない以上，同様のことは，②の「自治体経済論」が問題とした地域住民の「期待」に関してもあてはまる。このように，従来の「実践的要求から出発する」研究スタイルは，いずれの立場にあっても，政策の出発点をなす「期待」の把握に関して重大な問題を残していたのであった。

（3）「実践的要求から出発する」研究スタイルに内在する三つの難点

いうまでもなく，国民各層の抱く多様な「期待」群が，そのまま政策の出発点をなすわけではない。政策の現実的な出発点をなすのは，この「期待」群のうちの一つ，または複数の「期待」の合成物である。そして，こうした特定の「期待」が選択されることによって他の「期待」が「実在を抹消し得ないにもかゝわらず政策的には実在しないかの如きことになる[(3)]」（山中，1950，280頁）というプロセスをへることで，「期待」群が一定の関係に編成されていく点を，先に出発点をなす「期待」に備わった固有の構造と表現したのであった。実在の政策現象である地域開発の評価にあたって問題とせねばならないのは，こうした選択プロセスを経過して浮上してくる特定の「期待」なのである。だから，これまでの研究のように特定の立場からなされた「実践的要求」を自明視して，その「期待」をア・プリオリに前提することはできない。ここに第一の難点がある。

ところで，「期待」と「現実」との交錯において，両者のズレが大きい場合には「失望[(4)]」が生まれ，それとは逆にズレが小さい場合には「満足」が生まれる（図7-1参照）といえよう。こうした「失望」と「満足」との関係は，政策主体の「期待」においても，また受容サイドの「期待」に関しても共通に認められるのであるが，それぞれの「期待」が特有のバイアス，すなわち政策主体の側が「満足」を前面に押しだすことで支持の確保ないし強化に努めるのに対して，受容サイドにあってはヨリ有利な政策を引きだすべく「失望」を強調するという非

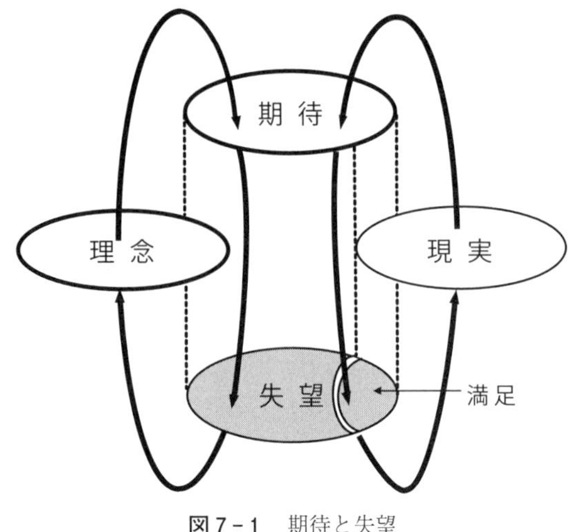

図7－1　期待と失望

対称性が確認される。そして，このことが原因となって，しばしば政策評価の対立が発生している点が，十分に考慮されてこなかったところに第二の難点があった。

このように見てくれば，①政府の「期待」を指針とした研究が「満足」の増大を図るという観点から「現実」の状態を変化させるための手段の効率化を，また地域住民の「期待」を指針として行なわれた研究が，「失望」の原因を公正の欠如にあることを「理念」による「期待」の正当化を通じて確認する作業を，それぞれの中心的な課題にすえたのは当然ともいえよう。そもそも二大潮流の分岐を必然化する原因は，「実践的要求から出発する」研究スタイルのうちに内在していたのである。そして，こうした事情が，同時に政策現象としての地域開発の評価を混乱させる起因ともなってきたところに第三の難点があった。

4　「実践的要求の基礎に向けて分析を進める」研究スタイルへの転換

（1）転換の方法論的根拠

政策現象としての地域開発の研究を進めるにあたっては，その出発点をなす「期待」の選択プロセスが重要な意味を持っているのであって，これに先行する形で特定の「期待」を特権化することができないことは，以上の考察から明らかであろう。にもかかわらず，従来の「実践的要求から出発する」研究スタイルにおいては，こうした特権化が無反省になされ，そのために特定の実践的要求の「特別弁護人」（逸見謙三，1986，244頁）となった感を否めない研究が少なくなかった。しかしながら，このような「特別弁護人」的な立場からする研究では，特定の実践的要求の「必要性」は説明できたとしても，さまざまな反対や批判の存在にもかかわらず，特定の姿をとった地域開発が生みだされてくる「必然性」のロジックを十分に把握することはできないであろう。そのためには，「期待」の選択プロセスを中心にすえつつ政策現象としての地域開発の形成を具体的に究明していかなければならない。いわば従来とは反対に「実践的要求の基礎に向けて分析を進める」研究スタイルへと転換することが要請されているのである。そこで，地域開発をめぐる議論においてキーワードの一つとされている「地域問題」概念の検討を通じて，こうした転換が要請される方法論的な根拠を説明してみたいと思う。

「地域問題」という概念は，さまざまな仕方で規定されている。地域間格差や過密・過疎といった事例を網羅的に提示する仕方，「生産の社会化，消費の社会化と都市化にともなって生ずる」（宮本憲一，1976，244頁）問題のように自分の依拠する理論的立場に引きつけた規定，あるいは「地域問題とは……地域間の経済的不平等と感ぜられるところのものである。その主要な事例は所得，貧困，失業，移住および経済成長率の地域間水準の不平等である」（川島哲郎，1988，13頁）[(5)]といった両者をミックスした規定など，多くのヴァリエーションが存在する。だが，従来の「実践的要求から出発する」研究スタイルに基づく「地域問題」概念には，こうした相違を超えた共通項が存在していた。それは，各自の抱いている——経済的ないし社会的に見た——あるべき地域の姿（＝「理念」）と「現実」との乖離をもって「地域問題」としている点に他ならない。

このような「理念」と「現実」との乖離をもって「地域問題」を規定しようとする姿勢が，先に見た「期待」把握における問題と表裏の関係にあることは，あらためて指摘するまでもなかろう。なぜならば，特定の「期待」の特権化にともなって他の「期待」が無視されざるをえなかったのと同様に，特定の「理念」に依拠する「地域問題」の規定もまた他の「理念」に基づく規定と共存できないからである。このように，従来の研究スタイルにおける「地域問題」の理解は，地域の「あるべき姿（理想像）を自分の……〔地域——引用者註〕に対して有する原則的立場から一義的ないし絶対的に規定し，それの達成にむけて……〔地域——引用者註〕政策を展開させるべきであるという点で共通している。換言すれば自分のもつ原則的立場に国民全体が立つことを求めている」のであるから，その意味において「絶対主義（個別主義）的定義」と呼ぶことが可能であろう（逸見謙三，1986，5-6頁）。

（2）「相対主義（多数派）的定義」

「期待」や「理念」の内容は，各自の置かれた状況に規定される。したがって，「地域問題」は各地域の直面する問題群の総称ということにならざるをえない。いま，個々の地域が直面する問題を「地元問題」[6]と呼ぶことにすれば，絶対主義的定義によって規定されるのは，この「地元問題」であるということができよう。そして，絶対主義的定義を採用するということは，地域開発が「地元問題」の解決に向けて形成されると考えるのと同義である。このような立場をとる限り，地域開発に対する受容サイドの「期待」が，ほとんどの場合に「失望」へとつながるのは当然といって良い。現実過程における地域開発は，決して「地元問題」の解決を目ざして展開されるわけではないからである。

地域開発の評価が混乱する原因の一つは，この「地元問題」の位置づけにかかわっていた。地方政府の進める地元振興政策が「地元問題」の解決を目ざすのは当然としても，中央政府の政策が同様の方向で展開される必然性はない。むしろ，すべての地域に「地元問題」が存在しているという事情こそが，中央政府をして「地元問題」対策とは違ったレベルでの政策展開へと向かわせるのである。資金をはじめとする動員可能な政策資源の制約によって，各地域からわきあがる地元利益の実現要求への対応が限定されている以上，なんらかのグランド・デザインを構築し，それに基づいた政策展開を中央政府が志向するのは当然といえよう[7]。このように，一口に地域開発といっても，地方政府と中央政府のレベルとでは，自ずと性格が異ならざるをえない[8]。そして，中央政府レベルの地域開発が解決を目ざす「地域問題」は，このような理由から，「絶対主義的定義」ではなく「相対主義（多数派）的定義」（逸見謙三，1986，6頁）に基づいて規定されるのであった。この「相対主義的定義」による「地域問題」理解が意味するものこそ，繰り返し問題としてきた政策の出発点をなす「期待」の選択プロセスに他ならないのである。

相対主義的に定義された「地域問題」は，さまざまな「地元問題」群のうち特定のものが，そのままの姿ではないにしても出発点となって，中央政府の地域開発が形成されていることに着目する。通常，こうした集約のプロセスとして重視されるのは国政レベルの選挙であり，現実問題としては，そこにおける多数派政党の政策パッケージに盛りこまれた「地域問題」理解をもって，相対主義的に定義された「地域問題」と見なすことできよう。この場合，次の二点には十分な注意が求められる。第一は，特定の「地元問題」の解決に向けて中央政府の政策が展開しているかのように見えるケースがあるにしても，それは諸「地元問題」間の競合プロセスを通じて浮上した「結果」なのであって，位置づけとしてはグランド・デザインの一構成要素と見なければならないという点である。いいかえれば，特定の「地元問題」の解決を抜きにしては，全国的な問題状況を打開しえないという「期待」が支持され「多数派」の見解として選択されるからこそ浮上してきたのであった。第二に指摘されるのは，このような経過を通じて形成される政策が，もはや個々の地域に目を向けたものとしてではなく，全国的なパースペクティブを持った地域開発，すなわち地域構造の再編政策である国土政策とならざるをえないという点である。したがって，特定の「地元問題」が，相対主義的に定義された「地域問題」としてクローズアップされる時，それは国土政策の形成を呼びおこす契機である「問題地域」として浮上することになるのであった。

(3)「問題地域」論

このように見てくれば，地域開発と呼ばれる政策現象が，異なった二つの側面ないし系列の論理によって構成されていることは容易に理解されよう。すなわち，第一の系列では絶対主義的定義に基づく「地元問題」(地元利益)―地方政府―地元振興政策が，これに対して相対主義的定義に基づく第二の系列では「問題地域」(グランド・デザイン)―中央政府―国土政策(地域構造の再編政策)が，それぞれ焦点をなしているのである。ところが，従来の議論では，この二系列の相違が無視されて渾然一体として扱われてきた結果，無用な混乱が繰り返されてきた。**図7-2**は，そのような混乱を回避するために，政策現象としての地域開発を構成する二系列の論理が，いかなる相互関係にあるかをまとめたものである。最後に，この図を用いて，以上における議論を整序しておきたい。

政策現象としての地域開発の出発点は，多様な「地元問題」群のなかから特定

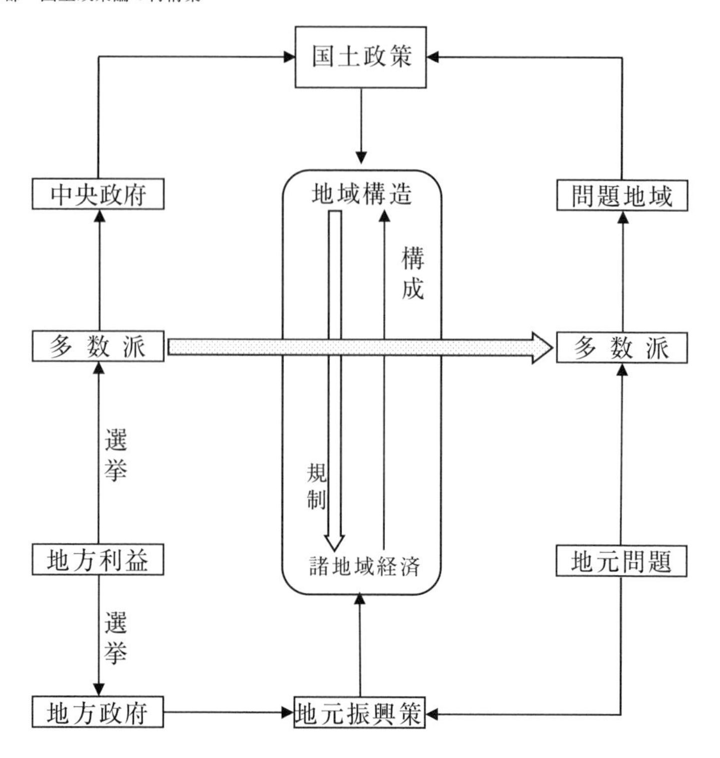

図7－2　政策現象としての地域開発を構成する二系列

のものが浮上し「問題地域」化するところに求められる(補註)。「地元問題」は，個々の地域経済が置かれた事情――国民経済の地域構造に占める各地域経済の位置づけに規定されて――に応じて多様であり，当然ながら地域ごとに「地方利益」の具体的な内容も異なってこよう。この「地方利益」を貫徹し実現すべく，各地域は二つの方向において対応を進めていく。第一の方向は，「地方政府」に働きかけて「地元振興政策」を実施し，それぞれの地域経済が置かれた状況を改善することで「地元問題」の解決を目ざそうとするものである。これに対して，国政選挙などを通じて「中央政府」に働きかけることで「地元問題」の解決を図り，それによって「地方利益」を貫こうとするがの第二の方向をなす。こうした二方向のうち，特に問題となるのは後者であろう。

「地元問題」や「地方利益」は，先の表現を用いれば「絶対主義的な定義」として提起されている。したがって，そのままでは「神々の争い」とならざるをえないのであるが，実際には「選挙」という制度を通じて「多数派」が形成されることで，相互の対立は「一時休戦」の形をとる。そして，この「多数派」によって中央政府が構成されると同時に，「地元問題」群のうち「多数派」的な観点から見て緊急かつ重大と認定されたものへの対処が図られることが多い。ここに形成されるのが「国土政策」であり，その契機となるのが「相対主義的な定義」に基づいて浮上してくる「問題地域」に他ならない。場合によっては，特定の「地元問題」を抱える地域がストレートに「問題地域」となる場合もありうるが，「多数派」的な観点を基盤としているために，相互に納得しやすい形式的基準をもって「問題地域」が規定されるケースが一般的である。経験的にいうと，特定の「地元問題」がストレートに「問題地域」とされるのは，1930年代の大不況期における東部ドイツや日本の東北地方のように緊急性が極点にまで達した場合に限定されるということができよう。

5　社会科学としての焦点は「政策形成」過程の解明にある

「問題地域」の解消を目ざす「国土政策」は，かくして発動する訳だが，そこにおける政策対象として浮上してくるのが国民経済の「地域構造」に他ならない。各「地域経済」の置かれた状態は，それぞれに固有の「地元問題」を呼びおこす。とはいっても，その大枠は国民経済の「地域構造」のあり方に規定されざるを得ない。市場社会における「地域」を特徴づける「開放的」性格のため，各「地域」の経済状態は，地域間競争でのポジションによって規定されるから，「地元問題」の解決にあたっても，地域間競争におけるポジションを規定している地域構造の再編成が決定的な意味を持ってくるのである。

「地方政府」の進める「地元振興政策」が，地域間競争におけるポジションの改善をもたらす余地は限界を持たざるをえない。したがって，地方の「期待」は，国民経済の「地域構造」改編を狙って展開される中央政府の「国土政策」に寄せられる。そしてまた，このような規定関係の存在を認めるならば，「地域構造」のあり方が「地元問題」の振幅を規定し，それが「選挙」を通じて形成される「多数派」を媒介とする「問題地域」の浮上に影響を与え，これによって「国土政策」の方向が決定づけられるというプロセスを発見することができよう。

これまでの地域開発論の研究においては，選挙による「多数派」の形成の持つ意義が二重に軽視されてきた。①「地域科学」に立脚する研究においては，「多数派」による「期待」の集約が，あくまでも形式的なものであり，それが必然的に「失望」をともなわざるをえない点が，また②の「自治体経済論」の系譜につらなる研究にあっては，「多数派」による個別「地方利益」ないし「地元問題」の「多数派」的な集約が現実の「政策形成」の前提条件となっている点が，それぞれ明確にされてこなかったのである。しかしながら，本章における考察を通じて，「政策形成」過程に焦点を合わせた研究を進めない限り，そしてまた「実践的要求に向けて分析を進める」研究スタイルを確立しない限り，政策現象としての地域開発の客観的な解明は不可能であることは十分に了解されたのではないかと思う。

本章は，冒頭で紹介した志村嘉一の指摘に刺激されて取りまとめたものである。以上で検討したように，「実践的要求の基礎に向けて分析を進める」研究スタイルが確立できなければ，どこまでいっても地域開発論は社会科学的な客観性を主張することは不可能であろう。本章のタイトルを「政策現象としての地域開発」とした所以である。

補註　「問題地域」論の基礎としての山中「問題性」論

著者の「問題地域」論は，山中篤太郎の「問題性」論を方法論的な基礎としている。山中（1948）は，中小工業論における研究対象の設定をめぐって，「学問の前にその把握が求められている中小工業とは，ある一つの立場でかかる把握が求められているのである。かかる立場の要求は実は中小工業自体の学問に対する関係のなかで本源的に設定されているのであって，その故に学問的に中小工業を論ずるには基本的な一つの方法しか許されない。又学問的素材としての中小工業とはかかる方法しか許さない対象として成立しているのである。それは中小工業を見るものの自由な立場の中にあるのではなく，見らるる対象たる中小工業それ自体の中に自存する『立場』の要請なのである」（同，42頁）とし，「そもそも学問が中小工業，端緒としては小工業を意識の上にとらえた……起点は近代的な資本制大規模経営利益の展開の前に同じ産業部門内で競争淘汰されて行くものとしての小工業が意識化されたにある。云い換えれば逆に小工業，小規模経営の不合理性，その淘汰による社会問題が，小工業を意識せしめたのである。だから，大規模経営利益展開があって始めて小工業が意識されたのであって，大規模経営利益展開の発生の以前には小工業は実在したがその小工業は小工業としては意識されない。これは極めて当たり前のことなのであるが，この点が最も重要なのである」(同，43-44頁）とした。その上で，彼は「学問の内部で行われる小工業の意識化は，資本制大規模利益展開の歩みにふれて競争淘汰されて行く『問題』的存在としての意識化であるということ，これである。即ち競争淘汰なる法則貫徹の対象たることがその一つであり，かかる問題性の意識を伴わない絶対的な規模の大小を意識化するのではないということがその二なのである」との理解を踏まえて，「ここに所謂『問題性』とは政策矛盾として主観化さるる『問題性』の意味である。ここにこそ中小工業とは何かをとらえる鍵はあり，唯一の方法はある。繰り返して云う。『問題性』を荷わぬ，絶対的な規模の大小は中小工業論の対象を構成しないのであって，かかる『問題性』の内容こそが中小企業論の内容を質的に規定するのである」(同，45頁）としている。

かなり晦渋な文章なので，これだけでは，山中の意図するところがつかみきれないかもしれない。しかし，「中小企業の本質」と題した山中の講演（山中，1953）にある「私は中小企業の研究を始めましたときに，中小企業というのは俗語だ，中小企業というのは俗なのだ，中と小と一緒になって一つのものというのはわからないじゃないか，これは小企業の概念でとらえなければいけないのだというので，りくつの上からいうとその方が便利なのですからそういう研究を始めてみました。初めてみた結果はどうであるかというと，これは結局われわれの目の前におかれている厖大な問題を無視して，ただ研究室にいる人間が片隅にある若干の問題だけを取り上げて，それだけが説明しいいから説明するという現実から逃避する態度にほかならないのだということを悟りました。なくなった河合栄治郎氏もぼくらのやっておりました研究会に参加されることになっていて，相談会を開いたときに河合さんが，私に，これはまず最初に中小企業の概念規定から始めなければならないと言ったので，それは違う，概念規定ができればもう実は研究する必要はない。そうではないのであって，われわれはその概念構成をするためのデータからまず集めなければ一歩も踏み出せないのではないかという議論をしたことを思い出します。考え方からいたしまして小企業という概念規定でありますと割合に簡単に行くのですが，中小企業という大でも小でもない中が小にくっついたものを一体どう説明したらいいかということは非常に厄介な問題だと思う。その意味でいわば民衆の直感というか，社会の直感というものが中小というものをとらえなければならないからとらえたんですね。その直感の持っているある何かの迫力というものがはたしてどこまで正しいかということをわれわれとしては研究してみなければならないのではないか」(同，167-168頁）という説明を念頭に置いて読むならば，なにを彼が意図したかは明確になってくるはずである。要するに，山中は，「民衆の直感というか，社会の直感というものが中小というものをとらえなければならないからとらえた……その直感の持っているある何かの迫力というものがはたしてどこまで正しいかということをわれわれとしては研究してみなければならない」とし，それを「概念構成をするためのデータからまず集めなければ一歩も踏み出せない」という方法を提示したのであった。

これは，しばしば強調される個々の研究者の「問題意識」なるものに基づく研究スタイルとは大きく異なるが，それを「地域問題」の研究にも活かそうというところに「問題地域」論の狙いはある。この問題は，本書では，なお断片的な議論の段階にとどまっているが，「空間的組織化の総過程論」における「空間認識の社会的組織化」へと連接していく可能性を持つことを付言しておきたい。その点が，補強されると第4章や第5章での議論に対する山本大策や中澤高志の指摘に，もう少し的確な応答をなしうるのではないかと思うので今後の課題としておくが，このためにも以下，著者が現時点で「問題性」論をどのように理解しているを示しておく。

ある「現実（事象）」が，人々の間で（互いに協力しなければ）解決できないテーマとして「意識化」され，その解決にあたっては当該「現実（事象）」の発生メカニズムが究明されねばならないということが共通の認識となり，その結果，当該「現実（事象）」（の発生メカニズム）を対象とする調査や分析が多くの個人やグローブによって手がけられていく過程に着目し，人々の間で解決に向けた「意識化」の共有がなされる事情を追跡することを通じて社会の直面する現状を把握･分析しようとする企図を「問題性」論と呼ぶ。

ここでは社会を，ひとまず多数の主体（アクター）が展開する相互行為を「素過程」とし，その累積を通じて次第に生成されてきた規則的な諸関係が，「素過程」の進行それ自体を方向づけている状態として観念する。社会を構成する個々の主体は，彼らの（社会的な）位置関係（ポジショニング）に応じて相異する状況を，そこに至る経過の中ですでに各々が形づくってきた（状況）認知フィルターとでもいうべきものを通して把握し，ここから自己にとっての問題を「主観化」していく。それゆえ，同一の時期に同一の場所で繰りひろげられる社会状況がはらむ「問題性」なるものは，さしあたり個々の主体によって「主観化」された多様な問題の集合体，すなわち問題群として表象することになろう。いうまでもなく認知フィルターを規定する各自の来歴は区々別々であるから，問題群を構成する個々の「主観化」された問題の仔細に注目すればするほど各々の相異は度を増していかざるをえない。

他方で，多くの場合，個々の主体が，自己の「主観化」した問題を単独の力で解決できないこともまた事実である。それゆえ，各主体は自己の直面する問題の解決を効果的な形で前進させるべく，相互に協力して事態の打開にのりだすことを動機づけられていくのであった。そして，この前提として要請されるものこそ，他者による問題「主観化」のあり方を参照しつつ自己の「主観化」を再定式化することによって問題（認識）の共有化を図る作業なのである。問題群を構成する個々の主体によって「主観化」された問題は，同一時期の同一の場所における社会状況が呼びおこした問題として，全く無縁であろうはずがない。生みだされた問題群を相似という視点からながめれば，大抵の場合，そこに一定の共通性が存在していることを見てとることができる。実際また，それなしには主体間で問題を共有化することなど絶望的に不可能であろう。

種々の点で限定的な能力しか持ちえない個々の主体が，自己の能力を超える問題に有効な対処をはたし各々の存立を維持しえているのは，以上のような機制を抜きに理解しえない。多数の主体によって繰り広げられる相互行為の累積から規則的な諸関係が生みだされ社会の秩序へと結実するのも，社会の構造を云々することができるのも，それが根拠となっているからであろう。とはいえ，これは問題の共有化を受容することで事態の改善がはかりうるとの「期待」を持ちうる諸主体について成立する事柄である。それを「期待」しえないと見る（共有化されるであろう問題を受け入れられない）諸主体にとっては首肯しがたいところであるから，彼らについていえば「相異」を主張することが事態の打開にむけた途ということになるであろう。かくして，「相似」という視点からする問題共有化の可能性を認めたとしても，最終的な意味において問題群の存在が解消される訳ではない。各々の個別的な問題の姿は変容するとしても，問題群そのものは，どこまでも存在し続けるのである。

さて，現実過程において観察されるのは，多数派の形成によって問題群の中から特定の――多くの場合は再定式化された――問題が選択され，その解決にむけて社会的な資源が政策として投入されるという経過である。いま，この選択を政策問題の「意識化」と呼ぼう。もとより，多数派の形成による政策問題の「意識化」といえども，あくまでも多数派による「主観化」のレベルにとどまらざるをえない。そこからもれた種々の問題は，依然として解消されることなく存在し続けるばかりでなく，それを問題として「主観化」した主体にとっては選択されなかったという「失望」が，ますます声高に自己の存在を主張させるからである。非多数派，したがってまた様々な少数派にとってみれば，「政策形成」そのものが「失望」をもたらすのであり不満の種なのであった。しかし，彼らといえど，政策の実施にともなって自己の直面する問題を呼びおこした状況が一定の変容を迫られることは回避しえないのであって，その限りにおいて非多数派もまた「政策形成」の過程に裏腹な形ではあるが否応なしに参画させられていることになる。ある社会状況がはらむ「問題性」は，かくして同時代の多数の人々によって問題として「意識化」された事柄を対象として取りあげ，これがよってきたる所以を詳細に詮索することによって，そのコアを確定することが可能となろう。しかしながら，直接的な形では「政策形成」に参画していない非多数派の人々によって問題として「主観化」された事柄がうみだされてくる経緯についても同時に押さえておかねば，その輪郭を把握することはできない。「問題性」は，全ての主体に共有されることがありえないという意味においてもまた「問題性」なのであって，多数派を生みだす現実過程が，同時にまたさまざまな少数派によって「主観化」された問題を呼びおこしている点にまで視野を拡げるのでなければ，問題群を生みおとした社会状況がはらむ「問題性」を把握したとはいいがたいからである。

このような理解が受容されるとすれば，そこに展望的な政策研究の限度が浮かびあがってくるだろう。すなわち，展望的政策研究なるものは，状況の安定性したがってまた構造の持続という僥倖に支えられてのみ成立しうるからである。展望的政策研究は，その存在を否定しないとしても，成立余地ないし有効性という点では，これまで理解されてきたほどに広範かつ高度ではありえない。伊東光晴は，ケインズの経済学が「モラル・サイエンス」である理由を多方面から解説した近著『現代に生きるケインズ』で，ケインズにたいするチャーチルの皮肉をとりあげ，次のような見解をしめした。すなわちチャーチルが「七人の経済学者に同じ質問をしたところが，答えはみな違い，八であった。そのうち二つはケインズからであった」（同，46頁）と述べたのをとらえて「時点を異にするならば，同じ問題に対し，ケインズが異なる答えをするのは理由のないことではないのである」（同上）と。伊東の見解は，この補註での主張と同様の事柄を示唆したものと著者には思われる。

註

(1) 日本における地域開発論の研究史をサーヴェイした代表的文献として米花（1981）がある。参照されたい。

(2) 経済分析における「期待」概念の重要性を指摘したのはG. ミュルダールであり，これを具体化したのはJ. M. ケインズの功績である。この点については，ブローク（1991）所収のマーク・ブローグとフランク・ハーンの対話を参照されたい。

(3) 本章における経済政策の理解は，この山中説と後出の逸見説および志村説から多大の影響を受けている。山中の経済政策論については，加藤（2002）を参照されたい。

(4) 経済分析に「失望」という概念を導入しようと試みたのはA. O. ハーシュマン（1988）であった。

(5) ただし，この部分は，川島自身の「資本主義経済のもとで，最も包括的でしかも基本的な地域問題ということになると，それは結局『地域間の経済的不平等』あるいは『地域間の経済格差』ということになろう」という規定を受ける形で，これを「もっと平易にいえば」としてブラウンの論文から引用したものである。

(6) この表現は，山川充夫（1990）に従う（同，33頁）。山川は，この表現を，著者の「問題地域」論に対置する形で提示しているが，両者の関連については説明していない。本章は，この山川による問題提起への回答をも意図している。

(7) 「国土に関するグランド・デザインの構築と地方利益の体系化」とを国土計画の二側面として提示したのは御厨貴（1989）であった（同，239頁）。

(8) 先にも指摘したように，こうした問題は，地方政府レベルにおいても起こりうる。例えば，都道府県と市町村との間には同一の関係を確認することができよう。

第8章
「国土政策」研究における経済地理学の役割
――「構造―問題―政策」図式による地域構造論の拡充――

1 「理論・歴史・政策」説への疑念

「国土政策」[1]とよばれる政策現象が登場してくるのは，第一次世界大戦後，とりわけ1929年の「大恐慌」以降のことである。「特定地域法」に基づいて推進されたイギリスの地域政策やニュー・ディール政策の一環をなすアメリカの「TVA」事業，そしてナチス・ドイツが進めた「国土計画」，さらにまた「東北振興事業」の実施や「国土計画設定要綱」の閣議決定といった日本の経験は，その初期的な展開を象徴する事実であった。かくして始動した各国の「国土政策」は，第二次世界大戦後における本格的な進展をへて，いまや半世紀をこえる歴史を持つに至っている。

これらのうち，主として日本における「国土政策」経験を踏まえつつ，その形成ならびに展開を貫く「論理」を究明することを著者は積年の課題としてきた。だが，「国土政策」をめぐる考察は，著者が企図する研究そのものの全体を意味しない。著者の窮極的な目標は，この「国土政策」研究を通路として，経済地理学の可能性を開示する点にこそある。

経済学をはじめとする社会科学の諸分野においては，理論・歴史・政策という研究領域の区分が伝統的に行なわれてきた[2]。地理は，この自明視されてきた三区分のもとで，たえず社会科学研究の周辺へと追いやられてきたのである。こうした事態の突破口を，著者は「国土政策」研究の新展開を通じて具体的な形で示したいと考えてきた。以下においては，その糸口として政策論をめぐる従来の議論に反省を加えることで著者の企図するところを明確にしておきたい。

2　政策論研究の現状

（1）政策論研究の二方向

「政策とは，ある種の診断のもとに病んだ現実に働きかける行為である」（原洋之助，1999，19頁）といわれる。そして，この「病んだ現実に働きかける行為」の内容を構想するところに政策論の任務を求めるのが，社会科学研究における通説的な理解であるとみて間違いはなかろう。「経済政策とは，経済政策主体が経済的政策手段を用いて，経済的政策目的を実現するための行為であり，経済政策論は，この意味での経済政策を体系的に研究して，経済政策のあり方 をしめす学問である」（伊藤善市・加藤寛編，1976，7頁）という訳である。

もとより，政策論研究は，こうした「あるべき政策」の姿を提起する「展望的」な研究方向に限定されてきたわけではない。他にも「実在せる政策的現象の分析」である「回顧的」な方向にそった研究も進められてきた。この「展望的」ならびに「回顧的」という区分を提起したのは山中篤太郎（1943，5-10頁）であるが，彼の主著である『中小工業の本質と展開』（山中，1948）を始めとして「回顧的」政策研究に取りくんだ業績は少なくない。

しかしながら，「回顧的」政策の研究は日本では政策史のそれとされ，政策論研究の主流とは見なされてこなかった。政策論の中枢は，あくまでも「展望的」政策研究にあり，眼前の「病んだ現実に働きかける行為」の内容を構想するところにこそ政策論の任務はあるというのが「通念」となっている。伝統的政策論は，かくして「展望的」政策研究の圧倒的な影響下におかれてきたのであった。

（2）伝統的な政策論研究の構図

政策を構想するにあたっては「現実をとらえる概念装置としての理論という知的武器が必要となる。何らかの理論なくして，現実を診断することなどできない」（原洋之助，1999，19頁）。そこで，「展望的」政策研究においては，いかにすれば理論の適切な利用に基づいて「科学的」な政策を構想しうるかに重点が置かれてきた。ボールディング（1975）の「経済政策の原理は，経済学の原理なのである」（同，vii頁）という発言は，その点を端的に表現したものといって良い。

けれども，いうところの「理論」によって「現実を診断する」ことと「病んだ現実に働きかける行為」との間には，容易に乗りこえがたい幾多の困難が待ちかまえている。いま議論を「構想」の局面に限定するとしても，そこにはロナルド・コース（1992）の指摘する「黒板経済学」の罠，すなわち「大多数の経済学者……は理想的な経済システムの構図を描く。そうしてそれを，彼らが観察したもの（あるいは観察したと信じているもの）とくらべ，この理想的な状態に達するには何が必要かを，それがいかにしてなされうるかをあまり考慮することなしに，処方するのである。分析の取り運びはきわめてすばらしいものであるが，それは宙をただよっている」（同，31頁）という陥穽を無視する訳にはいかないであろう[(3)]。しかも困難は，この「黒板経済学」の罠にとどまらないのであった。

幸いにして「黒板経済学」の罠を上手に回避することができたとしても，「構想」された「病んだ現実に働きかける行為」を具体的な政策として実現するには，さらなる難関である政治過程を通過しなければならない。にもかかわらず伝統的な「展望的」政策論研究は，この点について十分な検討を加えてこなかった。種々の立場からなされる「あるべき政策」の主張が，特定の内容を備えた政策の形成へとつながっていく経緯については，これを政治学等によって究明されるべき課題として棚あげしてきたのである。

（3）近年における「展望的」政策研究の動向

しかしながら，政治的な決定に対して経済過程が及ぼす影響を追跡することは経済学における政策論の本来的な守備範囲といえるし，そうした関係を究明できないというのであれば経済学における政策論の存在意義もまたありえない。実際，この点に関する知見の提供を抜きにしては，「政策形成」過程をめぐる協同研究作業への参画も果たしえないであろう。さまざまな政策的主張が相互に親和し反撥しあいながら特定の内容を備えた政策が姿を現していく過程を自己の守備範囲から分離・切断することは，政策論研究にとっての自滅行為といわざるをえないからである。

ブキャナンやタロックらによって提起され，1980年代に研究の急展開をみた公共選択論は，こうした伝統的な政策論研究の「空白」地帯を埋めようとする努力とみなすことができるであろう。公共選択論は，「病んだ現実に働きかける行為」が所期の目的を効果的に達成しようとするならば，制度的なフレームワークや政治的動機を十分に考慮せねばならないとする観点から「経済と政治が相互に交叉する領域」に積極的な切りこみを試みた。すなわち，いかに精緻な経済理論を踏まえた政策であっても「それがどのような状況のもとで実施されるかを考えなければ，政策の成否を判断することはでき」（加藤寛，1979，4頁）ないと主張したのである。

「市場の失敗」を補完すべく登場したケインズ主義的な経済運営が，「政府の失敗」によって意図せざる財政赤字の累積という危機に直面したのは，公共選択論によれば当然の帰結であった。政治家は落選を怖れ，官僚は権限の縮小を好まず，そして国民が景気の後退を望まないというように，政策形成に関与する諸主体が各自の既得権益を維持すべく行動すれば，好況になったからといって財政支出を抑制できないのは自明のことだからである。「政治の経済分析」と呼ばれることからもうかがわれるように，公共選択論は，経済学的な分析手法を政治分野の問題解明に適用しつつ「展望的」政策研究の方向において「空白」地帯を埋めようとする挑戦に他ならなかった。

3　「展望的」政策研究が看過したもの

（1）「政策科学」研究の隆盛

公共選択論をめぐる議論の活発化によって刺激された「展望的」政策研究は，1990年代にはいると同時に「政策科学」という意匠をまとって新展開をとげる。いわゆる「構造改革」ブームのもとで，「批判的な意味をこめて『従来の政治的慣行』として一括されるようなモードと対置させる形で『政策』という言葉が提示される」（木下貴文，2005，28頁）状況が日常化したこともあり，研究者のみならず国民的な拡がりを持って「政策科学」に対する関心は高まりをみせた。「政策科学」や「総合政策」などの名称を持つ新学部・新学科の創立ラッシュは，その「隆盛」（足立幸男，2005，3頁）を象徴する事態といえるだろう。

「政策科学」とは，日本における代表的な論者である宮川公男（2002）の規定に従えば「政策問題の解明と合理的解決のために政策プロセスおよび政策決定の方法とシステムを研究する科学」（同，51頁）である。「社会における政策形成過程を解明し，政策問題についての合理的判断の作成に必要な資料を提供する科学」であるとしたラスウェルの見解や，「体系的な知識，構造化された合理性および組織化された創造性を政策決定の改善のために貢献させることに関わる科学である」というドロアの見解を参考にした宮川の規定からも知られるように，「政策科学」の柱となるのは次の三点であった。すなわち「①政策プロセスの研究方法，②政策研究の結果，③時代の政策上の情報ニーズに重要な貢献をする専門諸科学の研究結果」（同，26-27頁）がそれである。

このように「政策科学」の中心的な課題は，「政策問題」の合理的解決をささえるツールと情報の整備にあるといって良い。だが，多くの場合，いうところの「政策問題」なるものは，足立幸男（2005）も指摘するように「そもそも何が解決すべき問題であり，問題が解決されたか否かをいかなる基準に基づいて判定するかが自明でない，『厄介な』（wicked）問題」（同，8頁）である。ところが，この深刻さが現時点における「展望的」政策研究の最新形態ともいうべき「政策科学」研究にあっては，必ずしも十分に認識されているとはいいがたい。

（2）「展望的」政策研究のアポリア

たしかに「政策科学」研究においても「政策問題の構造化」における「悪構造性」が重要な論点の一つとして取りあげられている[(4)]。いうところの「悪構造性」とは，宮川（1994）によれば，「政策分析の第一歩」をなす政策問題の認識と構造把握，すなわち「政策問題は政策決定者によりどのように感知され認識されるか，そして問題の構造はどのようなものとしてイメージされるか」という「問題の構造化」にあたって，多数の意思決定者がかかわり，未知のものを含んだ多数の政策代替案が存在するばかりでなく，政策と結果との因果的構造関係が明確でなく不確実であるといったケースを指す。このような「悪構造の問題においては，問題の定式化そのものが問題であり，問題の定式化のプロセスと解を考えるプロセスとは同一しかも同時的なもの」であり，そのため「問題の定式化は，その解決の方法をも同時に示してしまう」ことになるから，「誤った問題を解くという誤りを犯さないように」慎重な注意を払わなければならないというのである。

「政策問題」の把握に「政策分析の第一歩」を求める以上，こうした配慮は当然のことだろう。「政策問題には……悪構造の極に近いものが多い」ことを認め，それゆえ「問題解決の焦点は構造化された問題からの解の導出よりも問題の構造化の局面にある」というのであれば，「悪構造」の問題を的確に把握するためのフレームワークの構築こそ，「政策科学」研究における焦眉の課題をなすはずだからである。しかしながら，「政策科学」研究において，この点に関する議論が活発に行なわれているとは残念ながらいいがたい。

宮川（1994）には，「悪構造の問題」にたちむかうためのツールとして「分類分析法」から「仮定統合法」にいたる諸手法が紹介されているのであるが，こうした技術的な対応で片づくほど簡単な課題であるとは考えがたい。「政策問題」の把握をめぐっては，政策論研究にかかわる本質的な論議が不可避だからである。先に，この課題が持つ「深刻さ」を「政策科学」研究は十分に認識していないのではないかと述べたが，それは以上のような点に着目してのことであった。

（3）「政策問題」の把握を困難にしているもの

「政策問題」の把握は，政策論研究の本殿に横たわる最大のアポリアである。にもかかわらず，従来その深刻さが見すごされてきたのは，伝統的な政策論研究が政策の理念や目標の論議に関心を集中させてきたことの逆説的な結果に他ならない。経済政策の目標として進歩・安定・正義・自由をあげたのは「経済政策の原理は，経済学の原理なのである」としたボールディング（1975）であるが，こうした抽象的な目標をもってすれば，いかなる内容の「政策問題」であっても自己の射程内におさめることが可能だからである。

だが，同じく抽象的な規定であっても「何が正しいかを『はかる』スケールが原則として公共的に確立している」（井上茂，1973，175頁）法律の場合とは違って，そのようなスケールを政策は持ちあわせていない[(5)]。抽象的な政策理念や目標は，種々の「政策問題」に位置関係を与えて秩序だてることができぬばかりか，あらゆる種類の「政策問題」を自己の内部に収容しうるがために極限的な混沌を招来する起因とさえなったのである。とはいえ，こうした――多少なりとも冷静になって再考してみれば――奇妙で不可思議といわざるをえない議論が，かくも長期間にわたって常態化してきたのには，それなりの根拠もあった。

結論からいえば，その最大のポイントは，伝統な政策論研究が「展望的」政策研究と「回顧的」政策研究との間に存在する決定的な相異を看過してきたことに求められよう。既に現実化し歴史の一齣として確定された政策の「回顧的」な研究であれば，政策形成を呼びおこした「政策問題」を遡及的に把握することは可能であるが，さまざまな政策的主張が相互にせめぎあっている真只中で「政策問題」を把握しようというのは「神業」以外の何ものでもない。にもかかわらず「現実が，歴史的にかくなって他とはならなかった」（マックス・ヴェーバー，1998，

73頁）がゆえの透明性に「回顧的」政策研究が支えられていることの決定的な意味あいを，「展望的」政策研究に勇往邁進してきた人々は正当に認識することができなかったのである。

4　経済地理学からの逆照射

（1）従来型研究の盲点

こうした事情は「国土政策」研究においてもかわらない。「国土政策」研究においては，常に「地域問題」をめぐる対応の如何が中心的な論点とされてきた。その場合，「地域問題」とは，所得に代表される地域間の格差であり，これと密接なかかわりを持つ過密・過疎，さらには公害・環境破壊といった一連の諸現象であって，それらの解決にむけた政策を吟味するところにこそ「国土政策」研究の要諦はあるとされたのである。

そして，この認識のもとに一方では地域間格差や過密・過疎といった現象の発生メカニズムを実証的に究明しようとする取組みが，また他方では当該現象を抑制し解消するための具体的方策のデザインにむけた努力が，相互に一定の関連を持ちつつ展開された。しかしながら，地域間格差と一口にいっても「経済的な格差ばかりでなく，社会的なもの，文化的なものを含んで」（池田善長，1977，２頁）いる点が象徴的に示しているように，その理解は一色ではありえない。しかも「問題」の具体相は時代と地域が相異すれば当然のように変化していくし，また同時代・同地域であったとしても人によって「問題」の認識は相違している点を想起するならば，当面する「地域問題」の把握が容易ならざる難題であることは説明するまでもないであろう。

確かに，「回顧的」な政策研究にあっては，多種多様な「問題」群の中から特定のものが選択され，その解決に向けて既知の「手段」群の内から特定のそれを採択する形で，一定の具体的内容を備えた政策が形成されていく経過をトレースすることは容易に見える。そして，こうして把握された特定種類の「政策問題」を「地域問題」として類型化することの意味自体までも否定しようとは思わない。だが，いうところ「地域問題」は，どこまでも「既成的」[(6)]な「政策問題」を基礎にして構成された類型なのであって，社会的に「地域問題」として意識化され「国土政策」の形成を呼びおこすことになるであろう「政策問題」の全体を網羅したものではありえない点については十分な注意が要請される。

(2)「構造―問題―政策」図式

さて，ここまで「政策」と「問題」の関係に焦点をあわせながら伝統的な政策論研究のあり方について反省を加えてきたのであるが，さらに議論を進めるためには両者と「構造」の連関に言及しないわけにはいかない。しばしば誤解されているが，**図8－1**からも明かなように，「政策」が働きかけるのは「問題」そのものに対してではなく，「問題」を生みだしている「構造」に対してである。

「問題」が「構造」を離れてはありえない以上それは当然であろう。とはいえ「構造」と「問題」は一対一の形で対応している訳ではない。先にも指摘したように，個別主体レベルの「問題」把握は「構造」に規定されつつも相対的に独自な反応を示しうるのであって，そのため現実に「構造」と対応するのは正確に表現するならば「問題」群だからである。「問題」から「構造」へと遡及することは可能であるが，逆に「構造」から「問題」を一義的に把握できないのは，こうした事情があるからに他ならない。

「政策」は「構造」が生みだした「問題」群の中から選択された「政策問題」を対象に形成されるのであって，この選択をささえるのは，前章でも指摘したとおり「構造」によって規定される個別主体の利害状況が相互に親和と反撥をくりかえすなかで生成してくる多数派の「問題」把握である。「構造」は，かくして「問題」群を生みだすのみならず，個別主体の利害状況をも作りだすことによって，「政策」形成を呼びおこす「問題」の選択を基礎づけるといってよい。かって山中篤太郎（1950）は「経済的過程が多数決なり，政治的圧力のための一定条件を形成し，そこまでは経済的過程として政治的過程への影響を辿ることは出来る筈」（同，37-38頁）であるとの認識に立脚して，政策論研究の焦点を「政策形成」過程の分析に求める見解を提起したが，その意図は以上のような文脈において理解されるべきであろう[(7)]。

(3)「地域構造」分析の射程

このように「構造」―「問題」―「政策」の間には，相互に密接な関係が存在している。それゆえ「国土政策」研究において経済地理学が果たすべき役割を検討するにあたっては，この点が当然ながら配慮されなければならない。にもかか

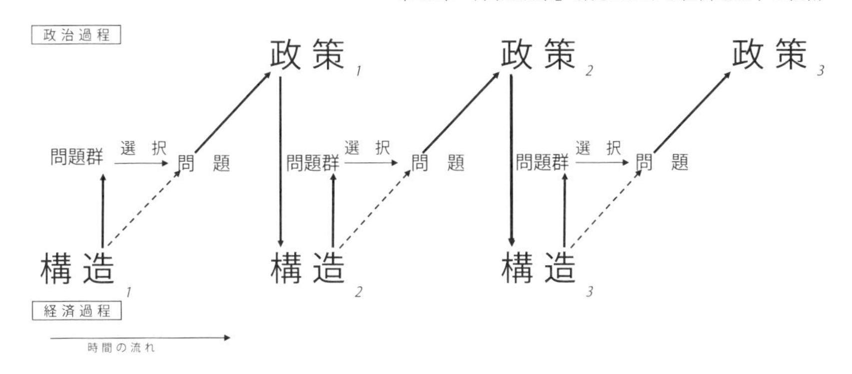

図8－1 構造―問題―政策の関連

わらず従来の議論では，こうした関係に対して，十分な注意がはらわれてこなかったように思われる。

1970年代以降，日本の経済地理学は，高度成長下において深刻化した「地域問題の発生メカニズムを，国民経済の地域的分業体系といったマクロな空間構造の視点から解き明か」（松原宏，2005，10頁）すべく努力を傾注し，注目すべき幾多の成果をあげてきた。しかしながら，あまりにも眼前に展開する地域間格差や過密・過疎といった現象が鮮烈だったからであろうか，それが「政策問題」化されていく経過については関心が及んでいない。このことは，以上で示したような経済地理学の有する可能性からいうと，実に残念なことであった。

これまでの言及からも明かなように，「政策」は「構造」を把握する上での指示器と見なしうる。それは，実在の「政策」→多数派によって意識化され選択された「問題」→その基礎をなす「構造」という遡及が「回顧的」政策研究においては可能となるからだが，しかし経済地理学の研究ということになれば，この線にそって分析を進めていくだけでは，必ずしも十分とはいえない。「国民経済の地域構造論」は，しばしば「『構造』それ自体の解明に最重点をおき，それと不可分の関係にある地域問題については，研究課題として，その重大さにふさわしい十分な位置づけを与えていない」（石原照敏・森滝健一郎，1989，4頁）との批判にさらされてきたのであるが，遡及的な把握を基軸にすえつつも，さらに少数派によって意識化された諸々の「問題」を含んだ「問題」群が呼びおこされる事情を射程に取りこむことによって，はじめて経済地理学の研究ということができるからである。(8)

5　問題群への注目による「地域構造」把握の立体化

以上，本章では，従来の政策論研究を反省するなかに著者の企図するところを開示すべくつとめてきた。「あるべき政策」の姿を提起することを政策論の任務と見る「展望的」政策研究とは別の方向がありうる点は十分に理解されたことと思う。このところ注目をあつめている「政策科学」にあっても，その第一歩をなす「政策問題」の把握をめぐって決定的ともいうべき難問に遭遇していたことを考えれば，「政策」→「問題」→「構造」という遡及の透明性に注目する「回顧的」政策研究のポテンシャリティは大きい。

この「回顧的」政策研究の持っている特性を踏まえて経済地理学の可能性を引きだそうというのが著者の企図に他ならない。しかしながら，個人的な経験からいっても「政策」→「問題」→「構造」という「回顧的」政策研究における分析手順が，ただちに了解できた訳ではなかった。実際，著者の研究経過をふりかえれば，「政策」と「構造」の関連性については当初から注目していたものの，その時点で意識していたのは「構造」が「政策」を規定するという単線的な関係にとどまっていたのである。

「構造」が生みだすのは「問題」群であり，その中から特定の「問題」が選択され「政策」形成へとつながっていく現実過程の経験的な把握を抜きにしては，立体的な「構造」の実像に迫ることはできないという点を文字どおり「意識化」しえたのは最近になってのことであった。そして，この長期にわたる悪戦苦闘の思索を通じて徐々に明確化してきた「回顧的」政策研究のポテンシャリティが，いま著者に地理学の課題に対する再考察を要請しつつある。これを一口に表現すれば「現状分析の知としての地理学」をベースにすえ，その一環として経済地理学を再構成する作業ということになる――そこに著者のいう「地理学としての経済地理学」が浮上してくることはいうまでもない――のだが，これについては終章で考察することにしたい。

註

(1) 「国土政策」という表現をめぐっては，従来から種々の批判が加えられてきている。しかしながら，それらの批判にもかかわらず，依然として「国土政策」という言葉は消滅していない。

詳細な検討は他日にゆだねざるをえないが，本書では，さしあたり中央政府が全国的な規模で実施する「地域構造」の再編政策という意味で「国土政策」という用語を用いることにする。

(2) いまここで，以上のような三区分が社会科学研究に定着した時期を特定することはできない。しかしながら，一つの目安として，カール・メンガー（1939）の刊行をあげることができよう。同書でメンガーは，国民経済の現象を「個別的認識」によって考察する「歴史的科学」，「一般的認識」に基づいて検討する「理論的経済学」をあげた上で，これらとは「本質的に異なるところの群」として「事情に応じ特定の人間的目的が到達されるために，それを在らねばならぬところのものを教える」「所謂実践的科学又は技術学」の存在に注意をうながして，国民経済にかかわる科学を，歴史と統計学からなる「歴史的科学」，国民経済現象の一般的本質と一般的連関を研究する「理論的経済学」，国民経済政策ならびに財政学からなる「実践的科学」の3群に区別したのであった（同，34-35頁，ただし傍点は原文どおり）。

なお，以下の点は，しばしば看過されてきたところなので一言しておくが，メンガーは「実践的科学」に言及した部分で「国民経済政策の科学」が自己の課題を果たす上で必要とされる「歴史的観点」にかかわって「諸国民の種々な発展段階を適切に顧慮し，従ってかような意味に於いての歴史的観点を極めて厳密に確保するにも拘わらず，同時に同じ発展段階にある諸国民の異なった経済的，地理的及び人種学的諸関係を顧慮することをしない国民経済政策の科学」を「社会適性度の相対性の原則を一部分だけしか顧慮しないところの科学」に他ならないと批判し，「かような方法はわが歴史派経済学者によれば歴史的方法であるが，同時に同じ権利をもつて地理学的・人種学的と呼ぶことも出来る方法である」（同，167-168頁，ただし傍点は原文どおり）と述べている。注目すべき指摘といえよう。

(3) コース（1992）によれば，いうところの「黒板経済学」とは以下のようなものである。すなわち「必要なすべての情報は利用可能であると仮定され，教師がすべての役を演ずる。教師が一般的な厚生を増進させるように価格を設定し，税を課し，補助金を配分する（すべて黒板の上で)。ところが現実の経済システムは，この教師の役に対応するものは見当たらない。上述の黒板の上でなされるような仕事を依託され，行なっている人は存在しない。教師の心の裏側のどこかで（時には心の表面で)，現実の世界では教師の役割を演じているという考えが，疑いなく存在している。しかし，政府の内部にはそうした単一の実体はまったく存在せず，ある部門でなされていることが他の部門でなされていることと調和するように注意深く調整しつつ経済活動を詳細に規制する主体はいない」（同，21頁）にもかかわらず，それがあたかも存在するかのようにして議論を進める現実から遊離した態度が，コースのいう「黒板経済学」に他ならない。「黒板経済学は，疑いもなく大いなる知的能力を必要とするし，経済学者の能力を発達させるには有効であろう。しかし経済政策を考えるにあたっては，それは我々の注意を誤った方向に向けてしまう」（同上，21-22頁）のである。

(4) この点については，宮川公男（1994）の207-229頁で検討が加えられている。特に，その217-220頁を参照されたい。

(5) ここで政策と法律を対比したことに対して唐突の感を抱く人がいるかもしれないので一言しておくが，この対比は奇をてらって行ったものではない。むしろ両者の相違点が明確に把握されていなかったところに，「展望的」政策研究のアポリアが見すごされてきた根拠があったのではないかとの反省に基づいてのことである。

井上（1973）も指摘するように，法規定が「社会過程の動態に対応して，……時代とともに変化する精神状況・物質状況に適合する個人の尊厳の保障・実現の仕方に展開しうる機能性を」（同，84頁）を持つのは，「法規定が一見固定しているように思えても……抽象性の文章形式をとることにおいて弾力的な機能を果たしうる」（同，118頁）からに他ならない。

しかしながら，こうした弾力的対応が，法過程のめざす「『法的正義』と呼ばれるものの促進・実現」（同，175頁）に背馳することなく可能となるためには，当然ながら一定の要件を備えていることが前提となる。すなわち「『法的正義』とは何か……『正当化』とは何か……は，具体的な問題状況において現実の諸条件のなかでの検討によって得られるものであろうがその具体性・現実性のゆえに何が正しいかについての唯一のこたえは容易に得られないであろう。ただ，法過程における何が正しいかの判定の尺度はすでに原理的には明確である」（同上）点，いいかえれば「『公正』『正しさ』の判定基準は，この諸過程が枠づけられている法体系にもとめられる。法体系は，この判定基準の諸形式を明示するとともに，この判定のための価値基準をふくむもの」（同，175-176頁）であり，「法過程の公正についての判定基準は，この法体系の価値基準に見出される」という関係が存在しているがために，「法過程においては何が正しいかを『はかる』スケールが原則として公共的に確立されている」（同，176頁）といいうるのであった。

(6)　いうところの「既成的」は「突発的」の対概念であり，その用法については戸坂潤（1966）での議論に従う。

(7)　山中篤太郎の経済政策論，とりわけその方法をめぐる議論は，これまで正面から検討されてこなかった。その空白を埋めようとしたのが，加藤（2002）である。山中の議論が，極めて注目すべき内容を含んでいることを確認する意味でも参照されたい。

(8)　この点については，ドイツにおける社会史研究の旗手とされるユルゲン・コッカ（1994）の「構造史的な考察方法が社会史を独占しているのではないのと同様に，社会史は構造史に解消されつくしてしまうわけではない。社会的な行為や経験の研究は，むしろ社会史の課題である」（同，58頁）という指摘を想起されたい。コッカは「構造ならびに過程」と「経験ならびに行為」の「両者は緊密に結びついており，この両方の局面のどちらか――どちらでも良い――をなおざりにした場合には歴史現象を本当に把握したとはいえない」（同，29頁）ことを強調するのであるが，それは地理学についてもいえるであろう。もとより，コッカも指摘するように「大切なのは構造史と行為史を，また過程史と経験史とを結合することである。理論抜きには成功はおぼつかないのであり，『物語への回帰』は何ら解決策ではない」ことは，あらためていうまでもない。

なお，管見の限りではあるが，コッカの主張と相つうずる議論は日本でもなされている。例えば，神山四郎（1968）は「構造史だけでは歴史の論理的必然性しか書けない。それはまだ現実の事実ではない。社会の構造が分析されて，それが一定の法則をもっていることがわかっても，それはいくつかの初期条件を与えれば現実化しうるという予測が立つだけで，それだけではまだ何も起こらない。その構造が構造どおり機能すれば，いつも同じことが起こるだろうという予測は立っても，それだけではまだ何も起こらない。それにだれかが働きかけて，何がしかの初期条件を外挿することによって，社会構造ははじめて動き出し，現実的必然になるのである。そこで歴史ができるのである。その契機はやはり社会構造の客観的論理と人間の主体的な決断が合致した瞬間である。その瞬間は，結局いつどこでだれが何をしたという事件史のかたちになって表現されるしかない」（同，203頁）との指摘を行ない，「歴史家にとっては，構造史は事件史が発生する下地であって，彼はそのうえに事件史を書き加えるのである」（同，204頁）ことを主張した。

神山のいう歴史家と社会科学者との分業については，内容的に疑問とすべき点もあるのだが，「社会科学者が書く構造史と歴史家が書く事件史を総合するみち」に期待ををよせる点ではコッカの議論と通ずるものがあるといって良かろう。

第9章

戦後日本における国土政策展開の初期条件

――「開発主義」対「貿易主義」論争とは何だったのか――

1 「理念」と「現実」という問題設定の難点

戦後日本における国土政策を「一貫して『徹底した産業政策』」であり，「資本主義経済の下での地域開発政策一般からの逸脱と歪曲」に他ならないとする川島哲郎（1969）の所説は，長らく日本における国土政策研究の通説的位置を占めてきた。

川島によれば，戦後日本における国土政策の意義は，その展開過程を代表的な国土政策関係立法や計画に着目して「資源開発期」・「産業基盤整備期」・「地域格差是正期」といった「固定的な段階」に区分することによっても，あるいは反対にそうした区分の可能性を全面的に否定し「つねに『地域開発政策の混乱』があっただけだ」（同，310頁）として片づけることによっても，決して明確にすることはできない。「資源開発期」に「首都圏建設法」が公布され，また「地域格差是正期」に「太平洋ベルト地帯構想」の復活ともいえる「工業整備特別地域整備促進法」が制定されるという「政策上の動揺や分裂」は，「政策じたいの，したがってまた政策の結果たる現実の地域開発じたいの動揺や分裂ではなくて，理念としての地域開発と現実の地域開発との分裂と背反をしめすもの」（同，311頁）と理解すべきだからである。

問題は，どのように国土政策の「理念」なるものを理解するかであろう。政策論の分野では，「理念」と「現実」の喰いちがいという議論が，日常的になされてきた。本章では，こうした議論の立て方そのものが，実は混乱の「種」となっていることを明らかにしてみたい。

2　川島哲郎の「徹底した産業政策」説

（1）「地域開発一般からの逸脱と歪曲」

「地域開発政策や産業立地政策なるものは，ほんらいその言葉から想像されるような花々しい内容とはおよそ縁遠い，地味で規制的な性格の濃い政策である。しいて類似の政策を求めるとすれば，社会政策がそれにもっとも近い」（同，364頁）というのが，イギリスや北欧諸国の歴史的な経験を踏まえた川島の基本的認識である。そもそも，「社会主義経済とは異なり地域開発や産業立地の全面的な計画化と国家統制の行なわれない資本主義の体制の下で，ほんらい地域開発政策や産業立地政策の名に値するものは，この形態での政策以外にはない」（同，364-365頁）からであった。ところが，日本で進められた地域開発政策や産業立地政策の現実は，これとは大きく食いちがっている。

日本の国土政策は，「生誕の苦痛をほとんど味わうことなしに，きわめて安直に先進諸国の政策を模倣し，あるいは翻案して移し植えられたものにすぎない」（同，312頁）。それは「導入の当初から……ほんらいの性格をねじまげられて，他の目的をもつ政策の手段に供され」（同，319頁）てきたと川島はいう。「地味で規制的な性格の濃い」イギリスや北欧諸国の政策とは違い，日本のそれは「徹底した産業政策」（同，325頁）であり「終始経済成長政策の一貫として利用されてきた」（同，319頁）のである。

しかしながら，「地域開発政策が既成工業地域や大都市圏の整備の方向にむけられることが強ければ強いほど，その反撥としての後進地域の開発にたいする要求は，少なくとも形の上では，いっそう強い形態をとる……そしてたとえ形の上だけにすぎないとはいえ，この種の後進地域にたいする要求が容認されざるをえない」（同，326頁）。こうして，「理念としての地域開発と現実の地域開発との分裂と背反」（同，312頁）が進む。それが川島のいう「資本主義経済の下での地域開発政策一般からの逸脱と歪曲」（同上）の意味するところであった。

（2）「逸脱と歪曲」の実態解明

日本の国土政策をめぐる以後の研究は，「日本の産業政策としての地域開発政策などというものはもともと地域開発政策の名に値しないものだ」（同，365頁）

とした川島の評価によって方向づけられた。それこそが，日本における国土政策研究の「パラダイム」であったといっても過言ではなかろう。理念的には正反対ともいうべき国土政策の名を冠して「産業政策」が推進されるという「相反する方向を指向するかに見える施策の同時的存在」（同，311頁）を日本的な特徴と位置づけ，これを生みだす現実的基礎の解明することが主戦場とされたのである。

事実，日本における研究の相当部分は，川島の指摘を自明の前提としつつ「徹底した『産業政策』」としての国土政策がいかなる展開をとげ，それがどのような諸問題を引き起こしてきたかを具体的に究明する形で進められてきた。そして，それが多大な成果をあげてきたことは否定できない。しかしながら，川島の提示した「産業政策」パラダイムとそれに基づいて展開された研究には，大きな問題が残されていた。

これらの研究が，戦後日本の国土政策が「なんであったのか」，そしてまた「どのように展開したか」という点について鮮明な像を描きあげることに成功したのは疑いのない事実である。しかし，その反面，「なぜ，そうなったのか」という事情に関しては，必ずしも明確にされていない[(1)]。むしろ，何ゆえに戦後日本の国土政策が，「徹底した『産業政策』」として展開されることになったのかという積極的理由は，未解明のままに残されてきた。

（3）従来型の研究における「空白」部分

先にも指摘したとおり，国土政策の評価は，それぞれの時点において特定の政策手段の発動を要請し，これを必然化させた経済的諸事情との関連をとらえなおすことで，はじめて可能となる。国土政策が本来的に備えていると期待される効果の達成度によってのみ行なわれるべきでない。国土政策の登場・展開を余儀なくする経済自体の動向が，国土政策の目標なりあり方なりを規定している以上，それは当然といえよう。

にもかかわらず，この点に十分な注意をはらった研究は，従来ほとんどなされてこなかった。本章で試みるのは，この「空白（missing chapters）」部分を埋める作業である。そして，この作業を「通路」として，戦後日本の国土政策が果たした役割を再評価してみたい。

戦後日本における国土政策の展開を規定した初期条件の解明を通じて，何ゆえに川島のいうような特質を持つことになったのかを，具体的に探っていくのが本章における課題である。そのための素材として，戦後日本経済の復興軌道をめぐる「(国内) 開発主義」と「貿易 (立国) 主義」の論争をとりあげることにしたい。この作業を通じて,「理念」と「現実」の喰いちがいという議論の立て方そのものが，国土政策論の研究を混乱させる「種」であることが明確となるはずである。

3　敗戦後の日本経済——緊急避難的「自給化」の展開

(1) 戦後「経済危機」の深刻化

1945年８月15日，日本はポツダム宣言を受諾し連合国に無条件降伏した。「満洲事変」から足かけ15年にわたる日本の戦時体制は，敗戦という高価な代償を支弁することによつて，ようやく終結をみたのである。この戦争は，主要都市に対して米軍が行なった戦略爆撃などからも明かなように文字どおりの「総力戦」として展開された。そのため日本の戦争被害は，かってなく甚大であった。いま経済安定本部が実施した一連の戦争被害にかかわる調査の最終決定版である1949年４月の『太平洋戦争による我国の被害総合報告書』によって戦争被害の規模を確認しておけば**表９-１**のとおりである。戦争による日本の人的被害 (死亡および負傷・行方不明) は軍人・軍属に限定しても186万人，これに一般市民の67万人をあわせれば253万人と推計され，また国富資産の戦争被害総額は敗戦時の価格で1,057億円であり，武器・航空機・艦艇類を除く平和的国富に限定しても損害は653億円にのぼった。

ほぼ1946年度の国民総生産全体の金額に匹敵する国富が戦争によって消失した勘定である。しかも，無条件降伏の結果，かっての約２分の１へと縮小した領土に，敗戦後の２年間だけでも600万人強の軍人・一般邦人が「外地」からあいついで帰還してきた。すでに大都市圏への空襲などによって着のみ着のままで焼けだされた900万人近くの国民をかかえていた日本にとって，こうした復員者・引揚者の流入は，敗戦にともなう資源輸入の途絶とあいまって「悪性インフレ」,「タケノコ生活」,「食料危機」に象徴される戦後の経済危機を一段と深刻化させる要因となった。

(2)「経済危機」への対応

先年，刊行された戦時下に作家の伊藤整が書きつづった『太平洋戦争日記』

表9-1　太平洋戦争による被害の概要

人の被害　（万人）

	合　計	死　亡	負傷・行方不明
合　計	253	185	68
一般市民	67	30	37
軍人軍属	186	155	31
〔罹災者〕	〔875〕		

国富の被害――1945年8月価額　（億円）

	被害額	被害率	終戦時残存国富額
合　計	1,057	36%	1,889
平和的国富	653	25%	1,889
艦艇・航空機	404	100%	—

生産能力の被害――個別業種例示

	単　位	被害設備能力	終戦時設備能力
火力発電	(年間1,000kW)	741	1,680
石油精製	(年間1,000Kl)	2,169	1,443
普通鋼々材	(年間1,000トン)	不詳	8,040
電気銅	(月産トン)	2,800	10,380
アルミニューム	(月産トン)	2,650	8,350
自動車	(月産台)	750	1,850
硫安	(年間1,000トン)	897	762
苛性ソーダ	(年間1,000トン)	258	465
セメント	(年間1,000トン)	2,101	5,678
綿スフ	(1,000錘)	683	2,809

出所：経済企画庁編（1976）32-33頁。

（伊藤整，1983）の締めくくりにあたる1945年8月24日の項には，「我々日本人は，今後本州と九州と四国と北海道という狭い土地に以前の二倍に近い七千万という厖大な人口をもって生きて行かねばならなくなったのだ。これは可能なことだろうか」（同，344頁）と記されている。伊藤の反問は，彼だけのものではなく，むしろ敗戦直後における日本国民の誰もが共通に抱いていた思いだった。しかも，大多数の国民は，この事態が容易に打開できるとは考えられなかったのである。

敗戦をむかえた1945年は，夏の冷害と秋の風水害，そして戦時下における肥料の投入不足などによる大凶作にみまわれ，米の作柄は平年作の3分の1減という悲惨な状態となる。陸海軍の貯蔵している食糧を放出したとしても，深刻な食糧危機は回避できないであろうとの声が各方面からあがり，国民の間では「1,000万人餓死」説が語られていた。実際また，農林省は450万トンの食料輸入がなされなければ，餓死者が出る可能性もあるという試算さえ発表している。工業生産についても事情は同様であった。敗戦後しばらくの期間は，戦時に貯蔵した原材料のストックを食いつぶすことで経済活動の水準を維持することができるだろうが，それが枯渇しはじめる1947年３月頃からは生産の急激な減少がさけられないであろうとの懸念を，経済安定本部や商工省の関係者は抱いていたのである。いわゆる「３月危機」説に他ならない。このような状況のもとで，政府は食料ならびに原材料の確保に全力をあげて取りくむことを迫られた。

前者の食糧確保についていえば，その重要なポイントとなったのは1945年11月の閣議において第４次食糧増産計画とともに決定された「緊急開拓事業実施要領」である。この事業は，食料の増産とともに農村に滞留していた軍隊からの復員者や外地からの引揚者，そして軍需関係工場からの離職者などからなる大量の失業者を帰農させることによる就業機会の確保を狙ったものであった。同計画の目論見によれば，以後の５カ年間で旧軍用地と国有林野155万町歩（うち北海道70万町歩）を開墾し，これと平行して10万町歩を干拓（これについては６年間）することで，100万戸を入植させ，1951年に米換算で約1,700万石の増産が可能になるというのである。

また，後者の資源確保に関しては，1946年12月27日の閣議で「石炭増産非常対策」が了解され，いわゆる「傾斜生産方式」を政府の公式な政策として採用し，当時の日本が持っていた全力を3,000万トンの石炭確保に向けて傾注することにした。これにより，復興の鍵を握るとされた鉄鋼増産の阻害要因となっていた石炭不足を打開するとともに，肥料をはじめとする化学産業や火力発電の原料を確保し，あわせて主要な輸送機関であった蒸気機関車の動力源をも調達しようというのである。これらの努力とアメリカからの緊急輸入（援助）によって，危惧された「1,000万人餓死」や「３月危機」の現実化は，とにもかくにも回避しえた。

だが，このことは食料と原材料確保の問題が解決されたということを意味するものではない。実際，ドッジ・ラインの試練をへて，日本「経済の復興と自立」の方向が，単なる願望の水準をこえ具体的な形で議論されるようになった1950年に至っても，なお「明治の初年と同じ広さの国土で，そのころの三倍もの人口を養つていかなければならない……。／この国土や資源に対して，ますますその度を強めていく人口の圧迫こそ，わが国の経済のあらゆる困難の源であり，今後わが国経済の復興と自立のためのすべての努力は，とりもなおさず『過剰人口との闘い』でもある」（経済安定本部経済計画室監修，1950，3頁）との認識が一般的だったのである。このことからも明かなように日本経済の復興過程における最大の焦点は，いかにすれば食料と原材料を確保できるかにあった。

（3）緊急避難的「自給化」

かくして，敗戦後の日本経済は事実上，緊急避難的「自給化」[(2)]とでもいうべき道を歩んでいく。当時の切迫した事情の下では，何よりも必要とされる食糧と原材料の「絶対量」を確保することが最重要視された。だが，このため通常ならば考慮されて当然の「コスト」面については，全くといって良いほど省みられなかったことが，後に重大な問題となって浮上してくる。食糧確保に向けて進められた「緊急開拓」事業で入植した農家戸数は1957年までに201,900戸にのぼった。この間に離農した55,300戸を差し引いても146,600戸が同年末に入植地で営農に取りくんでいたが，「開拓農家は農業粗収入30万円以下の農家が84パーセントを占め，負債は170億円に達するなど，開拓営農は多くの問題を抱えていた」（谷野陽，1994,111頁）というのが実際のところである。このように「緊急開拓事業の実績は，戦後の混乱した社会において，何はさておいても食糧不足と離職人口の問題に対処し民生の安定を図る，いわば安全弁的な役割を果たした」（二瓶暢祐，1978，48頁）点は否定できないとしても，他面それが1957年の『農業白書』において指摘された「日本農業５つの赤信号」――農業所得の低さ，食糧供給力の低さ，国際競争力の弱さ，兼業化の進行，農業労働力の高齢化・女性化――の起因をなしていたことは間違いない。

原材料の確保に関しても同様の事情がみられる。「傾斜生産方式」の下で，政府は「石炭産業に対して復金〔復興金融公庫――引用者註〕の資金を最優先に投入し，労働力を大量に募集し，乏しい食糧や生活物資も可能なかぎり配給するという手段」（中村隆英，1980，159頁）をとることで，なんとしても3,000万トンの出炭量を確保しようとし，この目標を達成することには成功した。しかしながら，この「量的拡大のみを意図した傾斜生産が次の時期に高炭価問題をつくり出した」（香西泰，1984，33頁）側面もまた否定しがたい。米澤義衛（1993）も指摘しているように，1950年代における日本経済の最重要課題とされた「産業合理化」の課題は，まさにこの「傾斜生産方式の負の遺産であった高炭価・高鉄価問題の解決」（同，29頁）に向けられていたからであった。いうまでもなく，当時，日本経済が直面していた深刻な事態を考えれば，こうした緊急避難的「自給化」――香西泰（1984）は，これを「強制された輸入代替政策」（同，32頁）と呼んでいる――を一概に批判するわけにはいかない。しかし，それは，あくまでも応急策としてであって，恒久策ということになれば当然ながらコストの問題を度外視することはできないし，また直面する危機を突破するためにとった応急策そのものが生みだした「負の遺産」を清算することも当然のように求められることになるからであった。

こうして敗戦後の日本は，植民地の喪失など環境の激変がもたらした混迷に加えて，徹底した非軍事化と民主化のためには日本の経済力弱化をも辞さないという占領軍の初期対日管理方針などから，復興軌道の方向性を明確化できない期間が続くことになる。しかし，1948年1月6日にロイヤル陸軍長官が行なった対日政策についての演説以降，公然化した東西冷戦に対応する形で始まった「封じ込め」政策と軌を一にして，アメリカは「日本を『東洋の工場』にし，経済面で反共の防壁[(3)]」とすべく資本主義的復興を強力に推進する方向へと占領政策を転換させていく。そして，これを契機として復興軌道をめぐる日本側の論議も急速に活発化していくのであるが，その経緯を敗戦直後にまとめられた外務省特別委員会の報告から順にトレースしていくことにしたい。

4　復興軌道をめぐる議論の経緯――「開発主義」から「貿易主義」への転回

（1）初期における認識――外務省特別調査委員会の見解

日本経済の復興軌道をいかなる方向に求めるかは，敗戦の直後から繰り返し問題とされ，それに対する回答も各方面から提起されていた。中でも敗戦から間もない1946年3月に発表された外務省特別調査委員会報告『日本経済再建の基本問題[(4)]』は，「日本経済の再建の課題を全面的かつ総合的に取りあげた最初の報告として歴史的な意味をもっている」（飯田経夫ほか編，1976，112頁）ばかりでなく，「占領軍が，日本経済再建のメドをどこにおくかの最初のタタキ台」（内野達郎，1978，39頁）にされた，という意味においても重要な意味を持っている。しかも，この報告書が，当時の代表的経済学者によつてまとめられた点，とりわけ以後における日本経済の復興軌道をめぐってかわされた論争の主要な当事者を網羅している点でも注目すべき位置を占めている[(5)]。

『日本経済再建の基本問題』は，まず「日本にとって平和的民主国家としての再建というコースが唯一の方向である以上，また歴史の流れと過去において日本経済社会の痼疾たりし諸矛盾を併せ考えるとき，日本経済再建の基本的方向は経済の民主化と技術の高度化の実現にあることは明らかである」（改訂版73頁，復刻版190頁）との認識を表明する。その上で経済の民主化と技術の高度化実現の具体的方向を，失業問題および貿易問題と関連づけながら次のように想定した。

> 日本経済民主化の出発点は，農業の近代化と農民の生活水準の向上にある。しかるにこれが実現の為には先ず耕地に対する農民の過剰を解消し，農業経営に適性規模の耕地面積を与えねばならない。すなわち農村から過剰の農業人口を抽出することが必要であるが，抽出された人口は主として工業に向かう以外に赴くところを持たぬであろう。かくて日本経済の工業化は経済民主化に具体的根拠を与えるために不可欠とせられる。／一方食料，衣料，その他の必需物資を年々多額に輸入するためには，これが対価となるべき輸出の振興が必要である。しかるに国内資源は極めて貧弱で，豊富なものは労働力のみであり，しかも労働力の直接的輸出が許されないとするならば，労働力を商品の形に換える工業製品の輸出に重点を置かねばならない。かかる面からも日本経済の工業化が必要とせられる。しかして今後の日本に発達せしむべき工業の種類は，労働力が豊富で資源不足という条件から考えて成可く生産に手数を要し，かつ生産工程自動化が困難な種類の工業を選ぶことが，世界分業の見地からみて適当であろう。（改訂版74頁，復刻版191頁，なお下線部は改訂版において付加された記述であり，以後の引用についても同様である）

> 経済の民主化と技術の高度化に基く外国貿易の振興は，日本経済再建の云わば望ましき方向である。しかしながら外国貿易は自国によつて如何ともなし難たい各種の要因を含み，余りに過度の貿易依存は経済の基礎を浮動的ならしめ，安定せる発展を阻害する。また自国経済のある程度の自立性を確保せずして外国貿易に依存するときは，政治経済の植民地化を招来するおそれがある。したがって，常に眼を国際的分業の大勢に向けつつも，同時に国内資源の開発利用をはかる必要がある。すなわち未利用資源の開発，未耕地の開拓，資材の活用および節約，耕地の集約的使用等が徹底的に行なわれねば

> ならない。なおまた消費面における合理化により無駄と浪費を排除し，最少の経済的負担によって健全かつ文化的な国民生活を維持すべき途を発見せねばならない。／以上が経済再建の基本方向であるが，かかる方向を現実の事態に適用するに当たっては段階的考察が必要である。例えば日本経済の将来の方向は世界分業への積極的参加にあるのであろうが，差当たりは支払い能力の不足から国内において食料その他の自給度を最大限に高めねばならない。すなわち経済再建の道程にに応じ経済上の合理性がより多く実現せられるごとき具体的施策を進めて行く事が必要である。（改訂版75頁，復刻版191-192頁）

以上の引用からも明かなように，『日本経済再建の基本問題』は，再建の基本的方向をひとまず輸出産業の工業化，それも「日本が有する資源の不足と労働力の豊富な存在という条件を生かす……成るべく生産に手数を要し，生産工程の自動化が困難な産業」（改訂版139頁，復刻版230頁。ただし初版では下線部が「機械化ガ困難デアリ且ツ原料ヲ多量ニ必要トシナイ」となっていた）具体的には「過去の実情，原料そのほかの立地条件などから見て……機械器具工業および紡織工業……の強力な発展」（改訂版157頁，復刻版240-241頁）に求める。ただし，そうした工業を営むのに必須の原材料を輸入するための外貨が不足している現状では，この制約を打破するために食料などの「自給化」もやむをえないというのである。

このような「段階的考察」に立脚した『日本経済再建の基本問題』の提起する再建の具体的方向は，一見極めて現実的であるかのように見える。しかしながら，視点をかえれば，それは敗戦後の特殊事情を理由に問題の本質をかえって曖昧にする折衷的態度にすぎないということも可能であろう。例えば「毎年経常的に多量の食料を輸入することは，国際収支上極めて大きな負担であり，又工業原料其の他の必需物資の輸入を困難ならしめ，日本経済の工業化に対する一つの制約条件となる。又，雇用の増大は当分の間日本経済にとつて最も重要な課題である。従って極端な労働力の濫費とならざる範囲に於て最大限に食料自給を達成せねばならない」（改訂版175頁，復刻版251頁）と指摘しておきながら，他方で「二・三年後には世界的な食料の過剰生産も予想せられるから現下のごとき食料問題はその性格を転じ，食料輸入に対する見返り輸出物資の調達，海外の安価な食料と国内農業との競争と云うがごとき状態で現われることを予想」（改訂版56頁，復刻版178頁）せざるをえないといい，あるいは食料「自給化」のために推進しようとする開墾が「永続的経営を維持するためには恐らく農産物に対する高率の保護関税か，あるいは高額の補助金の支出を必要としよう。その結果は国内食料価格の騰貴となり，生活費を高騰させ，輸出を困難にし，結局日本経済の縮小を招来し，生活水準の向上と経済の近代化を困難に陥らしめることになろう」（改訂版150頁，復刻版237頁）というのでは，なんといっても無責任の誹りをまぬがれないであろう。

『日本経済再建の基本問題』は，かくして敗戦後の特殊事情もあって復興軌道の長期的展望を結局のところ明確にすることができなかった。それを明確化させる契機となったものこそ，1949年末，雑誌『評論』誌上に中山伊知郎が発表した論稿「日本経済の顔」をめぐって開始された「貿易（立国）主義」と「（国内）開発主義」との論争に他ならない。以下，同論争の経緯を整序することで，日本経済の復興軌道が，その当時のどのように認識されていたかをみてみよう[(6)]。

（2）主流派的見解としての「開発主義」——有沢広巳と都留重人の見解

敗戦によって「外地」に持っていた権益を喪失し，そのため工業化に必要とされる諸資源を輸入に依存せざるをえなくなった以上，中山が提起した貿易立国型の復興軌道は，誰が見ても自然な選択のはずである。しかし，意外に思われるかもしれないが，中山のような見解は少数派であった。その当時は，世界市場が分裂状態にあることを考えるならば，一般にいわれるほど大きな期待を貿易にかけることはできないとした有沢広巳や都留重人らの主張の方が主流を占めていたのである。

「貿易主義」対「開発主義」論争の核心は，このように日本経済再建の背景となる第二次大戦後の世界経済事情を，両者がどのように理解していたかにあった。すなわち世界経済事情が好転せず，あるいは1930　年代のような混乱が再現されると見るのであれば，外国貿易への依存はできるだけ回避しようとするのが当然の選択ということになろう。事実，有沢・都留の両名を中心とする「開発主義」の前提にすえられていたのは，そうした理解であった。

有沢広巳は論文「日本資本主義の運命」（有沢，1950）において次のように主張している。「戦後の国際経済の状態は世界貿易の増大にとって有利ではない。第一に，二つの世界の形成とその対立は資本主義世界圏の市場地域を狭小ならしめた。二つの世界の間に貿易が行なわれないのではないが……それは資本主義圏の貿易が失ったものを償うものではない。第二に，合成工業を中心とする生産技術の発達によって特に東亜地域の特産物に対する受容が減少した。……他方，後進国の工業化の進展によって……綿製品の輸入も減少した。第一と第二の事由だけでも世界における物資の流れを阻害し，資金の循環に故障をひき起こすに充分であったが，さらに第三に決定的な要因として……世界の富と資本とがが生じている，と。とはいえ，彼は「外国貿易の利益を捨ててかえりみないというのではない。ただ外国貿易の増進に依存するには大きな不安があり，かつその増進には限界があることを知らねばならない」（同，14頁）というのである。そして，彼は「国家資本の形成による革命的な生産技術の導入，国土資源の大規模な総合的開発の着手を通じて，経済の社会化にすす」（同上）むことを，外国貿易に依存する復興軌道に対置したのであった。(7)

都留重人も論文「国際経済と日本」（都留，1976）において有沢と同様の主張を行なっている。彼によれば「戦後の世界は遺憾ながら『二つの世界』である。そしてその一方の世界資本主義圏において，アメリカの経済の比重が格段の大きさを占めるようになり，しかもそのアメリカが正常的でない無償供与の形で多額の購買力を同じ圏内の諸国に与えることによって経済の均衡を保っている」（同，455頁）のであった。では，こうした事情の下で「世界の貿易量の大きさを規定する長期的な条件にどのような変化が起こりつつあるか」（同，463頁)。ここで注目しなければならないのは，まず第一にアメリカの人為的介入によって世界経済の均衡が保たれていることからも知られるように戦後の「世界貿易の規模は恒常的な意味で拡大したということはできない」（同，464頁）という点であり，第二に「技術の進歩に伴う資源代替性の向上」（同，465頁）が見られる点である。このように日本の貿易をとりまく環境は極めて厳しい。すなわち，以上の結果「アメリカ経済の比重が大きくなったことと関連して，その好況不況から受ける振幅影響はいっそう強くなるであろう」（同，466-467頁）ばかりでなく「経済のバロメーターがその正常的な機能を失いつつある環境の中では，ただ値段を下げたからといって売れるとはかぎらない」（同，467頁）し，「さらにはまた生糸のような特産品の地位が逆賭しがたい衰調にある」（同上）などの不可逆的な変化がうまれてきたからに他ならない。彼が「日本経済にとって現在与えられている二者択一は，以上論じてきたような国際経済の新しい様相をどこまでも客観的にみつめ，それに応じた経済自立化の道程を自覚的かつ計画的にすめていくか，それとも，『見えざる手』（アダム・スミス）の恵沢に信をおいて，日本経済の進路をいわゆる自由原則の命ずるところに任せるかのいずれかである」(同，467頁）と主張する所以である。そして彼の想定する復興軌道が前者であったことは説明するまでもなかろう。

(3)「貿易主義」の抬頭――中山伊知郎の主張と通産省による受容

このような「貿易主義」批判に対して中山は，論文「貿易主義と国内開発主義再論」(中山，1972）において次のような反論を展開する。「開発主義」の立場からする批判の第一点は，戦後の世界経済情勢は，「貿易主義」が主張したような発展軌道を日本経済がたどることを許容するものではないということであった。確かに「戦後の世界は不幸にしてかつての自由貿易の世界ではなく，貿易についても明らかに協定貿易が主軸をなしている。……それらを総合して考えてゆくとき，世界が貿易によって経済的な協力体制を固めることは当分の間困難のごとくに見えるであろう。けれどもこの事実はそれだけで貿易主義の主張を否定することにはなりえない」(同，98頁)。なぜならば，協定貿易の形においても貿易の規模が一方的に縮小するとは限らないし，また国際協力の欠如を打開しようとする「世界通貨基金」以来の構想は今日ようやく具体化されようとしているのであって，その成果を現時点で判断することができないからであった。「もちろん原理的な考え方をしばらくおいて，現在の窮境に処する方途ということになれば，具体的に意見の別れる点も出てくるであろう。……しかし日本経済は事実の問題として貿易とそのための工業化によって伸びてきた。……この事実と結果とを基礎として問題を見るとき，第一の理由はそのまま貿易主義をすてる理由とならぬことは明らか」(同，98頁）なところであると中山はいう。「貿易主義」批判の第二論点は，ポンド地域における輸入制限をめぐるものであった。しかし，日本の貿易態勢に大きな影響を及ぼし，また将来を悲観させる原因ともなっていた「ポンド地域の輸入制限が相当緩和の見込みのあることは，最近のオーストラリア，インド，パキスタンなどの動きによって想定しうる。……これらの動きがもともと貿易の相互利益原則の表現であるところにむしろ希望が残されている。……ここに登場した貿易不振の理由は，主としてイギリスの経済的利害を中心として，それとアメリカとの関係においておこった問題であり，したがってその解決もまた当然に英米を中心とする自由国家群の全体において解かれねばならない。……むしろ論理に依存して問題を追及するとき，ここに示された眼前の事実が同時に永久的に法則を示すと考うべき理由はまったく存在しない」（同，99-100頁）からである。第三に，「開発主義」の立場からする「貿易主義」批判の論点として最初にとりあげられたというだけでなく「内容的に見ていっそう重要な……特産品貿易の将来」（同，100頁）をどう理解するかという問題がある。化学製品の普及にともない特産品貿易の将来が楽観を許さなくなってきた以上，自国資源の開発による化学繊維への切りかえなどを通じて，できるだけ早急に特産品貿易を新たな貿易構造に対応させていかねばならないとした「開発主義」の主張には「聞くべき多くの論点がふくまれている。……従来特産品貿易の不利な条件に甘んじ来たった経済に対して，新しく眼を内にひらく功績を認めるべきであろう。しかし特産品の貿易に対するこのような批評からいっきょに貿易主義の否定にいたるには距離がある。第一に資源が思うとおりに開発されたとしても，その開発の効果は貿易によって実現されねばならないであろう。第二に，たとえ繊維が全部鉱物から生産される時代が来たとしても，その製品についての貿易は依然として行なわれるであろう。このようにして資源開発の主張は貿易主義と合わせて考えるべきものであって，その反対物たる地位をもつものではない」（同，100-101頁）というのであった。このように中山は，「開発主義」の前提をなす国際貿易の拡大を阻害する事情が戦後の世界経済に存在することを認めながらも，それが戦後の過渡的なものであり，決して永続的なものとはいえない点を踏まえつつ復興軌道の長期的展望は「貿易主義」以外にはありえないことを主張したのである。[(8)]

以上のような論争の進展にともなって，いかなる復興軌道を政府は選択しようとしているのかが注目されてくるのは当然といえよう。その点を知る上で格好の素材をとなるのが，論争さなかの1952年９月に通産省企業局が編集刊行した『企業合理化の諸問題』（通産省企業局，1952）である。同書によれば，サンフランシスコ条約で得た「独立」を真にその名に値するものたらしめるには，「牢固な基盤の上に民主主義を確立」（同，２頁）すると同時に「経済自立を達成」（同上）しなければならない。ところで，⑴合理的な雇用水準の維持，⑵生活水準の向上，⑶（外国からの援助なき）国際収支の均衡をメルクマールとする「経済自立」の達成には，「開発主義」と「貿易主義」という二つの道がありうるが，次のような点を考えれば，そのいずれが選択されねばならないかは自明であろうと主張する。すなわち，第一に「わが国の現在の貿易規模においては，その他の経済水準の回復が一見楽観視されるにもかかわらず恐らく，国内資源と機械設備が喰い潰されているであろうということ」(同，8頁) が予想されるばかりでなく，第二に「わが国の実情からみて，国民の生存のためだけに年々，数億ドル以上の食料及び原材料を恒常的に輸入しなければならない」(同上) のであれば「われわれの選ぶ自立の方途は，主として貿易主義の立場である。もっと具体的に云えば，日本経済の循環と発展，日本民族の生存と成長とを確保するためには，われわれは，まず，輸出の振興に重点をおき，これに即応する経済施策を講じなければならない」(同，9頁) のは，余りにも当然ではないかというのであった。

このように1952年頃までには「貿易主義」が日本経済の復興軌道として定置されていたと見ることが可能であろう。しかしながら，こうした政府による「貿易主義」採用の宣言にもかかわらず，日本経済の現実展開は「開発主義」の痕跡を1950年代前半を通してついに払拭することができなかった。そして，この過程で生みだされた「負の遺産」によって，以後の日本における経済政策，とりわけ国土政策の展開方向は，大きく規定されていくことになる。

5　「負の遺産」によって規定された国土政策の展開方向

「貿易主義」の採用を主張した通産省企業局は，1962年3月に刊行した同局編『わが国の工業立地』(通産省企業局編，1962) の中で「わが国においては，地域開発といい，工業の地方分散といっても，それがなによりもまず，徹底した産業政策でなければならない」(同，100頁) ことを宣言した。そして，その理由については「わが国の立地政策は，基本的に重大な条件を課されている。それは，立地主体たる企業が輸出産業としての宿命を担っていることである。その原料の大半を海外に依存するわが国の工業は，輸出を伸長させねばならず，どうしても国際競争力の強いものであることが要請される。したがって，工業の分散に当たって，生産コストの上昇は厳に戒められねばならない。諸外国の地域開発は，雇用対策であったり，社会政策的なものであったり，または国防的見地に立ったりしたものも少なくない。しかし，おくれて資本主義経済の世界に登場した日本の場合，資本蓄積の少ないことは蔽えない事実であり，立地政策においても上述諸外国のような目的を一義的に追求する程の余裕はなく，企業の合理化に徹して輸出競争に勝ち抜かねば，その経済の維持発展は不可能」(同，99-100頁) だからであるとの説明を与える。かくして「貿易主義」は，1960年代にはいると「徹底した産業政策」（同，100頁）としての国土政策へと連接していく。

日本の国土政策を「資本主義経済の下での地域開発政策一般からの逸脱と歪曲」と評価した川島哲郎（1969）も，この部分を引用しつつ「わが国の場合，地域開発政策は主観的にも，つまり政策担当者の側で意識して，産業政策として実行されてきた」（同，361頁）ことを強調した。そして，この点からいっても「日本の地域開発関係の計画や立法に現れる美辞麗句，産業・人口の過度集中の防止，地域格差の是正，雇用の安定，国土の均衡ある開発発展，高度福祉社会の建設，人間と自然との調和等々が，いかに空虚なスローガンの羅列に過ぎないかが，現実の地域開発政策の展開をみるまでもなくわかろうというものである」（同，362頁）と主張する。確かに，戦後日本における国土政策の展開が，「貿易主義」的な指向に基づく「徹底した産業政策」としての性格を濃厚に持っていることは否定できないのであるが，しかし，それは戦後復興期における「開発主義」的指向のもとで累積した高炭価問題や農業の低生産性といった，既にみた「負の遺産」を清算するための不可避的な選択としての側面を持っていたことも否定しがたい事実であった。

『日本経済再建の基本問題』のとりまとめにも関係していた宇野弘蔵は，敗戦直後に発表した食糧問題に関する論文（宇野，1974g）において以下のような指摘を行なっている。「人口の殆んど半ばを農村に保有されているということは，我が国産業機構と関連することであって，それは単純に7千万国民の食糧自給に必要な前提としてのみ考えらるべきではない。寧ろその前に食糧自給そのものが何故に要請せられて来たかを考えなければならない。自給が上述の如き〔零細な――引用者註〕生産機構を以て行われなければならない限り，そのコストが異常に高くなることは何人にも明らかである。……今日なおその主張が繰り返されているのは果たして何を意味するか。それは差当り外国穀物の輸入が許されないという緊急的事態によるものであるか。それともまた今後新たなる世界経済機構の下にも1929年の如き大恐慌を予想し，再び各国共に不況期の負担を対外障壁の内に国内統制を以てせんとするものであるか。或いはまた戦争終結に伴う軍事的産業的動員による失業者に対する負担を農村に転嫁し，輸入不能による食糧不足に備えるという一石二鳥を狙うものであるか。……／要するに我が国将来の産業機構がいかなる発展なすべきかという見透しのつかない限り，食糧対策も応急的たるはやむを得ないのであって，勝手に構想されたいわゆる恒久的目標を以てごまかされてはならない。……勿論，応急対策は恒久的方策と無関係に実施せられるべきではなく，その線に沿うて推進せらるべきことは言うを俟たない」（同，346-347頁）。しかしながら，現実には応急的対策が復興軌道の明確化に基づく恒久的方策の立案をまたずに実施され，その結果「コストを無視した生産増強」（宇野，1974h，432頁）が至るところで進行し，「負の遺産」を形成していったのである。宇野も指摘していたように当時「我が国の直面している事態をそのまま今後も自給を強制せられるものとなすことは，今後の我が国経済の発展を自ら制限するものでもあり，また現在の事態を真に理解するものとは言えない」（同，433頁）のであったが，1960年代以降の国土政策にみられる「貿易主義」的な指向に基づく「徹底した産業政策」としての性格は，いわばその反動といえるのであった。

註

⑴　あらためて指摘するまでもなく，国土政策の評価は，それぞれの時点において特定の手段の発動を要請し，これを必然化させた経済を中心とする社会的諸事情との関連をとらえ直すことで，はじめて可能となるのであって，国土政策が本来的に備えていると期待される効果の達成度によってのみ行われるべきものではない。国土政策の登場・展開を余儀なくする経済を中心とした社会的諸事情が，国土政策の目標なり進め方なりを規定している以上，それは当然といえよう。にもかかわらず，この点に十分に注意をはらった研究は，従来ほとんど試みられてこなかった。本章は，このような空白（missing chapters）を埋める作業を「通路」として，戦後日本の国土政策がはたした役割を再評価しようとする一試論である。なお，この点については，本書第７章の議論を参照されたい。

⑵　かって坂本二郎（1962）は，1950年代前半に実施された北海道開発および特定地域開発を「『緊急必要・物資増産』的アプローチ」によるものとして位置づけ，その特徴を戦争直後における「『緊急の必要』が押し出される結果，費用の側の考慮は後退し，費用にかかわりなく，物資の絶対量の増大が何よりも重視される」（同，31頁）点に求めた。本章における緊急避難的「自給化」という表現も，このような坂本の指摘をうけたものであるが，それが占領という特殊事情によって強制された「自給化」――それこそ両大戦間期における主要国の経済運営の基調に他ならなかった――として進展した点を明確にすべく，あえて坂本とは違う表現を使用する。

⑶　都留重人の証言による。都留（1965），５頁を参照のこと。当時，GHQとの折衝にあたっていた都留自身は，すでに1947年秋頃から転機の到来を予期していたとも同論文に記している。

⑷　『日本経済再建の基本問題』は，諸言，前篇「日本経済再建の前提」（全４章）および後篇「日本経済再建の方策」（全４章），結言によって構成されているが，その中心をなしているのは，いうまでもなく後篇とりわけ第１章「経済再建の基本的諸問題」である。以下，それを中心として同書の内容を簡単に紹介することとしよう。この『日本経済再建の基本問題』は，最近になって経済展望懇談会の手で関連する資料および解説とあわせて『資料・戦後日本の経済

構想第一巻日本経済再建の基本問題』（東京大学出版会・1990年）として復刻された。

ところで，『日本経済再建の基本問題』には1946年３月に刊行された初版と，その改訂版として同年９月に刊行されたものという二つの版が存在している。両者の間には，改訂版が初版の漢字片カナまじり文を漢字かなまじり文にあらためという形式上の違い（この点に注目して前掲『資料』は，前者を片カナ版，後者を平がな版と称している）ばかりでなく，後に見るとおり経済再建の「段階的考察」（改訂版75頁，復刻版191頁）の必要性が新規に付加された点など内容的にも変化がみられる。このような変化がわずか半年のうちに加えられたことは注目されよう。それはともかく，以下での引用は，こうした事情も考慮して改訂版から初版との相違点を明示しつつ行なうことにすると同時に，引用箇所の表記方法も他の章とは違っているので注意されたい。

なお，同書とりまとめの背景などについては『復刻版』所収の大森とく子による「解題」を参照されたい。また同「解題」ではふれられていないが，以下で見る開発主義と貿易主義との論争の経過を含む当事者の証言として大来佐武郎（1965）は注目される。あわせて参照されたい。

(5)　同報告書の「はしがき」によれば作成にあたったのは，以下のとおりである。まず，委員として名前があがっているのは，有沢広巳（東京帝大経済学部教授），安芸咬一（内務省土木試験所長），稲葉秀三（国民経済研究協会理事），石川一郎（化学工業連盟会長），井上晴丸（農林省農政局経営課長），宇野弘蔵（東北帝大講師），大内兵衛（東京帝大経済学部教授），大野数雄（農林省開拓局第二部調査課長），亀山直人（東京帝大第一工学部長），岸本誠二郎（京都帝大経済学部教授），近藤康男（東京帝大農学部教授），平貞蔵（評論家），巽良知（産業科学協会理事），土屋清（朝日新聞社論説委員），正木千冬（国民経済研究協会理事），東畑精一（東京帝大農学部教授），友岡久雄（法政大学教授），中山伊知郎（東京産業大学教授），山中篤太郎（東京産業大学教授），山田盛太郎（東京帝大経済学部教授），脇村義太郎（東京帝大経済学部教授）の21人であった。

次に，その他の討議参加者としては森田優三（横浜経済専門学校教授），大原久之（関東地方商工局鉱山部長），佐々木義武（経済安定本部），山中四郎（経済安定本部），石原周夫（大蔵省），杉山知五郎（大蔵省），杉原荒太（外務省），都留重人（外務省），関守三郎（外務省），佐藤健輔（外務省），市川泰治郎（外務省），向山幹夫（外務省）の11人の名前が，そして最後に執筆を担当した事務局として大来佐武郎，後藤誉之介，小田寛，並木正吉の４人の名前がみられる。

このように，次に見る開発主義と貿易主義の論争における当事者である中山伊知郎，有沢広己の両名のほか，本書においても言及される宇野弘蔵をはじめ，山中篤太郎など当時の日本を代表する経済学者が同委員会には参加していた。

(6)　いわゆる「貿易主義」対「開発主義」論争の主要な経過を簡単にトレースしておく。

1949年12月：中山伊知郎「日本経済の顔」（『評論』12月号）
1950年１月：都留重人他「座談会・日本経済の表情」（『評論』１月号）
1950年２月：有沢広巳「日本資本主義の運命」（『評論』２月号）
1950年３月：都留重人「経済学の独り歩きは危ない」（『評論』３月号）
1950年４月：中山伊知郎「世界市場と日本経済」（『経済評論』３月号）
1950年５月：中山・有沢・都留他「討論会・日本資本主義の運命」（『経済評論』５月号）
1951年11月：有沢広巳「国土総合開発とは何か」（『世界』11月号）

1952年1月：有沢・都留他「座談会・“独立”日本の経済力」(『経済評論』1月号)

1953年4月：中山伊知郎「貿易主義と国内開発主義再論」(『通商産業研究』4月)

1953年7月：都留重人「日本貿易政策の主要問題点」(一橋大学『経済研究』第4巻第3号)

(7) 鶴田俊正（1982）は，このような有沢の見解を「市場経済の調整力に対する否定的な評価」に立脚したものと位置づけ，「『日本経済再建の基本問題』とほぼ同じスタンスに立」つものと評価している（同，25-26頁）。

ちなみに有沢（1951）では，「社会的便益」という観点から国土総合開発の意義づけを試みて次のような認識を示している。

すなわち「現在の国土開発が利潤計算からみた可能の範囲にとどまつており従って，他の観点からは未開発の資源が残されている……私的資本による……開発が平均利潤の限界以下にあるために不可能あっても便益計算からすれば……開発費に小さなアルファをプラスした投資でもってa＋b＋cの総社会的便益をあげることができ，この総投資は成立しうる」というのである（同，121頁）。

なお，有沢広巳「日本資本主義の運命」(『評論』2月号）および，中山伊知郎「世界市場と日本経済」，都留重人「国際経済と日本」は，金森久雄編（1970年）に再録されている。

(8) 香西泰（1981）は，この論争を「日本経済の最適国際依存度optimal international dependenceないし最適政府依存度optimal government interferenceをめぐるものであり，その後も繰り返し問い直された」(同，89頁）と位置づけている。

第10章
戦後高度成長期の立地政策
——「全総計画」始動のバックグラウンドを読み解く——

1 歴史的勃興期の主役「太平洋ベルト」

まことに小さな国民経済が,「歴史的勃興期」を迎えようとしている。それを支えるべきは,やがて本州の海沿いを東西に貫く「太平洋ベルト」に蝟集するだろう工場群である。工場群の主軸は基礎素材型工業のコンビナート——司馬遼太郎『坂の上の雲』の書き出しを模すならば,戦後高度成長期のエッセンスは以上のように描写することができよう。

日本経済が戦後復興過程から次なるステップに移行したのは,1950年代も半ばのことであった。折からの技術革新と積極的な民間設備投資に支えられて,「まことに小さな国民経済」は,年平均実質成長率で10%を超える勢いで経済成長を続けていく。以後,1973年秋の石油危機による「マイナス成長」を経験するまで,ほぼ20年にわたって日本経済は,人類史に類例を見ない高水準の成長を維持した。

この過程で,日本経済は,自らの面目を一新する。戦前からの悲願であった産業構造の重化学工業化に成功し,脆弱だった国際収支の基盤も固まり「外貨の天井」に悩まされることもなくなった。本章では,こうした変化を支えた主役である「太平洋ベルト」を軸に高度成長期の立地政策を再考してみたい。

2 戦後立地政策の「揺籃期」

(1)「タテチとは何ですか」——なじみの薄かった産業立地

平松守彦と言えば,大分県知事として一村一品運動を強力に推進したことで有名である。その平松が,日本経済新聞に連載した「私の履歴書」で紹介している通産省時代の経験談は,1950年代後半の日本における産業立地への認識を知る上で極めて興味ぶかい。日本工業立地センター設立への支援を依頼すべく彼が某財界人に面会したところ「タテチとは何ですか」と真顔で尋ねられたというのだ。

日本で立地政策なるものが取り上げられるようになったのは，国防上の観点に基づいて工業の分散・疎開が進められた1930年代以降のことであった(1)。この結果，相当数の軍需関連工場が，空襲を回避すべく既成工業地帯から地方に移転させられる。だが，敗戦によって，分散移転の理由とされた国防目的は意味を失い，それにともなって政策も消滅した。

現在であれば「立地」と聞いてピンとこない財界人なぞ，およそ考えられまい。しかしながら，半世紀前の日本では，それが不思議ではなかった。日本が「まことに小さな国民経済」であった時代には，自らの欲するがままに企業は立地場所を見いだせたからである。

(2) 既成工場地帯における「隘路」の発生

そこが儲かる場所だから工場を造り営業拠点を設けるのというのは，今も昔も変わらない企業活動の原則といえよう。戦後復興期を通じて企業が展開した自然生長的な立地活動は，しかし1950年代に入ると同時に，用地・用水不足や輸送能力の逼迫といった問題を顕在化させた。とりわけ，深刻だったのが，既成の四大工業地帯における「隘路」である。

前章でも言及したとおり，敗戦によって海外の権益を喪失し，多数の復員兵や引き揚げ者を抱え込んだ日本は，その活路を国内資源の開発に求めた。復興期における国土開発は，こうして食糧増産・災害復旧・治山治水を軸に進められていく。1946年にGHQの指令で始まった「公共事業」が，初期の「失業対策」中心から治山治水事業などの長期的建設事業へとシフトしたこともあって，戦後復興期には，基礎的な物資や資材の確保に直結した農業を含む資源開発への傾斜が著しかった。

ところが，朝鮮戦争による特需ブームを契機として，日本経済がドッジ・ライン後の不況から抜け出したことで，事態は大きく変化する。工業生産が回復してくるにつれて，遊休工場や旧軍関係施設の活用による用地の充足は次第に難しくなり，また工場単位の大規模化にともなう用水不足の深刻化などの問題が，既成工業地帯で一挙に噴出したのであった。こうして，食糧増産・災害復旧・治山治水という従来の課題に代わって，道路・港湾等の産業関連インフラの整備が新たな課題として浮上してくる。[2]

（3）資源調査会『工業の近代化と立地』の意義

敗戦によって失われた立地政策への関心が，再び高まりを見せた1950年代前半は，いうなれば日本における本格的な立地政策の展開に向けた「揺籃期」であった。この時期に至って「貿易（立国）主義」と「(国内）開発主義」の間を揺れ動いてきた日本経済の発展軌道は明確化してくる。すなわち，通産省企業局編（1952）が「われわれの選ぶ自立の方途は，主として貿易主義の立場である。もっと具体的に云えば，日本経済の循環と発展，日本民族の生存と成長とを確保するためには，われわれは，まず，輸出の振興に重点をおき，これに即応する経済施策を講じなければならない」（同，9頁）と述べたとおり，日本経済は「貿易主義」に向けて舵を切ったのであった。

「貿易主義」を支える産業合理化の旗振り役である通産省が，この時期における一方の主役である。「一般に，製造工業製品に関する限り，軽工業製品よりも重化学工業品が，低次製品よりも高次製品が，より高い外貨手取率を有している。従って，わが国が国民経済的にみて最も少ない費用で最も多額の外貨を獲得するためには，軽工業よりもむしろ，重工業，化学工業を保護育成すべきである」（同，18頁）とした通産省は，そのための政策手段として「産業関連施設の整備」に目を向けた。こうした政策対応とならんで見のがせないのが科学技術庁資源調査会（工業立地小委員会）の活動である。

1940年代末から同調査会は，伊藤武雄・安芸皎一・佐藤弘らの指導下で「日本工業の国際的競争力創成の視点から，主要な10余種の工業について，その原燃料資源と工業構造の新しいあり方を考究して，将来における成長発展への若干の基礎的諸条件を立地的に吟味」する作業に取りくんだ。その成果をとりまとめて公表した『工業の近代化と立地』（科学技術庁資源調査会，1957）は，この時期を代表する研究成果の一つといえよう。立地理論に関しては，すでに江沢讓爾（1952）や同（1954）が刊行されており，また佐藤弘（1956）も立地理論を基礎とした政策展開の方向についての見解を提示していたが，科学技術庁資源調査会（工業立地小委員会）の『工業の近代化と立地』は，日本工業が直面していた立地問題に鋭角的な実証分析を試みたという点で，極めて注目される成果であった。

3 「太平洋ベルト」構想の登場――国民的関心事となった立地

（1）下村治の「歴史的勃興期」論

いよいよ主役「太平洋ベルト」の登場である。この「太平洋ベルト」という耳慣れない言葉を一躍有名にしたのは，池田内閣の手で1960年12月に閣議決定された『国民所得倍増計画』であった。そして，この「太平洋ベルト」なるアイディアを提唱したのが，土屋清を会長とする「産業立地小委員会」に他ならない(3)。

しばしば誤認されているが，「国民所得倍増を目標とする長期経済計画いかん」を1959年11月26日付けで経済審議会に諮問したのは岸信介であった。「所得倍増」を金看板とした池田勇人ではない。池田自身は，彼のブレーンだった下村治（1962）の主張を踏まえて『倍増計画』に描かれた以上の成長率が実現されることを確信していたのである。

かねて下村は，「日本経済の成長力は非常に大きく，それは，当面の状況では，GNPを年に一兆円から一兆数千億円の速度で増加させるほどのものであること，そして，現在必要なことは，この事実を自覚し，その自覚のうえに，この成長力を実現し，さらにいっそうこれを強化するために積極的な措置をとることである」（櫛田光男編，1959，187頁）と主張していた。岸に代わって『倍増計画』の勧進元となった池田が，演出家である経済審議会の掲げた年平均成長率7.2%という数字に対して，10%を上回る数字を主張した背後には，こうした下村の考えがあったのである。そして，この「ズレ」の存在が，やがて「太平洋ベルト」の運命を歪めていくのであった。

（2）産業立地小委員会の認識

『国民所得倍増計画』（経済企画庁編，1961）の本文から，「太平洋ベルト」に関する記述を必要な範囲で紹介しておこう。同計画は「現在国民経済全体の大きな構造変革の必要性が強まりつつあるので，長期的総合的な観点から今後のあるべき産業立地の姿を想定し，それに即応した方向において基盤の整備に努めなければならない」（同，24頁）と述べ，この場合に考慮すべき要因として①経済的合理性の尊重，②所得格差や地域格差の是正，③過大都市発生の防止の三点をあげた。その上で，「社会資本は最大の立地誘導手段であるが，資金の枠には限度があり，重点的に集中投下するのでなければその効果は確保されない」点に注意を促しつつ，①「四大既成工業地帯（京浜，中京，阪神，北九州）を連ねるベルト状の地域」が「計画期間における工業立地の重要な役割を果たす」，ただし②既に限界に達していると見られる「四大工業地帯の密集部への新たな工業立地は原則として禁止又は制限」し「中心部よりできるだけ距離をおいた近接および周辺地域への工場分散を促進」を図ると同時に，③生産単位の巨大化，企業のコンビナート化の傾向には「ベルト地域の中間地点に中規模の新工業地帯を造成整備する」で対応するとし，さらに④「北海道，東北，裏日本（中部）」に関しては「計画期間の後半期に重点をおいて，慎重な配慮で選定された地点につき大規模な中心的工業地帯となるのにふさわしい外部条件の整備を図る」（同，27-28頁）としたのである。

第１回の「産業立地小委員会」が開催されたのは1960年６月13日で，以後，週に一度のペースで審議を進め，最終報告が承認された８月23日の第８回をもって閉会となったが，この間わずかに二ヶ月と極めて短期間に「太平洋ベルト」を軸とする報告書がまとめられたことは注目されよう。「太平洋ベルト」のアィディアが，いつ誰によって発想されたかについては，会長を務めた土屋清が，1957年に日本生産性本部が欧米へ派遣した「産業立地専門視察団」（団長：佐藤弘）で「二ヶ月にわたってアメリカを回ったときに，とっくりと平松〔守彦――引用者註〕君と話をした。日本は技術が遅れているから，どんどん技術導入をし技術革新をしなけりゃならん，でそれはおのずから太平洋岸で具体化する，と。それをはっきりした構想として仕上げなければいけない。そこで平松君と二人で『太平洋ベルト地帯構想』という言葉を発明したんです。でそのあと出来たばかりの産業立地小委員会で，ベルト地帯構想をもちだしたんです」（エコノミスト編集部，1984，119頁）という証言を残している。小委員会のスピーディな運営は，このような明確なコンセプトを有する委員長の下，前掲『工業の近代化と立地』のとりまとめに資源調査会社会経済部長として関わった平貞蔵や専門委員として指導にあたった佐藤弘をはじめ，大宮二郎，松井達夫，山本正雄，佐藤武夫，山下静一，柴田徳衛，高城元，磯村英一といった事情通の有力メンバーが結集したことによって可能となったのであろう。

既に『工業の近代化と立地』は，1957年の時点で「今後の工業拡大に際しては，立地的にすぐれ，ある程度の工業基盤ができている既存工業地域の整備強化のみては十分でなく，従来，何らかの条件の欠除によって工業化がさまたげられていた地域についても，その点を補いうるような適宜な方策を講じ，工業生産が営まれるような場を一そう積極的に拡大して行こうとする努力が必要である。比喩的にいうならば，従来の工業が，『点』として発達し或いは取り扱われてきたのに対して，今日では，『面』としてとらえなければならないような段階に来ている」（科学技術庁資源調査会，1957，108頁）ことを指摘していた。のみならず，その候補として「阪神と北九州を結ぶ広義の瀬戸内海地帯は，至便な海運事情と海外原料ならびに市場への地の利，更に港湾な修築上の好条件などからみて，特に臨海性工業の立地地点としてすぐれている」（同，109頁）とも指摘している。したがって，産業立地小委員会のメンバーが「太平洋ベルト地帯構想は，現実に進展しつつある太平洋岸の開発を定式化し，明確化したに過ぎない」（土屋清，1978，269頁）というのも当然であった。

（3）「太平洋ベルト」構想をめぐる政治的攻防

ところが，「このベルト地帯に関係するところは十数県であるのに対して，残りの二・三十県は直接ベルト地帯とは関係が薄い。そこでこれら関係の薄い府県は，自分たちが無視されたとして，この構想に対して強い反対の声を上げるに至った」（同上）のである。この頃，経済力の地域間格差は，拡大傾向を示していた。その縮小に向けて成長産業である工業の誘致を強力に推進していた地方自治体，とりわけ「計画期間における工業立地の重要な役割を果たす」（経済企画庁編，1961，28頁）とされた「太平洋ベルト」から外れた地域の自治体は，地元選出の国会議員やマスコミ各社を総動員して猛烈な反対運動を繰りひろげる。

こうして『倍増計画』の閣議決定は，予定より二ヶ月近くも遅れた。のみならず，閣議決定にあたっては，経済審議会の答申に基づく「本文」に加えて「別紙」が盛り込まれる。しかも，その「別紙」を反対運動は冒頭に押し込んだのであった。

「国民所得倍増計画の構想」と名づけられた「別紙」（経済企画庁編，1961，5－6頁）の要点は，計画の目的が①産業部門間や地域間の「格差の是正につとめ，もって国民経済と国民生活の均衡ある発展を期」すところにあることを明記し，②「経済審議会の答申は，これを尊重するが……前記計画の目的に沿うように施策を行わなければならない」と述べて所得格差や地域格差の是正に向け「速やかに国土総合開発計画を策定」することを宣言したことである。長らく不在であった全国総合開発計画は，こうして「太平洋ベルト」への反発によって具体化された。そして，この政治的妥協の産物という性格が，以後における全総計画の展開方向を大きく規定することになる。

4　全総計画ついに始動す――「拠点開発」構想という“解”

(1)「一全総」策定の裏面

全総計画の策定作業は，あわただしく進められた。「太平洋ベルト」構想とは違って，ほとんど事前の準備はなかったという。一全総のとりまとめ作業の中心を担ったのは，ジョンホプキンス大学の留学から帰国したばかりの経済企画庁総合開発局課長補佐の喜多村治雄だったが，彼の回顧談によれば，審議官が羽田まで迎えに来ていて「いま大変なことが起こっているんだ。おまえ，明日からでも出てこい」といわれ，翌日から「1ヶ月間で拠点開発の構想というものを構想した」（総合研究開発機構，1996，21頁）という慌ただしさであった。

審議官のいう「大変なこと」とは，あの「別紙」が『倍増計画』の冒頭に置かれたことで，「太平洋ベルト」構想が「実質上削除されたと同じような形になった」（同，11頁）ために，公共投資の「地域配分が遅れ……計画推進上大きな障害」（同上）となってしまうことを指している。そこで，この危急を打開すべく全総計画の策定作業が，文字通り突貫工事で進められたのであった。喜多村の回顧するところによると「3月3日にアメリカから帰国して，4月1日に開発計画課の課長補佐になって，作業を始めて，その年の7月まで，三ヵ月ぐらいの期間で草案をまとめた」（同，17頁）とのことだ。

その喜多村もいうように「国民所得倍増計画での議論が根拠となって，ある意味で極めて政治的な理由に影響を受けて，初めて全国計画が陽の目を見たということは重要なポイント」（同，22頁）であった。いうところの「政治的な理由」を説明するのは簡単ではない。一方で「太平洋ベルト」の運命を歪めた日本経済の先行きに対する認識の「ズレ」が，他方では全総計画を産み落とした「政治的妥協」が，複雑に交錯しているからである。

(2) 急膨張するインフラ需要に追いつかない資金供給

戦後日本の国土政策に一貫して携わり「開発天皇」の異名をとった下河辺淳によれば，池田は『倍増計画』の勧進元でありながら「太平洋ベルト地帯構想にさえもあまり積極的ではなかった」(エコノミスト編集部，1984，102頁)。“自由経済において計画は成り立つはずがなく，できるだけ成長を伸ばすしかない”と考える池田は，それが投資の拡大に有利であれば「既成の工場改善を工業基地の建設に優先させる」(同上) ことを厭わない。“伸び盛りの年頃に可能な限り伸ばしてやらなければ後悔する”という池田の立場からすれば，問題はマクロ指標としての投資規模であって，それが「どこ」に投下されるかは関心外だったからである。[(4)]

だが，経済成長の実態は，重化学工業化の進展や工場単位の大規模化もあって，既に民間企業の投資活動だけでは達成しえない時代に入っていた。市場メカニズムの下で企業が進めるイノベーションこそが経済成長の原動力であるとしても，政府が計画的に整備し提供するインフラという外枠が存在しなければイノベーションは具体化されない。しかも，日本経済は経済復興を終えたばかりで，「歴史的勃興期」の前提をなすインフラ整備に投下できる資金は限られていた。

その限られた資金を有効に活用しようとすれば，経済成長の先行きを見透しつつ計画的にインフラ整備を進める以外に手が無いことは誰の目にも明らかであろう。ところが，「別紙」によって，前半は投資を「太平洋ベルト」に集中投下し，そこで後半に予定される「非ベルト」への分散投資に向けた資金を確保するという“時間軸”を睨んだ構想は否認されてしまった。“待つことなどできない，いますぐ自分たちの地域にも工業を”という「非ベルト」の声によって引き出された全総計画ではあるが，しかし「無い袖は振れない」点には変わりがない。

(3) 挫折した「拠点開発」による「クリティカル・マス」の確保

分散投資の愚を避けつつ，何とかして「非ベルト」の要求にも応えるようすれば，ここでも「妥協」は不可避である。喜多村がまとめた「拠点開発」構想は，「非ベルト」の要請にも配慮しつつ限りある資金を効果的に「地域配分」するための“解”といえよう。しかし，限られた資金の有効活用といっても，「太平洋ベルト」構想と「拠点開発」構想の間には決定的ともいうべき相違があった。

それは“待つことなどできない，いますぐ”という声に応えるべく組み立てられた「拠点開発」の議論が，専ら“空間軸”に沿っていた点であった。経済成長によるパイの拡大という“時間軸”を睨んだ議論は，「無い袖は振れない」という論理を歯止めとして有しているが，眼前にあるパイの分配を問題とする“空間軸”に即した議論は「政治の論理」に対する抵抗力を持ちえない。特に，持続的な経済成長によって，用立てることのできる資金量が増大傾向を示すようになれば，ますます「政治の論理」は力を強めていく。

「拠点開発」の具体化とされる「新産業都市」の指定を，経済企画庁で実際に担当したのは，下河辺であった。彼は，その有様を「僕がいく前の担当者は，大分と水島の二ヵ所を指定する考えだったらしい。そうしたら44が立候補して，二つではおさまりがつかなくなり，……7つか8つの地域でおさまらないか，という宮沢さんのお話があって，では10くらいではいかがでしょうと申し上げた。……結果としては，10が13になり……そのあと……2ヵ所を追加した」(エコノミスト編集部，1984，106頁）と証言している。限られた資金の有効活用に向けた集中投下を実現すべく苦心惨憺して捻り出した「拠点開発」構想という“解”だったが，「政治の論理」によって想定を上回る数の拠点が指定されたことで，本来予定した投資の「クリティカル・マス（臨界量)」が確保でなくなり，ために所期の効果を達成しえないという——後にテクノポリスの指定に際しても見られた——以後の全総計画において繰り返される「不幸」なパターンが，ここに生み出されたのであった。

5　立地政策の有効性を裏づけた「キャッチアップ型」成長

日本経済の旺盛な成長力は，池田や下村の読み通り，倍増計画の想定を上回る勢いでGNPを増大させていく。こうした事態の推移を踏まえて，1966年10月の国土審議会は，速やかに新たな全総計画を策定することを政府に求める。これと同時に，全総計画の改訂に向けて，「大規模開発プロジェクト」「各種長期構想の比較」「情報ネットワーク」をテーマとする三つの研究会も設置された。

以後，この三研究会を舞台にして二全総の叩き台が準備される。折から明治百年を迎え，これからの百年を支える「国土基盤づくり」への関心が高まりを見せていたこともあり，二全総の策定作業は，国土政策が経済政策に対して優越するという考え方に指導されつつ進む。その点は「前回の全国総合開発計画を作成する場合には，国民所得倍増計画がすでに決定されていたこともあって，国民所得倍増計画によって与えられた経済のフレームにしたがって，それを地域的にブレークダウンすることが重要な作業の一つであった。このような事情もあって，全国総合開発計画という国土計画に対して経済計画のほうがより基本的な計画であるとの見方がなされた。……／しかし，国土計画はその重要な内容としてphysicalな計画であるという特色をもっている。……／したがって，経済のフレームをもって国土計画の達成すべき目標ないし枠組と考えることは，国土計画の方法論としても正しくない。……国土計画が経済計画に対してより基本的な計画であると考えるべき」（経済企画庁総合開発局監修・下河辺淳編，1971，373頁）だという指摘からも明らかであろう。国土政策サイドの見事な「逆襲」である。

こうして「明治百年を迎えた今日において，今後長期にわたる国民の活動の基礎をなす国土の総合的な開発の基本的方向を示すものであって，巨大化する社会資本を先行的，先導的，効果的に投下するための基礎計画であり，あわせて民間の投資活動に対して指導的・誘導的役割を果たす」（同，665頁）とされた二全総は，1969年５月30日の閣議決定によってスタートした。高度経済成長によってインフラ投資に振り向けることができる資金は格段に潤沢となる。その機を捉えてphysicalな計画によって経済計画の大枠を規定しようという考え方が抬頭してきたのであった。

マクロなレベルでの成長に関心を寄せる経済政策のサイドが注目するのは，総需要の「規模」であり，とりわけ政府が自らの裁量によって調整可能な公共投資の総量である。これに対してphysicalな次元を重視する国土政策のサイドでは，将来の経済規模に見合った各種インフラの容量を政府が先行的に整備することで企業家の活動を誘導しようとした。両者の違いは，公共投資が持つ二面性――「事業効果」と「需要効果」のいずれに注目するかに由来しているといっても良い。

一般に，公共投資の主効果とされるのは前者の「事業効果」だから，その意味からすれば国土政策サイドの主張は，もっともなように思われる。しかし，経済成長の原動力をなすイノベーション自体が，「いつ」，「いかなる」形で，「どこ」に起こるかを見透すことは極めて難しい。実際，最初にイノベーションの重要性を説いたシュムペーター（1977）が「郵便馬車をいくら連続的に加えても，それによってけっして鉄道をうることはできないであろう」（同，180頁）と述べたとおり，イノベーションなるものは「非連続的な変化」という点に重要な特徴を有していた。

ところが，国土政策サイドにあっては，このような「現実」が残念ながら軽視されている。山崎朗（1998）は，「国土計画のもっとも重要な役割は，将来の産業構造転換にともなう産業配置の転換とそれに付随する人口配置の変化を考慮に入れた，各種社会資本間（ママ）配置の長期的な観点からの総合調整および各種社会資本整備長期計画の論理的統合，各省庁間の共通認識の醸成にある」（同，59頁）とし，その観点から彼は「長期の経済予測を前提にしてはいるものの，経済計画からの独立性を高めた国土計画らしい国土計画」（同，179頁）として二全総を絶賛した。けれども，「将来の産業構造転換」がイノベーションに基づく非連続的なものであればあるほど，現在の延長線上に事態を把握することは不可能なのであり，転換後に要請される社会資本の種類や規模を事前に確定することが著しく困難なのだから，山﨑の主張は余りにも現実離れしているといわざるをえない。

ただし，その例外があった。“手本”となる先進国が存在し，そこからの技術導入という形をとってイノベーションが進められるケースがそれである。キャッチアップ型の成長径路を歩んでいた高度成長期の日本についていうならば，山﨑のいう「将来の産業構造転換にともなう産業配置の転換とそれに付随する人口配置の変化を考慮に入れた」インフラ整備を進める余地は大いにあった。

高度成長期に，経済政策と国土政策の交錯地帯に位置する産業立地政策が，その持てる力を十二分に発揮したのは，そうした条件が満たされていたからである。導入を目指す産業の性格や採用すべき技術，さらには必要とされるインフラの種類が明確に認識できた「キャッチアップの時代」だからであった。このような条件があれば，産業立地政策を媒介として経済政策と国土政策が好循環を描く可能性は高い。

高度経済成長のハードコアは「投資が投資を呼ぶメカニズム」であったが，それは「立地が立地を呼ぶメカニズム」として具体化された[(5)]。そこに産業立地が，国民的な関心事としての地位を得た根拠もある。明治期の「楽天家たちは……前をのみ見つめながらあるく。のぼってゆく坂の上の青い天にもし一朶の白い雲がかがやいているとすれば，それのみをみつめて坂をのぼってゆくであろう」と司馬遼太郎は書いたが，「太平洋ベルト」構想に象徴される産業立地政策は，まさに戦後高度成長期における「坂の上の雲」なのであった。

註

⑴　この時期の立地政策については，佐藤元重（1963），米花稔（1981），沼尻晃伸（2002）などを参照のこと。
⑵　この時期の状況については，山本正雄編（1959）を参照のこと。なお同書の第二版が1965年に，第三版が1976年に刊行されているので参照されたい。
⑶　産業立地小委員会の審議経過は，日本経済評論社から刊行された『高度成長期資料』に再録されている。
⑷　下河辺淳（1994）は，自身のプランナーとしての人生を回顧したものであり，第一級の資料的価値を持っているので，あわせて参照されたい。
⑸　高度成長期の「立地が立地を呼ぶメカニズム」については，加藤（2003a）を参照されたい。特に，その242-246頁。

終　章
経済地理学の基礎にあるもの

1　関係論的視座への収束

「経済地理学の本質を考える」をテーマとする経済地理学会の第60回記念大会シンポジウムは，2013年6月2日に東京大学駒場キャンパスで開催された。人間でいえば「還暦」を迎えた日本の経済地理学会が，創立時から積み重ねてきた方法論をめぐる議論を踏まえて，斯学の「本質」をテーマに取り上げた点は，大いに注目されよう。シンポジウムは，松原宏の基調講演に続けて，長尾謙吉，水野真彦，中澤高志が報告を行い，これらに対して著者と山本大策がコメントした後，経済地理学の本質をめぐる議論に入るという形で進められたのであるが，その随感を以下に書き留めておくことにしたい。

いかなる点に経済地理学の「本質」を見定めるかについては，もとより様々な理解がありうる。その点に関しては，『経済地理学年報』第59巻第4号（2013年12月）に掲載されている大会報告論文や大会記事の参看を乞うことにしたいと思う。ただ，今回のシンポジウムでは，一定の方向性が見られたことも事実である。

とりわけ長尾・水野・中澤の報告は，濃淡の差こそあれ，いずれも関係論的な視座からする議論を含む点で共通していた。欧米の経済地理学界において「関係論的転回」が関心事となっていることの影響もあるようだが，しかし，各報告とも自らの手がけてきた実証的な分析を踏まえた議論の組み立てとなっていた点を考えるならば，従来それぞれに積み重ねてきた思索が，期せずして関係論的な視座に収束したと理解すべきなのであろう。何れも知的刺戟に充ち満ちた三報告であったが，しかし，以下では，関係論的視座との関わりにおいて経済地理学の「本質」を検討する上での重要な論点を多く含む中澤の議論――ここでは当日の報告を基礎に執筆された『年報』所収の大会報告論文「経済地理学における生態学的認識論と2つの『埋め込み』」（中澤，2013）に依拠する――の中心的な論点をめぐって著者の見解を申し述べることで本書の終章としたい。

2　ブラーシュ地理学の“ミッシング・リンク”

（1）存在論的出発点としての「地的統一」

中澤（2013）において，とりわけ注目されるのは，「地域構造論は，……ブラーシュの『地的有機体』とほぼ同様の存在論的出発点に立っている」（同，474頁）という論定である。ヴィダル＝ド＝ラ＝ブラーシュ（1845-1918）といえば，日本では「歴史学と地理学の統合に努め，ラッツエルの学説を修正して，人間と環境の関係を追求し，地域における地的統一，そこにみられる生活様式を究明して地誌学を進歩させた」（尾留川正平，1989，598頁）人物[(1)]として知られており，その意味からすれば，経済地誌学派への批判を重要な契機として提起された矢田俊文の地域構造論と「存在論的出発点」を共有しているようには思われないというのが，むしろ自然な理解であろう。にもかかわらず，このように主張する根拠が中澤にはあった。

日本におけるブラーシュ像は，野澤秀樹（1988）刊行以降，大きな変化をとげている。野澤は，ブラーシュの著作を丹念に跡付け，それまでの「通念」であった①「ローカルな関係」を何よりも重んじ，②地域モノグラフの制作に専心する，③可能論者というイメージを覆した。野澤によれば，ブラーシュが企図していたのは，あくまでも「地（球）的有機体」（同，116頁），すなわち「そこにおいては何ものも孤立しては存在しえず，部分は全体との繋がりにおいて初めて意味を持つ」（同上）との観念から導き出された「地的統一」の理念を原理とする「一般地理学」の樹立にあったとされる。

しかしながら，「デュルケームの率いる社会学の一派……との……対立的状況」（同，133頁）もあって，ブラーシュの企図は完遂されなかった。もともと「社会的事実が必然的関係を生みだす本質をもつことを予想し……偶然性を否定」（同，156頁）したデュルケームとは違い，「単純な機械論的な因果の関係ではなく，複雑な因果系列を強調する」（同，158頁）立場をとっていたブラーシュは，「『地的統一』の観念を根底として……一般地理学の樹立」（同，159頁）する企図を抱きつつも，「『地理学は一般法則の認識を追求するが，しかしその一般法則を種々の環境への適用において研究するのである。一般法則に対して，各地方が示すところの相観の差異を説明する手段を要請するのである。……これらの差異はもともと地理学的本能を目覚めさせた好奇心そのものである。……研究の主要な努力は，地方ごとの記述的かつ推論的説明を構成する地域研究へと向けられるべきである』」（同，159頁，傍点は原文のママ）と主張し，「地的統一の原理によって諸現象間の繋がりを研究することが説明に至る道程である。したがってこのためには『地理学は他の科学以上に詳細にわたって，記述的方法を追究していかなければならない』」（同上）と考えたのである。ここに「ローカルな研究対象である『部分はそれ自身では明らかにしえず，それを明らかにするには全体に照らすことが必要である。地域あるいは世界の諸部分による部分的集団は，それらの意味と存在理由をもっているが，それは上位の統一体を不完全にしか反映していない。……従ってローカルな研究は，この上位の一般性の原理から着想をうるとき，多くの特種な事例を越えた意味と範囲を獲得する』といわれ，部分と全体との関係において問題とされているのであるが，部分である地域研究を全体（一般地理学）から分離し，地域に埋没してしまった」（同，161頁）理由があると野澤はいう。

（2）「一般的・普遍的関係」への注目

ブラーシュは，このようにローカルな関係だけを注目していたわけでは決してない。彼は「ローカルな関係と一般的・普遍的な関係」（同，30頁）の双方を重視していた。ただ，後者の一般的・普遍的な関係については，ブラーシュが「実証主義者として，ラッツエルと同様に『地的統一』に示される地的有機体論に立ちながら，……しかし実際には……地理的事実が必然性によって生起するよりも偶然性によっているとし，個別具体的な地域研究（モノグラフィー）に向かった」（同，163頁）こと，さらには「地理学と人口学を社会形態学の名のもとに統合しようとしていた」（島津俊之，1993，14頁）デュルケーム学派との確執もあって，「ローカルな関係」を何よりも重んじ，これを地域モノグラフの制作によって明らかにする傾向が前面に押し出されることになったと野澤はいう。

とはいっても，一般的・普遍的な関係の解明に向けた努力を，ブラーシュが全く行わなかった訳ではない。ここで注目されるのが，彼にとって生前最後の著作となった『東部フランス――ロレーヌ・アルザス』（1917年）の存在である。同書を，イヴ・ラコストが「当時の，さらにその後の人々から全くといってよいほど無視されてきたが，『フランス地理概観』と並んで，あるいはそれ以上に重要な作品であり，ウィダルの最高傑作」（野澤，1988，98頁）であると評価していることを紹介した上で野澤は，自身もまた同書に「これまでのヴィダル像を修正する」（同，98頁）手がかりを求めることを宣言した。

『フランス地理概観』（1903年）は，「その後，彼の指導のもとで続々と発表された地誌研究（博士論文）のみごとな前奏曲」（手塚章，1997，385頁）ともいわれている。このことからも知られるように同書が「ローカルな環境との関係を考察の中心に据えている」（野澤，1988，99頁）のとは違って，「『東部フランス』においてはローカルな環境との結びつきはほとんど問題にされていない。ここでは東部フランスがそのローカルな範囲を越えたそれを取り巻く関係の中で分析されている。すなわち経済的，政治的な一般的・普遍的関係の中で東部フランスが位置づけられているのである。この研究は一般的・普遍的関係における地域研究の一つの優れた事例を示している」（同，113頁）と野澤はいう。『東部フランス』の意義は，「近代資本主義化，とりわけ近代工業の発展とそれにともなう都市化」（同，106頁）の結果，「農業あるいは半農半工の生活様式に代わって，工業，炭田に結びついた新しい生活様式が優勢になってくる」（同，106頁）有様を活写することで，「産業革命以降地域を形成して行く力は工業であり，都市であることを定式化した」（同，108頁）ところに求められるというのである。

（3）『東部フランス』の限界

可能論者ブラーシュという「通念」もあって，彼のいう「一般的・普遍的な関係」が，①「ローカルな環境を越えたかなり広い範囲に作用する自然的環境……地球的な，あるいは大陸的な規模で作用する（物理学的な，生物学的な意味の）一般法則的な作用」（同，30頁）のみならず，②「人間化された歴史的環境，すなわち政治，経済的関係」（同上）をも含んでいた点は久しく見逃されてきた。だが，その見逃されてきた「歴史的，政治的，経済的な関係こそ一般的・普遍的関係と呼ぶに相応しいものであり，ヴィダルも『一般的・普遍的関係』の本来的意味をこの関係に当てていると推察される」（同上）と野澤は見る。さらに野澤は，「地表の諸現象を繋げる関係（主体）そのもの，つまり地理的現象であり，それが歴史的進化，文明の進化という重大な歴史的事実を呼び起こす……また空間組織化を果たす」（同上）役割を担うものとして，ブラーシュが研究生活の当初から

「交通」の問題に深い関心を寄せてきた点に対しても注意を喚起した。

ここで注目されるのは，『フランス地理概観』の前提とされていた「長い歴史を通じて人間とローカルな環境との間で形成されてきた各々特徴ある生活様式をもつ範域であり，フランスにおいては古くから農民が呼び習わしてきた『ペイ』……人間と土地が分離されない一体となった地表の姿であり，自然を共通の基盤にしたフィジオノミーphysionomie（相観）である……『自然地域』」（同，100頁）に代わり，「産業革命による技術革新に基づく工業化と交通体系の拡大，整備によって経済活動，さらには社会関係はこれまでのローカルな枠組みを越えるようになり，地域の枠組みは流動化してきた」（同上）との認識をブラーシュが持っていたことであろう。『東部フランス』で，彼は「結節性（nodalité）の概念をイギリスの地理学者マキンダーから借用し」（同，101頁），「結節点となる都市……が取り巻く周辺との間に取り交わす関係，影響力によって成立する」（同上）「経済を主とした機能的な関係による」（同上）に基づく「第二の地域概念」（同上）を提示した。野澤は，この点に関連して「ヴィダルは東部フランスにおいて発展してゆく近代工業の観察の中から，近代資本主義経済のもつ地理的性格を一般化しようとしている。その第一は資本主義の下での経済的因子のもつ強さである。……次に工業現象からヴィダルは……工業の集積を一種の吸引法則（loi d'attracion）とみた……。……ヴィダルは狭い限定された空間への集中が工業の一般的法則（loi générale）であり，これが近代的形態をとった時『地域の理念（idée régionale)』として，地域の形成力となることを指摘している。／近代工業は急激な成長をともないながら，市場の競合，闘争を通じて多くの関係を揺り動かしている。こうした関係において決定を下す必要が生じてくるが，ヴィダルはこの決定を下す機関が都市であるとし，都市の機能を決定機能……にあるという卓見を示している」（同，107頁）と指摘した。このようにブラーシュの『東部フランス』は，産業革命を劃期として「地域の組織化に係わる二つの関係〔「ローカルな関係」と「一般的・普遍的関係」――引用者註〕が……大きく異なる」（同，98頁）ことを，したがってまた「ローカルな範囲を越えた関係が一般的となり，この関係が……ローカルな地域を横に貫くようにして新たな地域を組織化していく。この段階に至ると，……自然を基礎としたローカルな関係によって成立している地域は後景に退き，その関係は近代的な地域の組織化の原理ではなくなる」（同，99頁）ことを闡明した著作として極めて重要な意義を有しているのである。

ただし，野澤も認めているとおり「ヴィダルにおいて，経済的・政治的現象の一般的関係把握は……きわめて不十分なまヽで終わっている」（同，123頁）事実は否めないであろう。野澤は，その理由を「ヴィダルが行った地域考察と当時の政治経済学が到達していた理論的水準の関係が不透明なまヽであるということに起因しているように思われる」（同上）としているが，むしろ重要なのはマルクス（1972）のいう「人間生活の永久的な自然条件であり，したがって，この生活のどの形態にもかかわりなく，むしろ人間生活のあらゆる社会形態に等しく共通なもの」である「人間と自然とのあいだの物質代謝」（同，①323頁）が，資本主義社会においては商品経済の法則という特殊の形態の下で処理されるという事情を，ブラーシュが十分に把握していなかった点にこそ求められるべきである。近代以降，「地域を組織化」する仕方が「ローカルな関係」から「一般的・普遍的関係」へと変化していく過程で，従来の「一般法則的な自然環境」（30頁）に代わって「人間化された歴史的環境，すなわち政治，経済関係」（同上）が基軸的な地位を占めていくことになるのは，このような文脈において理解されねばならないのであって，ブラーシュのように工業化や都市化の随伴的事実として片づける訳にはいかない。

3　なぜ経済学と地理学で世界の「見え方」が違うのか？

(1)「一般的・普遍的関係」としての経済法則の人類史的意義

黒正巌（2002）も指摘しているように「国民経済の各地域は最初より有機的地域統一体ではなく，社会の発展と共に有機的に統一され，各地域が全体の部分として地的連関をなすに至ったのであるから，各地域は孤立的に夫々その内部に於て特殊の地域的編制を形成していたのである」（同，215頁）が，これを打破したのは絶対主義国家の権力を槓杆に労働力と土地の商品化を実現した資本の原始的蓄積の過程であった。それまで共同体的な規制の下に「一般法則的な自然環境」の違いに応じた「ローカルな関係」として実現されてきた「人間と自然の物質代謝」は，かくして「人間化された歴史的環境，すなわち政治，経済関係」を支配した「経済法則」という「一般的・普遍的関係」を通じて充足されることになる。ここにおいて「一般法則的な自然環境」と「人間化された歴史的環境，すなわち政治，経済関係」は，「経済法則」という「一般的・普遍的関係」の下で一元的な支配に服することになったのであった。

「資本主義社会に先だつ諸社会……は……商品経済に媒介されながら――もちろん単に商品経済にだけよるものではないが――……社会的範囲を益々拡大し，終に資本主義社会として国民的規模の一社会を形成する」（宇野弘蔵，1973c，14-15頁）。したがって，「経済学が科学的に解明する商品経済の法則なるものは，商品経済の全面的に行われるものとしての資本主義社会において，このあらゆる社会に共通なる，いわば人間社会の実体をなす経済生活における行動の原則〔「経済原則」――引用者註〕が特殊の形態をとってあらわれたものにほかならないのであって，経済学は商品経済の法則をかかるものとして解明するのである」（同，7頁）と宇野弘蔵が強調する時，そこに資本主義的な国民経済が「人間と自然とのあいだの物質代謝」の基本的なユニットをなしていることが含意されていたのを見のがしてはなるまい。ブラーシュの「『地的統一』は，『地球が全一体であり，その部分は共に秩序づけられているという観念』とされることから明らかなように，地球を有機体に喩えるものである。その考えによれば，地球は部分より構成されるが，単なる部分の寄せ集めではなく，一つの全体をなすとみなされ，『全体と部分』の問題として議論されることになる」（野澤，1988，31頁）と野澤はいうのであるが，しかし「全地球規模で作用している……物理的法則」（同，117頁）や「formesやclimatsなどの自然環境が（一般法則の反映として）一般的関係として地表上に一般性，法則性をもたらす」（同，118-119頁）点に関しては地球そのものを「全体」と見なすことが可能であるとしても，「経済的・社会的関係による地理的一般性・法則性」（同，121頁）となってくれば話は別だからである。

ブラーシュのいう「ローカルな範囲を越えた関係が一般的となり，この関係が……ローカルな地域を横に貫くようにして新たな地域を組織化していく」動力をなすのは，もちろん経済法則なのであり，その「経済法則は，一面では自然法則のように，経済原則を法則的に実現する，個々の個人の行動を客観的に支配する法則をなすのであるが，他面では決して単なる客体的に作用する法則ではなく，個々の個人の主観的行動によって社会的に形成せられて客観的に作用する法則なのである。しかも経済原則の経済法則としての実現は，単なる商品経済としてではなく，資本家的商品経済として社会的基礎をえ，その発展過程の内に具体化されるのであって，法則の作用自身もかかる歴史的なる特殊の制約を受けることになる」（宇野，1974i，52頁）という独特の性格を持つ。実際また，資本主義社会の現実的な発展は，19世紀の末葉になってくると固定資本の巨大化にも制約されて，もはや経済学の原理論が前提とするような純粋の資本主義社会を実現する方向に進んでいくとはいえなくなった。そのため，いうところの「経済的・社会的関係による地理的一般性・法則性」を考察するにあたっては，絶えず歴史的な事実に照らし合わせながら「全体」なるものを反省的に把握していくことが要請されるのである。

（2）理解されなかった山名伸作の所説

本書では，この問題を全面的に解明することは到底できない。ただし，資本主義社会における「経済的・社会的関係による地理的一般性・法則性」を考察するにあたって，決定的に重要な論点が，既に山名伸作によって指摘されていることだけは指摘しておきたいと思う。発表から40年以上の歳月が経過した山名（1970）で，彼は，アイザード（1964）の経済学は「空間という要素を無視し，それによって著しい偏向におちいった」とする見解（同，26頁）を取りあげて「古典学派の想定した経済社会は……，その内部においては産業間と地域間における資本と労働力との自由な移動が保証されており，その結果として完全競争が実現されている世界である。したがって価値論を基礎にして説明される市場価格は個々の地方的価格の差異や個別生産費の差異の背後に成立するものでなくてはならない。古典学派の画いた経済法則は，具体的な地域的，産業的差異を無視したところの，あたかも一点において生産―流通―消費が完結しているような世界で成立するものでなければならない。そしてこのような法則であるからこそかえって商品価格の地方的差異を合理的に説明しうるのである。……／経済学の主要な関心が国民経済を支配している法則を解明しようとしている限り，国民経済内部の地域的差異の諸問題をとりあげようとすることは積極的な課題にはなりえない」（同，242頁）と指摘した上で，さらに続けて「古典学派の場合にしても，そこに用意されている『地域』は経済的に統合された『機能地域』であるとみられるが，その『機能地域』は別の見方からすれば『等質』な『地域』なのである。というのはそこではひとつの国民経済の領域が設定されているのであって，全体を通じて完全競争が実現されているのである。これを空間的領域としてみれば，その内部では農業地域と工業地域，都市と農村とが分離され，その意味で地域区分は可能であるとともに，この場合農業地域は農業地域単独で存在しているのではなく，工業地域との関係においてすなわち国民経済の有機的構成部分として空間的に存在しているのである。それゆえにそれは機能地域の視点からとらえられなければならないのである。けれども，このような国民経済においては，資本は農業に投じられても工業に投じられても均等な利潤がえられるのであり，実質賃金も産業間，地域間を通じて同じであるような世界が想定されているのである。都市と農村，中心市場と遠隔地といった空間的な区別はあっても，利潤率と実質賃金が同じであるような領域は経済学的には等質な空間，同質地域である」（同，243頁，ただし傍点は引用者）と主張したのであるが，ここに実は問題を解く鍵が存在している(2)。

地理学の立場からすれば，農業地域と工業地域という「景観」の違いが決定的な意味を持つ。しかし，経済学において重視されるのは，マルクス（1972）が「商品生産では，およそ使用価値は，それ自身のために愛される物ではない。商品生産ではおよそ使用価値が生産されるのは，ただそれが交換価値の物質的な基底，その担い手であるからであり，またそのかぎりでのことである」（同，①326頁）と指摘したように，どの商品を生産すれば利潤を多く得ることができるかである。資本が，小麦の作付けに振り向けられ農業地域の緑地面積を拡大することになろうと，あるいは工場用地を造成するため水鳥の生息地を埋め立てる工事に投下されようとも，それ自体は全くもって問題にならない。

このように，地理学と経済学とでは，そもそも世界の「見え方」が根本的に違っていた。経済地理学という学問の存在論的本質を明らかにするためには，こうした違いを呼び起こした機制についての理解が不可欠の条件をなしている。にもかかわらず，経済地理学者は，この肝心な論点を久しく看過してきた。

（3）ユクスキュル「環境世界」論からの示唆

本書における通奏低音をなすのは，経済地理学研究における関係論的視座の衰弱が，長きにわたって続く混迷を招来する起因となっていることを示し，その甦生を図るところにある。したがって，まずは，地理学と経済学との間で世界の「見え方」が根本的に違っていることへの関心を阻んで来た事情について検討を加えておくことにしたい。以下，その事情を，ユクスキュル（1995）の議論を手がかりに考えてみよう。

「生物の環境世界（Umwelt）は，その周囲に広がって見える環境（Umgebung）

の単なる一切片に過ぎない。そしてこの環境というものは，われわれ自身の，つまり人間の環境世界に他ならない」（同，27頁）というのが同書の核心をなす主張である。彼によれば，「人間以外の主体と，その環境世界の事物との関係が演じられる時間や空間と，われわれ人間と人間世界の事物との間をつなぐ関係が展開される時間と空間とが，まったく同一のものであるとする妄想」（同上）は正されなければならない。それは例えば「動物の種がちがえば視覚エレメントの数も極端に異なるので，その環境世界の場所のモザイクにも同じような相違があるにちがいない。場所のモザイクが粗雑であればあるほど，ますます事物の個々の細部は失われており，したがって，ハエの眼を通して見た世界は，人間の見た世界とくらべると非常に大ざっぱなものであるにちがいない」（同，37-40頁）という点にも示されている。

ユクスキュルの口吻を借りるならば，ここで問題としている世界の「見え方」の違いとは，地理学が「われわれ自身の，つまり人間の環境世界」を扱おうとしているのに対して，資本主義社会の存立構造を明らかにしようとする経済学の方は，主体である資本にとって唯一の関心事＝利潤量を視覚エレメントとした「ハエの眼を通して見た世界」を扱っていると表現できるだろう。地理学が関心を向ける「景観」の違いが経済学の眼に入らないのは，だから理の当然というべきなのであった。そして，山名（1970）が「もともと事象の地域的差異それ自体を追求しようとする地理学と，経済学とが共通の接触領域をながいあいだ持ちえなかったことはこのようにそれなりの理由のあってのことである」（同，242頁）という時，彼の念頭にあったのも，以上のような経済学者の「ハエの眼を通して見た世界」と地理学者の「人間の見た世界」の違いであったことは容易に推察できよう。

4　資本主義社会という対象の特殊性

（1）経済法則の一元的支配が意味していること

山名の指摘は，人間にとっては色彩感に満ちた地理的「景観」が，「使用価値に対する無関心」を本性とする資本には利潤の多寡を示す灰色の濃淡としてのみ映ずるという機制への注意を含意していた。もちろん，資本主義社会においても，資本は「利潤率を基準にして各種の生産部門を選択し，社会的に需要せられる各種の使用価値を，それには直接関心をもたない資本が，社会的に生産し，供給することになる。それはいわば商品経済的廻り道であるが，同時にまた社会的需要の充足を商品経済の法則をもって実現する，資本主義的に特有なる原理を具体的に展開するものである。地代，利子による剰余価値の分配も，この資本の原理の貫徹のための，いわば補助物をなすものである」（宇野，1973c，100頁）といわれるように，あらゆる社会の存立を基礎づける「人間と自然とのあいだの物質代謝」が商品経済の法則という特殊の形態を通して充足されていく。したがって，地理的「景観」の違いは，どこまでいっても利潤の多寡に対応して濃淡を変化させる灰色の世界に棲むハエの活動という「廻り道」を通じて「社会的に需要せられる各種の使用価値」が生産される随伴的結果に過ぎないのであった。

この「廻り道」に明快な説明を与えたのがマルクス（1972）である。彼によれば，「資本は，利潤率の低い部面から去って，より高い利潤をあげる別の部面に移ってゆく……不断の出入りによって，一口に言えば，利潤率があちらで下がったりこちらで上がったりするにつれて資本がいろいろな部面に配分されるということによって……生産部面が違っても平均利潤が同じになるような，したがって価値が生産価格に転嫁するような需要供給関係をつくりだす」（同，⑥324頁）のだが，「このような，不断の不均等の不断の平均化がますます速く行われるのは，⑴資本がより可動的な場合，すなわち一つの部面や場所から他の部面や場所に資本を移すことがより容易な場合であり，⑵労働力をある部面から他の部面へ，また在る生産地点から他の生産地点へとより速く動かすことができる場合」（同，324-325頁）なのであった。このように，地理学が関心を向ける「人間の見た世界」を特徴づける「景観」なるものは，経済学からすれば，あくまでも供給条件の場所的差異を契機とする「不断の不均等」の別表現であり，その一齣に過ぎないのである。

「利潤率と実質賃金が同じであるような領域は経済学的には等質な空間，同質地域である」という山名の指摘が示唆していたのは，およそ以上のような関係と見て間違いなかろう。山名は，経済地理学の基礎に，ここでいう「人間の見た世界」と「ハエの眼から見た世界」の違いを認め，その上で相互の連関を明らかにするという難問が存在していることを鋭く見抜いていたのである。しかしながら，山名は，難問の解明に向けた断片的な手がかりを残しつつも，それを自らの手で十分に展開する前に世を去った。山名が存在を見抜いた難問に立ちむかうためには，ユクスキュルの提起した「環境世界」論に学びつつ，あらゆる主体にとっての客観的な世界が存在するという実体論的な視座から離れて，それぞれの主体にとっての世界が存在する可能性を考慮に入れる関係論的な視座への切り替えが求められる。もちろん，個々の主体—環境系に注目するだけでは，「人間の見た世界」と「ハエの眼から見た世界」の区別はできても，相互の連関を明らかにすることはできない。そのためには，「ハエの眼から見た世界」が「人間の見た世界」を包摂していく機制が明らかにされねばならないのであるが，以下，この点に検討を加えてみたいと思う。

（2）川島哲郎の「経済の地理学」説における未決問題

川島哲郎は，自ら編者として刊行にたずさわった『総観地理学講座13　経済地理学』（川島編，1986）の冒頭で，「経済地理学が，地理学と経済学の両分野にまたがっているということは，この学問が地理学と経済学という二つの学問の扱う現象が，オーバーラップしている領域で成立する，いわゆる学際領域の学問であることを，必ずしも意味していない。だから，ここには，単純な学際的研究として片づけられない問題が存在する」（同，1頁，ただし傍点は引用者）と指摘した上で，経済地理学の歴史を回顧しつつ次のような見解を提示した。すなわち，「経済地理学の対象が経済学と同じだということになれば，前者は当然広義の経済学に含まれ，そして経済地理学を狭義の経済学と区分するものは……この学問の方法上の特質に求めなければならなくなる」（同，8頁，ただし傍点は引用者）というのである。そして，これを受ける形で「経済地理学の理論的研究において最も重要な側面は，現実・具体的な経済現象の地域的形象を，直接的に規定し制約している次元での研究だということになる」（同，10頁，ただし傍点は引用者）と指摘した。

この指摘は，経済地理学の研究が，どこまでいっても使用価値から遊離することはできないこと，いわゆる実物経済レベルでの議論こそが主戦場をなしていることを主張したものと解することが許されよう。だが，使用価値をそれ自体として扱うとすれば，それはユクスキュルのいう「環境世界」を複数しかも同時に相手にすることになるから，「一般的・普遍的関係」の解明は著しく困難とならざるをえない。そこに川島をして，「だから，ここには，単純な学際的研究として片づけられない問題が存在する」といわせる理由もあったのだが，しかし彼の主張には，なお不明確な点が残されているように見える。

“対象は経済学”という川島の主張は，伝統的な経済地理学が「地理学は統一ある独立の科学である。したがってそれは他の科学によっては占有されない独自の対象を必要とする。経済地理学はなるほど経済現象を扱わなければならないが，経済現象をそのまま対象としたのでは，経済学と経済地理学との区別は消滅してしまう」（川島，1956，5頁）として，「それ自体統一ある経済現象に，恣意的な制約を加え」（同，6頁）てきたことに対する批判であった。この批判そのものは，もちろん正しい。しかし，そこから直ちに「経済地理学の対象が経済学と同じだ」と断ずるのは，いかにも性急である。

とりわけ，「経済学は伝統的に空間の問題に重きを置いてこなかった。狭義の経済学，とくに理論経済学は，いわば点の上の科学であって，空間の捨象された場で展開されてきた。しかし，現実の経済現象は，時間的存在であるとともに，空間的存在でもある。だとすれば経済学の研究は，その具体化の各次元で空間，あるいは地域の観点を復元，導入せざるをえないはずである。経済地理学は経済現象の持つこの空間（地域）的形象に着目して，その形成，変化，消滅の過程を貫く法則性を追求する科学なのである。経済学と地理学との関係，経済学における経済地理学の地位は，一応このように考えることができる」（川島，1986，8頁）という川島の説明は，適切とはいいがたい。川島のいう「狭義の経済学，とくに理論経済学」が，経済学の「原理論」——「資本家と労働者と土地所有者との三階級からなる純粋の資本主義社会を想定して，そこに資本家的商品経済を支配する法則を，その特有なる機構と共に明らかにする」（宇野，1973c，12頁）——を意味するとすれば，彼の説明は誤ってさえいる。第2章でも指摘しておいたが「狭義の経済学，とくに理論経済学は，いわば点の上の科学であって，空間の捨象された場で展開されてきた」という理解そのものが問題だし，「原理論」に直結する形で「空間，あるいは地域の観点を復元，導入」という認識——水岡不二雄（1992）のいう「『資本論』体系の上向としての体系的な空間理論の構築」（同，10頁）も同様の認識に立脚してるが，この点は次節で山名伸作の所説との関連で検討することにしたい——も重大な難点を含んでいるからであった。

（3）経済学における「使用価値」の取り扱いをめぐる関根友彦の認識

ここで注目されるのが，関根友彦（1995）の議論に他ならない。同書で関根は，社会科学の研究は，それぞれ対象と方法を異にする原理論・段階論･現状分析という三つの領域を持つとする宇野弘蔵の社会科学方法論に依拠しつつ「どんな社会においても使用価値の生産と消費が実質的な経済生活の内容をなしている。資本主義とてその点は例外ではないが，資本主義社会が他の社会と異なっているのは，そういう経済生活が全面的に商品の形態に包摂されるということである。資本主義は雑多な使用価値を『価値』という商品経済的一律性の中に取り込みながら成立していく。ところがこの『取り込み』操作が，決して当たり前のこととして容易におこなわれるわけではないというところから，資本主義が永遠の制度ではありえずむしろ過渡的なものだという運命が説明される。すなわち具体的な経済生活が求める使用価値の主要なものが，商品生産に適合しているときにだけ，資本主義は歴史的に存立可能である」（同，8－9頁，ただし傍点は引用者）との認識を提起した。いうまでもなく「実際には資本主義のもとでも商品として生産しにくい使用価値は数多く存在するわけである。それをそのままにのさばらせておいたのでは，資本の内的論理を明瞭に写し出すことはできない」（同，9頁）ので，「資本の運動を純論理的に追跡するためには，使用価値の『不活性化』ないし『中立化』」（同，8頁），すなわち「使用価値が実際そうである以上に商品生産しやすいと想定する」（同，9頁）ことが要請される。

もちろん，こうなってくると次なる問題として，では「それと歴史上の資本主義，すなわちその中できわめて多様で雑然とした『生の』使用価値が羽をのばしている現実の資本主義とは，どう関係するのか。つまり理論的な資本主義と歴史的な資本主義の関係」（同，9頁）についての説得的な議論が求められことになろう。そこに，彼は，宇野の三段階論における（発展）段階論の役割を認めるのである。すなわち，「両者の媒介項として資本主義の発展段階という考え方が導入されるのであるが，この『段階』という抽象レベルでは使用価値は特定のタイプ（類型）に限定されている。同じ資本主義の論理でも，19世紀中葉のイギリスにおける競争的な小工場などで主として綿製品のようなものがつくられる情況を前提した場合と，世紀交替期のドイツの製鉄所などでつくられる重量的な商品が主流となっている状態を前提する場合とでは，その貫徹様式が変わってくる。すなわち類型化された使用価値生産の背景いかんによって，同じ論理の貫徹様式も異なったものになる。資本主義の発展段階は，その時期の主要な産業が採用する生産技術によって特徴づけられると考えてよい。そういう技術を運転することで支配的な資本形態の特定段階に固有な蓄積様式というものが決まってくる。またそういう資本形態と国家との関係が，その段階に固有な経済政策の型を作り出すのである。重商主義・自由主義・帝国主義は資本主義発展の三段階をなすが，そのそれぞれは今いった意味での商人資本・産業資本・金融資本を支配的形態とし，また国家はこれらとの関連において特徴ある経済政策の型を成立せしめた。17・8世紀におけるイギリスの羊毛工業，19世紀中葉のイギリス綿工業，そして世紀交替期のドイツ製鉄工業，これらはそれぞれ商人資本・産業資本・金融資本の蓄積様式を例証する代表的産業とみることができる」（同，9-10頁，ただし傍点は引用者）と関根はいう。

彼は，（発展）段階論を「羊毛・綿・鉄などに代表される特定の使用価値の類型を前提したとき，具体的に展開される資本の論理を追跡する」（同，10頁）ものとして位置づける。そして，このような議論を踏まえつつ，人間社会が当面している事態は「資本主義社会がすでに形骸化しながらもいまだその『裏返し』が果たされていない過渡期という意味で，脱資本主義過程と呼ぶ」（同，90頁）べきであるとする持論へと導く。「羊毛・綿・鉄はそれぞれ資本主義発展の三段階における第二次産業をほぼ完全に支配した基本的な使用価値ということができるのに対し，今日ではそれに値するものを見出すことが困難である。自動車や電算機のような派生的なものを基本的使用価値とするわけにはゆかないし，素材産業としてのプラスチックに決定的優位を認めることもできない。今日の第二次産業はいくつかの派生的使用価値をつくる技術に特徴づけられながらも，この時代の経済生活を支配するような単一の基本的使用価値をもたない。こういう点を考えてみても，30年代に金融資本が死滅して以来，資本主義の新たなる発展段階はなかったとみてよさそうである」（同，10頁）というのである。

5 経済地理学の基礎にあるもの

(1)「段階論」としての経済地理学

関根の議論が注目されるのは，様々な使用価値を生産し消費することによって生み出された多彩な地理的「景観」に特徴づけられる「人間の見た世界」――それこそ地理学の対象とする色彩に満ちた世界であった――が，価値の多寡に還元された「ハエの眼から見た世界」――こうした灰色の世界を経済学は対象としている――

に包摂されていく機制が，そこに提示されているからである。関根は，「資本は商品を，その特定な使用価値には無関心に，すなわち価値として，生産する。商品はどれをとっても時計とか石炭とか饅頭とかのように特定の使用価値なのであるが，そんなことは資本にとってどうでもよい。利益にさえなればどれでも生産する。そういう意味での『使用価値に無関心』という原理が資本主義社会を構成しているのである。だがこういう商品経済的一律性の要因（＝価値）に基づいて社会の経済生活を全面的に組織するなどということは，決して自然な成りゆきとはいい難い。むしろ著しく不自然で，例外的で，異常なことと思わなければならない。だからこの組織の論理的可能性を示し資本主義の根拠を明らかにするのに，原理論は殊更に使用価値を不活性化せざるをえなかった」（同，11頁）と述べ，「人間の見た世界」が「ハエの眼から見た世界」に包摂されていく機制の核心を明確にしたのであった。経済学の原理論――川島のいう「狭義の経済学，とくに理論経済学」――が「空間の問題に重きを置いてこなかった」とか，「いわば点の上の科学であって，空間の捨象された場で展開されてきた」という主張は間違いである。それは山名（1970）が正しく指摘したように「古典学派の画いた経済法則は，具体的な地域的，産業的差異を無視したところの，あたかも一点において生産―流通―消費が完結しているような世界で成立するものでなければならない」（同，242頁，ただし傍点は引用者）からなのであって，それこそ対象の本質に規定された必然的帰結と理解するのが正しい。

この点が理解されるならば，川島説の未決問題であった「具体化の各次元で空間，あるいは地域の観点を復元，導入」する仕方も，自ずと明らかになってこよう。それは，関根の言葉を借りるならば，まずもって「羊毛・綿・鉄などに代表される特定の使用価値の類型を前提したとき，具体的に展開される資本の論理を追跡する」段階論の次元において，それぞれの発展段階を牽引する支配的資本の蓄積様式，具体的にいえば生産技術や経営組織上の特徴によって規定される主導産業の立地因子を特定する作業として具体化されなければならない。というのも，主導産業が，自らの立地因子によって供給条件の場所的差異を評価した結果である各地の立地条件は，その旺盛な成長力による地代負担能力の高さ故に，他部門との立地競争を方向づけることになるからである。

したがって，資本主義社会を対象とする経済地理学――これこそが「経済学としての経済地理学」である――の起点は，（発展）段階論レベルにおける主導産業の立地因子を把握し，それがもたらす各段階に典型的な経済現象の地理的な展開パターンをタイプ論的に解明するところにあるといえよう。山名（1997）も，この点について「経済地理学の理論をどのように体系展開するか……。私は小著の構成を，第1章立地と費用，第2章土地利用と土地所有，第3章市場地域と価格機構，第4章経済発展と地域経済とした。それは資本の活動の論理的展開にそくしての構成である。私は，資本主義の発展段階に応じての変化までを扱うことまではできなかった。それは原理論としての法則を明らかにすることが先決の課題であると考えたからである」（同，182頁）と述べている。「原理論としての法則」という表現が意味するところに，なお曖昧な点が残されているようにも思われるが，しかし，段階論的な規定を与えるための予備的考察として原理論の諸規定を整理したと読むならば，山名の意図は十分に理解できよう。

（2）山名説に対する水岡不二雄の批判について

こうした事情を理解せぬままに，均質空間から出発して――シュンペーター流の表現をもってすれば「その根底（abovo）から」（シュンペーター，1977年，38および219頁）――現存する“地理的現実”を論理的に導き出さなければ，経済地理学の理論ということはできないとする強迫神経症的な議論を展開したのが水岡不二雄である。水岡は，自著（水岡，1992）で，山名の議論を「工業・農業・商業におのおの『同じ問題領域を扱っている各立地論』を対応させ，そこから経済空間の問題にせまろうとした。具体的には，工業でヴェーバー，農業でチューネンら，商業でレッシュらが扱われている。しかしながら，立地諸理論がもつ表象とその理論的前提・理論構成の内実とは必ずしも直接の対応関係にあるわけではない。……ヴェーバー，チューネン，レッシュ，クリスタラーなど，経済立地論はその系譜それぞれに前提が異なっている。そして，この前提の相違が，立地理論の抽象性の程度と，社会・経済空間の理論構築において果たしうる役割を規定する。この点からすれば，山名の試みは，いぜん既存の経済立地論の枠組みに囚われたもので，このことが，経済・社会空間の生産を説明する理論としてもつべき体系性を弱める結果につながった」（同，40頁）とする批判を加えた。しかしながら，この批判は，全くの的外れである。

というよりも，先に見たように，経済学の原理論は「ハエの見た世界」を対象とするからこそ体系的な議論の展開が可能となったのであった。水岡の主張は，利潤量をとらえる視覚エレメントしか持たないハエに，他の視覚エレメントを埋め込んでいけば次第に「人間の見る世界」へと近づけることができるというのと同断である。それはまた，利潤量しかとらえることのできないハエの活動という「廻り道」を通じて「人間と自然とのあいだの物質代謝」が商品経済の法則という形態をもって充足されることを明らかにしたところに経済学の原理論の意義があった点を，まったくもって水岡が理解していないことの証左に他ならない。

むしろ，重要なのは，山名（1994）もいうように「資本主義社会をそれ以前の社会と区別するのは，資本が社会存続の基盤である生産過程を包摂しえたことにある。したがって資本の運動を論ずるとき，その起点は生産過程の分析にあり，資本主義社会の生産過程はいうまでもなく労働過程と価値形成・増殖過程との統一過程である。ことわるまでもなく，資本はたえず姿態を変換しつつ運動している……。……しかし出発点は論理的にいって生産過程の立地分析にあるのが当然である。／……資本主義社会での労働力は産業間，地域間を自由に移動しうるのであるが，工業地が固定している以上，その周辺の通勤可能範囲内に居住地が決定されることになる。工業集積地には人口も集積し，資本主義社会はかくして工業都市を形成して行くことになる」（同，84頁）点であろう。その場合，工業都市が形成される論理の解明は，山名のいう「原理論レベル」においてではなく，段階論レベルで，自由主義段階イギリスにおける綿工業都市の実態を踏まえつつ進められなければならないことは当然である。支配的資本の具体像である綿工業の立地因子は，だから事実問題として「前提すべき事柄」をなすのであって，そこから先に経済地理学の「説明すべき事柄」，例えば自由主義段階であれば，綿工業と他部門との立地競争を通じた地理的パターンの形成メカニズムを解明し，段階論的な規定を与えることが，おそらく経済地理学の研究においては「理論」ということになるのであろう。

（3）関係論的視座からの再構成

ところで，主導産業の立地因子に注目するというのは，それが他の部門に属する資本の空間行動――そこには立地決定と立地（を決定した後の）適応の双方が含まれる――を方向づけるからであった。いかなる供給条件の場所的特性を立地条件とするかは，各々の経済主体（ここには資本だけでなく家計も含まれるし，場合によっては非市場的な要因によって立地場所を決定する公的セクターもはいる）によって区々別々であろう。一口に立地条件とはいうが，それは正確にいえば，ある経済主体の立地因子によって評価づけられた特定の場所の立地条件である。ユキスキュルの議論に注目したのも，そこに同様の論理が確認されるからであった。ある環境が好ましいか否かは，主体が異なるに応じて違ってくる。

立地論は，これまで空間モデルとしての側面ばかりが注目されてきたのだが，むしろ経済地理学にとって重要なのは，それが蓄積してきた立地因子の経験的研究を軸とする立地決定メカニズムの分析にこそ求められるべきであろう[(3)]。戦前期における「資源論」の研究蓄積を見ても，明らかに，主体による環境評価の違いに目を向けることで，“地理的現実”の展開メカニズムに肉薄しようという議論が確認される。にもかかわらず，そこに確認される関係論的な視座は，戦後日本の経済地理学研究において重視されて来なかった。

むしろ，戦後の主流をなした「経済学としての経済地理学」が中心的なテーマとしてきた「経済地域」論では，「産業地域」と「経済圏」の整合をもって「厳密な意味の経済地域」と規定した矢田俊文の見解が象徴的に示しているように，実体論的な理解へと傾斜している。そこには，戦前における決定論的色彩の強かった環境論に対する反撥が影響しているのかもしれないが，経済地域論をめぐる議論に際して，主体による環境評価の違いという関係論的な視座を欠落させた点は，かえすがえすも残念であったといわざるをえない。もし，経済主体の場所に対する環境評価の違いが各々の立地決定を方向づけ，その交錯を通じて定まった各自の立地に基づいて取り交わされる経済活動の空間的なまとまりが，一方では「全体」をなす国民経済循環として，他方ではその有機的構成「部分」である経済地域となって現象するという脈絡が把握されていれば，関係論的な視座から一貫した論理で，国民経済の地域構造を経済循環の地理的回路として描き上げることができたと考えるからであるが，その点についての詳細は次なる著書の課題として残しておくことにする。

6 新しい“地理的現実”の解明に向けて

（1）ポランニーの「一般経済史」という行き方

経済学は，人間社会の歴史において極めて特殊な――ポランニーの観点からすれば異常な――商品経済による全面的支配という事態を前提とすることで，完結的な「原理論」を確立することができた。宇野弘蔵は，純粋資本主義社会に対応した純粋の法治国家を対象とすれば，法律学についても私法—刑法—公法の関係を軸とする「原理論」が構築できるという見通しを示した[(4)]が，そちらは現在までのところ具体化されていないので，経済学は社会科学の分野において「原理論」を有する唯一の存在となっている。それはともかくとして，問題は，このような事情からも知られるように，経済学が生まれながらにして商品経済による全面的支配という事態を成立前提とした〈狭義の経済学〉であったという事実を，どう理解するかであろう。

〈広義の経済学〉をめぐる議論の起点は，おそらくエンゲルスのそれと想定されるが，〈狭義の経済学〉との連関を十分に詰めた上でなされたものとは思われない。むしろ経済史的な研究を総称するものとして〈広義の経済学〉という言葉を用いたというのが実際のところであろう。しかしながら，経済史的な研究が，経済学の一環として行なわれるためには，〈狭義の経済学〉で明らかにされた純粋資本主義社会を支配する経済法則を研究の基準としなければならない[(5)]のだから，その限りでは〈広義の経済学〉といっても別個の体系が存在するわけではないのである。

ポランニーのような「枚挙の精神」で，経済史的な事実を広範囲にわたって蒐集し，その比較検討を通じて経済生活のパターンを究明しようとする行き方は確かにありえよう。ただし，ここで注意しておかねばならない点は，それを彼自身が〈広義の経済学〉と呼んだ訳ではないという事実である。自らのアプローチについては，まれに「普遍的経済史」（ポランニー，1980年，３頁および522-555頁）という言い方も見られはするが，通常は「一般経済史」（同，３頁）としていたのであって，それを〈広義の経済学〉に見立てたのは玉野井芳郎であった[(6)]。

（2）ブラーシュの「完全な枚挙」が狙ったこと

経済生活にかかわる“地理的現実”をポランニーの顰みに倣って「枚挙の精神」をもって蒐集し，これを比較検討することで，そこに潜むパターンを特定する作業は，むしろ「地理学としての経済地理学」と呼ばれるに相応しいであろう。実際，ブラーシュ（1940b）も「人文地理学——それと生物地理学との関係」で「ある一つの観察科学にとって存立の第一条件は，これに関連のある諸事象について総体の大観を獲得すること，デカルト的な表現にならえば，完全な枚挙をするということである。集成し，分類し，比較するのがその次の段階である」（同，265頁）と述べている。そこに彼が「細密な画像はまさに『完全な枚挙』を果たすという利益を提供する」（同，277頁）として，地域モノグラフを重視した根拠もあった。

経済学が，その「残効性」さえも使い果たしつつある現在，社会科学研究における窮極の課題をなす「現状分析」の遂行は，地理学に，とりわけ「地理学としての経済地理学[7]」にこそ期待されているというのが本書の理解である。経済学の失効と聞くと疑問に思われる向きもあろうが，社会科学の本質に対する無理解の端的な表現である行動経済学や経済物理学などの跳梁跋扈，あるいは依然として「原理論」の些末な修正に固執し主力を「現状分析」に振り向けられぬ退行的な姿勢の常態化を考えれば，そのように断じざるをえない。玉野井芳郎（1978）は，自らが長年にわたって依拠してきた宇野理論の限界なるものを指摘した際に「〈狭義の経済学〉の終わるところ，あるいはそれと同時並行しながら，新たな〈広義の経済学〉が始まるであろう」（同，306頁）と述べたが，しかし，この指摘は「〈狭義の経済学〉が立ち止まるところから，地理学としての経済地理学が始まる」と書き改められるべきなのである。

経験科学的なアプローチに基づく社会科学の研究は，元来それが「現実科学[8]」と呼ばれる内的必然性を有していた。先験的ないし理念的なアプローチと区別する意味もあるが，しかし決定的に重要なのは，自然科学では可能な「実験」という方法を基本的に適用することができない点であって，そのため常に経済学であれば実物経済的な視点からする，また社会学などにあっては現地調査を通ずる事実の確定や発見が不可欠となってくる。こうした関係で，経験科学と一口にいっても，社会科学の場合は，特定の過程を現実から切り離すことで外部的攪乱を排除して経過を純粋に観察する「実験」が可能な自然科学とは違い，対象となる現実に働く論理を説明するにあたって，これを“前提すべき事柄”と“説明されるべき事柄”へと切り分ける作業を媒介しなければならないケースが少なくないために，自らの眼で精密に観察し，手ずから記述する営為が，決定的に重要な意味を持つ。

（3）求められる「現状分析論」の構築

社会科学の研究が，理論・歴史・政策の三領域に区分されるという通念は，すでに宇野弘蔵によって棄却されている。19世紀末の修正主義論争にともなって生じた社会科学研究の混乱状況を打開すべく，宇野は，資本主義社会の歴史的な発展段階の表示器として（経済）政策を再定位することで，「原理論」・「（発展）段階論」・「現状分析」からなる三段階論の方法を提起した。それを踏まえるならば，「脱資本主義過程」の本格化にともなって20世紀末に発症した再版・修正主義論争の混迷——その具体的な表出形態が先に言及した社会科学の本質に対する理解を欠落させた議論の横行である——を突破するために重要なのは，三段階論における「（発展）段階論」として歴史的変容の表示器へと政策が繰り上げられたことで空白となった第三の領域——櫻井毅（1979）のいう「固有の意味を有する現状分析」（同，82頁）——への対処であるように思われてならない。

いま，これを仮に「現状分析論」と呼ぶことにしよう。著者は，ここに地理学が復活してくる可能性があると考えたい。否，そこに復活する力を持つのでなければ地理学は自らの存在意義を主張することができないと考えている。このように考える根拠として，著者は，相異なるが相互に緊密な関連を持つ「地理」をめぐる二つの見方が社会科学の領域に存在していることを指摘しておきたい。すなわち，「地理歴史学」という標語を用いたこともあるフェルナン・ブローデルの——時間を，従来の歴史学が取り扱ってきた政治的・軍事的な事件に対応する個人的時間（「出来事」）ならびに経済・社会・文化の変容に対応する中期的時間（「複合状況」）と気候・植生・地勢に対応した「ほとんど動かぬかのような」地理学的時間（「長期持続」）の三層に切り分け，第三層をなす——「動かぬもの」の象徴として地理を位置づける見方が一つであり，いま一つはバランとスウィージー（1967）に見られる「ある技術革新が『画期的』という名に値するためには，経済活動の立地と生産物の構成との両者に深い影響を及ぼすものでなくてはならない。資本主義の歴史における……真に『画期的』という基準に合致するものは三つだけであるといいたい。それは蒸気機関，鉄道，および自動車である。そのどれもが，経済地理を根本的に変化せしめ，それにともなって，人口の国内移住とまったく新しい地域社会の創出をもたらした。そのどれもが，数多くの新しい商品や労務の生産を必要とし，また可能にした。そのどれもが，直接間接に工業製品全体の市場を拡大した」（同，266-267頁，ただし傍点は引用者）という，社会経済の決定的転換は地理的な変化を発現させるという見方である。「動かぬもの」として本来ある地理が，にもかかわらず「根本的に変化」する時，それこそ人間社会の歴史が決定的な転換をとげる瞬間をなす。問題は，そこに働く論理を，いかにして捕捉するかであろう。

これまでは，宇野の提起した三段階論の方法に基づいた経済学を中心とする社会科学の研究が，その具体的な手続きとして有効であった。しかしながら，降旗節雄（2006）もいうように「16世紀，国民国家の形成と共に始まった資本主義的生産様式の時代は，ここに漸く終焉をむかえようとしている。その端的な兆表は，国家的バリアーのいたるところにおける低下過程と，価値増殖を本質とする資本主義における価値基準の喪失，そして世界的に進行しつつある家庭の崩壊現象である」（同，261頁，ただし傍点は引用者）とするならば，いまや原理論を前提に段階論を媒介とし現状分析を遂行するという従来的な三段階論の方法をもってしても，変転きわまりない現実の展開メカニズムを解明することが困難になっていると考えざるをえない。「現状分析論」の構築が求められる所以である。

（4）川島「経済の地理学」説を再考する

経済地理学を＜広義の経済学＞として位置づけること，いわんや「広義の経済地理学」という空語を用いることは，議論を迷走させることはあっても，その前進をもたらすことは決してない。にもかかわらず，日本の経済地理学界では，こうした主張が繰りかえしなされている。意外に思われるかもしれないが，そこに著者は，川島哲郎の「経済の地理学」説への誤解――“対象は経済学”“方法は地理学”という主張の意味するところが，川島自身の混乱もあって適切な形で理解されてこなかった――が関係しているのではないかと考えてきた。

もとより，著者に川島説を貶めようという意図は全然ない。それどころか，著者は，川島「経済の地理学」説こそ，経済地理学の進むべき方向を闡明したものであると受け止めている。ただ，そう考えるからこそ彼の議論に含まれる幾つかの理論的な問題点を著者は黙過することができない。

この点が不問に付されてきたところに，「広義の経済地理学」といった不毛な議論が繰りかえされる原因があったと著者は考える。そればかりではない。「経済の地理学」説が，本来そなえている能力を引きだすためにも，川島の議論は再考されねばならないのである。以下，この点に検討を加えることで『経済地理学再考』の締めくくりとしよう。

川島（1986）には，「経済地理学の対象が経済学と同じだということになれば，前者は当然広義の経済学に含まれる。そして，経済地理学を狭義の経済学と区分するものは……方法上の特質に求めなければならなくなる」（同，8頁）という指摘がある。彼は早い時期から，「経済現象とは，それが生産力的範疇に属するものであれ，生産関係的範疇を構成するものであれ，こと経済にかんするかぎりいっさいの現象を含む」（川島，1955，同，2頁）のであり，その「経済現象を扱う科学の総称が経済学」（同，32頁）であるという立場を明確にしていた。これは，先にも言及したとおり，伝統的な経済地理学が「『地理学の統一』という野心」（川島，1955，6頁）を満足させるために「それ自体統一のある経済現象に恣意的な制約を加え」（同上）たことへのアンチテーゼである。

だが，伝統的な経済地理学への強烈な憤激は，川島に重大な誤りを犯させることになった。彼は，この対象規定が「広い意味での経済学」（同上）——川島（1986）では「広義の経済学」（同，8頁）——にも，「狭義の経済学，とくに理論経済学」——「経済地理学が経済学の一部であることをあれほど強調したRühlでさえ，経済地理学と狭義の経済学との対象の完全な一致には多少の留保を置いたようである」（川島，1955，13頁）という指摘は注目される——に関しても，同様にあてはまるとしたのである。これは，資本家的商品経済を対象に経済法則の解明を目ざす経済学の立場ではない。「人間の物質的資料の生産，再生産の過程としての経済生活一般」（宇野，1974i，8頁）を経済学が直接的に対象としているというのは，唯物史観——川島のいう「史的唯物論」——の立場からする誤った議論——ここに内容の曖昧な「広義の経済学」「狭義の経済学」という表現が不用意に使用された理由もある——である。以上のような理由から川島の“対象は経済学”という主張を，そのままの形で継承する訳にはいかないのだが，ここでは問題点の指摘にとどめて先を急ぐことにしよう。

対象が同じだということになれば，当然ながら問題は，「広義の経済学」たる「経済地理学を狭義の経済学と区分する」（川島，1986，8頁）メルクマールは何かへと移っていく。ここで川島は「学問の方法上の特質に求めなければならなくなる」（同上，8頁，ただし傍点は引用者）という考えを明らかにする。その際，彼は「多くの科学の統一性を規定しているものは，研究の対象となる材料である。だが，いくつかの科学にとっては，研究方法に統一性の根拠がある。地理学は歴史学とともに後者に属する科学だ」（同，5頁）というヘットナーの見解に依拠した。「地理学は……対象とする現象の特異性によって成立する学問ではない。だからこそ，地理学は経済，社会，政治など，他の諸科学と全く同じ現象を自らの対象としうるのである。したがって，地理学に他の諸科学と区別される独自性を与えるものがあるとすれば，それは方法のほかにはないであろう」（同，5-6頁，ただし傍点は引用者）というわけである。ここで注目されるのは，「求めなければならなくなる」とか「ほかにないであろう」といった消極的――むしろ消去法的とした方が適切かもしれない――な表現がとられている点であろう。“対象は経済学”という主張は，伝統的な経済地理学を一刀両断する迫力をもっていた。それと比較すると落差があまりにも大きい。著者は，ここに着目する。“方法は地理学”という川島の主張は，伝統的経済地理学に対するアンチテーゼとしての“対象は経済学”から反射的に推論されたというのが著者の理解に他ならない。著者には，“方法は地理学”という主張が積極的な根拠を有しているとは考えられないのである。それが，川島をして「ならなくなる」とか「ないであろう」といった表現をとらしめたのであった。

このように見てくると，川島が「経済学の一分野としての経済地理学の位置づけを明確」（矢田，1982，32頁）にしたとする通説的な理解には問題があるといわざるをえない。「経済学としての経済地理学」の規定ということであれば，“対象は経済学”で“方法は地理学”という川島の主張は誤っているからである。正確には，“対象は（資本家的）商品経済”であり“方法は（社会科学方法論としての）三段階論”としなければならない。また，宇野弘蔵（1974i）が的確に整理しているように「経済活動は一般的には，自然に働きかけて生活資料を獲得するという目的活動にほかならないが，商品形態の下に社会化されると，個々の目的活動自身がそれによって支配され，規制される客観的な法則にしたがう過程となってあらわれる……。かくて，経済学は，自然科学と異なって外的な自然を対象とするわけではないが，しかし人間の目的活動自身によって形成せられる過程が，外的過程として特殊の法則をもってあらわれ」（同，34頁）ることを念頭におくならば，川島（1986）の，「政策と理論は本来一体のものである」（同，12頁）から，「経済地理学の政策分野への進出」（同上）が期待されるという主張も見直しが求められよう。(補註) しかし，ここでは，川島の「経済の地理学」説が，著者の「地理学としての経済地理学」に通ずる面をもっている点に着目し，「経済の地理学」説が本来そなえている能力を引きだす作業に専念することにしたい。

先にも述べたとおり，「脱資本主義過程」の社会科学的な解明を進めるためには，「現状分析論」の構築が不可避の課題となっている。そこにおいて重要となるのが,「諸現象を地理的差異, 地理的連関, 地理的秩序・構造といった視角から研究するという……方法を駆使する」(川島, 1986, 6頁) ことであろう。川島がいうように「地理学は……対象とする現象の特異性によって成立する学問ではない。だからこそ, 地理学は経済, 社会, 政治など, 他の諸科学と全く同じ現象を自らの対象としうる」(同, 5頁) という特性が新たな意味を持ってくるのである。

資本主義社会を対象とする「経済学としての経済地理学」の規定としては適格性を欠く川島「経済の地理学」説であるが,「脱資本主義過程」を射程に入れた「地理学としての経済地理学」への展開という面では有益な示唆を含んでいるといえよう[(9)]。先にも述べたように「地理学としての経済地理学」とは, 経済生活にかかわる“地理的現実”をポランニーやブラーシュの顰みに倣って「枚挙の精神」をもって蒐集し, これを比較検討することで, そこに潜むパターンを特定する作業を指す。地理学が,「ある場所での時間的な変化」にとらわれて看過されがちな「空間的に同時平行的に生起している現象」の全体的な構図を把握すべく,「同一時間で全体を把握し, その存立メカニズムをとらえるというシンクロニックな方法[(10)]」を確立するならば, 法則的認識の効力が削がれていく事態のもとで, 現実の展開メカニズムを解明する役割を担っていくことが十分に期待できると著者は確信している。そのためにも, マックス・ヴェーバー (1988) のいう意味での「現実科学」を意識しつつ, 地誌の記述を通じて蓄積してきた「複雑な因果系列」を特定する観察能力を活かし, それを同時多地点的な現地調査の遂行――したがって, ここでは個々の地理学者が奮闘するだけでは十分とはいえないのであって, むしろ地理学的な研究能力を有する多数の研究者が「空間的に同時平行的に生起している現象」の「総体の大観」(ブラーシュ, 1940b, 265頁) を明確化するという目標の下に組織されることが強く要請される――へと差し向けねばならないのである。

地理学の真面目が発揮できるとすれば, この作業を自ら積極的に進める以外に, おそらく途はないであろう。「地理学としての経済地理学」に求められているのは, こうして獲得された成果の絶えざる比較検討を通じて“地理的現実”の全体的な構図を把握することなのである。そこに経済地理学の活路は自ずと開けて行く。「脱資本主義過程」は, 喩えていえば誰も行ったことがない未知の新しい海である。資本主義という「凪」と「時化」, を一定の周期で繰りかえす法則的な秩序形成力の支配する海において, 古い水夫が苦労を重ねて身につけた知識――

「経済学としての経済地理学」――の効力は薄れていく。「凪」の日が続いたかと思えば，従来の何十倍もある激しい「時化」に突如として襲われる気まぐれな「脱資本主義過程」という新しい海を乗り切るために求められるのは，絶えず情況を観察し，それに基づいて「空間的に同時平行的に生起している現象」を見抜く智恵――「地理学としての経済地理学」――を身につけた新しい水夫である。この点を確認して『経済地理学再考』の締めくくりとしたい。

補註　政策論研究をめぐる社会科学的な態度について

このところ経済学の研究者をはじめとして社会科学者の相当部分が「政策科学」への指向を主張する発言を繰り返している。経済政策論は「政策科学」として再構築されねばならない――というのも現実に対して有効な提言を行なわなければ学問の存在意味はないからである，と。だが，私見によれば，こうした見解には根本的な誤解があるといわざるをえない。第９章でとりあげた「開発主義」と「貿易主義」の論争においてもそうであるが，学問的に主張しうるのは，特定の政策ではなく，既に形成された政策の具体的な存立根拠に他ならないからである。この点は，宇野弘蔵の一貫した主張なのだが，残念ながら学界の共有財産となるには至っていない。

それどころか，このところ政策の現場――といっても，政府の審議会委員からシンクタンクのアドヴァイザーまで，文字どおり色々あるけれども――に「関与」し「寄与」することこそが，「経済学としての経済地理学」の証であるかのような考え違いをしている論者は，ますます増えてきたように思う。だが，一度でも真面目に「経済学としての経済地理学」の意味するところを考えたことがあるのならば，政策と政策論の間には容易ならぬ間隙が存在していることに気づいているはずである。

宇野弘蔵の著作は，独特の文体もあって慣れぬ人には理解が難しいといわれるけれども，座談会や対談などでの語りは非常に親しみやすい。そこで，著者が重視している宇野説のエッセンスが示された雑誌『経済評論』（1950年11月号）の「座談会・三度びドッジ氏を迎えて」における発言を引用し，最近の安易な「政策科学」論議に対する本書の立場を明かにしておきたい（なお，傍点については引用者が附したものである）。

「宇野……皆さんのお話をうかがっていると，それぞれ異った御意見はあるようですが，しかし経済学によってこの難局に立つ日本経済の立直しに何か合理的な政策を確立したいという点では全く一致していられるようです。ところが私はこの点で全く異った立場をとっているのです。……／私は，戦後，日本でインフレーションが行われて来たということも，またそのインフレが一定の時期に収束されなければならぬと考えられ，また実際ある程度それに成功して来たということも，それぞれその根拠をもったものでその時々の政治的勢力が種々な経済的利害関係に基づいて行ったものと解しています。その利害関係を直ちにこういうものだと明確に規定するということは容易に出来ないことと考えるのですが，経済学の研究に従事しているものはその点を明確にしてゆく任務をもっているものと考えています。勿論，ここに御出席の皆さんもその点では御異存があるわけはないのでしょうが，併しそれが何か学問的に正しい方策をもって行われなければならないのに，政治家が誤って，或いは知らないで間違った方策をとっているという風な形で行われているのではないかと考えられる点で，私は全く異った立場となるわけです。／先きにお話に出ました日銀の政策転換にしても，私は，吾々としてはこれに賛成するか否かという点に学問的な問題があるとは考えていません。まして日銀の新しい政策が学問的に根拠をもったものとは，全然考えないのです。勿論，信用の抑制をすればインフレの収束を一層促進するということが，学問的に誤っているとか，根拠がないとかというのではありません。それはしかし何も学問的にいわなくても常識的にもわかっていることてす。問題は，そういう政策が如何なる時期に採られるか，それは如何なる経済的利害関係に基づいて行われるか，行われたとしてもその効果の点では果たして他の方策で緩和されるようなことはないか，また他の方策で緩和されたとすれば，何故にそういう方策が採られるか，そういう点が寧ろ明らかにされなければならないと思うのです。そしてそれこそ経済学が解明すべき点だと思うのです。政府は勿論のこと，日銀にしても一般的に，科学的に何人にも異存のない政策というようなものが樹てられるものでしょうか。インフレーションの場合は，或る程度に達すると殆んど何人にもこれではいけないということになりもするでしょう。したがってその収束は何人にも異存のないものともいえるでしょう。しかしそれがどういう方法で収束されるかは，またそう何人にも一様な影響を及ぼすものではありません。その点は科学的に一般的方法というものはないのではないでしょうか。具体的には何れかの諸社会層に有利に，また他の諸社会層には不利に牧束される外はないのです。たとい何れかの方法が採用されるにしても，それは政治的勢力の如何によってはその方法の効果を緩和される方策がとられて所謂ディス・インフレにもなるのではないでしょうか。単純に合理化政策としては行われないから学問的に否認せられなければならないということはないと思うのです。またそれは中小工業乃至農村に異常な負担を課することになったからといって，それが非学問的な政策とはいえないでしょう。むしろ我が国では何故そういう徹底的なインフレ収束策が採用されなかったかを明らかにしなければならないと思うのです。／……／こんなことをいうと，それでは一体経済学は何の役に立つのか。この難局を切り抜ける方策を樹てることが出来ないような学問を，何のためにやっているのかという質問を受けるに相違ないと思います。全くそういう方策を樹てなければならないとすると経済学は何の役にも立たないかも知れません。しかし例えば戦後の混乱期から最近の所謂安定期に至るまでの間に我が国の経済は，どういう経済的利害関係に基づく政策によって復興して来たか，その間にどういう政治勢力がどういう推移をとって支配権を確立して来たか，そういう点は資本主義の再建の性格と共に明らかにしてゆかなければならない。そしてそれは何等かの政党の利害関係を自分の立場にとることなくして行い得ることだと思うのです。しかし如何なる政党にも縁のないような自由主義時代の理想を頭に描いてでなければ出来ないということもないのです。よくこういう場合に，我が国のような後進国では望んでも出来もしないそういう理想を持つことが理論的立場のように考えられているようですが，これは経済学の原理を究明しようという場合に，資本主義の全面的に行われる社会を抽象的に考えざるを得ないということと，政策論とを混同することから来ることだと思います。古典経済学の学者達には，それも無理のないことであったし，ある程度意義のあることでもあったでしょうが，我が国の場合にはそんなことは反って，前々に申しましたように，この程度ならよろしいというようなことになってしまうのです。私は，そういう立場は学問的なものとは考えていません。一種の実践的な――しかし屢々いわれるように学者の実際にうとい――立場でしかないのです。／……／……最後にしかしもう一言，附け加えておきたいと思います。それはほかでもありませんが，今晩のような金融事情についてお話しをうかがったからといって，それですぐそれに対する何か積極的意見を述べるとか，或いは学問的判断を下すとかということは，前にも述べたところからお察しがつくように前者の点では出来ることではないし，後者についても出来ればそれにこしたことはないのですが，容易に出来ることではないと考えています。よく雑誌や新聞でそういうことを求められることがあるのですが大抵の場合おことわりする外はないのです。他の学問でもそうだと思うのですが，経済学のような社会科学では新しく起って来る現象に対して，政治家のように即座に判断を下したり，意見を述べたりすることは，出来ないのが当然だと思うのです。それが出来ないと学問をやっている者の恥のように考える必要はないと思っています。むしろ科学的にはしてはならないことは勿論のこと，してよいことでもよい加減な判断を下すということは出来る限り避けなければならないと思っています。勿論私も屢々誤った判断を，しかもゆっくり考えた上でも下すことがよくあるので，こんな大きなことはいえないのですが，何か世間から経済学者には日々の経済現象が直ちに解明され得るように買いかぶられているような気がしてならないので，吾々としてその点は十分に考えておかなければならぬことだと思っているのです。読君諸君の中にも或いはそういう期待をもっていられる方があるかも知れませんが，自然科学の方ではまだ解決し得ないということが当然とせられるのに，社会科学の方ではその点どうもそうでないようです。これは吾々のように社会科学をやっている者自身も陥り易い錯誤ではないかと思うのです。」（同，39-42頁）

註

(1) 岩波文庫版の『人文地理学原理上巻』（ブラーシュ，1940）に附された訳者「解題」で，飯塚浩二が「原著者の姓名はポールが名で，長々しいがヴィダルドゥラブラーシュというのが姓。

つめてヴィダル・ブラーシュVidal-Lablacheとはよくいうけれども，単にブラーシュとだけ呼ぶのは恐らく正しくあるまいし，人違いのおそれがある。本文庫においては，しいてわが国の人々の慣用の呼称を訂正せずにおいたけれども，この点は読者の記憶にとどめておいていただきたい」（同，3頁）と指摘しているとおり，ヴィダル＝ド＝ラ＝ブラーシュとすべきであるが，本章でも慣用に倣ってブラーシュとすることにした。ただし，引用についてはヴィダルないしヴィダル＝ド＝ラ＝ブラーシュと記されている場合は，それに従ったので，ブラーシュ以外の呼称が混在する結果となっていることを予め断っておきたい。

(2)　彼の主著である山名（1972）では，さらに踏み込んで「資本主義の原理的規定からすれば，それぞれの産業は平均的な資本の有機的構成を異にしながら，生産価格の成立によって需給を調整し，社会全体の再生産を持続するのである。その際，それぞれの産業の地域的配置もおのずから定まることになる。もちろん，産業間ではつねに発展の不均等がみられるのであるが，このことによる地域的配置の変動もたえず調整されるのである。同一の自然・空間をめぐっての産業間，資本間の利用競合が生じれば地代をもって調整され，産業間，資本間の平均利潤率を保つのである。／このような原理的次元においては，地域経済問題は生じない。具体的には一国内部のある地域は農業に特化し，ある地点にある工業業種が集積しても，地理学的には分布の差異が問題となるが，経済学的には問題はない。なぜなら，資本の活動分野がどのようであれ，平均利潤率が確保されておれば，資本はどこに立地しようとかまわないからである。労働者のほうも，賃金水準産業間で異なるのでなければ，どの地域に居住していても格別の問題はない」（同，230頁，ただし傍点は引用者）と説明されている。こうした山名の議論は，宇野弘蔵の認識と極めて近いのだが，その点については本人も明示的に言及していないし，それだけに両者の関係に注目した論者もいなかった。しかし，最晩年の論文（山名，1997）において，山名が「資本は自然と空間をいかに利用し，いかに処理するか，そしてそれによっていかなる問題が生じてくるか」という主著のライトモティーフと係わって「教科書的な地理学の教科書に見られる，『自然と人間』とか，『人類と環境』といった題目の立てかたは，哲学的問題や環境破壊などを論ずるときには妥当であるかもしれないが，資本主義社会の経済問題を分析しようとする場合の題目としては不適当である」（同，182頁）としたのに続けて，宇野弘蔵の岩波全書版『経済原論』を引用しつつ「資本主義社会では，個々の人間が自然にどのように対応するかが経済問題ではない。人類の生存を支える基底である『生産過程自身をも商品形態をもって行うという，一社会の基本的社会関係の商品経済化をも実現することになった』のが資本主義経済であり，この社会を動かしている主体は資本である。このことを明確にすることは当然ながら必要なのである」（同，182頁）と述べている事実から見ても，両者の理論的な親近性に留意した山名・経済地理学の再考察が求められるのだが，その作業については機会を改め試みることにしたいと思う。

(3)　日本の経済地理学界では，先行研究において明らかにされた論点を，正確に継承していこうという姿勢が弱い。立地因子ならびに立地条件の概念をめぐる混迷は，その点を象徴するものといえよう。いうまでもなく両概念は立地論の最も基本をなすものであり，その的確な理解なくしては，いくら立地論の成果を導入しようとしても，効果ある前進は期待できないように思われるからである。

この両概念については，学会創立十周年を記念して刊行された『経済地理学の成果と課題』（経済地理学会編，1967）の「序章経済地理学の新しい流れ」（青木外志夫，1967）において，すでに次のような結論が与えられていた。すなわち，「日本における近代経済学的経済地理学の動向」を検討した青木は,「立地論そのものの発展に寄与する研究」(同, 7頁) 成果の一つとして, 春日茂男 (1958) をあげつつ,「立地因子は, 立地主体に関する因子であり, 立地条件は, 立地主体が実際に立地する地域の条件であることが明確にされた」(同, 8頁) と指摘している。ところが, こうした明快な整理が与えられているにもかかわらず, いまだに青木が「立地主体に関する因子」と規定したことの意味を無視しているとしか考えられない論理の展開——立地条件から説き起こし, その後から立地因子を説明するという——を展開する論者が後を絶たない。

松原宏 (2013) でも「立地決定においては, 立地条件と立地因子の把握が重要となる。立地条件とは『立地主体に対して他の場所とは違った影響を及ぼすある場所のもつ性質あるいは状態』のことで, 市場, 用地, 用水, 原材料, 労働力などの直接生産に関わる項目とともに, 交通・通信施設などのインフラの整備状況, 自然環境, 地域社会の性質など, 多種多様な項目からなっている (西岡久雄, 1968)。『半導体工場は, 豊富できれいな水を好み, 雷を嫌う』といわれるように, 立地条件は, 立地主体がどのような業種・企業であるかによって異なる。数量的な単位も, 何トン, 何度, 何キロというようにばらばらであり, 立地決定にあたってはこれらの各種データを何らかの統合的な見地から比較考量し, 評価することが必要になる。各種の物理的単位を金銭的単位に換算して得られた統合的な評価基準が立地因子であり, 立地主体が立地決定を下す際に,『評価を構成する要素でかつ場所的差異がある要素』とされている」(同, 35頁) との説明がなされている。

「立地条件は, 立地主体がどのような業種・企業であるかによって異なる」といえば当然のように思うかもしれない。しかし, この説明には重大な難点があった。もし, そうだというのであれば,「立地主体が立地決定を下す際に,『評価を構成する要素でかつ場所的差異がある要素』」たる立地因子を先に説明するのでなければ辻褄があわないからである。

松原的な説明では, ω地域の立地条件が存在するように見えるが, しかし実際は——松原自身も認めると思うが——α企業から見たω地域の立地条件やβ企業から見たω地域の立地条件はありえても, あらゆる立地主体に通ずるω地域の立地条件というものは存在しない。立地条件は, つねに特定の立地主体から見たという「主語」つきで理解されねばならないのである。本来は明確に区別されねばならない, 諸立地主体による評価対象となる「ある場所のもつ性質あるいは状態」と, 特定の立地主体による「ある場所のもつ性質あるいは状態」の評価結果が, 曖昧なままで議論を進めてきた必然的帰結として, こうした混乱は生じた。

無用の混乱を回避する意味でも, 特定の立地主体が持つ立地因子の説明を先行させ, それに基づく評価結果として,「主語」つきの立地条件が登場するという論理を明確にしなければならない。それが「立地因子は, 立地主体に関する因子であり, 立地条件は, 立地主体が実際に立地する地域の条件である」という『成果と課題』における青木の指摘の意味するところであろう。ここでも「巨人の肩の上」に乗ることの重要性を強調しておきたい。

(4) 宇野弘蔵・鵜飼信成・有泉亨「《座談会》法律学への疑問——法学の社会科学的研究方法について——」(『法律時報』第27巻第4号・1955年)。

(5) 櫻井毅 (2013) は, 経済学の「原理論」について「経済学300年の伝統の中で積み重ね理解されてきた資本主義社会の中での商品経済的機能の純粋な展開の体系化の試みではないのか。現在までに多くの試みがあるにしてもその求めるものの輪郭は同じ方向を指しているように見える。とりあえず経済学の原理あるいは資本主義経済の原理という前に, あえてそれを商品経済の原理, あるいは資本の原理と言っておこう。それは様々な局面において変容が加えられることがあっても，市場の運動がつねに引き戻される基準として純粋に原理として機能しているものである」(22頁）という注目すべき指摘を行っている。

(6)　例えば，玉野井芳郎（1978，289-309頁）を参照のこと。なお，ポランニーを経済人類学の創始者であるとする玉野井や栗本慎一郎の主張に対しては，野口健彦（2011）が，ポランニーは「『経済史家』と『経済人類学者』という『二つの顔』をもつ研究者である」(同，83頁）と批判を加えており，また若森みどり（2011）も「ポランニーの経済学――経済史，経済人類学，経済社会学を中核とする――は，社会哲学と政治学から『切り離された』経済学的思考に対峙するなかで形成された」(同，3頁）という異見を示している。これらの議論やポランニー自身が「この著作は，危機的な転換の時代の世界情勢にたいして寄せた，ひとりの経済史家の論稿である」(ポランニー，1980，8頁）ないし「経済史家としていささかの寄与をしたいという願い」(同，11頁）と述べていることを考慮すれば，そのアプローチの呼称は「一般経済史」ないし「普遍的経済史」としておくのが妥当であろう。

(7)「地理学としての経済地理学」は，いうまでもなく「経済学としての経済地理学」との対語である。ただし，それは第一義的にアプローチの違いを軸とする議論であって，相互に排斥し合う性質のものとして想定している訳ではない。経済学の方法に依拠する「経済学としての経済地理学」に対して，地理学の方法に依拠する「地理学としての経済地理学」がありうるだろうというのが趣旨であり，おそらく経済史学にも同様の事情――つまり「経済学としての経済史学」と「歴史学としての経済史学」――があろうかと思う。

このような指摘を著者が最初に行ったのは，2004年の経済地理学会第50回記念大会シンポジゥム報告（同大会の報告論文に加筆・修正を施したものが本書の第2章である）においてであったが，そこでは（人文）地理学がデシプリンとして確立されるにあたって「経済学としての経済地理学」が基軸的な役割を担った事実を認めた上で，なお収容しきれない可能性を地理学が有しているのではないかの考えから，その余剰部分を「地理学としての経済地理学」と呼んだ。したがって，「地理学としての経済地理学」は，「経済学としての経済地理学」と何ら対立するものではない。ただし，本文でも言及したとおり，対象とする時代に応じて各々の“地理的現実”に対する分析力は異なっている点についての注意を喚起しておきたいと思う。

「経済学としての経済地理学」は，「人間と自然とのあいだの物質代謝」が経済法則によって充足されていた時代において極めて有効な方法であったが，しかし，関根友彦（1995）いうところの「脱資本主義過程」(同，90-94頁）においては，代わって「地理学としての経済地理学」の重要性が高まってきている。関根によれば，「我々の具体的な日常生活がもはや資本家的な抽象原理では処理しきれなくなっているから……もし実情を強引に原理に引き合わせれば，社会そのものが成り立たなくなってしまう。ここで必要なのは資本家的な抽象性を越えた経済組織論であり，それを提唱しうるような社会科学ないし経済学……『広義の経済学』」(同，229頁）とされるのだが，失効した「つらぬく論理※」に基づくデシプリン（＝専門科学）としての〈狭義の経済学〉に代わるのは，むしろ「つらねる論理※」に基づくパースペクティブ（＝方法科学）としての「歴史学としての経済史学」であり「地理学としての経済地理学」による現状分析の試みとすべきだと思う。実際，関根も「今や焦眉の急となってきたのは『狭義』から『広義』への経済学の移行もしくは方向転換である」(229頁）と主張する一方で，「しかしこの目的は，単に従来の『狭義』の経済学を無意味なものと放擲して顧みないというのでは果たされない」(同上）と指摘しているのだから，経済学が〈狭義の経済学〉として誕生し発展してきた経緯を踏まえて「抽象的・一般的原理の具体的・個別的多様性に対する優位を主張する」〈同上〉ディシプリンという近代的な知の形態の下で常に傍流へと追いやられてきたパースペクティブとしての経済史学や経済地理学が持つ可能性に期待を寄せても良いはずなのである。

※「つらぬく論理」と「つらねる論理」については，梅棹忠夫（1991a，483-497頁），同（1991b,，363-383頁），同（1991c，657-65頁）などを参照のこと。なお最近の議論としては，伊藤幹治（2011）がある。とくに，その94-100頁。

(8) 「現実科学」といえば，ハンス・フライヤー（フライヤー，1944）を想起する人も多いであろう。しかし，ここではマックス・ヴェーバー（ヴェーバー，1998）の「われわれが推し進めようとする社会科学は，ひとつの現実科学である。われわれが編入され，われわれを取り囲んでいる生活の現実を，その特性において――すなわち一方では，そうした現実をなす個々の現象の連関と文化意義とを，その今日的形態において，他方では，そうした現実が，歴史的にかくなって他とはならなかった根拠に遡って――理解したいと思う」（同，73頁）とする用法を念頭に置いている。ヴェーバーは，そのためにも「歴史的実在の個々の具体的な文化現象を，特定の観点のもとに取り出された，正確な観察素材の獲得によって，歴史的に与えられた具体的な原因へと確実に帰属させる可能性を拡大していくこと」（同，68頁）が決定的に重要であると指摘したのであった。

(9) 「経済学としての経済地理学」と「地理学としての経済地理学」の関係については，宇野（1974i）における「経済学研究の……原理論と段階論と現状分析とへの分化は，当然に経済史的研究にとってもその方法を明確にするものとなる。それは従来とかく曖昧に取扱われてきた商品経済と他の経済との関係を常に考慮しつつ経済過程の社会的発展における地位を明らかにすることになるであろう。経済学と唯物史観との関係もまたそれによって具体的に論じうることになる」（同，61頁，ただし傍点は引用者）という説明が参考になろう。文中の経済史的研究を経済地理的研究に，経済過程の社会的発展を経済過程の地理的展開に読み替えれば，「経済学としての経済地理学」と「地理学としての経済地理学」の関係についての簡潔な説明となっている。

(10) 「シンクロニックな方法」について，その重要性を含めて杉田（1989）から学んだ。

附論

初期論稿二篇

初期論稿1

経済地理学の方法に関する覚書

——矢田俊文の「地域構造」論をめぐって——

1　はしがき

矢田俊文の提起した「地域構造」論は，日本における経済地理学研究の新段階を劃するものといって良かろう。このことは何人にも否定しえないところである。その意味において彼の近著『産業配置と地域構造』（矢田，1982）は，経済地理学が社会科学として自己を確立する途を発見したことを示す記念碑的労作といっても過言でない。

しかしながら，矢田の「地域構造」論に，なお幾多の検討を要する問題点が残されていることも事実である。

先に著者は，矢田の問題提起を受けて日本における国土開発政策研究の現状に関する若干の考察を試みた（池田・加藤，1979および1981）が，本章ではそれを踏まえて，矢田「地域構造」論自体に検討を加えるとともに経済地理学の方法に関する私見の一端を明らかにしてみたいと思う。

2　経済地理学の混迷と「パラダイム転換」

日本経済の「高度成長」過程において顕在化した過密・過疎，（所得等の）地域間格差，公害・環境破壊などの諸現象は一般に「地域問題」と総称され，その帰趨は「現代資本主義の体制の安否にかかわるほどの重みをもっている」（森滝，1981，135頁）という論者が現れるまでに深刻な問題となっている[(1)]。こうした情勢を反映して，研究者の間でも「地域問題」への関心が次第に高まり，ことに1970年代に入ってからは，激化する公害などを具体的争点として各地で展開された地域住民運動の実践的要請とも相まって「地域問題」に関する数多くの著者・論文が発表されてきた。それらのなかでも，「地域的不均等（発展）」論や「社会資本」論といった「地域問題」分析の理論的枠組みに関する研究と，これに基づく実証分析を精力的に進めた島恭彦・宮本憲一を中心とするマルクス主義経済学に立脚した地方財政学者グループの業績は，質量ともに従来の「地域問題」研究[(2)]を，終始リードするものであったといえよう。

ところで，こういった地方財政学者グループの活躍をよそに，「地域」と最も深くかかわっていることを自負してきた，したがってその意味からすれば「地域問題」研究の中核を担って然るべき経済地理学者は，必ずしもそれに見合う十分な成果をあげることができぬまま今日に至っている。野原敏雄（1997）の「各地で『地域開発』が進み，地域経済問題をめぐる矛盾が広まるなかで行なわれた現状分析の成果が蓄積されてくるにつれて，経済地理学の理論的欠陥はますます重大化し」（同，Ⅱ頁），ついには経済地理学が「『地域の科学』であることを標榜する科学分野としてみれば，その成果はごく初歩的なものに過ぎず……他研究分野にくらべて，地域問題研究においてすら劣っていると自覚せざるを得な」（同，4頁）かったとする発言は，その間の事情を端的に物語るものといえよう。かくして，1960年代における経済地理学の混迷の主たる原因が，「経済地誌」の名の下に滞積されていく膨大な現地実態調査の結果を，一定の方向に収斂させ体系的な成果の蓄積へと変換していくために不可欠な理論的枠組みの未確立として理解された以上，経済地理学の活性化を目ざす努力が，新たな理論的枠組みの構築へと集中されたのは当然のことであった。

問題は，1970年代に入って相ついで提起された新たな経済地理学説が，従来の欠陥をいかなる点に見定めて，それをどのような方向において克服しようとしたかにある。山口不二雄（1980a，b）は，この点を次のように説明した。すなわち，従来の「史的唯物論の諸概念にもっぱら立脚した経済地理学方法論」（同，56頁）に基づいて「地域社会……から説き起こす経済地理学説」（同，65頁）の限界を「国民経済・地域社会等の内部における地域性の形成」（同，56頁）に関する分析方法を欠落させた結果「史的唯物論の例証を記載する方向を取ること」（同上）を余儀なくされていた点に求め，これを克服すべく「資本の立地法則を基礎に経済地域構造の解明をめざす」（同上）経済地理学方法論に依拠し「資本や経営を国民経済における経済活動の実体的な単位ととらえ，市場競争の中でのそれらの立地運動に注目しながら資本主義経済の空間的諸現象を分析していく」（同上）

「資本から説き起こす経済地理学説」（同，65頁）へと理論体系の切り換えが試みられてきている点こそが，新たな経済地理学説に共通する特徴だというのである。

こうした方向を積極的に提起し，いわゆる「マルクス経済地理学のパラダイムの転換」（水岡，1978，159頁）を主導する旗手としての役割を担ってきたのが，「マルクス主義経済学の側からする立地論への和解と受容」（奥山，1973，44頁）の口火を切ったとされる山名伸作であり，また既存の経済地理学説のみならず地方財政学者グループの提起した「地域的不均等」論などにも射程を拡げ，それらに対する批判的検討を進める過程で「地域構造」論として結実する独自の立場を確立していった矢田俊文であった。

もっとも，山口（同，65頁）が指摘するように両者の所説は「資本から説き起こす経済地理学説」であるという点では共通するものの，各々が目標とするところは大きく異なっている。その意味からすれば経済地理学の発展方向として二つの方向が提示されていると見ることも可能であろう。つまり，山名が「資本主義社会の原理的次元での立地理論を現状分析段階に，より具体的に適用するところに経済地理学を位置づけ」（同，67頁）るのに対して，矢田は「国民経済の再生産構造の地域的展開を明らかにするところにそれを位置づけ，そうした作業の媒介項として立地論・配置論を利用する」（同上）といった基本的な視角の相違が両説の間に存在している山口は説明する[(3)]。

本章の課題は，先にも述べたとおり，このうち後者の矢田「地域構造」論に検討を加えるところにあるが，あらかじめ矢田説の骨子を要約的に示しておけば次のようになろう。すなわち，「産業配置を立地と地域的循環の統一としてとらえ……立地から等質地域＝産業地域，地域的循環から機能地域＝経済圏なる概念を導き出し，両者の整合性を問」い，そこから「すでに多くの人々の主張する『分権化』，生活圏の整備とともに〈産業地域〉と経済圏の統一としての重層的な経済地域の確立」を一貫した論理によって「あるべき地域構造」の基本的要件として描き出そうとするものである，というのが矢田説の骨子をなす（矢田，1982，265頁）。そして彼は，このような方向において経済地理学を構築することによってのみ，それが「経済学のなかで一定の独自的地位を主張する」（同，2頁）ために必要な「相対的に独自の研究対象」（同，8頁）を獲得しうる，と主張したのであった。

本章では，以上のように要約される矢田説が，いかなる意義と問題点を持っているのかを考察してみたい。その場合，同説は，いうところの「パラダイム転換」をどの程度まで成しとげたのか，さらにまた矢田説が提示する経済地理学の発展方向はいかにして具体化さるべきであるのかに焦点をあわせて考察を進める。では早速，検討に入ることにしよう。

3　矢田「地域構造」論の意義と問題点

（1）矢田「地域構造」論の意義

「資本から説き起こす経済地理学説」としての矢田「地域構造」論の骨子は，先に見たとおりであるが，本節では矢田説の意義と問題点を具体的に検討してみたい。

矢田「地域構造」論の意義は，次の三点に要約することができる。すなわち，まず第一に，これまで経済地理学の主流をなしてきた「経済地誌」学派の方法論的な限界を明確に指摘し，これを克服する方向性を具体的に提示したことであり，第二としては，島・宮本を中心とする地方財政学者が「地域問題」研究の理論的枠組みとして提起した「地域的不均等」論に内在する難点を明らかにし，それを批判的に摂取することによって，新たな「地域問題」研究の枠組を提示したことがあげられよう。そして第三として，経済学体系と経済地理学との関連を明示的に問題としながら「地域構造」論の展開を試みたことがあげられる。

以下，これら三点を順に取りあげて，矢田説の意義を確認することにしよう。

①「経済地誌」学派批判

矢田によれば，経済地理学の対象に関する従来の「最大公約数的理解は，『経済地理学は国民経済内部の任意の地域の経済諸現象を総合的に記述する』という一点にあったとみても，それほど的はずれとはいえない」（矢田，1982，3頁）。そして，このような「地域の個性記述すなわち地誌的方法」（同，14頁傍点は原文のママ）を代表する人物として飯塚浩二をあげ，彼の見解がはらむ問題点を次のように指摘する。すなわち，矢田は，カール・リッター（Carl Ritter），ヴィダル・ドゥ・ラ・ブラーシュ（Vidal de la Blache）の見解を踏襲しつつ，これに史的唯物論的視点を導入し，「人間と自然との関係の要は生産であり，したがって生産様式の展開のなかで両者の関係を考察」（同，15頁）するところに経済地理学の課題を求めた飯塚の見解は，一方で「人文地理学の中心としての経済地理学の地位を確立させるのに大いに寄与した」（同上）にもかかわらず，他方で彼の「生産を媒介とした環境への働きかけを軸として，地域住民の生活様式を考察し，これを記述するという」（同，16頁）学問観が以後における経済地理学の発展に著しい禍根を残すものとして作用したというのである。

というのも，この飯塚見解は「地理学界にある地域調査を至上とする風潮を助長し，また，調査結果の普遍化，一般化の方向を軽視し，地域的個性の記述を一面的に強調」（同上）することを合理化したからであった。もちろん矢田も「経済地誌」学派の研究が全く無意味だったとする訳ではない。むしろ，それが一定の積極的役割を担ってきたものとする。

しかし，矢田は，深刻化する「地域問題」の発生・激化がいかなる原因に基づくかを「経済地誌」学派が解明しえぬまま「経済地理学自体の社会的有効性に鋭い疑問」（同７頁）が投げかけられている現実を踏まえるらば，「現地実態調査だけを“売り物”にし，その成果の収斂の方向が一向にはっきりしない」（同，６頁）この学派の研究スタイルに内在する根本的限界を直視せねばならないと考えた。

このような「経済地誌」学派の研究スタイルの背後には，（人文）地理学の伝統的科学観，すなわち「法則定立的なものと記述的なものを機械的に分離することを通じて経済地理学を後者に位置付けようとする主張」（同，３頁）がある。しかしながら，このような理解の下に進められてきた「抽象化，一般化の指向が欠落した地域調査なるものは，いくら集積してみても重要な成果はあげえないのであり，この指向を欠いた調査は，それ自体深まりえない」（同，16頁）ことは明白であって，経済諸現象の空間的展開に関する「法則性の解明と実証分析を統一」（同，40頁）する方途を見いださない限り，「経済地誌」学派が行ってきた地域調査（＝実証分析）それ自体も，科学的成果としてはほとんど無意味な存在のままで終わってしまう。そこに矢田は，「経済地誌」学派を主潮流とする従来の経済地理学が「地域問題」の解明に無力であった起因を確認するのであって，いわば現象の記述をいくら集めても本質の解明にかえることはできないと主張した訳である。

こうした指摘は，しかしながら矢田に独自のものとは必ずしもいえない。すでに鴨澤巌や上野登はそうした考えに立脚して一定の具体的な展開を試みている。だが，矢田によれば両者の試みには，次のような問題が残されており，「経済地誌」学派の限界を十分に克服しえていない，という（同，18-27頁）。

すなわち，鴨沢の場合は，生産配置論を導入したにもかかわらず，「経済学の法則を『地域』で具体的に適用し，かつこれを追補・修正する」（同，20頁）ところに経済地理学の課題を求めるという独自の科学方法論に制約されて，せっかく導入した「生産配置論的規定を事実上放棄する」（同，19頁）結果となってしまった。また，上野にあっては，経済地理学を「生産と分配の配置，経済地誌，地域経済政策の三分野」（同，22頁）に分け，その統一を指向したにもかかわらず，「飯塚氏の『自然と人間の関係』にこだわりすぎた」（同，25頁）結果，この分野の「内的統一に成功」（同，24頁）を収めることができなかった，というのである。このような反省を踏まえた矢田は，「経済地誌」学派の克服には経済「地理学の独自の対象とはなにか，対象のもつ運動法則とはいかなるものか」（同，2頁）を明確にせねばならないとして，それを「経済諸現象の空間的展開をそれがつくりだす国民経済の地域構造」（同，8頁）に求めたのであった。

以上のような矢田の見解は，「経済地誌」学派の進める地域実態調査が，いわば記述の客観的基準というべきものを欠如としていること，しかも調査結果によってこの基準を帰納的に確立しようとしても，そのために必要なフィードバック・ループを欠いているため，調査結果を体系的な成果として蓄積することさえ困難となっている点を鋭く突いたものといえよう。さらに，ここで注目されるのは，「経済地誌」学派を批判する過程で「経済学体系のなかでの経済地理学の位置」（同，7頁）づけを問題としたことである。しかし，その点については，第三の意義として最後に取りあげることにしたい。

②「地域的不均等」論批判

1960年代における「地域問題」研究の有力な武器とされたのが，島恭彦・宮本憲一らによつて提起・展開された「地域的不均等」論である。島は，すでに1951年の著書『現代地方財政論』において，「地域的不均等」論の骨格を提示していたが，「高度成長」の過程で所得をはじめとする種々の地域間格差が問題化するにしたがい，その原因を説明しうる，ほとんど唯一の理論的枠組みとして「地域的不均等」論は，多くの論者によって「地域問題」研究に適用されるとともに，その拡充が試みられてきた。「地域的不均等」論の内容は，あらためて説明するまでもないと思うが，要するに資本主義は「地域的集中と外延的膨脹」という二つの対立的な傾向を内在させており，一方では人口や権力を（＝金融的集中）そして工業を（＝工業的集中）特定の地域に偏在させながら，他方では同時に資本の支配圏を外延的に膨張させるため，地域経済は著しく不均等に発展せざるをえず，そのため「地域」間の支配・従属関係が必然的に生じてくる，というものであった。

こういった「地域的不均等」論に対して，矢田（1982）は次のような疑問を提起する。すなわち，第一は，「不均等を比較すべき『地域』の単位がまことにあいまいなことである」（同，54頁）。第二は，「不均等を検証するさいの指標がきわめて任意に選定されていることである」（同，55頁）。矢田によれば，このように「地域的不均等」を具体的に論じようとする場合，最も基礎的ともいうべき点が明確になっていないのには理由があった。

そもそも「資本主義の成立によって国民経済が確立して以来，基本的には国民経済が一つの『有機体』をなしているのであって，いかなる意味でも国民経済とアナロジカルな『地域』なるものは存在しえない」（同，56頁）のであり，「一つの『有機体』たる国民経済を任意に地域区分して，任意の諸指標によって，その不均等性を問題にすることは，あたかも人体を頭・胴・手・足などに区分して，骨格・筋肉・血液・神経の不均等性を論ずることと同様，それ自体意味のあることとは思われない」（同上）からである。

にもかかわらず，都道府県を単位として「地域的不均等性を批判することは，その論理的な裏返しとして経済諸指標の『地域平等性』を主張することを含んで」（同上）おり，「地域的分業を否定したアナクロニズム」（同，57頁）に陥りかねない，と矢田は指摘する。「国際的な地域的不均等論と国内のそれとは根本的に質をことにしている」（同，55頁）点が注意されねばならない，というのである。結局のところ矢田によれば，「地域的不均等」論は，「あくまで資本主義社会における産業配置を現象的に表現したものであって，こうした現象を結果させるところのメカニズムの資本主義的経済機構との関連」（同，41頁，傍点は原文のママ）を説明するものではなかった。

そこに，「地域的不均等」論に基づく「地域問題」研究が「諸指標による検証とその要因列挙に終始し，これをもって『過密・過疎』などの地域問題発生の経済的説明」（同，53頁）とせざるをえない理由もあると矢田はいう。

こうした「地域的不均等」論の限界を克服し，「地域問題発生のメカニズム」（同，58頁）を解明するものとして矢田の提起したのが「立地論的視点」を導入した「地域構造」論であり，この「地域構造」論によって，はじめて「経済現象の空間的展開の運動法則を解明すること」（同上）も可能となるのである。

このように矢田の「地域的不均等」論批判は，資本主義社会における特殊な「地域」の存在形態を踏まえて展開されたものであり，特に「地域的不均等」論が，現状においては単なる不均等性のいわば実態記述にとどまらざるをえず——その意味からすれば，これを「経済地誌」学派の新意匠といつても，あながち不当ではなかろう——，そうした現象をもたらすメカニズム自体の解明へと議論を進めねばならぬことを明確に説き明かしたものということができよう。

③経済地理学の経済学体系への定位

ところで，矢田説の意義として最も重要な点は，先にも触れたように「経済地誌」学派および「地域的不均等」論に批判的検討を加える過程で次第に意識されるに至ったと推察される経済学体系における経済地理学の位置づけを明確なものとしようとする努力である。

一般に経済地理学は「『地域の経済現象』をその独自の対象とする」（矢田，1982，2頁）とされている。しかしながら，矢田は，こうした通説的理解に疑問を呈した。その理由の一端は，先に「経済地誌」学派批判との関連で指摘したところであるが，ここではやや異なった視角から彼の見解をまとめてみたい。

矢田によれば，経済地理学が「経済学の一般的対象である経済諸現象に対して『地域』という形容詞を付けて，経済学のなかで一定の独自的地位を主張する以上，『地域』そのものの概念が確立していなければならない」（同上）のだが，現実には「地域」といった場合，それが国民経済を意味するのか，あるいは世界経済内の諸ブロックを意味するのか，さらにまた国民経済内部の地理的範域を意味するのか，という基本的な点さえ明確にされていない。

しかし，もし最初の「国民経済そのものであれば，経済学一般とほとんど同じであって独自性うんぬんはありえない」（同上）し，また次の世界経済内部の諸ブロックについても「その分野は世界経済論と各国経済論の協力のなかで切り開かれつつあり，そのなかに経済地理学が独自の地位を築くことは，ほとんど不可能であろう」（同，3頁）。それゆえ「相対的独自の研究対象として残」（同上）るのは国民経済内部の地理的範域だけということになる。だが，先に「地域的不均等」論を検討する過程で明らかにされたとおり，「『地域』概念として最も不明瞭」（同上）なのが，この国民経済内部の「地域」であった。そして，それは

「国民経済が一つの『有機体』をなしている」（同，56頁）以上，極めて当然のことなのである。

こうした困難を解決し，経済地理学の相対的に独自の対象を規定しようとして矢田が着目したものこそ，「経済的諸現象の空間的展開とそれがつくりだす国民経済の地域構造」（同，8頁）に他ならない。つまり彼は，国民経済の内部から「地域」を直ちに自明のものとして抽出しうるとする通念を斥け，むしろ産業や諸機能の立地・配置の結果として形成されるものと考え，国民経済はこうして形成された「地域」の総体であると見たのである。いいかえれば，「地域の経済現象」（同，2頁）そのものを問題とするのではなく，国民経済内部に特定のまとまりを持った地理的範域を形成する「経済現象の空間的展開の運動法則」（同，58頁）を問題にした，といえよう。そして，このように対象を規定することによってのみ，経済地理学は，国民経済を基礎として構築された経済学の体系において「国民経済分析の前提となるべき具体的な国土条件，この国土条件のなかではじめて問題となる国民経済の空間的構成，およびその一分肢としての地域経済，といった分野の研究がどうしても捨象されがちとなってしまう」（同，227-228頁）欠陥を補うものとして，その独自の地位を主張することができるという訳である。

このような矢田の見解は，従来ほとんど真正面から取り組まれたことのなかった経済学体系における経済地理学の位置づけという難問に，はじめて一定の説得力を持った解答を提示したという意味で，極めて重要な意義を有しているといって良いであろう。

かくして，矢田の所説は，従来の経済地理学説および「地域問題」研究に関する成果の整序を踏まえて展開された独自の体系化であり，この問題に関する研究水準を一段と高めるものといえる。新たな研究視角を構築したものといっても良い。しかしながら，そういった意義を持つ矢田の所説にあっても，以下で見るとおり，なお従来の「経済地誌」学派や「地域的不均等」論者と共通する幾つかの問題点が残されているように思われるのである。

（2）矢田「地域構造」論の問題点

矢田説の特徴は，先にも指摘したように，〈産業地域〉と「経済圏」との整合性から「厳密な意味の『経済地域』」を規定し，その実現に「地域政策」の「政策原理」――すなわち「政策的考慮の拠るところ」――（池田，1977，5頁）を求めるところにある。

そして，この背後には，資本主義的経営の論理（=「資本の投資戦略」）に基づいて諸部門・諸機能の配置が行なわれる結果，〈産業地域〉と「経済圏」の不整合（=「歪んだ地域構造」）が必然的に強化されることになり，それが「地域問題」の発生・激化をもたらしているという基本認識がすえられていた。

矢田（1982）が，問題の根本的な解決策として，〈産業地域〉と「経済圏」の整合を図り，「経済圏内部の地域内循環が形成され，有機的な産業連関がつくりあげられる」（同，263頁）ような対策（=「地域政策」）こそが重要であると結論づけるのは，そのためである。

こうした認識の基礎には，「経済地誌」学派ならびに「地域的不均等」論者の所説に対する批判的検討を通じて獲得された資本主義社会における「地域（経済）」の特殊な存在態様への理解があった。

すなわち，「地域（経済）」は固有の実体として存在するのではなく，「経済現象の空間的展開の運動法則」（同，58頁）が作りだした「地域構造」の「基底」（同，230頁）をなす「産業配置の従属変数」（同，242頁）としてのみ存在すると矢田は見たのである。

つまり，矢田は「経済現象の空間的展開の運動法則」が貫徹する過程を通じて，「地域（経済）」の実体性とでもいうべきものが解体していくと理解したのであった。

そこにまた彼が，「地域的不均等」論を批判して「国民経済が社会的分業によって成立し，その地域的反映としての地域分業の存在を是認する以上，鉱・工・農業生産，交通分布における地域的不均等性はある意味で当然のことである。また，中枢管理・金融・国家機構，およびその機能が存在する以上，所得・資金の地域的不均等性がみられることも，それ自体に問題があるわけではない」（同，56頁）とする根拠もあった。矢田にとっての問題は，むしろこうした「地域的不均等」が深化することで〈産業地域〉と「経済圏」の不整合が拡大し「地域（経済）」の実体性とでもいうべきものを根底まで解体させつつあるという点にこそある。ここに，矢田のいわゆる「あるべき地域構造」が，「歴史的に形成された地域構造のうえに，独占資本によって歪められた部分を修正するかたちで提起され」（同，77頁）ねばならない根拠があった。

矢田が「地域（経済）」の実体性回復を主張するにあたって前提としたのは，

「国民経済が形成されて長い間経過した現代において，財・サービスの地域的循環や所得・資金の地域的循環が，国民経済より小さなスケールのある地域の範囲で相対的なまとまりをもって行なわれていることも事実である。……こうした中規模ないし小規模の循環〔が――引用者註〕……地域的スケールにおいても，その仕方においてもかなりの共通性を有しているならば，その相対的にまとまった地域をある種の『経済圏』として摘出することは意味のあることであろう」（同，63頁）と述べているように，（独占）資本が「空間を基本的に克服しえないため」（同，77頁）国民経済の内部に特定のまとまりを持った地理的範域（＝「経済圏」）が，なお残存しているという事実である。その上で，彼は，〈産業地域〉と「経済圏」が不整合である基本的原因を「独占企業集団が主として掌握する機械工業を中心とする重化学工業部門の立地のあり方とその市場圏形成との乖離」（同，261頁）に見定めて，各「経済圏」に可能な限り均等に配置することで「経済圏内部の地域内循環が形成され，有機的な産業連関がつくりあげられ」（同，263頁）た状態をもって「地域（経済）」の実体性が回復された状態とした。それはまた，国民経済の内部に決して「自給自足」的ではないが，ある程度の再生産的「完結性」を持った「厳密な意味の『経済地域」（同，255頁）が重層的に編成されている状態といいかえても良かろう。

しかしながら，このような矢田見解には，なお疑問とすべき点が残されているように思われる[(4)]。以下，①中・小規模の「地域的循環」（＝「経済圏」）残存の根拠，②「国民経済的視角」と「地域的視角」の統一，③いわゆる「厳密な意味の『経済地域』」の空間的規模の三点にわけて検討してみたい。早速，検討に移ろう。

①中・小規模の「地域的循環」残存の根拠をめぐる疑問

第一に疑問となるのは，矢田（1982）が「地域（経済）」の実体性回復を主張するにあたって前提とした中・小規模の「地域的循環」（＝「経済圏」）が残存している根拠は，果たして（独占）資本が「空間を基本的に克服しえない」（同，77頁）がためであるとして良いかどうかに他ならない。

これら中・小規模での「地域的循環」の実態は，おおよそ次のように整理できると矢田はいう。まず，「住民の生活圏としての市町村域，地方都市圏域，さらには県域レベル内部」にみられる「地域的循環」は，主として米や一般的な野菜などを典型とする農産物，とうふ・製パンなどの食品工業や製材・家具などの消費財工業といった「一般に市場規模の零細性もあって中小企業によって担当されている」産業が形成するものであり，部分的には清涼飲料（ビール・コーラなど）や食肉加工部門など「大企業が掌握する消費財工業部門」や「対象とする市場が農業で全国的に分散している」化学肥料，農業機械部門といった生産財工業部門の例外的存在もそれを形成している。次に，暖地性や寒地性の野菜・果樹，あるいは「『全国マーケットないし輸出市場』を対象として産地形成している『地場産業』」（織物・衣服，都市型雑貨など）は当然，県域レベルを超える規模での「地域的循環」を形成するし，そうした傾向は，耐久消費財（家庭用電気機械，自動車など），生産手段としての機械部門（工作機械，重電気機械など）に顕著であり，素材・エネルギー部門（鉄鋼，石油精製，電力など）においては決定的なものとなっていく（同，254-255頁）。

かくして，矢田によれば，全国を一本ないし数ブロックにわけた大規模な「地域的循環」を形成するのは「独占企業集団が主として掌握する……重化学工業部門」（同，261頁）が中心となっているのであり，それ以下の中・小規模の「地域的循環」，とりわけ規模が小さくなればなるほど，農業や中小企業がそれを担っているというのであった。

このように見てくると，中・小規模の「地域的循環」を（独占）資本が「空間を基本的に克服しえない」（同，77頁）がために残存するとした矢田の見解を疑問とする理由は明らかであろう。それらが残存しているのは，むしろ（独占）資本ないし大企業が，現にそれを担っている中小企業を押しのけて参入したとしても十分な利潤を獲得できないがためと理解すべきではないかと考えるからである[(5)]。だとすれば，大規模な「地域的循環」の存在と中・小規模でのそれが残存する根拠とを同一のものとして把握することに無理があるのは説明するまでもなかろう。

この点と関連して，矢田の「産業地域」区分についても次のような疑問が残る。彼は，「どの程度の産業分類で同一ないし同種の部門とみるのか，どれだけの空間的範囲で卓越か否かを判定するか，そして『卓越』なる判定基準をどこにおくかによって，『産業地域』の摘出そのもののスケールや内容が変わってくる。空間的範囲を狭く設定すれば，山川充夫氏のいう『経済基地』として把握できるし，非常に広く設定すれば，『経済地帯』としてとらえることもできる。どこに両者のあいだの質的差異を見い出すのか著しく困難となる。いずれにしても，国土をこうした『産業地域』＝『等質地域』の集合体として解明することができるし，逆にまた『地域区分』も一定の産業分類，一定の空間的範囲，一定の指標のもとで多数の『産業地域』に分けることができる」（同，244頁）という。

しかしながら，「産業地域」が無数のレベル（産業分類の精粗・空間的範域の広狭）でそれぞれに把握され，しかも各レベル間の「産業地域」に質的な差異が見い出せないとして片づけてしまうわけにはいくまい[(6)]。

というのも，こうして区分される多種多様な「産業地域」に重要度の違いはないのかという疑念を禁じえないからである。それは，次のように言いかえることもできよう。すなわち，多種多様な「産業地域」は，はたして同一の論理によって形成されるのかという疑問である。

もし，矢田が，自らいうように「一国の再生産構造の中軸をになう部門の立地地域が同時に一国の地域的編成の基軸ともなり，他の諸部門の立地地域に対して外圧的に激しい変動をもたらす」（同，245頁）ことを認めるのであれば，そうした「インパクト」を与える側（の「地域（経済）」）とこれを受け取る側（の「地域（経済）」）は明確に区別しなければならないであろう。

「『鍵産業』といわれる戦略産業」（同，237頁）の立地（＝配置）とそれ以外の産業部門の立地（＝配置）が同一の論理によってなされるとは何としても考えがたい。したがって，「産業地域」区分にあたっても，その点を反映させた基準を用意しておくことが求められることになる。そして，この疑問は，矢田の所説に対する第二の疑問を呼びおこす。

②「国民経済的視角」と「地域的視角」の統一をめぐる疑問

矢田は，かって野原敏雄の著書『日本資本主義と地域経済』を批評して次のように述べたことがある。

すなわち，野原（1977）が「大都市ではまず確立した資本制生産関係が，国の全域に拡大し確立していく過程で，各地方の諸条件，とりわけ小生産の存在形態，その基盤となる土地所有のちがいによって，この普遍的資本主義的関係が地域的性格をおび，ある面で特殊な様相をもつ。そうした特殊な側面を帯びた資本主義的関係の中心舞台となる地方の都市を核として周辺農村と相互に影響しあって，一定のひろがりをもつ地域経済が成立してくる」（同，66頁）と主張したのに対して，矢田（1982）は次のように批判した。

「そうであるならば，国民経済と区別される相対的独自の存在としての地域経済なるものは，資本制生産関係が十分に貫徹していない小生産者層の存在があってはじめて成立するものであり，資本制生産関係が全国的に貫徹すると消滅してしまうものとなる。……歴史的・過渡的なものにすぎないという立場になってしまう。『ある限られた範囲に経済循環をもった相対的に独自な地域』の存在をこのように生産関係の歴史的・地域的特殊性の残存によって根拠づける考え方に筆者は賛成できない。資本主義的生産様式のもとでの資本の立地・配置と経済圏形成といった独自の空間的運動の総体として『地域経済』が成立するものと考えるべきであろう」（同，124頁）というのである。

野原が「地域経済」を直ちに固有の実体としてとらえる傾向の強いことを考えれば，以上のような矢田の批判は的確であるといって良かろう。

しかしながら，それに続けて矢田が「『全国的な産業構造』をになう諸部門の立地・配置の結果が特定の『地域の産業構造』となる」（同，125頁）と述べているのは疑問とせざるをえない。何故ならば，「全国的な産業構造」なるものは，その全局面を資本が新たに作りだしたものではなく，矢田も認めるとおり，歴史的に先行する産業構造をうけつぎながら「一国の再生産構造の中軸をになう部門」（同，245頁）を資本が掌握する形で作られるからである。したがって，もし「地域の産業構造」なるものを考えるとすれば，それを単に「『全国的な産業構造』をになう諸部門の立地・配置の結果」（同，125頁）とすることはできない。

そこには，すでに先行する産業構造の下で「立地・配置」されていた部分が含まれているからである。先に，第一の疑問として指摘したように「一国の再生産構造の中軸をになう部門」（同，245頁）の配置とその他の部門における配置の論理が別のものではないか，とする根拠はここにあった。

重化学工業を典型とする巨大企業ないし「独占資本」の配置が，「資本主義的経営の論理」（同，256頁）（＝「資本の投資戦略」）に基づいて進められていくのは疑いのない事実である。しかしながら，それ以外の特に中小企業などによって担われている部門――それが中・小規模での「地域的循環」を主として形成するのであった――までもが「資本の投資戦略」に基づいて配置されているとは考えがたい。それらは，むしろ巨大企業＝「独占的大企業が掌握する戦略的成長部門」（同，238頁）の「外圧的」（同，245頁）な「強いインパクト」（同上）に対応して変容をとげつつ存続し，あるいは消滅する，と考えるべきであろう。

このように見てくると，矢田も，いうところの「地域的視角」と「国民経済的視角」の統一に必ずしも成功したとはいえないように思われる。矢田は，「地域的視角」にたつ論者が「地域」のいわば存立基盤として強調する「地場産業」のようなものまでも巨大企業の配置と同一の論理で説明しつくそうとした。けれども，これは適切な処理とはいえない。

両者を「資本」として，あまりにも一元化しすぎているように見えるからである。一口に産業配置といっても，大企業と中小企業では，別個の論理が作用していることは，矢田自身も求めるところであった。にもかかわらず，この点を徹底しているようには見えないというのが，矢田説への第二の疑問をなす。

③「厳密な意味の『経済地域』」の空間的規模をめぐる疑問

矢田説に対する第三の疑問は，彼のいわゆる「厳密な意味の『経済地域」が，いかなる空間的規模においてとらえられているのか，ということである。この点は，矢田（1982）が「立地体系と経済圏を統一したかたちで『経済地域』を考えると，厳密な意味でのそれは国民経済そのものであり，それ以外にはありえない」（同，62頁）としていること，また「〈産業地域〉と経済圏を可能なかぎり一致させ，真の意味での重層的な経済地域を確立する」（同，263頁）としていることなどから見て，国民経済の内部に何層かの「厳密」性のレベルを異にする「経済地域」を想定しているものと推察されるのであるが，その各層の空間的規模をどのようにとらえるのか，という問題に置きかえても良い。すなわち矢田は「地域（経済)」の実体性回復がいかなる空間的規模で可能と考えているのか，あるいは「地域（経済)」の実体性回復の基準をどのように理解しているのか，ということである。

矢田のいわゆる「あるべき地域構造」が「歴史的に形成された地域構造のうえに，独占資本によって歪められた部分を修正するかたちで提起され」（同，262頁）ていること，さらに修正の基本線を「機械工業中心とする重化学工業部門の各経済圏への均等配置」（同上）に求めていることは，先にも指摘しておいた。その場合，矢田が，これらの部門の「規模の経済性を維持し，それと対応した市場圏ごとの配置を考え〔る以上――引用者註〕……各部門の経済圏ごとの均等配置といってもそれぞれの部門の単位生産規模のスケールによって経済圏の階層は異なる」（同上）点を明記していることは重要なポイントをなす。矢田の見解は，このように疑いもなく「現実的」である。

しかしながら，次のような問題が残されていることを見逃すわけにはいかない。それは，鉄鋼・石油精製ないし家庭電気機械・自動車などのいわゆる「戦略産業」における規模の経済性の維持を前提とした場合，これらの部門の均等配置なるものは現状の配置を大きく変化させるものかどうか，という点である。

あえて，このような議論をするのは，矢田の揚げ足を取ろうとしてのことではない。矢田のいわゆる「歪められた部分」なるものを，「資本の投資戦略」に基づいて重化学工業部門の配置が行なわれた結果として理解することができるかどうかに疑問を抱くからである。もし，そうだとするならば，矢田のいわゆる「歪められた部分」は，資本主義の歴史とともに形成されてきたことになる訳で，「歪められた部分」が量的な拡大をとげた結果，ついに「地域問題」を生み出すに至ったということになるであろう。

だが，「地域問題」なるものは，明らかに第一次世界大戦後のいわゆる現代資本主義に特有の現象である。そのことを端的に示しているのは，「地域問題」の具体的現実的解決を目ざす国土政策の発動した時期が，各国ともに第一次世界大戦後だった点であろう。「地域的不均等」発展それ自体は，矢田が強調したように，むしろ資本主義社会においては常態なのであって，「地域的不均等」を処理できなければ資本主義は一社会を確立しえなかったのである。

にもかかわらず，この点が，矢田の議論では，結局のところ否定されてしまう。「地域的不均等」の深化による「地域（経済）」の実体性解体という矢田の“発想法”に従う限り，こうした資本主義の特性は軽視され，あるいは無視されざるをえない。それとともに「地域問題」なるものが第一次世界大戦後に特有の現象として発生する必然性を究明する途も閉ざされることとなる。

しかも，それは，矢田のいわゆる「歪められた部分」が，単なる「資本の投資戦略」によってではなく，管理通貨制をテコに「国家による資本主義の組織化」（宇野，1974f）[(7)]を目ざして動員された外部的諸力――例えば，国土政策の名の下に進められた「社会資本」の整備など――によって支えられるという，もはや単純に資本主義的とは呼びえない特殊の事情の下でうみだされた異常な生産力に由来していることをも看過させてしまうのである。[(8)]

以上の検討を踏まえて，矢田「地域構造」論の問題点を指摘するならば，次の三点に整理することができよう。すなわち，第一として，矢田の「地域構造」論が種々の重要な指摘を含みつつも，窮極のところ，産業分布による「地域区分」（＝「産業地域」）と循環による「地域区分」（＝「経済圏」）との二つを重ね焼きし，そこから「真の意味での『経済地域』」（同，261頁）への可能性を検出し展望するという意味において，あえていえば「地域区分」論の亜種にとどまってしまっていることであり，さらに第二の問題点として，このような事態を招く原因をなしている産業配置（したがってまた資本主義における「地域的編成」）の全側面を資本が作りだしたという理解が指摘されるであろう。そして，こうした矢田の理解は，先に第三の意義として指摘した経済学体系における経済地理学の位置づけという重要な論点，すなわち経済地理学が経済学体系において「一定の独自的地位を主張する」（同，2頁）ためには「独自の研究対象」（同上）を持たねばならず，それは「経済現象の空間的展開の運動法則」（同，58頁）に他ならないとの観点をア・プリオリにたて，それがために「経済地理学の体系化」をもって経済学体系における経済地理学の位置づけにかえてしまったという第三の問題点と深くかかわっている。

しかしながら，これらの問題点は，単に矢田説にのみ確認されるものではない。多かれ少なかれ従来の，そしてまた現在の全経済地理学説に共通する問題点ともいえる。その意味からすれば，経済地理学者（さらにいえば「地域（経済）」を問題とする全ての研究者）のいわば通念に由来しているといった方が正確なのかもしれない。

（3）「転換」が徹底化できなかった理由

「資本から説き起こす経済地理学説」たる矢田「地域構造」論は，かくして従来の経済地理学説ないし「地域問題」研究の理論的枠組みを批判的に摂取しつつ，資本主義社会における経済地理現象の研究に新たな局面を切り開くもの，といって良かろう。しかしながら，冒頭でみた「経済地理学のパラダイムの転換」との関連からいえば，その一方の旗手たる矢田の所説にあっても「転換」が十分に達成されたとはいえない。矢田も，経済地理学に「独自的地位」を保証する「独自の研究対象」なる“発想法”に禍されて「転換」を果たしえなかった。

ここに矢田の所説が，経済地理学の“原理”ともいうべきものを確立すべく「資本から説き起こす経済地理学」へと過度に傾斜し，ために現実の複雑な経済地理現象の一面的説明にとどまらざるをえなかった原因もある。それはまた，飯塚浩二の学説に対して矢田が根底的な批判をなしえなかったことの，さらには矢田が川島哲郎の提起した経済地理学説の難点を看過したことの，いわば帰結に他ならない。

以下，節をあらためて，この点の検討を糸口として経済地理学の方法について著者の見解を展開することにしよう。

4　経済地理学研究の基準――資本主義の発展段階と「地域差の処理機構」

（1）方法論的「地域主義」の難点

経済地理学研究の基準を確立するためには，まず最初に従来の研究者が通念としてきた，そしてまた矢田も根本的に批判することができぬまま「政策原理」の規定にあたって自明の前提とした「地域（経済）」の実体性なる思考の再検討が求められよう。そこで，飯塚浩二および川島哲郎の所説をとりあげて，この問題点を整理してみたい。

経済地理学は，しばしば（人文）地理学の中心的位置を占めるものとされてきた。例えば，飯塚浩二（1968）は，（人文）地理学の課題を「人類の地域社会をその郷土との関係，その社会が占有し，またその生活を依拠せしめている土地との関係において考察する」（同，105頁）ところにあるとした上で，「人類と自然的環境との交渉を特色づけているものが，彼らが外囲の諸要素を生存のために動員する技術的な生産手段，これと結びついた生産機構の特異性にあることはいうをまたない……人類の場合に本質的に重要なのは，如上の技術的手段，生産機構においての純然たる社会科学的な関係である。この意味においては，生物の生態学的研究にあける生理学にあたるものは，おそらく，学問の性質からいって主として経済学であろうと思われる」（同，101頁）という点に経済地理学が（人文）地理学の中心的位置を占める根拠を求めたのである。そして，矢田（1982）は，このような飯塚見解を「人文地理学に史的唯物論的視点を導入し……人文地理学の中心としての経済地理学の地位を確立させるのに大いに寄与した」（同，15頁）と高く評価したのであった。いうまでもなく飯塚見解の学説史的意義を否定しようとするものではないが，そしてまた飯塚見解を直ちに斥けようという訳でもないが，しかしそれは経済地理学が（人文）地理学の中心的位置を占める根拠の説明としては著しく不十分なものといわざるをえない。いかなる社会形態をとろうとも，人間が生存していくためには，労働を通して自然に働きかけ，衣食住に代表される物質的な生活資料を生産・再生産していかねばならないことは事実である。しかしながら，経済地理学が（人文）地理学の中心的位置を占めるのは，それが人間生活の基礎をなす物質代謝（Stoffwechsel）過程を対象としているという一般的理由によるのではない。

むしろ，そうした人類生活に普遍的な関係（=「経済原則」）が，人間生活にとって非本来的な商品という形態のもとに「経済法則」として発現する特殊歴史的な社会――資本主義社会を研究対象とすることによって経済地理学がはじめて体系的に確立される，という特殊な理由に由来しているのである。資本主義社会においてのみ「技術的手段，生産機構においての，純然たる社会科学的な関係」（飯塚，1968，101頁）を確認することが可能となるからに他ならない。ところが飯塚見解は，したがってまた，これを高く評価した矢田は，それ自体としてはなお「イデオロギー的仮説」（宇野，1974l，424頁）にとどまる唯物史観（=史的唯物論）から直ちにその根拠を説明しようとしたがために，経済地理学（したがってまた，それを基軸に構築されるであろう人文地理学）の確立に際して資本主義社会が持つ特殊の意義を看過してしまう。

そして，そこに矢田が川島哲郎の経済地理学説に内在する限界を突けなかった基本的原因もあった。矢田（1982）は，「経済地理学の対象を経済の地域的展開ないし経済地域性の解明におくことによって，法則定立と実証分析とを統一した視角を主張し……この法則が経済法則の一環であるとし，その意味で経済地理学を経済学の一構成部分であることを明確に位置づけた」（33頁）として川島見解を高く評価した。いま川島見解の骨子をトレースしておけば，それは以下のようにまとめられよう。

すなわち，川島（1965a）は，経済地理学の課題が「経済現象の場所的差異，経済の地域的個性の形成・展開過程の理論的分析と，これを貫く法則性の追求」（同，261頁）にあることを指摘した上で，経済の「発展の各段階，発展の各コースに固有な空間的展開の論理を明らかにし，経済発展の法則それじたいの具体化と精緻化に寄与すること」（川島1965a，261頁）こそが経済地理学の任務であると主張した。このように川島は，「経済地理学が経済学の一分野をなすことは，ほとんど同義反復に近い自明のことがらにぞくする」（同，262頁）ものと考える。その点は例えば川島（1955）における「経済地域性を形成する法則が経済それ自体の発展の法則であるとすれば，経済地理学の終局的な課題は，特定の生産様式にかんし，経済地域性の分析を通じて経済発展の法則を明らかにしていくことだといいうるであろう。……経済現象を扱う科学の総称が経済学で，あるとすれば，経済地理学が広い意味での経済学に属することはもとより自明のことである。そして他方また，経済学が狭義の経済学，すなわち理論経済学をいみするものであれば，われわれがけっして経済地理学をこのいみでの経済学に解消するものはないことも同様に明らかなことである」（同，32頁），という指摘からも明らかである。しかし，経済地理学と「狭義の経済学，すなわち理論経済学」との具体的な関係は決して「自明のことがら」として片づける訳にはいかない。それ自体に究明を要する問題である。

だが，唯物史観の立場から「経済の発展はその発展の各段階において，それに固有な経済現象分布の法則をもつ。社会的生産諸力の配置も，それに附属するあらゆる施設もこの法則にしたがって分布され，同時に経済の全構造は，この法則にしたがった独自の地域性を現出する」（川島，1955，24頁）[(9)]として，資本主義社会と他の社会とを同列のものと理解する川島は，ついにそうした問題に立入った考察を行なうことはなかった。そして，そこに矢田が川島説の問題点として指摘した「経済の地域的展開の要……資本の立地運動とそれとの関連での労働力の地域移動の解析」（矢田，1982，33頁）が欠落する理由もあった。唯物史観の立場からは，「経済地域性」の形成を，結局のところ「地域（経済）」の実体性の解体にともなう「都市と農村との対立」として一般的に説明しうるにとどまるからである。

かくして，経済地理学の方法を明確なものとするためには，資本主義社会の特殊歴史性を踏まえつつ，経済地理学と経済学の「原理論」（＝川島のいわゆる「狭義の経済学，すなわち理論経済学」）との具体的な関係が明らかにされねばならない。いうところの「経済地理学のパラダイムの転換」も，この作業を媒介せずには真になしえないのである。その点は，（経済）地理学において常に問題とされてきた「（経済）地域性」なるものに関する次のような考察からも明らかであろう。

飯塚の所説に典型的な形で示されているとおり，経済地理学（さらにいえば「地域（経済）」を問題とする全て）の研究者は，多かれ少なかれ方法論的「地域主義」とでも表現すべき立場，すなわち「地域」を実体として把握することが可能であるとする理解を自明のものとして研究を進めてきている。そして，そこに「地域性」あるいは「地域の個性」なるものの解明こそが地理学に固有の課題で，あるとする考え方が通念として形成される根拠もあったのであるが，この場合，飯塚（1968）が考察の単位を「躊躇なく，地域的社会集団であると答えた」（同，102頁）ことからも知られるように，「洋の東西を問わず，単位的な地域社会の典型」（同，

103頁）として共同体をあげ，「このように有機体の細胞にも比すべき下級の単位から，これらのものの複合体として郡とか県，地方とか国とかいうような，外延的には広い……幾階級かの地域社会」（同，103-104頁）が形成されるという認識がその背後にすえられていたことは明らかであろう。しかしながら，「経済地誌」学派に代表されるこの立場（「地域社会から説き起こす」経済地理学説）が自己の有効性を主張しうるのは，共同体が「地域」の実体性を担うものとして存在すること，あるいはそうした状態に自己の研究対象を特定する限りにおいてである。

というのも，この立場に依拠する論者が追求してやまない「（経済）地域性」なるものは，基本的にいって以上のような状態下でのみ確認されるからであった。ここで「地域」の実体性と呼ぶものを，別の言葉で表現するとすれば，それは宇野弘蔵のいわゆる「経済原則」のことである。資本主義以前の諸社会にあっては，血・地縁関係ないし権力関係を媒介に形成された幾つかの人間集団が，一定の地理的範域を自らの生活環境として相互に排他的な形で確保し，それに労働を通じて働きかけ自己の物質的生活資料を獲得し消費することによって，その存続を維持してきた。

共同体はそれ自身に「経済原則」を充足しつつ，今西錦司（1974）が生物社会学の基礎概念として提起した「棲みわけ（habitat seglization）[(10)]」現象の一種として存在したのである。そして，その意味からすれば，「地域性（Lokalität）」なるものは，こういった諸共同体がそれぞれ確保する地理的範域の自然による環境化とその主体化という同時進行する二面的過程を通じて形成された一つの生態学的「極相（climax）」として，各々の共同体が「経済原則」を充足する具体的方向性を指すものと理解されねばならない[(11)]。しかしながら，他ならぬ飯塚（1968）も認めていたように，資本主義社会の成立は「人類の生活圏を各自の狭い郷土から解放し，他の地域社会との政治上・経済上の関係を介して，他の地域社会の郷土に属する自然的要素との結びつき」（同，108頁）を決定的なものとした。

「所謂ゲマインシャフト（Gemeinschaft）とゲマインシャフトがゲゼルシャフト（Gesellschaft）として結合される」（宇野，1974a，14頁）ものとして，部分的には資本主義の確立以前から存在していた商品社会が，本源的蓄積の過程で国家権力を媒介としつつ労働力の商品化とその対極である土地の商品化を達成することで国民経済規模において成立する資本主義社会は，「経済原則」を「経済法則」なる特殊の形態をもって充足するのであって，それ以前のように共同体内部で多かれ少なかれ孤立的に充足しようとするものではない。したがって，「地域性」なるものも，資本主義の確立にともなって解体・消滅することとなる。ここに「地域社会から説き起こす経済地理学説」の有効性が損われてくる根拠があった。

かくして，共同体によって担われてきた「地域」の実体性（=「経済原則」）を資本主義社会がどのよう包摂しているかを理論的に再構成することにより，そうした関係を明確に意識させるのが経済学の「原理論」なのである。この意味からすれば，もし仮に経済地理学の“原理”なるものを求めるとすれば，それは経済学の「原理論」をおいて他にはありえないということになろう。しかし残念なことに，このような関係が，これまで経済地理学の世界においては，十分に理解されてこなかった。

（2）資本主義社会における「地域」の包摂形態

経済学の「原理論」は，資本主義的発展が最も典型的に進行したイギリスの17世紀から19世紀中葉にかけての歴史的傾向（=資本主義の純粋化傾向）を現実的根拠として抽象された純粋資本主義社会を対象に展開される。そして，この「ゲマインシャフトとしての社会がその根柢までゲゼルシャフト化され」（宇野，1974a，14頁）た社会を対象とすることによってのみ，それ自体に運動し変動する経済過程を体系的な形で解明することが可能となるのであった。ところで，経済学の「原理論」をおいて他に経済地理学の“原理”なるものはありえないとしても，「原理論」が経済地理学的（現状）分析にとっての積極的な基準を与える訳ではない。

それは，例えば，「原理論」の対象とする純粋資本主義社会に「地域」なる概念が存在しえないことからも明らかであろう[12]。従来から，「地域」概念が「原理論」に欠落しているとの批判がしばしばなされ，またマルクス（1972）が『資本論』において「すべてのすでに発展していて商品交換に媒介されている分業の基礎は，都市と農村との分離である。社会の全経済史はこの対立の運動に要約されると言うことができる」（同，②216頁）と指摘しているのを根拠に，それを「原理論」的に展開しようという試みも繰り返しなされてきた[13]。しかしながら，そうした試みは根本的に不可能であるばかりか，かえって資本主義社会の特殊な人類史的な位置を曖昧にするものといわざるをえない。

経済学の「原理論」が「地域」概念を含まないのは，資本主義社会の成立それ自体が，あれこれの「地域」を他の「地域」と質的に区別しうる形で固定的に確定することを不可能にさせる点を根拠としているからである。資本主義社会成立の基礎をなす本源的蓄積過程における労働力と土地の商品化は，生産の場所的制約を契機に「ゲマインシャフトとしての社会」が「経済原則」を充足する具体的方向性として各々に固有の形でつくりあげた「(経済) 地域性」を，二つの方向から解体する。直接の生産者自身が賃労働者となり自らの生産物を商品として需要するという「ゲゼルシャフトリッヒ」な消費態様への移行が第一の方向であり，第二の方向はその結果として完成するマルクス (1972) のいわゆる「産業資本のための国内市場」(同，③409頁) を前提に生産の場所的制約がそれ自身の絶対性を解除され，より高い利潤を求めて繰りひろげられる諸資本間の競争の一契機をなす供給条件の場所的な差異へと転化していくことである。

もとより生産の場所的制約が全面的に解消されるというのではない。例えば，土地によって代表される制限された自然力の「地域性」がそうである。しかしながら，それを資本が生産手段として利用する場合には，その制約を地代の形態をもって処理することになるのであって，資本は，労働力とならんで自ら作りだすことのできない制限された自然力の「地域性」を，自己に適合的な形態をもって現実的に処理する機構を確立するのであった

いいかえれば，経済学の「原理論」は，資本主義の成立にともなう個性的な「(経済) 地域性」の解体，したがってまた「産業資本のための国内市場」の形成における「地域」の全面的な包摂形態を，いわば背後から解明したものなのであり，「地域」概念を原理的に展開しようとすることは全くの背理といわざるをえない。かくして矢田が疑問とした経済学体系，とりわけ経済学の「原理論」において国土条件などの問題が捨象される理由も明らかであろう。「経済学の原理は，……国家とか，或いは国家と国家との間の関係とか，さらにまたそれぞれの国の特殊性とかは措いて問わないことになっているが，これは経済的な過程がそういう種々なる特殊の自然的，歴史的諸条件の下に，それに制約せられながら，しかもこれらの諸要因をすべて生産力と生産関係との対立関係に統一するものとして，それ自身独立の過程としてあらわれることを基礎と」(宇野，1973b，17頁) しているからである。

しかしながら，現実の資本主義の歴史過程は，「資本主義が非商品経済的要因と対立しながら交互作用的影響のもとに展開するもの」(櫻井毅，1979，23頁) の

であって，最も典型的な発展をとげたイギリス資本主義にしても19世紀の後半以降は純粋化の傾向を阻害され，「原理論」の対象とする純粋資本主義社会も近似的に実現されたに過ぎなかった。「原理論」が経済地理学的（現状）分析にとって消極的基準たらざるをえない所以である。すなわち，現実の資本主義の歴史過程における「地域」の包摂は，非商品経済的な外部的要因を残存させつつ，しかもある場合には――後にみるように――それを積極的に利用さえしながら進行したのであって，その意味からすれば，資本主義は「地域」の実体性を実際には消極的規定要因に転化させたにとどまった。

そのため「地域性」なるものも現実には資本主義的な変形を被りつつ残存するのであり，「地域社会から説き起こす経済地理学説」も，それを根拠として自己の存在意義を，ひとまずは主張しえたのである。前節で行なった「資本から説き起こす経済地理学説」としての矢田「地域構造」論の検討にあたって，中・小規模の「地域的循環」が存在する理由を，あるいはそれを担う産業部門の配置を，「資本が基本的には空間を克服できない」ことや「資本の投資戦略」のみからは単純に説明しえないとしたのは，その点を考慮してのことであった。かくして，資本を積極的要因とし（資本主義的に変形された）「地域性」を消極的要因とする「外的な対立」によって展開される資本主義社会における現実の経済地理現象を分析するためには，「原理論」で明らかにされる「地域」の包摂形態を基準としながら，資本主義の世界史的発展段階を劃する支配的資本の蓄積様式に対応した「地域差の処理機構」の典型規定が与えられねばならない。

経済地理学は，宇野弘蔵のいわゆる段階論的規定としての「地域差の処理機構」論を構築し，これを前提にすえて各国資本主義の「地域構造」を「現状分析」することによって，はじめて資本主義社会における現実の経済地理現象を本格的に分析することができる[14]。そしてまた，経済地理学の「理論」を段階論の領域に設定することで，「資本から説き起こす経済地理学説」と「地域社会から説き起こす経済地理学説」の統一も可能となるであろう[15]。

とはいえ，「地域差の処理機構」論をここで全面的に展開することはできない。率直なところ，そのために不可欠な歴史的事実の収集，「原理論」に示される「地域」の包摂形態に関する理解，さらに「処理機構」論自体の細部にわたる構成等々，今後の課題とすべきところが多いからである。ここで展開しうるのは「地域差の処理機構」論の極めて概略的な方向づけにとどまるのであるが，次にそれを提示してみたいと思う。

(3) 資本主義の世界史的発展段階と「地域差の処理機構」

段階論の基本的規定は，宇野の『経済政策論』において与えられている（宇野，1974b)。宇野は，資本主義の世界史的発展が，必ずいずれかの国を指導的な先進国として行なわれ，しかも各々の段階における支配的な資本の蓄積様式に対応して経済政策の基調が変化してきた点に着目し，これを次の三段階に劃した。すなわち，16～17世紀における商人資本的発展がイギリスで羊毛工業を包摂しつつ展開した発生期の資本主義としての「重商主義段階」，18世紀のイギリスで産業革命を基礎に綿工業を中心として形成された産業資本が支配を確立する成長期の資本主義としての「自由主義段階」，19世紀の末葉から20世紀の初頭において鉄工業を中心とする組織的独占体を形成しつつ典型的にはドイツで成立した金融資本の支配する爛熟期の資本主義としての「帝国主義段階」がそれである。

「地域差の処理機構」論は，したがって，重商主義，自由主義，帝国主義の三段階に対応した形で展開されることになるが，各段階における「地域差の処理機構」の典型規定を与えるにあたって，山中篤太郎（1963）の次のような指摘は極めて注目される。山中は，国民経済の「生産力的構造」の変動が，具体的には種々の産業（部門）の盛衰となって現象し，しかも各々の産業（部門）が特定の立地因子（Factors of Location）を有するがために諸地域に賦存する立地要因とそれが結合しつつ立地条件（Conditions of Location）の歴史的変容を生ぜしめ，それが「地域構造」の変動をもたらすものと理解し，これを以下のように説明する。[16]

「ある地域が資源，交通，労働，資本，市場，その他自然条件ならびにそれと結びつく社会的条件等に産業牽引の諸勢力をもっている（一）のに対し，他方与えられた時点において個々の産業がもっている地域性（二）があり，その両者が合致・結合したところに個々の産業が企業の形で成り立ち，成長し，あるいは後退する。このような企業・産業がより集まってその地域の地帯的性格を決定し，その地域の経済的地位の高低がきまるのである（三）。……だから，この（三）の地帯のもつ経済性の高低優劣によって，地帯間の競争のなかでのその地帯の展開度が判断されるのであるから，（三）の地帯経済の把握から逆にその形成要因たる（一）のその他の立地要因と（二）の産業のもつ地域性とに戻って地帯経済展開の方向を求めうる」（同，192頁）

「地域経済展開の理論」をこのような形で把握した上で，山中は「立地条件に対する国民的生産力の意義，いいかえれば地域経済展開の時間的，場所的不均等が起こる理由」を次のように指摘する。

「石炭鉱業は石炭の賦存を前提する。しかし，炭層があるということだけでは石炭産業は起こらない。産業的に石炭鉱業が成り立つ国民経済的条件が成りたった時に始めて石炭鉱業は起こる。……つまり，この国民的生産力の動きの故にそれ迄産業を生まなかった賦存資源や立地要因が鉱業や工業を成りたたせる資源とか立地条件になるのである。その時に始めて鉱工業を生む立地条件としてその他が産業的に作用するという意味では立地条件の『変動』なのである。……勿論，その逆の事情も起こるのである。そこで起こる立地条件の成立と変動は，その地域そのものの性格の変動ではない。正に国民的生産力の動きそのものからくる変動なのである。／また同じようにしてその国民的生産力そのものの動きのもたらす個々産業の成長の『規模』も，その地域定着に多く影響を与える。たとえ，同じような条件の地域が二つ以上あるとしても，その産業の単位規模（企業としてあるいは企業集団としての規模）が一地域中心にしか成立し得ない場合は，同条件の二つ以上の地域に分割して定置されることはあり得ない。……つまり，一地中心なり，二地以上並行なり，いずれにせよ，それらの地域のもつ立地条件だけで産業の定着がなりたつのではない。重点はその国民経済的生産力の成長の度合，規模によるのである。……以上のような国民的な生産力の展開のうえで地域の産業性と産業の地域性の関連を比較考量してみると，地域の産業性がその地に産業が成立するために無視しがたい重要性をもつけれど，産業の地域性の方が産業成立の地域的条件としてはやはり意味が大きいことも付加すべきであろう。」（同，195-196頁）

立地因子と立地条件という伝統的概念を利用して，山中は「地域構造」の動態過程を極めて手際よく整理しているが，「地域差の処理機構」論を展開するためには，さらに二，三の論点を付け加えておく必要があろう。

その第一点は，矢田（1982）も指摘しているように「一国の再生産構造の中軸をになう部門の立地地域が同時に一国の地域的編成の基軸ともなり，他の諸部門の立地地域に対して外圧的に激しい変動をもたらす」（同，245頁）という関係を明示的に導入することである。山中もこの点を決して無視するわけではないが，しかし基軸産業（=「一国の再生の中軸をになう部門」）の交替にともなって各地域の立地条件が大きく変容することは，必ずしも十分に把えられていたとはいいがたい。けれども，羊毛工業→綿工業→鉄工業という各段階における基軸産業の交替は，それが牽引する関連産業の立地を含めて，自己の立地因子を媒介に各地の立地条件を変化させ，場合によってはさらに自己に適合的な形で「産業基盤」の整備をも促し，その再編を積極的に推進しようともするのであって，立地因子の変化が各地域の立地条件を変容させるという一般的関係だけでなく，そうした関係を主導する基軸産業の立地因子は，特に重視されなければならないであろう。

次に「資本の蓄積様式の反面をなし，またそれを決定する——労働力の商品化」（宇野，1974b，174頁）が，いかなる関係において実現されているかという点に注目しなければならないのであるが，これは資本主義の各発展段階，したがってまた支配資本の蓄積様式が各々に固有の労働力商品化機構に立脚しており，それに応じて農業や中小企業などの部面の分解速度は当然のように違ってくるためである。いわゆる「地域性」の残存が強固なのは，これらの諸部門なのであり，帝国主義段階になると，先にも指摘しておいたが「一方で過剰人口を農業その他の中小企業に形成し，保有しながら，他方でその吸収を制限する」（同，179頁）ことで労働力商品化を確保すると同時に，「資本は多かれ少なかれ独占的力によって決定される価格をもって，農業その他の残存中小工業に対する収奪的利益とともに，この残存中小工業の基礎をなす過剰人口によって一般的に労働の強化を実現する」（同，180頁）ため，「地域性」が積極的に保持される傾向さえ示す。こうした事情から，労働力商品の存在様式にも注意しなければならないわけだが，それは視角を変えていえば，「地域差の処理機構」論を展開するにあたって支配的資本（したがってまた各段階における基軸産業）の「対極として，常にそれぞれの国の資本主義化におそらくは最もおくれる農業」（宇野，1974i，383頁）[17]の存立形態に十分な注意を払われねばならないということである。これが第二の論点をなす。

第三点は，外国貿易との関係である。この点は，国土の広狭や資源賦存の度合をはじめとする各国の自然地理的条件とも密接にかかわるが，そればかりではない。矢田も指摘するように国民経済の「地域構造」を基本的に規定する再生産構造は，国際分業を前提として成立するのであるから，各発展段階における外国貿易の態様，さらにまた国民国家たる資本主義が行なう対内政策の対外的な総括である関税政策の特質は，「地域差の処理機構」論を展開するにあたっても明示的に前提しなければならないであろう。

かくして，各発展段階における「地域差の処理機構」の典型規定は支配的資本の蓄積様式を前提とし，それを具体的に担う基軸産業（の立地因子）の交替を媒介とする（諸地域の）立地条件変容の方向に留意しつつ，一国の国土に展開した諸産業部門が，いかにして有機的な（地理的）相互連関を形成するのか，その基本的メカニズムを各段階の指導的な先進国の事情に即して明らかにしたものとしてそれ以外の各国資本主義の具体的な経済地理現象を究明する上での基準となる。国民経済の「地域構造」は，こうした典型的規定が，個々の国々に特殊な諸事情と複雑にからみあい「外的な対立」をとげつつ形成されてきたものであり，この過程を現状分析することが経済地理学における最大の任務をなす。しかしながら現状分析としての各国資本主義の「地域構造」の究明には，なお付け加えておくべき問題が残されている。

それは，第一次世界大戦後のいわゆる現代資本主義における「地域構造」をいかに分析するか，ということに他ならない。先にも指摘したように第一次世界大戦後，とりわけ1929年の世界恐慌以降，いわゆる「地域問題」なるものが発生し，これに対処すべく中央政府（国家）の手で国土政策が発動されるに至ったことからも明らかなように，各国とも帝国主義的な「地域差の処理機構」を基礎に形成されてきた従来における「地域構造」の著しい動揺を経験した。もはや金融資本の自律的な運動によっては，「地域差の処理」をはたすことが不可能となったのである。

そこで問題は，端的にいえば「地域差の処理」に介入すべく中央政府（国家）が発動する国土政策の展開をともないつつ形成される現代資本主義における「地域構造」の分析は，いかにして可能であるかということになる。この点に関する基本的見解は，以前にも指摘したことがある（池田・加藤，1979および1981）[18]が，各国資本主義の特殊な性格に規定されつつ具体的現実的過程で自ら明確化してくる「問題地域（problem region）」を手がかりとしていかなる経済的条件の喪失がそれを発生させ，また政策主体たる国家がこれをどのような形で「主観化」[19]し，さらにいかなる方策によって事態を打開しようとしたか，といった諸点について現状分析を加えることをおいて他にはありえない。いいかえれば，中央政府（国家）がいかなる方向において「地域差の処理」を実現せんとして「地域構造」の再編成に乗りだしたかを実証的に究明することであるが，その場合，帝国主義段階における（金融資本の蓄積様式に対応した）「地域差の処理機構」を前提として明らかにされた各国資本主義の第一次世界大戦前における「地域構造」は，いわば「問題地域」を発生させない構造として，逆説的にそれ以降の「地域構造」分析にも役立つであろう――あれこれの「地域問題」ではなく「問題地域」に着目すべきだとするのは，何よりもこの点を考慮してのことである。

5　むすび

経済地理学研究の窮極目標である個々の国々における具体的な経済地理現象の分析は，かくして経済学の「原理論」に示された資本主義社会における「地域」の包摂形態を基準としながら，資本主義の世界史的発展を指導的に規定する国における「地域差の処理機構」をとって典型規定を与え，この段階論的規定を前提とする現状分析として進めることによってはじめて科学的究明たりうる。各国資本主義の「地域構造」なるものは，この「地域差の処理機構」論を前提とした経済地理現象に関する現状分析のいわば総括的規定に他ならない。一定の国際経済ないし世界経済関係において各国資本主義が占めるそれぞれの地位に規制されつつ，積極的要因としての各発展段階における支配的資本（の蓄積様式）が，消極的要因たる国土の自然地理的条件などの（資本主義的に変形された）「地域性」と「外的な対立」を展開する過程で，国民経済の「地域構造」は形成されていくのである。そこに，個々の国々における「地域構造」をいわば重ね焼きして，抽象的な資本主義一般に通ずるその原理的規定を与えることのできない根拠も存在する。

国民経済の「地域構造」は，まさに段階論的規定を前提として具体的に現状分析する以外に究明しえないのである。矢田の「地域構造」論は，種々の問題点を残すとはいえこうした方向へ一歩踏みだしたものといって良い。少なくとも，そこには，経済地理学のいわば通念をなしてきた方法論的「地域主義」から脱却せんとする明確な指向性が確認される。

だが，すでに明らかにしたように「現代資本主義段階にある一国の国民経済の地域構造を立体的に組みあげる場合の分析の枠組みをどのように設定するか」（矢田，1982，228頁）を目標に展開された所説は，その背後にひそむ強烈な（経済地理学に固有の）“原理”構築という問題関心に阻害され，あるいは「あるべき地域構造」の対置という実践的要請によって控制され，決して十分なるものとはいえなかった。矢田の所説は，多くの実証的分析の結果を踏まえて構築されたものである。それだけに，極めて現実的な，強い説得力を持っており，継承すべき多くの論点が含まれていた。したがって，それは否定さるべきものではない。むしろ，そこで提起された重要な論点を吟味し，これを発展させていかなければ，日本の経済地理学に前進はありえないであろう。問題は，その場合，具体的な発展の方向性をどこに見定めるかにあった。

「経済地理学のパラダイムの転換」は，冒頭でも紹介したとおり，おおむね従来の「地域社会から説き起こす経済地理学説」を斥け，「資本から説き起こす経済地理学説」の構築をめざして展開されてきている。しかしながら，本章での検討は，後者による前者の否定ではなく，後者を積極的な要因にすえた両者の統一こそが，いうところの「パラダイムの転換」を真にはたす方向性であることを明らかにした。「地域差の処理機構」論の構築が要請されるとしたのは，そのためである。

しかも，それは同時に，金融資本がその自律的運動によって「地域差の処理」を果たしえなくなったことを契機に発動される国家による「地域差の処理」への介入としての国土政策の分析を通じて，現代資本主義の特殊歴史的位相を別決する可能性をも与えるものであった。例えば，国土政策を進めるにあたっての重要な手段とされているいわゆる「社会資本」なるものにしても，資本主義の各発展段階における土地合体資本の投下形態とそれが「地域差の処理」にあたってはたした役割の典型規定が明確にされぬ限り，その意義を真に理解し，また批判することもできない[20]。「社会資本」なるものが，管理通貨制を前提にインフレーションをともないつつ，国家の手で投下され，それがもはや単純に資本主義的とは呼びえないほどの異常な生産力を噴出させ，「経済原則」の充足すら脅かしているという事態は，決して通常いわれているような，分業一般の過進行やいわゆる「社会的共同消費手段」の不足に解消しえないからである。

重要なのは，「社会的共同消費手段」なるものの整備それ自体が，すでに「経済原則」の充足を脅かすメカニズムのなかに組み込まれてしまっているところにある。最近，注目を集めている“地域主義”論は，直接的にとは必ずしもいえないのであるが，この点をともかく問題にしようとするものであった。国土政策を単なる「ものづくり」から「生活づくり」へと転換させねばならないとする“地域主義”論者の主張は，その点を含意していたのである。

しかしながら，このような“地域主義”論者の主張が，いかなる物質的基礎に立脚するものであるかは，「地域差の処理機構」論を前提とした国民経済の「地域構造」の究明によってのみ明らかにしうることを看過してはならない。すなわち，このような作業を通じて「国家による資本主義の組織化」の一環として発動された国土政策が「地域差の処理」を果たすべくとった種々の方策によって，いかなる矛盾をその代償として生みだしているかが究明されねばならないのである。そして，それは当然，現代資本主義のうちにからめとられた消費の態様をはじめとする生活様式それ自体の異常な性格をも批判することになろう[21]。

かくして，「地域差の処理機構」論を前提とした国民経済の「地域構造」の究明を，「あるべき地域構造」やいわゆる「地域問題」を解決するための手段・方法を直接に指示するものではない。むしろ，問題を生みだすメカニズムの総体を描きだすことで，その解決の方向を指示しようというのである。矢田の近著に学びつつ，しかし彼の所説とは異なった経済地理学の方法を，以上において極めて概略的にではあるが提示してみたのであるが，経済地理学の主たる課題を現状分析に求め，その分析基準を支配的資本の蓄積様式に対応した「地域差の処理機構」の段階論的規定とする基本線にそって今後の研究を進めてみたいと考える。

註

(1)　中村剛治郎（1978）も「地域問題」を「インフレ・不況の問題とともに，また，それと関連するところの『20世紀後半のもっとも重要な問題』（E.F.シュマッハー）」（104頁）として位置づけている。

(2)　日本における「地域問題」に関する研究成果を紹介したものとして，さしあたり①日本経済学会連合編（1970）および同（1982）所収の「経済地理学」および「地域科学」②経済地理学会編（1967）および同（1977年）所収の「地域開発」の項をあげておく。

(3)　なお，山口（1980b）は，「山名の経済地理的分析においては，立地から地域問題というおさえ方が顕著」であるのに対して矢田の場合は「立地から一国経済への回帰が構想され」ているという点を両者のいま一つの相違点としてあげている（同，67頁）。

(4)　あらかじめ断っておくが，以下における検討は，矢田の指摘する〈産業地域〉と「経済圏」との整合化，したがってまた「厳密な意味の『経済地域』」の構築を現実の「地域政策」を進めるにあたっての「政策原理」とすることが不可能だとか無意味だとか主張しようとして行なうものではない。そういった「政策原理」の吟味とも窮極的には関係を持つこととなろうが，ここでの直接の課題は，あくまでも矢田の「地域構造」論が経済地理学方法論として，いかなる問題点を持っているかにある。誤解を恐れてあえて一言しておく。

(5)　引用からも明らかなとおり，矢田も，この点を全く否定しているわけではない。しかし，矢田のように，その根拠を「市場規模の零細性」として一般的に指摘するだけでは，十分とはいえないのであろう。なお矢田のいわゆる「経済圏」は，先にもみたとおり，「産業地域」間の循環である「生産財の地域的循環」や消費財生産地と消費地との「地域的結合」を除外したものとして設定されている（同，253頁を参照のこと）。しかし，それは，ここでの検討とは別問題である。

(6)　実は，こうした疑問は，経済地理学会第25回大会の折に，「経済地理学の方法論をめぐって」をテーマとして開催されたシンポジウムで，川島の報告に対して，矢田が投げかけた疑問でもある。これについては『経済地理学年報』第24巻第2号（1978）所収の「大会記事」を参照されたい。以下では，関係箇所（同，62-65頁）から両者のやりとりのポイントだけを引用しておこう。

まず，川島報告では「地域構造の理論的構成」についての十分な説明がなされていないとする矢田から，「理論的な枠組みといいますか，あるいは仮説でもいいんですが，主要な指標がこれとこれであって，それを積み重ねていって地域構造を考えていく」（同，62頁）ことが重要ではないかという問いかけがあった。これに対して川島は，一口に枠組みといっても「一番基本的にはどういう枠組みが先行して第二次的にどういう枠組みがその下に通じていくかという序列をつけるだけでも容易なことではない……，その地域構造というものを捉えていく場合，指標も，また無数にとれる。無数にとれたんでは，指標にならないという反論がかえってくるだろうと思うんですが，そういった断面で切った地域構造というものを全体としてつなぎ合わせていくしか方法はないだろう」（同上）と返答する。それに対して，矢田は「無数の地域区分ができ，無限の地域ができる，それだと地域を適当に撰んで分析するというのとあまり次元がかわらない。最後に結論に到達する論理もあんまりはっきりしない」（同，63頁）と反論した。

この註(6)は再録にあたって付け加えたものである。原論文を執筆した当時は，川島と矢田のやりとりの存在には気がつかなかった。しかし，余りにも議論のパターンが類似していることから，自省の意味も込めて追加しおく。

(7)　宇野の現代資本主義観を精確にとりまとめたものとして櫻井毅「宇野理論からみた現代資本主義」（櫻井，1979，80-90頁）がある。あわせて参照されたい。

(8)　加藤（1983b）を参照のこと。なお，そこでは，紙幅の関係から触れられなかったが，関根友彦のいわゆる「脱資本主義過程」論は，現代資本主義のこういった特質を鋭くつかみとったものといえよう。関根の見解は，しばしば玉野井芳郎のいわゆる“地域主義”論と同一視されるのであるが，第一次世界大戦後における生産力発展の特殊性を工業化「一般」論の立場から結局のところ無視する玉野井の見解とは，根本的に異質なものである。玉野井の問題提起は，極めて重要な意味を持っているのだが，関根のように従来の「経済学」（両者にしたがえば〈狭義の経済学〉）と〈広義の経済学〉との関連を明確に示できていないという点において説得力を欠くといわざるをえない。

第一次世界大戦後のいわゆる現代資本主義は，関根（1983）も指摘するように，「もはや価値法則に従って自律的に運動する資本主義とは言い難い……その著しい特徴は，国家権力が既存の大企業に対し優先的な資源配分を保障することによって，巨大技術の適用を促進することである。国家的保護をうけるこのような大企業はもはや自立的な資本家企業とは言えないにもかかわらず，イデオロギー的には自由主義と生産力至上主義を継承しているので，容易に市場を制覇しそれによって社会を支配する。このような体制は本来の資本主義とは違って自己完結的な論理を持たないために，全く恣意的で無軌道であり，従っていっそう危険である」。いうまでもなく現代資本主義のこういった特質は，経済学の「原理論」・「段階論」を基準とする「現状分析」によってのみ根本的に究明しうるのであって，〈広義の経済学〉は，仮にそれが完成されたとしても，現代資本主義が，何故に「全く恣意的で無軌道であ」るか，そしてまたどのような形で物質代謝を混乱させているか，といった点を「あるべき社会」像から逆説的に提示しうるにとどまらざるをえないであろう。いいかえればSollenから現代資本主義というSeinの非合理性を告発することができたとしても，このように異常な社会がどうして生みだされたのかは，究明しえないからである。

かくして問題は，関根が指摘しているように「狭義の経済学の『裏返し』から必然的に生ずる経済思想と認めたとき，広義の経済学は『資本論』の延長線上に正しく位置づけられる」(同上)，という両者の関係を確認するところにこそ求められよう。その意味からすれば，玉野井の“地域主義”は，唯物史観が『資本論』成立にあたってそうであったように，「将来の人間社会がいかにして自然調和的な生産を組織し，その中で生産的労働を『人間生活の本源的欲求』となし得るかを究明する」(同上）であろう〈広義の経済学〉構築に際しての「イデオロギー的仮説」(宇野弘蔵）の一つと考えることができる。ただし，この場合，次の点が注意されなければならない。すなわち，〈広義の経済学〉なるものは，「経済学」といっても，従来の「経済学」(＝〈狭義の経済学〉）がそうであったような梅棹忠夫のいわゆる「貫く論理」——「すべての現象を貫いて炳乎として輝く原理」——によって体系化されるものではなく，「連ねる論理」——「個々の事物をすべて連ねて，全部をひっくるめ一つの世界像につくりあげる」——をもって体系化される，ということである（この点については，伊藤幹治・米山俊直編（1976）の332頁における梅棹の発言を参照のこと)。最近，多くの方面から注目を集めている経済人類学なるものは，この「連ねる論理」として展開きれるところに意味があるのであり，そこに何らかの「貫く論理」を発見しようとすれば，経済人類学の存在意義は無に帰する——この点については丸山真人（1983）を参照されたい——こととなろう。今一度，繰り返していえば，人類史において極めて特殊歴史的な位置を占める資本主義社会を対象としたからこそ，「貫く論理」によって経済学の「原理論」を構築しえた点が，決定的に重要なのである。経済人類学は，その「連ねる論理」をもって「貫く論理」を内在させた資本主義社会の人類史における特殊な地位を剔抉するところに一つの任務があるといえよう。

(9)　川島（1978）には「経済地理学の理論化への努力は，必ずしも経済地理学固有の理論の定立，少数の普遍的法則への集約・還元を意味するものではない」(46頁）という注目すべき指摘が確認される。

(10)　今西錦司（1974）等を参照。今西・生物社会学を簡潔に紹介したものとして梅悼忠夫・吉良竜夫編（1976）がある。特にその73-74頁および140-143頁を参照されたい。

なお，岩本由輝（1979）は，「共同体を前近代社会における基本的構成とみる立場」から，それを今西の「超個体的個体に相当する」との指摘を行なっている。

極めて注目すべき見解ではあるが，しかし今西（1975）も指摘しているように，人類社会の場合は家族が「超個体的個体」に相当する（同，380頁以下を参照のこと)）のであって，厳密にいえば共同体は，むしろ人類という一種社会の「部分社会（Oikia)」と理解すべきであろう。

ただ，共同体はオイキアといっても，「群れ」ないし「育児集団」など生物一般にみられるそれとは違って，「重層化」を経たものとして「捕食性スーパーオイキア」(同，407頁以下を参照のこと）を内在させている。その意味では，確かにアリの社会に代表される「超個体的個体」と共同体は類似しているのであるが，しかし，一匹のメスの，いわば身体的な分裂・増大から生ずるアリの社会とは違って，人間社会における「捕食性スーパーオイキア」は，廃絶しうるのである。したがって，この点さえ注意すれば，比喩的に共同体を「超個体的個体」と呼んでも，あながち間違いとはいえない。なお，谷泰（1966）が，今西の見解を発展させて「重層異質化」なる概念を提起していることを申し添えておく。

⑾　ポランニー（K. Polanyi）の紹介によって注目を集め，最近わが国でも翻訳・出版されたメンガー（1982）において指摘される人間経済の二方向のうち「技術的な方向（technisch-okonomisch)」（同，125-126　頁）なるものは，以上のような事態を指すものとして理解できるように思う。この点については，玉野井芳郎（1978）をはじめとする一連の著作――なお玉野井（1978）にはポランニー「メンガーにおける『経済的』の二つの意味」が訳出されている――および丸山真人（1983）が示唆に富んだ考察を加えている。あわせて参照されたい。

⑿　「原理論」が対象とする純粋資本主義社会は，それ自身に変動する「核（node)」を持った無限に広がる「機能地域」とでもいうべきものであって，矢田のいうように国民経済を自明の前提として展開されているわけではない。この点については，宇野（1974a）を参照のこと。特にその序論。

⒀　しばしば無視されているが，マルクスは，直ちにこれに続けて「がしかしここではこれ以上この対立には立ち入らないことにする」と述べている。「地域」を「原理論」的に展開しようとする論者は，この点をどのように説明するのであろうか。

⒁　矢田（1982）は，「本稿では，国民経済を対象とする経済地理学の考察を行なっており，世界経済を対象とするそれは当面除外している」（同，44頁の註⑷）との指摘を行なっているが，以上のように考えるならば，経済地理学の対象は，一国内部――その場合，対外関係を前提することはいうまでもなかろうが――における「地域差の処理機構」とその具体的・歴史的表象である国民経済の「地域構造」に特定される。しかし，その理由は，矢田が他の箇所（同，2－3頁）で指摘するような，「独自性うんぬん」にあるのではない。現実の資本主義の発展が資本主義的要因と非商品経済的な外部的要因との「外的な対立」によって展開されるとしても，「生産関係としては何とも規定しえない」（宇野弘蔵・梅本克己，1976，114頁の宇野発言）世界市場において「地域差の処理機構」論を摘用するわけにはいかないからである。すなわち，「地域差の処理機構」は，資本――賃労働関係を前提に成立するのであって，そうした関係を一義的には規定できない国際経済ないし世界経済は，経済地理学の直接的な対象とはなりえない。なお，宇野弘蔵（1974i）の346-47頁における「国際価値」論批判も，あわせて参照のこと。

⒂　宇野・三段階論を経済地理学の方法に適用しようとした試みとして，中島清（1980）がある。中島は，チューネン『孤立国』で展開された農業立地論の射程が「産業資本主義段階における後発資本主義国ドイツの，特殊要因を前提にした理論にとどまらない」（同，57頁）との理解にたって，チューネン理論から特殊ドイツ的要因を捨象し，それを純粋資本主義社会の想定に基づいて検討することによって，種々の発展段階・類型を貫くものとしてチューネン理論を再構成することができ，またそれにさまざまの現実的条件を加味することによって現状分析に役立てることが可能である，と主張する。

ここでは中島の所説に検討を加えることが目的ではないから最少限の指摘にとどめるが，彼の見解は，一口にいって宇野・三段階論の「機械的適用」にとどまっている，と考えざるをえない。何故ならば，宇野が「原理論」の対象として純粋資本主義社会を想定するにあたって根拠としたイギリス資本主義の純粋化傾向と同じような現実的根拠が存在しない以上，いくらチューネンンネン理論から特殊ドイツ的要因を捨象しようとしても恣意的なものにとどまらざるをえないからである。重要なのは，宇野・三段階論に経済地理学をどう位置づけるかであって，その逆ではない。

なお，チューネン『孤立国』に関していえば，彼が地代論を構築しようとしたにもかかわらず，実際には（農業）立地論を展開することになった点こそが注目されるべきであろう。その点については，川村琢（1940）を参照されたい。

⒃　なお，国民経済の「生産力的構造」については，山中（1950）を参照のこと。山中は，同書で，国民経済の「地域的構造」を「生産力的構造」の「影」とし，「主として生産力的構造の課題の中に包含されると見得る」（20-21頁）と述べている。

⒄　この点については，宇野（1974c）および宇野（1974d）等をあわせて参照のこと。

⒅　池田善長・加藤和暢（1979）および（1981）を参照のこと。なお，同論文では，「問題地域」を「国民経済的『地域問題』」と表現したが，今後は「問題地域」に統一することにしたい。

⒆　この概念については，山中篤太郎（1948）を参照のこと。なお，山中の経済政策論の方法は，山中（1950）等において展開されている。本章における「問題地域」への着目は，同論文や『中小工業の本質と展開』で提起された山中の「問題性」論から示唆を受けたものである。この点をはじめ経済政策論の方法に関する種々の重要な指摘を含む山中の主張については，加藤（2002）で検討を加えたので参照されたい。

⒇　宮本憲一は，その著書『社会資本論〔改訂版〕』（有斐閣・1976年）において「社会資本と一括して総称しているものはきわめてひろいはんいにおよび，その大部分は資本として循環していない。……したがってこれらを総称して『資本』という範疇をつかうことは，擬制的な使用といえる」（９頁，傍点は引用者）と述べている。しかしながら，こうした姿勢を宮本が一貫させているとは考えられない。むしろ「社会資本」をも「原理論」的に規定せんとしているように思われる。しかも，宮本説にあっては，「社会資本」なるものと土地合体資本との関連が不問に付されている。そのため以下に指摘するような問題状況の十分な究明に成功したとはいいがたいのだが，この点については他日あらためて問題としたい。

なお，土地合体資本の方法論的な処理に関しては，河西勝による一連の論稿，特に河西（1975）を参照のこと。

(21)　加藤（1983b）を参照されたい。

〔付記〕

本章は，元来，矢田俊文『産業配置と地域構造』の書評として準備されたものであるが，執筆の過程で論旨が通常の書評の枠を大きくはみ出してしまったため，急遽このような形で発表することに方針を転換した。文中，矢田教授の真意を誤り解する点のあることを恐れるが，御寛恕を乞う次第である。

〔追記〕

第一回校正終了後に山口不二雄（1983）が発表された。また，水岡不二雄（1983a）も矢田説にコメントを加えている。あわせて参照されたい。

なお，後者の水岡の論稿について一言しておきたい。水岡は「斯学の課題をマルクス経済学の上向体系に位置づけられた空間性をもつ経済的諸関係の理論展開に求め」（同，23頁），この課題にこたえるべく「マルクス経済学から立地論を構築しようとする」（同，33頁）立場から，矢田説に対して「地域構造」のキイをなすマルクス経済学の立地理論が解きあかされないままに提示された「地域構造」の現状は，その成立メカニズムをなんら根底的に明らかにしえない，生産・流通等の現象的な分布の記述という，かつての伝統的地理学における分布論とさして変りのないものとなってしまうであろう」（同，38頁）との批判を行なっている。このうち「分布論」への後退を危倶した部分については首肯できるのだが，しかし，その根拠を「立地論」の不在に求める点は全く理解することができない。

水岡がいうように，矢田「自身にはマルクス経済立地論も，これをマルクス経済学の上向体系に位置づけて論理展開するという考えも，いずれも存在しない」（同上）と見ることが可能であるとすれば——実は，このように断じえないところに矢田「地域構造」論の問題点が胚胎していたのだが——それは，むしろ矢田が提起した方向性の健全さと確実性を示すものといえよう。これに対してマルクス主義経済学の立場から経済地理学に固有の“原理”として立地論を——地代論を基礎に——構築しようとする水岡の企図は，本文中の検討からも明らかなように，矢田が切りひらいた斯学の社会科学化の途に逆行する試みとしか思えない。いわゆる「経済地理学のパラダイムの転換」を真に果たすものとは考えられないのである。

初期論稿 2
「地域構造」分析・序説

1　はしがき

経済地理学の究極的目標が諸国民経済の「地域構造」に現状分析を加えるところに求められるべきこと，そのためには重商主義・自由主義・帝国主義という資本主義経済の各発展段階に対応した「地域差の処理機構」に明確な規定を与えておかねばならぬことは，加藤（1983a）[(1)]で指摘したとおりである。

とはいえ，「地域差の処理機構」に明確な規定を与える作業を諸国民経済の「地域構造」に関する現状分析から切り離して全く独立に進める訳にはいかない。「地域差の処理機構」論は，諸国民経済における「地域構造」の歴史的変遷および現状に関する実証的な研究の蓄積を前提としなければ容易に確立しえないからである。その意味において，二つの作業を，並進させることが求められよう。

以上のような認識を踏まえて，本章では，地域経済成長に関する既存理論の検討を糸口として，附論 1 で論及できなかった現状分析レベルにおける「地域構造」研究の枠組を提示することにしたい。

2　地域経済成長をめぐる諸説の検討

（1）地域経済成長の分析視点

ライオネル・ロビンズ（1971）によれば，国民経済成長を対象とした研究の中心的な課題は，それが「なぜ起こるのか」，そして「どういう仕方で生起するのか」の二点を解明するところにある（同，1－2 頁）。この場合，前者は経済成長をもたらす基本的諸原因ないしは諸条件の，そして後者は成長経路の明確化をそれぞれ意味していることはいうまでもなかろう。しかしながら，国民経済の「部分」をなす諸地域における経済成長メカニズムを解明するためには，ロビンズが指摘した「なぜ」および「どのように」という点を明らかにするだけでは十分でない。

地域経済レベルの成長を論じようとする場合，これらの論点に加えてさらに成長が「どこで」生起するかを同時に解明しなければならないからである。以下，本節では，国民経済との対比を通じて把握された地域経済の相対的特質を手がかりとして，地域経済成長の分析が「なぜ」「どのように」「どこで」という三つの論点を解明せねばならない必然性を示し，その上で地域経済成長をめぐって展開された既存の諸理論がこれらの課題にどの程度まで応えているかを検討してみたい。

現実の経済現象，とりわけその空間的側面の分析にあたって重要なことは，地域経済・国民経済・世界経済という三者の間に存在する質的な相違に十分な注意を払うことであろう。これらの間には，地域経済が国民経済の，そして国民経済が世界経済の，それぞれ「部分」をなすという相互関係が存在している。そこで，これら三者の比較を通じて地域経済の相対的な特質を明らかにしてみたい。

まず，地域経済と国民経済を比べてみよう。たとえば都道府県単位で表わされた地域経済を国民経済と対比した場合の特質として真っ先に指摘されるのは，前者が極めて強度の開放性を示すことである。国民経済計算において成立する「三面等価の原則」が地域経済の場合は成り立たないこと，あるいは地域乗数分析における所得の「漏れ（leakage）」といった問題の存在は，地域経済の開放性を端的に表現するものといってよかろう。

しかしながら，外国貿易や国際資本移動などの存在からも明らかなとおり現実には国民経済といえども完全な封鎖体系として存立しうるものではない。むしろ，そうした外部との様々な交流は，国民経済存立にあたって不可欠の前提となっているのである。そこで次に両者の開放性の内実に検討を加え，その相異点を明確にしておくことにしたい。

ハーシュマン（1961）は，経済成長の地域的・国際的波及に関連して「通貨の発行とか為替相場の決定とかいった問題について経済的自主性を欠くということは，一地域の発展にとって相当大きなハンディキャップ」（同，364頁）であるとする。その上で，彼は「一国が国内の後進地域を開発しようとするならば，それらの地域に対して『主権相当物』（equivalents of sovereignty）を付与すべきである」（同，350頁）ことを提起した。ハーシュマンによる指摘は，この問題を考える上で極めて示唆的と思われる。ここで「主権相当物」の賦与とは，通常，国家に帰属すると考えられている諸権利のうち経済の成長を促す上で特に重要な位置を占める「技術，資本の圏外流出を抑制する能力，関税，通貨，外国為替政策における自主性」（同，352頁）などを部分的に地域へ委譲することを意味しているのであるが，それは観点を変えれば地域経済に高度の開放性をもたらす究極的な原因として地域が自らの意思によって外部からの影響を遮断ないし排除しうる力能を持っていない点にハーシュマンが着目したことを物語っているからであった。一般に，地域経済の開放性を説明するにあたって，地域間取り引きの場合は同一の経済体制ないし制度の下で行なわれるため国際間のそれと比較して生産諸要素の可動性が高いという理由づけがなされているが，それはあくまでも増幅要因にすぎないのであって，地域経済の開放性を国民経済のそれから区別する根拠は，ハーシュマンも注目しているように地域経済が「主権」を欠如している点に求められなければならない。

このような事情で，資本・労働・生産物・所得・支出などの地域間移動を妨げることが一般に不可能である以上，地域レベルにおける経済成長現象の研究が「なぜ」そして「どのように」という課題に加えて，相互依存的に存在している諸地域の全体をなす国民経済の「どこで」成長が生起するのか，あるいは逆に「どこで」生起しないかという問題を究明しなければならないのは当然であろう。しかしながら，地域経済成長に関する従来の所説は，この点に必ずしも十分な注意を払ってこなかったように思われる。

H. O. ナース（1975）も指摘しているように，いまだ「成長ないし地域成長に関するただ一つの理論というものは存在しない」（同，192頁）。多くの論者によって提起された多種多様な説明理論の並立状態が久しく続いてきた。とはいえ，主要な方向性が絞られつつあることも事実である。

そこで，以下では，これらのなかから，①新古典派モデル，②発展段階説，③経済基盤説の三つを取り上げて検討を加えてみたい。

（2）地域経済成長理論の検討

①新古典派モデル

ボーツとスタイン（1964）の共著“*Economic Growth in a Free Market*”は，

地域経済成長の分析に新古典派理論を適用した最初の試みとされている（ナース，1975，192頁）。同書において彼らは，地域経済成長理論の課題として，国民経済成長分析で問題とされる

i．資本蓄積と資源配分の均衡時間経路

ii．資源配分，資源に対する支払い額および成長の決定要因間の相互作用

iii．与件の変化に対する経済組織の反応

iv．政府の施策による影響に服する体系内の手段変数の解明

に加えて，

v．地域の均衡成長径路に及ぼす輸出需要（価格）の変化の影響

vi．域内部門と輸出部門間の資源移動，賃金格差の変化，投資収益率に及ぼす影響，労働供給量の変化などの再配分過程

vii．衰退地域から成長地域への労働や資本の移動といった地域間資源移動シフトのパターン

などを地域経済成長研究における重要な論点として指摘した（ボーツとスタイン，1975，134頁）。そして彼らは「適切に拡張された新古典派の価格理論が成長率の州間差異の説明となる」（同，26頁）という理解から，地域経済成長に関する新古典派モデルを提起したのである。

彼らによって提起された新古典派的な地域経済成長理論は，その後さまざまな論者の手で修正・拡充が加えられてきたのであるが，H.W.リチャードソン（Richardson，1973）は，そうした研究史を踏まえつつ新古典派の地域経済成長論を次のように定式化した（同，50-53頁）。

$$y_i = a_i k_i + (1 - a_i) l_i + t_i \tag{1.1}$$

$$k_i = \frac{s_i}{v_i} \pm \sum_j k_{ji} \tag{1.2}$$

$$l_i = n_i \pm \sum_j m_{ji} \tag{1.3}$$

$$k_{ji} = f(R_i - R_j) \tag{1.4}$$

$$m_{ji} = f(W_i - W_j) \tag{1.5}$$

ただし，ここで

y_i ：i 地域の産出成長率

k_i ：i 地域の資本成長率

a_i ：i 地域の資本の限界産出量と平均産出量との比

$(=\frac{\Delta Y_i/\Delta K_i}{Y_i/K_i})$

l_i ：i 地域の労働成長率

t_i ：i 地域の技術進歩率

s_i ：i 地域の貯蓄/所得比

v_i ：i 地域の資本/産出比

k_{ij} ：j 地域からi地域への年間資本移動をi地域の資本ストックで除したもの

n_i ：i 地域の人口自然増加率

m_{ij} ：j 地域からi地域への年間人口流入をi地域の人口で除したもの

R_i ：i 地域の資本収益率

W_i ：i 地域の賃金

ところで，リチャードソンは，以上の定式化にあたって前提とされていた規模に関する収益一定の仮定を解除して（1.1）式を次のように表現しなおす。

$$y_i = a_i k_i + b_i l_i + t_i \qquad (1.6)$$

すなわち，ここで

$a+b=1$ならば収益一定

また

$a+b>1$であれば収益逓増

反対に

$a+b<1$であれば収益逓減となる。

このモデルは，（1.4）・（1.5）の両式から理解されるとおり，(1)完全競争，(2)資本と労働の移動は収益率および賃金率の関数であること，(3)経済は完全雇用成長を持続することの三つを前提として成立している。その点からも知られるように，新古典派の想定する市場経済は，均衡定常成長経済であり，利子率mと利潤率は等しいから，次式を得ることができる（Richardson，1969，50-53頁）。

$$a_i\frac{Y_i}{K_i}=m \tag{1.7}$$

ただしここで

Y_i：i 地域の産出額

K_i：i 地域の資本量

かくして，a_iが一定であれば$Yi=Ki$となるから（1.1）式は次のように変形することが可能である。

$$y_i=\frac{t_i}{1-a_i}+n_i \tag{1.8}$$

この（1.8）式は，資本と労働の分配率が不変である限り，成長率は，労働（の増加率），技術（の進歩率）および資本と労働の分配率（一定）に依存していることを意味しているのであって，それはまた一人当たり所得成長率y_i-n_iは，a_iの値が一定であれば技術進歩率t_iによって決定される，ということに他ならない。

したがって，新古典派の地域経済成長理論によれば，(1)Wの地域的な相違を契機に発生する低賃金地域から高賃金地域への労働力移動および(2)Rの地域的相違を契機とする高賃金地域から低賃金地域への資本移動によって，n_iとt_iとの地域間格差は調整され，長期的には収斂の傾向を持つとされる。つまり，新古典派理論によれば，地域間格差は一時的な「成長の痛み（Growing Pain）」（Alonso, 1975, 630頁）に過ぎない，ということになる。

このように新古典派の地域経済成長理論は，国民経済レベルで一定の成果をおさめた精緻な分析手法を用いて「なぜ」そして「どのように」という二つの課題に対する一応の解答を与えているのであるが，いま一つの課題である「どこで」については，必ずしも十分な回答を与えているとはいいがたい。

以上で見たように新古典派的理論は，資本収益率と賃金の地域間差違を契機に生ずる生産諸要素の地域間移動がもたらす均衡化作用に着目しつつ展開されているのであって，その限りにおいて「どこで」という課題にも答えているかに見える。しかしながら，それは完全競争の前提と資源の完全移動の仮定という二つの論理的与件がもたらした当然の帰結に過ぎない。決して現実の地域経済成長が「どこで」で生起するかを解き明かしたことにはならないのである。

新古典派の地域経済成長理論に対して，リチャードソンは，多岐にわたる批判を展開しているが，そのなかでも次のような指摘は以上で見た弱点を鋭く突くものであり極めて注目される。

「プラントの立地決定が，資本の地域間配分上の変化を大きく規定するということをわれわれが承認するならば，利潤極大化基準によってこれらの決定を十分に説明しうるかどうか疑わしい。コストと収益の将来における空間上の変動に関する不確実性，そして高い立地コストは，この観点を支える二つの明白な理由である。立地決定を利潤極大化によって説明できないのであれば，地域間資本移動と資本収益率の地域間差違との間のいかなる関連性も弱められるであろう」(Richardson，1973，25頁）というのである。

新古典派の地域経済成長理論から導かれる種々の命題は，立地論的研究の成果を踏まえて再検討が求められているといえよう。その意味において，リチャードソンも指摘しているように新古典派の主張する「地域成長における収斂は未解決の問題（open question)」(Richardson，1969，53頁）といわざるをえないのである。

以上，新古典派の地域経済成長論について検討を加えたが，引き続き発展段階説と経済基盤説を取りあげることにしたい。

②発展段階説

ダグラス・ノース（North，1955）によれば，発展段階説の概略は次のとおりである。

(1) 自給自足的生存経済の段階

ほとんどの地域における経済史の第一段階は，投資や交易がほとんど見られない自給自足生存経済の段階であり，「基礎的農業層（basic agricultural stratum)」は，天然資源の分布にしたがって位置している。

(2) 農村工業発生の段階

輸送の改善にともなって，ある程度の交易と特化が地域で進展していく。人口の第２層が出現し，農民のための簡単な農村工業に従事するようになる。資源，市場そして労働力は，すべて農業人口から供給されるので新「産業上部構造（industrial superstructure)」は「基層（basic stratum)」の位置に従う。

(3) 農業の集約化の段階

地域間交易の増大にともなって地域〔の主要産業――引用者註〕は，粗放的穀物生産から果樹栽培，酪農および園芸作物へと推移する傾向を持っている。

(4) 工業化の段階

人口増加と農業そして他の抽出産業における収穫逓減に伴って，地域は工業化を強いられていく。「工業化は，いわゆる第二次産業（鉱業や製造業）のかなり大規模な導入を意味する」。典型的な工業化の第一段階は，農林業生産物に基礎をおいたもので，食料品加工，木工業，繊維加工といった諸活動を含んでいる。もし工業化が進行するならば鉱産物およびエネルギー資源が重要になるであろう。

(5) 移輸出向け第三次産業の発展

地域成長の最終段階は，移輸出のための第三次産業に特化した時に到達する。このような地域は，後発諸地域に資本，技術者および特殊なサービスなどを移輸出する。運送費の役割は，このような成長の諸段階を経て前進する上で決定的なものであった。

笹田友三郎（1966b）は，こうした発展段階説の「母胎となったのは，アルフレッド・ウェーバーの立地構造論であり，その形成にあづかつて大きな役割を果たしたのは，クラーク=フィッシャー説」であるとし，その上で両者の関係を「『発展段階説』とよばれる地域経済の成長理論（theory of regional economic growth）は，クラーク=フィッシャー説の動態性をウェバーの幹につぎ木したものにほかならない」（同，369-370頁）と説明している。

笹田も指摘しているように，クラークとフィッシャーが提起した「ペティの法則」は，発展段階説を構成する一方の柱に他ならない。そのクラーク=フィッシャー説は，次の二つの主張によって構成されていた。すなわち，生産活動を三つのカテゴリーに分類して検討を加えるというのが第一の主張であり，経済の進歩は必然的に産業構造の高度化――すなわち第一次産業から第三次産業に向けてのセクター・シフトをともなうというのが第二の主張である。

このうち後者に対してバウアーとヤーメイ（Bauer and Yamey, 1954）は相関関係と因果関係との混同に基づくものであり，しかも因果関係の分析にあたって，産業三分類が必ずしも有効とはいえないとの批判を加えており，また斉藤一夫（1957）もクラーク=フィッシャー説にいう「所得水準の上昇が，第三次産業の比重増大を必然的にともなうためには，国民経済が封鎖体系たることを必要とする」（同，46頁）という。

このように発展段階説の重要な構成部分であるクラーク＝フィッシャー説には重大な疑問が投げかけられているのであるが，以下その点を考慮しつつ，どこまで地域経済成長理論の課題に発展段階説が答えているのか検討してみたい。

発展段階説の最大の難点は，もともと開放度の相対的に低い国民経済を対象として構成された理論を無批判的に地域経済へと適用したところに求められる。

現実の地域経済は自己をとりまく外部環境から常に重大な影響を被っているにもかかわらず，発展段階説は「内部的」成長要因のみを重視し，そうした「外部的」要因については無視しているといわざるをえない。だが，ノースも指摘しているとおり「地域経済成長の理論は，明らかに発展を促進し，あるいは妨げる要因に焦点をあわせるべき」（North, 1955, 245頁）ことに疑問の余地は無いであろう。その意味からすれば，地域成長と緊密な関連を持つ「外部的」要因に十分な注意を払わぬ発展段階説の限界は明白である。

発展段階説は，確かにセクター・シフトという発展経路を示すことによって「どのように」という課題には一応の回答を与えているといえよう。しかしながら，それが「なぜ」生起するのかについては，封鎖体系を前提に立論されたクラーク=フィッシャー説に依存する部分が多いため，十分に回答しているとはいえない。そして，それが「どこで」生起するのかという肝心の課題については何事も語らないのである。

③経済基盤説

以上のような発展段階説の限界を踏まえて提起されたのが経済基盤説である。経済基盤説の最大の特徴は，クラーク流の産業分類ではなく，ベーシックおよびノン・ベーシック（ローカルないしサービスなどとも呼ばれる）という成長過程ではたす役割に注目した「機能論的」（武山，1968）ともいうべき産業分類を用いる点に求められよう。ここでベーシック・インダストリーとは（移・輸出向けの）全国財を生産している産業を，またノン・ベーシック・インダストリーとは（域内需要に対応した）地域財の生産にあたっている産業をそれぞれ意味しているのであるが，このうち前者のベーシック・インダストリーの拡張こそが地域経済成長の起動力にほかならないとするのが経済基盤説の基本的なアイディアに他ならない。

したがって，最も単純な形で経済基盤説を定式化すれば次のようになろう。

$$Y=B+N$$

$$=B\frac{B+N}{B}$$

$$= B\left(1+\frac{N}{B}\right) \tag{2.1}$$

ただしここで

Y：地域の総所得

B：ベーシック・インダストリーの所得

N：ノン・ベーシック・インダストリーの所得

(2.1) 式は，ベーシック・インダストリーの所得に依存する形で地域の総所得が決定されることを説明するものである。その際に，ベーシック・インダストリーの所得Bを被乗数とし，地域総所得にベーシック・インダストリーの所得が占める比率（$1+N/B$）を乗数とする地域乗数効果が働いていることを示す。この（$1+N/B$）のうち，特に第二項はN/B比（Basic-Nonbasic ratio）と呼ばれ経済基盤説の中心概念を構成している。

ところで，以上のように定式化される経済基盤説に対しては，中心概念であるN/B比に対するものを始めとして多くの批判が加えられてきた。いま，これらの批判を学説史的に詳細にフォローする余裕はない。そこで，以下の行論に不可欠な範囲で，批判の論点を整序しておこう。

（1）対象地域の規模によるベーシック・インダストリーの機能的差違

ティボー（Tiebout, 1956）によれば，「交換経済（exchange economy）の下で個人は，空間的文脈からいって彼がサービスを移輸出する能力に全面的に依存していると考えることができる。おそらくこれは街角の食料品店を別にすれば一つの町内（neighborhood area）でも事実であろう。コミュニティー全体では，所得は非移輸出の増大によって始まる。合衆国経済においては輸出は国民所得のわずかな部分に過ぎない。明らかに世界全体では輸出は存在しないのである」から「地域所得決定における説明要因としての移輸出の量的重要性は，部分的に研究対象となる地域の規模に依存している」（同，161頁）。それ故，経済基盤説が地域経済成長の起動力をベーシック・インダストリーにのみ求めるのは問題だ，とするのである。

（2）N/B比の時間的安定性および計測の技術的困難性

批判の第二点目は，経済基盤説の中心概念をなすN/B比に向けられている。再びティボーによれば「移輸出基盤の概念は，たんに短期的地域所得決定の一般理論」（同上）であり，N/B比が長期的に安定であるとする経済基盤説の主張を裏づける合理的根拠は存在しない，とされる。また，アイザード（Isard, 1960, 194-198頁）によって指摘された，計測のベースを雇用量に求めた場合と所得に求めた場合では，N/B比の値に無視しえない相違が生ずるという問題，あるいはまた先のティボーの批判においても指摘されていたが対象とする地域の規模によっても値は違ってくるといった問題も存在している。

このほかにも多数の論者が経済基盤説に批判を加えており，また論点も以上でみた二点につきるものではない。しかしながら，ほとんどの批判は，何らかの形で経済基盤説の核心をなすベーシック・インダストリー起動力論に再検討を要請している。したがって，その意味では，上述した二点こそ経済基盤説批判の中心的な論点であるといってよかろう。

このような批判を踏まえてリチャードソン（Richardson, 1969）は，次のような経済基盤説の再定式化を試みた。

リチヤードソンも，出発点を基本的には（2.1）式におく。すなわち，地域所得が（2.2）式のように構成されているものと見る。

$$Y_i=(E_i-M_i)+X_i \tag{2.2}$$

ただしここで

Y_i：i 地域の総所得

E_i：域内支出所得ベーシック・インダストリーの所得

M_i：移輸入

X_i：移輸出

いまX_iを唯一の自律的支出項目であるとし，他はすべて所得の関数であるとすれば，次の各式がえられる。

$$E_i=e_iY_i \tag{2.3}$$

$$M_i=m_iM_i \tag{2.4}$$

$$X_i=X_i \text{（外生的）} \tag{2.5}$$

（2.3），（2.4），（2.5）式を（2.2）式に代入すると，

$$Y_i=\frac{\overline{X}_i}{1-e_i+m_i} \tag{2.6}$$

すでに見たように，経済基盤説に対する従来の批判で第一に問題とされたのは，それが移輸出を地域所得の唯一の源泉と考える点であった。リチヤードソンも，この考えを明らかに非現実的であるとして次のような修正を加える。自律的消費をC_i，投資をI_i，政府支出をG_iとし課税はすべて所得税であると仮定すれば，(2.3) 式は以下のように拡充することができよう。

$$Y_i=C_i+I_i+G_i+X_i-M_i \tag{2.7}$$

また，自律的消費C_iは，可処分所得をY，限界消費性向をCとすれば次のように示すことができる。

$$C_i=a_i+c_iY_i^d \tag{2.8}$$

さて，課税額を$T_i=t_iY_i$，投資を$I_i=\overline{I}_i$（外生的），政府支出を$\overline{G}_i=G_i$（外生的），輸出を$X_i=\sum M_{ij}Y_i^d$，輸入を$M_i=\sum M_{ij}Y_i^d$，税引可処分所得を$Y_i^d=Y_i-T_i$，租税額を$T_i=t_iY_i$（ただしtは租税の限界率），さらに総独立支出を$A_i=a_i+\overline{I}_i+G_i$として，これらを (2.7)，(2.8) 式に代入し整理すれば次式をえる。

$$Y_i=\frac{A_i+\sum_{j=1}m_{ij}Y_j(1-t_i)}{1-(c_i-\sum_{j=1}m_{ij})(1-t_i)} \tag{2.9}$$

ただし，ここでm_{ij}はi地減への移輸出係数，m_{ji}はj地域からi地域への移輸入係数である。

また，(2.9) 式における投資$I_i=\overline{I}_i$（外生的）なる制約を解除して誘発投資をも考慮に入れるならば，次のようになろう。ただし，ここで誘発投資$I_i^{ind}=v_iY_i$（v_iは限界投資性向）である。

$$Y_i=\frac{a_i+\overline{G}_i+\sum_{j=1}m_{ij}Y_j(1-t_i)}{1-(c_i-\sum_{j=1}m_{ij})(1-t_i)-v_i} \tag{2.10}$$

こうしたリチャードソンの試みは，地域所得を単に移輸出の関数として把握するだけでなく，同時に域内投資ならびに政府支出の増減とも関連させることによって先にみた経済基盤説に対する批判の第一点を回避することに成功しているといってもよかろう。のみならず，(2.10) 式は，租税率tiと政府支出Giとの間にトレード・オフ関係が存在していることを示唆している点でも注目される。しかしながら，リチャードソンによる再定式化をもってしても批判の第二点に対しては有効な回答をなしえているとは残念ながらいいがたい。それどころか，(2.10)式は (2.1) 式におけるN/B比概念を放棄することによって成立したものだ，という見方さえできるのであって，N/B比概念こそが経済基盤説の「ショート・カット」の魅力（笹田，1966a，364頁）を保証していたとする立場からは，リチャードソンの再定式化も経済基盤説の本来的な姿からの後退に過ぎないことになろう。

以上で検討したように経済基盤説は，(2.1) 式にみられる最もプリミティブな姿においてさえ，移輸出を地域経済成長の起動力として措定することで第一の課題である「なぜ」成長は生起するかに答えており，またN/B比概念を中核に構成された一種の乗数過程として成長の経路を提示することによって第二の課題「どのように」対しでも一応の回答を与えていた。けれども「どこで」という第三の課題に対しては，起動力である移輸出の拡張する地域でという以外には何事も答えていないのであって，その意味からすれば他の二理論と同様に「どこで」という課題を未解決のまま残しているといわざるをえない。

(3)「空白地帯」解消への手がかり

本節では，現段階における主要な地域経済成長理論に検討を加えてきた。地域経済が国民経済の「部分」を構成している以上，その成長現象の究明が国民経済成長分析の一環として進められるのは当然の手続きといっても過言ではなかろう。しかるに従来の地域経済成長理論は，こうした点に必ずしも十分な注意を払ってきたとはいいがたい。

異なった速度と強さをもって地理的な展開をとげるのが国民経済成長の現実過程であるにもかかわらず，成長が「どこで」生起するかという問いに正面から回答を与えた理論は存在していなかったからである。

確かに，それぞれの理論は地域経済成長の起動力を示すことで，この問題に間接的な回答を与えてはきたものの，諸地域経済が国民経済の「部分」として相互依存的に存在するのであれば，そうした起動力の賦存が地理的に異なる根拠を明らかにするのでない限り，真にこの問題に答えたとはいえないだろう。

このように「どこで」成長が生起するのかに関する究明が，地域経済成長理論の空白地帯（missing chapter）をなしている。それと同時に，これが従来の議論の延長線上で解決しうる性質の問題ではないこともまた明らかなところであろう。

そのためには，従来の議論が前提としていた「地域経済の成長理論」という分析視点を「(国民) 経済成長の地域 (構造) 理論」とでも称すべきものに転回させていかねばならないからである。この転回を企図するにあたって注目すべきは，ミュルダール，ハーシュマン，ヒックスらの議論に他ならない。

彼らが試みた経済成長力の地域的格差に関する考察は，いうところ転回の嚆矢をなすものだからである。

そこで，次節では彼らの議論に検討を加えつつ，この転回が持つ意義と残された問題点を考察してみたい。

3　「地域構造」分析への転回と未決問題

(1) ミュルダール，ハーシュマン，ヒックスらによる理論的転回の意義

経済力の地域的格差に関する理論的究明は，いわゆる「後進国問題」の研究過程でえられた知見を利用する形で進められてきた。本節で検討するミュルダール，ハーシュマン，ヒックスらの所説は，いずれも後進国の経済開発の戦略をめぐる研究の一環として提起されたものである。しかしながら，こういった形の理論展開には，以下で見るとおり明らかな限界が劃されていた。

もともと彼らの研究は，後進国開発戦略の構築を主目標としていた点からも窺われるように経済発展論 (Theory of Economic Development) ないし開発経済学 (Development Economics) 等の名称で呼ばれる領域に属するものである。したがって，そこでの中心的な問題は，あくまでも国際経済的な文脈における諸国民経済間の格差であり，一国内部の格差問題は，それに付随する形で取り上げられたにとどまる。さらにまた，彼らが相次いで自説を打ち出した1950年代後半には後進国内部の格差問題自体いまだ意識化されていなかったという事情もあり，一国内部の格差に関する議論は前者の論理的な応用問題の域を出なかった，といっても過言でなかろう。

そのため彼らの議論は，経済力の地域的格差を把握する上での大枠としてはともかく，その現実的メカニズムの解明という点では，なお幾多の不備をまぬがれることができなかった。とりわけ彼らが経済力の地域的格差をもたらす契機として注目した「(経済) 地理的」要因の取り扱いには，重大な不備を認めざるをえ

ない。そこで以下では，ミュルダール，ハーシュマン，ヒックスの順に，それぞれの所説の骨子を紹介し，「地域経済の成長理論」から「(国民) 経済成長の地域(構造) 理論」への理論的転回の意義と問題点を明らかにしたい。

「循環的ならびに累積的因果関係の原理」(ミュルダール，1959，11頁) と名づけられたミュルダール説の基本的アイデアは，「すべて持てるものは与えられていよいよ豊かにならん，されど持たぬものは，その持てるものをも奪わるべし」(同，12頁) という聖書マタイ伝からの引用に込められているといって良かろう。ミュルダールによれば「市場における諸力の働きは多くの場合，諸地域間の不平等を減少させるよりはむしろ増大させる傾向がある」(同，31頁)。すなわち「もしも事態がなんらかの政策の干渉によってさまたげられない市場諸力にゆだねられるならば」(同上) 経済を含む社会的諸活動は「ある一定の地方や地域に定着し，その国の他の部分を多かれ少なかれ沈滞状態に残すであろう」(同上) というのである。

ミュルダールは，特定の地域だけが発展し，それ以外の地域は発展から取り残されるという事態が生み出される具体的プロセスを次のように説明している。例えば「商業中心地は多くの場合，もちろん，港湾を建設するのに十分によき自然条件がある場所に位する。そして重工業中心地はもっともしばしば，石炭ならびに鉄鋼資源からあまり遠くないところに立地する」(同上) であろう。このように特定地域における累積的発展の契機をなすのは，一般的にいえば「経済地理」(同上) における優越性であり，さらにいえば「そのところに，すでに，なにごとかが始まっており，またその開始が成功に恵まれたというような歴史的偶然の中にその起源をもっている」(同，32頁) とミュルダールは主張する。そして，ひとたび，「中心地」(同，31頁) が形成されるならば，そこには「ますます増大する内部的ならびに外部的経済」(同，32頁) が働くことになり，それ以外の地域には，このような中心地と「あらゆる意味で反対の変動」(同，37頁) である「逆流効果 (“backwash” effect)」(同上) が働くことになる，と彼はいう。

かくして，ミュルダールは，経済成長力の地域的格差の存在は「ある程度長期間にわたる主要趨勢」(同，45頁) に他ならない，と主張するのである。ハーシュマン，ヒックスの所説も地域的な格差をもたらすプロセスに限っていえば，ミュルダールの主張とほとんど変わりない。彼らの主張を，続けて紹介していこう。

例えば，ハーシュマン (1962) は「成長の中心地——そこには革新の気運とともに

『工業的雰囲気』があふれている――に近いということには，既存の諸施設から得られる立地上の利点のほかに，また別の利点があるものである」（同，320頁）との理由から「もしある地点で経済成長が発生するならば，いろいろな要因の強い作用によって，経済成長がその周囲に空間的に集中する」（同上）こと，したがってまた「経済成長は，地理的な意味では，必然的に不均整的なのである」（同，321頁）との指摘を行なっている。ヒックス（1964）もまた「一国内において，富が最も容易に伸長し得る特定の場所は，地理的に有利な地歩，鉱物資源ないし動力源に対する，あるいは特殊化した作物に特に適した地域に対する，近接に特色づけられて」（同，199頁）おり，さらにこうした「地理的理由」（同上）に加えて「新しい企業は，それが他に移るなにか特別の理由を持たぬ場合は既に確立された中心地の近傍を好むものである」（同上）という「経済的理由」（同上）の存在によって「一国内のある地域が他の地域よりも富の成長がより大」（同，200頁）となり，そして一度そのような中心地が形成されるならば，たとえ「地理上の利点を喪失しながらも，しかも集中の利益を通じて成長」（同上）するという「内的な経済的惰性」（同上）によって地域的格差が固定化する傾向があることを指摘している。もっとも，ミュルダールとハーシュマン，ヒックスの所説を比較する時，そこには幾つかの相違点が存在していることを見逃すことはできないであろう。

ハーシュマン（1962）によれば，成長過程における経済力の地域的格差の発生は「不可避なものであり，さらにまた，そのことが，いっそうの成長をどこでもひき起こすための必要条件」（同，333頁）なのであって，それ自体に問題があるわけではない。実際また「もし国内で〔地域的格差の拡大に基づく――引用者註〕南北分裂傾向が相当の期間継続するならば，ある強力な要因が出現して一つの転換点をつくり出す」（同上）であろう。その意味から，彼は「ミュルダールの分析があまりにも暗いのに驚」（同上）かざるをえなかったというのである。ヒックス（1964）もまた控え目ではあるが，地域的な格差を是正する方向に作用する諸力，すなわち「財の移動，労働の移動および資本の移動」（同，200頁）の存在をあわせて指摘している。

このように三者の所説には，幾つかの無視しえない相違点が確認される。しかしながら，彼らの所説が次のような共通の土台の上に構築されていることは明らかであろう。すなわち，成長諸力の地理的集中によって特徴づけられる「中心地」がひとたび形成されるならば，当該地域は「集積の経済」の作用によって，かなり長期間にわたり他の地域よりも高い成長率を享受するであろうとする理解がそれである。さらに注目すべきはハーシュマンについてはひとまずおくとしても，ミュルダール（1959）においては「経済地理」（同，31頁），ヒックス（1964）にあっては「地理的理由」（同，199頁）と表現こそ違え，何らかのかたちで，立地条件における優越性が考慮されている点に他ならない。彼らが，地域的格差の形成プロセスにおける初発インパクトを経済地理学的ないしは立地論的ともいうべき観点に立脚して考察していることは明らかである。それればかりではない。彼らは，これに続く地域的格差の拡大傾向をめぐる論理の展開にあたっても再び「集積の経済」を重要な鍵として取り上げたのであった。このようにミュルダール，ハーシュマン，ヒックスらの所説は，地域的格差の形成プロセスを経済地理学的ないしは立地論的観点を考慮しつつ，それをより具体的なレベルで，説明しようとする点において共通している。そして，この点にこそ彼らの所説を従来の「地域経済の成長理論」とは区別される「（国民）経済成長の地域（構造）理論」の嚆矢として位置づける根本的理由があるのである。

（2）経済力の地域的格差メカニズムに関する諸説の難点

ミュルダール，ハーシュマン，ヒックスらの展開した経済力の地域的格差メカニズムに関する所説の骨子と意義は以上のとおりであるが，そこには先にも指摘したとおり種々の難点が残されている。

諸地域間における経済地理的ないし立地条件の優劣を契機として経済成長力の地域的な格差は形成され，そこに「集積の経済」が作用することによって格差の拡大傾向が生ずる，という理解は彼らの所説に共通するものであった。そして，このような理解は，現実における格差メカニズムの核心を鋭く突いたものといって良い。しかしながら，格差の「起点」にあるとされた特定地域における立地条件の優越性は何故に優越性たりえたの理由を彼らの所説は明確にしているとはいいがたいのである。

例えば，ミュルダール（1959）は，「広い限界の中では，今日ある中心地を牽引する力は，主として，そこでも同じように，またはよりよくなにごとかが始められたはずの他の場所にではなく，そのところに，すでに，なにごとかが始まっており，またその開始が成功に恵まれたというような歴史的偶然の中にその起源をもっている」（同，31-32頁）という。「すべて持てるものは与えられていよいよ豊かにならん，されど持たぬものは，その持てるものをも奪わるべし」（同，12頁）という聖書の言葉に自説のいわばエッセンスを仮託するミュルダールの立場からすれば，これで問題はひとまず解決したといえるのかもしれない。しかし，論理学的にいえばこうした説明が循環論法に過ぎないことは明白であろう。

問題は，ある者（＝地域）が，そもそもの始まりにおいて何故に「持てるもの」であったのか，という点にこそある。この点に明確な回答を与えるのでなければ，地域的格差のメカニズムを究明したとは到底いえない。ミュルダール，ハーシュマン，ヒックスらの所説における最大の難点が，ここにある。

もっとも後進国開発戦略の構築を目的とした彼らの立場からすれば，こうした問題提起は，全く予想しなかったものであろう。事実，後進国とは，近代資本主義の世界体制下における「持たざるもの」の代名詞に他ならなかった。ある者(=地域）が，そもそもの始まりにおいて何故に「持てるもの」であったかという設問は，国際的文脈における格差問題を考察の主たる対象とする彼らにしてみれば，なぜイギリスで，さらに続けて（ヨーロッパ）大陸諸国で資本主義社会への移行が展開したのかという大問題と同義なのである。

したがって，それは当面する議論にとって前提とされるべき問題ではあっても，回答を義務づけられるといった性質の問題ではないのかもしれない。

だが，一国内部における経済力の地域的格差を問題とする場合は，全く事情が異なる。政治的な「主権」を欠き，それ故に生産諸要素の地域間移動を妨げる手段を保有していない地域経済の成長現象が，他地域における成長の如何と無関係に存在しえないことは当然であろう。そのように考えるならば，そもそもの始まりにおいて，ある者（＝地域）が「持てるもの」であった根拠を明らかにしておくことの決定的な重要性は，あらためて説明するまでもなかろう。

とはいえ，ミュルダールのいわゆる「歴史的偶然」が経済力の地域的格差の形成にあたって作用する余地を認めない，という訳でない。ここでの問題は，そうした余地を十分に踏まえた上で，ミュルダールのような循環論法から抜けだす方途を探るところにこそある。そして，そこに理論的転回を必然化する根拠は，明確にされるであろう。以下，項をあらためて，その点を検討してみたい。

(3)「地域構造」分析への理論的転回の必然性

ミュルダール(1959)も指摘しているように「重工業の中心地はもっともしばしば,石炭ならびに鉄鉱資源からあまり遠くないところに立地するであろう」(同,31頁)。しかしながら,その場合,石炭ならびに鉄鉱資源の賦存それ自体が,自律的な働きかけによって重工業中心地を牽引したというのでは,一向に問題は解決しない。実は,この点を掘り下げて考えて見ることが,ミュルダール流の循環論法から抜けだす鍵をなす。

諸産業の立地決定メカニズムを考察する上で最も基礎的かつ重要な概念は,立地因子と立地条件の二つであるが,しばしば用語法の混乱によって同義に扱われてきた。しかしながら,立地因子と立地条件の間には,立地因子が「立地条件の経済体に及ぼす諸影響は,経済体によって統合的に評価され,その評価に基づいて立地が定められる。評価を構成する要素または項目」(国松久弥ほか,1981,57頁),したがってまた生産者の「費用や収入を構成する要素で,しかも場所によって違いのあるもの」(国松久弥・西岡久雄,1961,40-41頁)と規定され「それぞれの形態の生産活動について考えられている」(同,41頁)のに対して,立地条件とは「地表上のそれぞれの場所において場所によって違う生産の条件」(同,41頁)いいかえれば「ある場所(または地域)に立地するなんらかの主体に対して,他の場所(地域)に立地する場合とは異なった影響を及ぼすその場所(地域)の持つ性質」(国松久弥ほか,1981,56頁)であって「それぞれの場所について考えられている」(国松久弥・西岡久雄,1961,41頁)という形で明確に区別されねばならない。それ故,立地主体が利潤極大化行動をとるものと仮定しうるならば,諸産業(正確にはその分肢としての企業体)の立地決定は,各々の立地主体に固有な立地因子を媒介として費用項目上に反映されるであろう諸地域の立地条件の相違を基準とした最適立地点の選択として理解されるのである。

個別企業の立地決定メカニズムが以上のようなものであるとするならば,ミュルダール流の循環論法から抜けだすのは,それほど困難なことではなかろう。立地主体の側から考えれば,諸地域間における立地条件の相違は,立地因子を媒介として自らの費用構成や収益などに変動を及ぼす要因に他ならないのであるが,立地因子と立地条件との関係は,こういった立地条件→立地因子という一方的な関係に限定することはできない。ミュルダール,ハーシュマン,ヒックスらの所説においては全く問題とされていないが,立地因子→立地条件という関係も重要な意味を持っているからである。

ある地域にどれほど良質の鉄鉱石の鉱脈が賦存していようとも，それを利用する産業自体が存在しなければ，あるいはまた，そのような産業が存在したとしても当該鉱脈において産出される鉄鋼石よりはるかに低廉な鉄鉱石（たとえそれが品質的に劣るとしても）が安定的に輸入されるとすれば，はたして当該鉱脈の存在が立地条件として機能するかどうかを一義的に判断することはできないであろう。さらに，これとは反対に日本における石炭のように，一定時点まで極めて重要な立地条件を構成していたにもかかわらず，中東から「低価格」原油が流入したことで資源としての意義を大きく減退させ立地条件としての機能を停止したような例も存在している。このように各々の地域における立地（牽引）要因は，超歴史的に立地条件として機能するわけでは決してない。

それが，立地条件として機能するのは，あくまでも――当該立地（牽引）要因を――立地条件として浮かびあがらせる特定の社会経済史的背景がある場合に限られるのである。ミュルダールの指摘した例に立ち戻っていえば，重工業中心地が鉄鉱資源に近接して形成されるのは，一般に鉄鉱石が重工業にとって欠くことのできない原料となっているからだけではなかった。それが同時に，A. ウェーバーのいわゆる重量減損原料であるからに他ならない。

同様のことは，ミュルダール，ハーシュマン，ヒックスらが地域的格差の拡大傾向を説明するにあたって重視した「集積の経済」に関してもいえるであろう。この点については，イギリスにおける歴史的経験を踏まえてマックローン（1973）が，次のような興味ぶかい指摘を行なっている。彼によれば，「多くの活動について，運送費はもはや特定のある地帯の開発可能性の有無を決定する要因ではないと仮定してよかろう。もっとも重要なことは，ある企業が特定の立地でどの程度外部経済から恩恵を受けうるか」（同，52-53頁）にかかっているのであるが，企業の立地決定において「集積の経済」が占める位置も，生産力の発展に対応した歴史的な変遷を経験してきたのである。

以上の検討からも明らかなように，彼らの所説の難点は，せっかく導入した経済地理学的ないし立地論的な知見を十分に活かしきれなかったところに発していた。そこにミュルダール（1959）が，全てを「歴史的偶然」（同，32頁）へと還元せざるをえない理由もあったのである。しかし，経済発展過程における基軸産業の交替が，その背後で（支配的な）立地因子の変化を引き起こし，それがはねかえって諸地域の立地条件に変動をもたらすという二重の過程を持っていることが明らかになった以上，もはや全てを「歴史的偶然」に委ねる理由は存在しない。いま求められているのは，そうした動態的な論理を積極的に取り込んだ新しい分析枠組の構築だからである。

とはいえ，この新たな分析枠組は，単なる既存の経済地理学や立地論の延長線上に構築しうるものではない。フーヴァー（1976）も指摘しているように「立地論は，それによって地域の構造と成長の理論をおしすすめることができる不可欠の基礎」（日本語版への序文）に他ならないのであるが，しかし，ここで問題としているのは，個別企業の立地ビヘイビアの解明を課題とした通常イメージされるところのいわゆる「微視的立地論」（江澤，1967）とは違う。そうした個別企業の立地ビヘイビアの積み重ねが，意図せざる結果として織りなす全体としての産業立地の動態に関する理論的な枠組，すなわち「地域構造」論なのである。

ところがミュルダール，ハーシュマン，ヒックスらは，経済地理学的ないし立地論的な知見を動員することによって「地域構造」論への糸口を見出したにもかかわらず，それ以上の展開を試みなかった。その主たる理由は，先にも指摘したように彼らの主たる目標が後進国開発戦略の構築に置かれていたからであろう。だが，彼らの所説を前提として一国内部における経済力の地域的格差に検討を加えた論者たちの中からも「地域構造」論への理論的転回の必然性は長らく提起されてこなかったのであり，その意味からすれば，ノース（North，1955）が30年も前に指摘した「立地論に関心を持った経済学者は，しばしば地域経済成長の分析にあたって，その関連性を指摘したものの，体系的な考察を続けてこなかった」（同，243頁）という不幸な事態に理論的転回をさまたげた最大の理由を求めることができるかもしれない。それはともかく，以下，節をあらためて，どのように具体的な「地域構造」の分析を進めるかについて論じてみたい。

4　経済基盤脱による「地域構造」論再構成の試み

（1）「地域構造」概念の検討

ここ数年来の「地域構造」論をめぐる論争が，日本における経済地理学研究のあり方に多大の影響を及ぼしてきたことは否定しえないところであろう。この論争は，一方では島恭彦や宮本憲一の所説に代表される「地域的不均等（発展）」

論の継承者たちと「不均等発展」論の難点を克服すべく自説を構築したとする矢田俊文ら「地域構造」（研究推進）論者との間でなされている議論の応酬として，他方では「地域構造」研究の必要性を唱える論者間における研究の具体的推進方法をめぐる論議として展開されてきているが，そのいずれにあっても「地域構造」の概念をいかに理解するかが重要な論点を構成している。そこで本節では，「地域構造」概念の整序を手がかりに現状分析レベルにおける具体的把握の方法を考察することにしたい。

木内信蔵（1968）によれば，既存の文献にみられる「地域構造」の概念は，次のような二類型に整序することができるという。まず第一の類型としてあげられるのは「一地域を構成している諸要素（elements）と諸因子（factors）との関係を扱うもの」（同，99頁）であって，ここには千葉徳爾（1960）の「構造とは部分が相互に，また部分と全体とが相互に関連しあう様式である。したがって，地域構造においては，単位地域の内部で，その部分に相当する構成要素が互いに関連しあい，さらにその全地域と各要素，もしくは単位地域との関係を含めたものが一つの地域として考えられることになる。単位地域に対するその地域外からの作用についても，これを含めて考えているのが地域の構造という概念である」（同，33頁）とする理解が含まれる。次に，木内（1968）が，第二類型としてあげたのは，「複数地域の相互関係……全体と部分，階層，並列等の体系を指す」（同，100頁）ものであるが，経済地理学との関係でいえば，この第二類型には，西岡久雄（1976）の「地域は立地を構成単位とするとともに，地域それ自身がより大きな地域の構成単位である。換言すれば，いくつかの立地の集合が地域であり，そのような地域が寄り集まってさらに大きな地域あるいは全体としての地表を形成していることになる。そして地域の水平的・垂直的な寄り集まり，すなわち，地域の配列・重合の状態を地域構造（あるいは空間構造）とよぶ」（同，３頁）とする見解などが含まれるであろう。

木内は，このような整序を行なった上で，第一類型に属する理解については「地域の構成（composition of region）」という名称を，また第二類型のそれについては「諸地域の組織（system of regions）」をそれぞれ用いることを提唱して，この両者の性格を兼備したものでなければ「完全な意味における地域構造」と呼ぶことはできないとの見解を示した。木内が，それを「地域の構成」と呼ぶべきであるとした点からも窺われるように第一類型の「地域構成」理解には，重大な難点が存在している。

ブードビル（Boudeville, 1968）が，現実の「地域を地域たらしめる特性は，政治的一体性の欠如とこれに対応する経済的ならびに社会学的な連関性の存在である」（同，61頁）と指摘しているとおり，資本主義社会における「地域」は単独で，あるいは孤立的に存在しえない。何故ならば，地域経済は，先にも指摘したとおり「主権」の欠如に由来する強度の（経済的）開放性に特徴づけられているからである。その点を念頭に置くならば，地域外からの作用を考慮するにしても，結局のところ観念的操作で「孤立化」させられた特定地域の「個性」を醸成する構造に関心を集中する第一類型の理解が，ここでの課題に応えるものでないことは明らかであろう。

かくして，本章における「地域構造」の理解が第二類型のそれをより強調したものであることは明らかなところであるが，しかし，それにしてもなお検討すべき二，三の問題が残されている。問題の第一は，分析の対象をなす「全体（地域）」をどこに求めるかであり，第二の問題は第二類型の例としてあげた西岡の見解にみられるような地域構造の「構成単位」という考え方をどのように扱うかである。以下，順に検討しよう。

クズネッツ（Kuznets, 1951）は，経済成長の経験的研究における基礎的単位が満たすべき必須条件として，(1) 明確に識別可能であること，(2) 最低限度の自律性を有すること，(3) 独立の部分として扱うメリットを有する下位部分を含まないこと，の三点をあげているが，この指摘は最初の問題を考える上での重要な手がかりをなす。クズネッツ自身は，この条件に適合した基礎単位として「国〔民経済〕（State）」に注目し，それを分析対象として学説史に残る幾多の成果をあげた。さて，いま「全体」として国民経済を超える単位を考えるならば，それは「独立の部分として扱うメリットを有する下位部分を含まないこと」という第三の条件に抵触し，また反対に国民経済よりも小さい単位を対象にするとすれば今度は第一・第二の条件に抵触するから，地域構造分析の対象をなす「全体」も国民経済をおいて他にありえないということになろう。

また，クズネッツの指摘した三条件を前提に議論を組み立てるのであれば，地域構造の「構成単位」という西岡流の発想法も棄却せざるをえない。西岡の議論をつめていくと「全体」として国民経済は，「構成単位」である立地ないし地域の総和に等しいという結論に行き着くことになる。統計的には，確かにそうした関係を確認しうるのであるが，木内（1968）もいうように「しかし統計的事実を離れて，実質的にみると国と都道府県と市町村とは異なった役割をもち，時には相反する動きを示すことさえある」（同，105頁）のであって，西岡説は，「地域構造」の形式的な議論としてはともかく，機能的な側面を十分射程に取り込んでいるとはいいがたい。西岡説においては，「構成単位」としての「地域」が何によって結び付けられて一つの「全体」としての構造を作り上げているかが必ずしも明確となっていないのである。

もちろん，現実の「地域構造」を描き上げようとする場合には，この「構成単位」である「地域」をどのように具体的に把握するかという問題を避けて通ることはできないわけで，後にまた議論することになるのであるが，その前に西岡説との関連で指摘した「構成単位」としての「地域」を連結させ，地域構造を「構造」たらしめているものは何かを検討しておこう。ブードビル（Boudeville, 1968）の「地域構造の多様性は，地方（あるいは地域）市場のための生産条件よりも，むしろ地域間市場を対象とする商品に関する特化から生ずる」（同，73頁）という指摘からも知られるように，諸「地域」を結び付け国民経済の「地域構造」を作り出しているのは，地域間分業に基づく財とサービスの移出入，資金および人口の流動関係等に他ならないことは，すでに多くの論者が指摘しているとおりである。ところで，この地域間分業は，諸地域経済における特定産業（ないし特定生産物）への生産の特殊化，すなわち経済の「地域特化」としても把握できよう。

それは，当然ながら諸「地域」経済が，それぞれに特定の経済的諸機能を担当し，相対的に他の「地域」とは異なった形で自己を再編していくことを前提としているのであって，その意味からすれば経済の「地域特化」の深化とは，同時に，「地域」間の相互依存関係の緊密化に他ならない。以上の検討は，国民経済の「地域構造」を結像させる焦点として，全国規模における交易，したがってまた諸「地域」間の移出入を現実的に支える各「地域」のベーシック・インダストリーの存在を浮かび上がらせる。従来の「地域構造」に関する議論は，この意味で極めて重要な位置を占めるベーシック・インダストリーの存在に全くといって良いほど注目してこなかったのであるが，実はベーシック・インダストリーの配置に目を向けることで，「地域構造」論において難問とされた幾つかの問題を解決することが可能になることを次項では示してみたい。

（2）経済基盤説による「地域構造」論の再構成

ベーシック・インダストリーの地理的配置への注目は，「地域構造」の分析を進めるにあたって難問とされてきた「地域」の把握に新たな視点を提供することになろう。他の機会にも指摘したとおり「地域構造」論の構築は，資本主義社会における「地域（経済）」の特殊な存在態様への注目，すなわち「地域（経済）」は固有の実体として存在するのではなく「地域構造」の基底たる「産業配置の従属変数」（矢田，1982，242頁）として存在するという認識に端を発するものであった。だが，現時点での研究成果の内容から判断する限り，そうした認識が矢田らの「地域構造」論において徹底化されているとは考えがたい。

むしろ「地域＝実体」説を前面に押しだしたとしか考えられない箇所すら見うけられるのである。そして，先に西岡の見解を検討した際に論及を避けた問題，すなわち現状分析レベルにおける「地域」の具体的把握方法の混迷こそ，こういった論理的混乱をもたらしている根本的要因に他ならない。従来，「地域」を具体的に把握する際に用いられてきた二つの方法を検討することで，この点を考えてみよう。

いうところの二つの方法とは，第一に，なんらかの指標を設定した上で同じような値をしめす空間的範囲を「地域」として把握しようとする「等質地域（uniform region）」の劃定であり，第二の方法は，任意に規定された「中心」と機能的な連関関係を有する空間的範囲を「地域」と把握する「結節地域（nodal region）」の劃定であった。これらが従来における「地域」劃定の主たる方法なのであるが，ともに分析者の問題関心ないし視角の相違に応じて肝心の基準設定が種々に変化することから生ずる「地域」のズレを甘受せざるをない難点を持つ。いかなる「指標」を選択するか，あるいは「中心」として何を想定するかに関する基準が，明確化されないのだから，それは当然の帰結といえよう。

にもかかわらず，こうした少なからず恣意に依存する部分を残した，その意味からすれば基準の曖昧な方法に固執してきたのは，固有（あるいは「自存自立」のといった方が適切かもしれない）の実体として「地域（経済）」が厳存しているという暗黙の了解があるためとしか考えられない。確かに，「自存自立」の実体として「地域（経済）」が存在するとなれば，それは当然のことながら他と明確に区別しうる境界を備えているであろう。しかし，資本主義以前の共同体ならばともかく，そうした共同体の解体が基礎となって形成された資本主義社会において

「地域（経済)」が固有の実体として存在しえないことは明らかである。

このように見てくると，従来の議論が，現状分析レベルにおける「地域」劃定の有効な方法を構築しえなかったのは当然である。そこでは，資本主義社会における「地域（経済)」が，まず何よりも社会的再生産を充足するために必要な特定の（経済的）機能を担う場として存在している点が決定的に無視されているからに他ならない。「等質地域」を劃定するための指標ないし「結節地域」の劃定する上での「中心」を設定しようとするならば，そうした機能的連関を考慮しなければならないからである。そこで次に問題となるのは，いうところの機能的連関とは何を指し，いかなる方法によって具体的な把握が可能となるかであろう。

経済基盤説におけるベーシック・インダストリーおよびノン・ベーシック・インダストリーという産業の「機能論的」分類が，ここにおいて極めて重要な意味を持ってくる。ノース（North, 1955）が「地域の概念は，単なる地理的な類似性を超えて，地域を一体化させる凝集力が共通の移輸出基盤をめぐって発展するということに注意を向けるため再定義されるべきである」（同，243頁）と指摘しているように，「地域構造」の構成要素である「地域（経済)」を具体的に劃定しようとする時，ベーシック・インダストリーの態様は有力な基準をなす。ヴァイニング（Vining, 1949）もまた，この点に関して興味深い指摘を行なっている。すなわち，彼によれば「経済地域は，その『移輸出』産業を中心に組識されている……。それはさまざまなフローの源泉であり，それによって地域は，より大きな相互依存システムに編入され」（同，90頁）ているのである。

このように見てくると「(国民経済の）地域構造」の構成要素としての「地域」を具体的に劃定しようとする場合，それが一体いかなる国民経済的機能を担っているかに注目しなければなないことは明白であろう。「部分」としての諸地域は，一方において国民経済という「全体」を構成しているが，その反面では常に「全体」からの規制を受けているのであって，この構成と規制の接点をなしているのが，各々の「地域」におけるベーシック・インダストリーなのである。しかも，その盛衰こそが（N/B比を介して）それぞれの「地域」におけるノン・ベーシック・インダストリーの展開を規制する根本的要因なのであった。

この意味からすれば「地域を一体化させる凝集力」であり，かつそれを「より大きな相互依存システムに編入させる」窓口でもあるベーシック・インダストリーの立地・配置を焦点とする以外，国民経済の「地域構造」に鮮明な像を結ばせる方法はありえない。ところが従来の「地域構造」論においては，例えば矢田が「経済地域」を産業分布による「地域区分」（=「産業地域」）と経済循環の観点からする「地域区分」（=「経済圏」）との重ね焼きによって規定しようとした点が象徴的に示しているとおり，国民経済レベルと地域レベルとの連関への配慮は明らかに不足していた。他の機会（加藤，1983a）に指摘したとおり同じ経済循環といってもベーシック・インダストリーが作りだす全国規模での大循環とノン・ベーシック・インダストリーによる地域的な中小の循環とは，明確に区別されねばならないのであるが，「地域＝実体」論に制約されて，従来の「地域構造」論者は二つの循環の間に存在する機能的な差違をとらえることができなかったのである。

しかも「地域構造」論者は，こうした循環の起点が何であるかを必ずしも明確化していない。経済基盤説による「地域構造」論の再構成は，こうした難点を解決する手がかりを提供することになろう。すなわち，それによって第一に，世界経済的な連関を不可欠の前提にしつつも基本的には国民経済レベルで，展開される社会的再生産の充足に必要な特定の（経済的）諸機能を担う場としての「地域（経済）」がベーシック・インダストリーの立地・配置を基礎に形成されていることを，第二に，それが起点となって全国規模での大循環を作りだすと同時に地域的な中小の循環を作りだすノン・ベーシック・インダストリーの発展を規制していることを明らかにするのである。以上の議論を要約的に示せば，**図附2-1**のようになろう。

矢田（1982）も指摘するように「地域的分業体系としての地域構造は，社会的分業体系としての再生産構造によって基本的に規定される」（同，230頁）とするならば，産業構造の把握が「地域構造」分析の第一歩であることはいうまでもない。ところで，産業構造を具体的に構成しているのは，種々の産業部門であり，さらにいえば個々の経営体である。そして，その経営体の立地・配置が「地域構造」を作りだす基礎的過程をなす。

この場合，「一国の再生産の中軸をになう部門の立地地域が同時に一国の地域的編成の基軸ともなり，他の諸部門の立地地域に対して激しい外圧的な変動をもたらす」（同，245頁）ことを考えれば，基軸産業であると同時に全国市場向けの財を供給するベーシック・インダストリー（以下，これを全国財産業とも呼ぶ）の立地・配置にこそ「地域構造」の骨格は求められるべきであろう。すなわち，そ

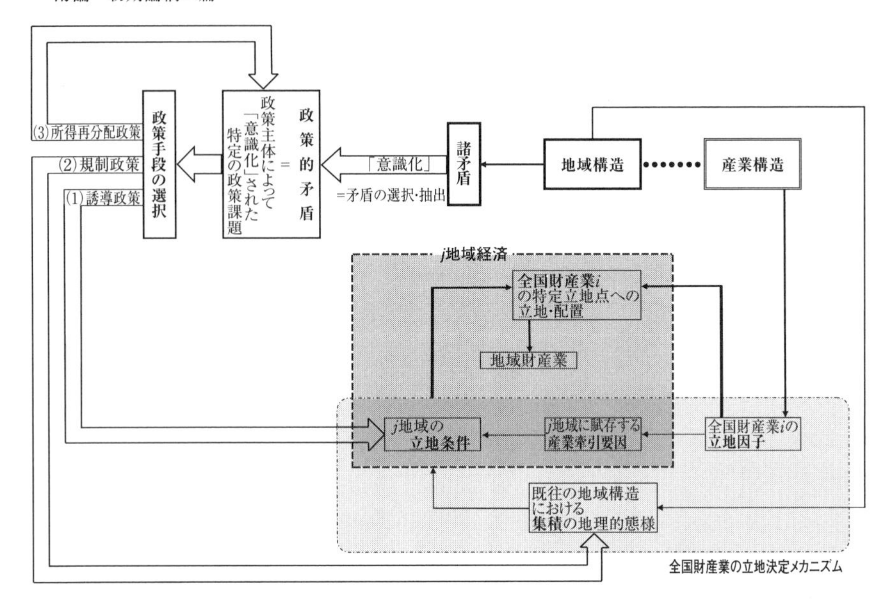

図附2－1　経済基盤説を踏まえた「地域構造」論の再構成

れは自らに固有の立地因子に即して諸地域に賦存する立地牽引要因の選別・評価を行なうことにより全国的な立地条件分布の大枠を規定ないし変動させる一方で，自らを中心に関連産業をローカル（＝ノン・ベーシック）・インダストリー（以下，これを地域財産業とも呼ぶ）として編成するのである。

国民経済の「地域構造」は，このようにして把握しうるのであるが，それは第一に，産業構造したがってまた基軸産業の交替による支配的な立地因子の変化がもたらす諸「地域」における立地条件の変動によって，第二に，国土政策による立地条件の意識的な変更を通じて歴史的変貌をとげていく[(2)]。こうした二方向からする立地条件の変動が，その時々の基軸産業における立地因子と結びつき，さらにまた既往の地域構造における集積の態様を前提としながら，全国財産業の立地・配置を規定し，さらにそれが自己の周囲に地域財産業を編成することで国民経済の「地域構造」が形づくられているのである。次項では，こうした「地域構造」を，いかにして具体的に把握しうるかを考察することにしよう。

(3)「地域構造」把握の具体的方法について

国民経済の「地域構造」を把握する上での焦点が，全国財産業（ベーシック・インダストリー）の立地・配置にあることは，すでに指摘した。かくして問題は，いかなる手続によって全国財産業の立地・配置の状況を確定しうるかに帰着する。そして，その場合の有力な武器となるのは，なんといってもP. S. フローレンス（Florence, 1948）の創案にかかる立地係数，局地化係数，特化係数の三つであろう。

これらの指標は，従来から，個別地域のベーシック・インダストリーを確定する上での重要な手がかりとして広く利用されてきた。以下に提示する全国財産業の立地・配置状況の確定手法も，それ自体としては従来の試みを何ら超えるものではない。両者に違いがあるとすれば，これまでの分析にあって必ずしも十分な考慮が払われてきたとはいいがたい国民経済発展との関連を明示的に導入した点であろう。

国民経済の発展過程は，同時に産業構造変貌の過程でもある。ある国民経済を特定の歴史的時点について観察すれば，それ故，必ず成長期を迎え拡張しつつある産業部門と衰退期にさしかかった産業部門とを確認することができよう。そして，ベーシック・インダストリーが国民経済的に見た成長産業であるか否かは，当該地域経済の将来を大きく左右するばかりでなく，同時に国民経済の「地域構造」にも無視しえない影響を及ぼすから，一般的にいって成長産業をベーシック・インダストリーとする地域の経済力は，他の地域よりも急速に強化されていくことになる。

このような動きは，当該地域の域内市場を拡張させ地域財産業の多様な発展を呼び起こす。そうした過程を通じて，次第に地域財産業の中からベーシック・インダストリーへと転化していく部門も生じてこよう。仮にそこまで到達しなかったとしても，（ミュルダールが累積的因果関係論として定式化したように）当該地域では，成長産業の拡張にともなう有利な雇用機会の増大，税収増による財政基盤の強化を背景として地方政府が展開する積極的なインスラストラクチュア整備といった，人口や資本を牽引する種々の要因が生み出される。

「地域構造」の基礎をなす集積の地理的態様は，このように成長産業をベーシック・インダストリーとして有する地域を中心として次第に変貌をとげていくであろう。地域経済的な観点からするベーシック・インダストリーとノン・ベーシック・インダストリーの類別に加えて，国民経済的観点からする成長産業と衰退産業の類別が試みられねばならない所以である。成長産業と衰退産業の類別自体は，国民所得統計なり全国の就業者統計を見れば一目瞭然であるが，その立地・配置に関してはパーロフらの手でアメリカ経済の地域的成長分析に用いられたシフト分析の手法が有効だといわれる。

そこで以下では，まず，フローレンスによって開発されたシェア分析を利用した個別「統計地域」におけるベーシック・インダストリーの確定手法を説明しておく。これに，続けてシフト分析を国民経済的な成長産業・衰退産業の類別手法として用いるにあたって要請される手続に若干の検討を加える。その上で，両手法を組み合わせつつ「地域構造」の骨格をなす全国財産業の立地・配置確定のための分析枠組みを提示してみたい。

日本でも，シェア分析を適用した実証的研究は，着実に進んでいる。ここでは，その代表例として，青木外志夫（1968a，b），武山弘（1968），西岡久雄・阿蘇道子（1969a，b，c）などをあげておこう。これらのなかでも，武山（1968）は，シェア分析を駆使しつつ，「経済発展の地域的展開における機構メカニズムは，国全体の経済発展の大ワクの下，構成的構造条件の地域差に規定される」（同，11頁）ことを実証的に解明した点で注目すべき存在である。

また，シフト分析によって日本経済の地域構造変化をトレースした先駆的業績として佐藤洋（1971）も見逃すことができない。シェア分析と比較すれば，現時点――初期論稿 2 の発表は1985-86年である――におけるシフト分析の適用例は少ないが，それでも近年になって太田勝（1982）や佐竹光彦（1980）などの実証的成果があがってきている。シェア分析もシフト分析も，計量的というよりも，むしろ記述的な色彩を濃厚に有しており，それだけに精密さに欠けると見る人も多いようだが，しかし長期にわたる統計データから変化の概観を得たいときには，かえって有効な手法であるように思う。

なお，先に個別「統計地域」という断りをいれておいたが，それは第一に，都道府県などの行政区域（これが官庁統計の一般的な地域区分となっている）が直ちに「地域構造」の構成単位をなす「地域」ではないことを明確にしておきたいと考えたからであった。さらに消極的ではあるが，以下で提示する分析手法によって有効な結論をえるためには「統計地域」の規模が可能なかぎり小さいほうが良い場合があるというオペレーショナルな面での理由も付け加えておこう。それでは，いよいよ「地域構造」の骨格をなす全国財産業の立地・配置を確定するための分析枠組みの検討に進みたい。

①シェア分析

フローレンスによって産業の地理的な分布および特定地域への集中状態を示す指標として考察された立地係数，局地化係数，特化係数の算出方法と各々の含意は，以下のとおりである。

(1) 立地係数（location quotient，以下しばしばL. Q.と略記する）

$$L.Q.=\frac{E_{ij}/E_{i.}}{E_{.j}/E_{..}} \quad \text{or} \quad \frac{E_{ij}/E_{.j}}{E_{i.}/E_{..}}$$

ただし，ここで

E_{ij}：j 地域i産業部門の純生産額ないし雇用者数

$E_{.j}$：j 地域の純生産総額ないし総雇用者数

$E_{i.}$：全国i産業部門の純生産額ないし雇用者数

$E_{..}$：全国の純生産総額ないし総雇用者数

立地係数は，特定産業部門が，地域純生産総額（あるいは雇用者数など――以下も同様）および全国純生産額の各々に占める割合を比較することで，当該地域における特定産業部門の集中化＝特化度（したがってまた非集中化＝非特化度）を判定しようとするものである。

すなわち，L.Q. = 1を境界として，1より大であればあるほど当該の地域経済が同産業部門に特化していることを，反対に1を割って小となればなるほど当該地域において同産業部門が劣位の度を深め他の産業に地域特化の主導権を譲りわたしていることを示す。

ただし，立地係数分析は，アイザード（Isard，1960）も指摘しているとおり「利用の地方的なパターンや消費の習慣が国の平均と同一であり，また全ての地方的な需要が当該地域の生産によって賄われるという仮定」（195頁）が前提されていた。したがって，そのような需要の地域的な同質性が存在しない場合は，立地係数分析を適用することはできない。そして，このことは以下のようなことを同時に意味している。

すなわち，こうした需要の地域的な同質性を仮定するということは，供給条件の地域的な差違に，ある産業部門が特定の地域に集中化ないし特化する起因を求めるのと同義といってよい。

この場合，域内需要を超過して生産を行なうL.Q.＞1なる産業部門は，当然その地域におけるベーシック・インダストリーということになってくるから，立地係数は，諸地域におけるベーシック・インダストリーの特化ないし強化の度合を測定する一指標といえる。

もっとも，立地係数分析によって可能となるのは，あくまでも個別産業部門の特化度にすぎない。(1) 特定産業部門の全国的な立地・配置の態様や(2) 地域全体の産業構成（industrial composition）の態様について，立地係数は何事も語らないのである。また，立地係数分析においては，(3) 地域や産業の規模が捨象されてしまう点にも十分な注意が求められよう。

(2) 局地化係数（coefficient of localization，以下しばしばC. L. と略記する）

$$\mathrm{C.L.}=\frac{1}{2}\sum_{j}\left|\frac{E_{ij}}{E_{i.}}-\frac{E_{.j}}{E_{..}}\right|$$

局地化係数は，特定産業部門の地理的な分布態様を判定するための指標である。式からも明らかなように，局地化係数は，常に0から1の間の値を示す。C. L. の値が1に近くなるほど当該産業部門の分布が特定の地域に集中していることを，反対にC. L. の値が小さくなり0に近づくほど当該産業部門が全国土に満遍なく立地していることを意味する。

(3) 特化係数（coefficient of specialization，以下しばしばC. S. 略記する）

$$\mathrm{C.S.}=\frac{1}{2}\sum_{i}\left|\frac{E_{ij}}{E_{.j}}-\frac{E_{i.}}{E_{..}}\right|$$

特化係数は，全国の産業部門構成との対比することで各々の地域における産業部門構成の特質を把握するための指標であって，その値は局地化係数の場合と同様，1に近づくほど当該地域の産業構成が何らかの産業部門に特化していることを，反対に0に近づくほど全国レベルでの産業構成と一致していることを示す。複数産業部門における立地係数の同時的上昇が特化係数の低下を招くといった例外的な事態も存在するので一義的には言えないが，一般的には何らかの産業部門において立地係数が高い値を示せば，それにともなって当該地域の特化係数は上昇していく。もっともベーシック・インダストリーの多角的強化に基づく特化係数値の低下といった統計的な錯誤は，立地係数の値に注意することで，ほぼ回避することができるであろう。

以上，フローレンスの三係数を簡単に説明したが，第一段階として立地係数を利用し各「統計地域」におけるベーシック・インダストリーの確定作業を行い，その上で局地化係数による当該産業部門の全国的な立地・配置態様の把握や諸地域間における産業構成の相違を勘案した第二段階の作業を行うことで「地域構造」の骨格をなす全国財産業の立地・配置を把握することが可能となる。すなわち，局地化係数によって特定の産業部門の全国的な立地・配置が集中型か分散型かを，また地域的な産業構成の相違（特化ないし集中化）の全国的な分布態様は特化係数によって把握することができよう。もっとも，この第二段階の作業は，あくまでも立地係数分析の補完に過ぎない。

実際，局地化係数によって明らかにされる特定部門の立地・配置態様は当該産業部門の立地係数値の分散を検討すれば明らかにできよう。また，特化係数の場合も個々の地域において立地係数が際立った値を示す産業部門をチェックすることによって見当をつけることが可能だからである。ただ，先にも指摘したとおり，以上のようなシェア分析には，全国的な産業構造変化の方向を明示的に取り込みえないという限界があった。

そのため特定地域におけるベーシック・インダストリーが成長産業であるか衰退産業であるかについては何事も語りえないのであって，そのためには全国的な産業構造の変化を射程に入れたシフト分析の適用が要請される。

②シフト分析

パーロフら（Perloff et.al, 1960）が，アメリカ経済の地域的分析に用いた手法を，一般にシフト分析と呼ぶ。ある地域における現実の経済的変化は，二つの力が作用した結果であるというのが，シフト分析の基本的な発想に他ならない。すなわち，(1) 全国的な変化に従属した部分（proportionality shift）と(2) その地域独自の構造的な特質に基づく部分（differential shift）からなっていると見るのである。

地域経済が国民経済の「部分」である以上，全体（国民経済）の変化は，国民経済における各々のシェアに対応した影響を諸地域経済に及ぼす。これが，前者の全国的変化に従属した部分にあたる。しかしまた，地域経済の動向と国民経済のそれを同一視できないことも否定しがたい事実といえよう。

地域経済は国民経済の単なるミニチュアではない。各々の地域に備わった特質は，常に国民経済動向との間に一定の乖離を生み出す。このようなズレをもたらす地域独自の構造的特質は大きく二つに分けることができよう。

第一は産業構成の地域的な違いであり，第二は産業立地を牽引する力の地域的相違である。例えば，成長（衰退）産業が当該地域により多く（少なく）含まれていれば地域の純生産総額の伸びは他地域よりも早く〈遅く）なるであろう。また，特定の地域における集中的な産業基盤整備の実施などによって立地条件が大幅に改善された場合には，新規産業の立地が促進されるなどの事態が生じ，その結果，他地域を凌駕するような純生産総額の成長が当該地域にもたらされるであろうから，国民経済動向との乖離を生み出す各々の地域に独自の要因も，現実の地域経済動向を規定する重要な要因として無視することはできない。

以上でシフト分析の基本的な考え方を紹介したが，パーロフらは，それを次のように定式化した。ある地域経済が国民経済成長率と同一のテンポで規模を拡大したと想定した場合の仮説値をSn，その期末における現実値をSa，両者の乖離をSt（$St=Sa-Sn$）とする。Sn，Sa，Stは，既述の記号を用いて，各々

$$S_n=\left(\frac{E^*_{..}}{E_{..}}\right)E_{.j}$$

$$S_a=E^*_{.j}$$

$$S_t=S_a-S_n=E^*_{.j}-\left(\frac{E^*_{..}}{E_{..}}\right)E_{.j}$$

のように表現することが可能である（ただし*は期末を意味する）。

ところで，ある地域経済の全国的変化からの乖離（St）は，当該地域経済の対全国シェアの期首から期末にかけての変化分に期末の全国経済の規模を乗じたものとしてもとらえることが可能なので，

$$S_t=E^*_{..}\left(\frac{E^*_{.j}}{E^*_{..}}-\frac{E_{.j}}{E_{..}}\right)$$

のようにも表現できよう。先にも指摘したとおり，このような乖離を生みだす原因は，産業構成の地域的な相違に基づく乖離（S_p）と立地牽引力の地域的な違いによる乖離（S_d）とに区別することができた。既述の記号を用いるならば，S_pとS_dは次のように定式化できる。

$$S_t=S_p+S_d$$

$$S_p=\sum_i\left(\frac{E^*_{i.}}{E_{i.}}-\frac{E^*_{..}}{E_{..}}\right)E_{ij}$$

$$=\sum_i\left[\frac{E^*_{..}}{E_{i.}}\left(\frac{E^*_{i.}}{E^*_{..}}-\frac{E_{i.}}{E_{..}}\right)E_{ij}\right]$$

$$S_p=\sum_i\left[E^*_{ij}-\left(\frac{E^*_{i.}}{E_{i.}}\right)E_{ij}\right]$$

$$=\sum_i\left[E^*_{i.}\left(\frac{E^*_{ij}}{E^*_{i.}}-\frac{E_{ij}}{E_{i.}}\right)\right]$$

$$=\sum_i\left[E_{ij}\left(\frac{E^*_{ij}}{E_{ij}}-\frac{E^*_{i.}}{E_{i.}}\right)\right]$$

すでに指摘したとおり，S_pは，全国的に見た産業部門別の成長率格差が各地域における産業の成長に及ぼす影響を示したものであった。それぞれの地域は，多かれ少なかれ何らかの産業部門に特化しているが，いずれの産業部門も所得の上昇や嗜好の変化，あるいは生産技術の改善などによる盛衰をまぬがれないから，特化した部門が成長産業であるか否かによって当該地域の成長可能性は左右されることになる。このようにS_pは，当該地域経済が全国レベルの産業構成と比較して何らかの産業部門に特化（非特化）した結果として生ずる効果をパーロフらは，構成的シフト（proportionality shift）と名づけた。これに対して，パーロフらが差別的シフト（differntial shift）と名づけたS_dは，地域間における産業立地変動の影響を表わす指標である。S_dは，ある地域において特定の産業部門が全国平均以上の拡張（縮小）を示した結果に他ならない。

S_t，S_p，S_dの値は，いずれも実数で表示される。そのためシェア分析の場合とは違って地域や産業の規模が捨象されることはない。かくして，シフト分析は，地域経済の変動過程を国民経済動向との関連において把握するための重要な手法といってよいのであるが，そこにも次のような問題点が残されている。

第一の問題は，利用する統計の産業分類の大小（精粗）によって，結果が異なってくる――例えば，大分類で計算された差別的シフトの中には，もう一ランク下の中分類で算出した場合の構成的シフトが含まれため，産業分類の精粗によって差別的シストと構成的シフトの値に相違が生じてしまう――ことである。第二の問題は，分析対象期間の長短によっても結果に違いが生じてくる点であろう。構成的シフトは，期首における成長産業と衰退産業の立地・配置態様を前提として算出されるため，対象期間が長くなればなるほど，当該期間を通じて――差別的シフトが地域的な産業構成を変化させるため――進行する諸産業部門の立地・配置態様の変化によって誤差は大きくなろう（佐藤洋，1971，17頁）。

③分析の枠組み

予測の手段として利用しようというのであれば，リチャードソン（Richardson, 1972, 342-347頁）が指摘したとおり，シフト分析は致命的な欠陥をもつといわざるをえないが，しかし，ここで問題とする国民経済の「地域構造」を現状分析するという目的に限っていえば，こうした問題点の存在を決定的なものと考えねばならない理由はない。先に指摘したような問題点は，産業分類と対象期間の設定に十分な注意を払うことで回避することが可能だからである。そこで，以下では，シェア分析とシフト分析とを利用した全国財産業の立地・配置確定のための枠組みを概観してみよう。

分析は，大きく三つのステップに区別される。第一のステップでは，立地係数を用いて諸地域のベーシック・インダストリーを確定する作業が行われる。続く第二ステップにおける中心的な作業は，諸地域のベーシック・インダストリーとして確定された産業部門が，国民経済的に見て成長部門であるか衰退部門であるかの判別であって，これに役立つのがシフト分析における構成的シフト（*Sp*）の値であった。

*Sp*の値が正（プラス）の場合，それが大きければ大きいほど当該産業部門は国民経済的な成長産業に他ならない。したがって，構成的シフトを利用することによって，国民経済的には衰退しているにもかかわらず，何らかの理由で特定の地域経済におけるシェアを減じることなく残存し，そのため「後ろ向き」にベーシック・インダストリー化させられたような場合をチェックすることが可能になるのである。以上のような手続を通じて，国民経済的動向と関連させつつ，個々の地域のベーシック・インダストリーとして確定された諸産業部門を二つの種類に大別することが可能となろう。

すなわち，将来にわたって国民経済発展を積極的に担っていくことが予想される産業部門と，国民経済発展に対する影響力を次第に減じていくことが予想される産業部門である。これらの立地・配置は等しく全国財産業として「地域構造」の骨格を形成するのであるが，その歴史的な動態過程を考察する場合には，前者の立地・配置がより重要であることは言うまでもない。そこで次に問題となるのが，将来における国民経済発展の担い手と想定された産業部門が，いかなる地域に立地・配置されているかであろう。

第三のステップの課題は，それを究明するところにあるが，それは差別的シフト（*Sd*）の値に着目することで可能となる。また，局地化係数や特化係数の利用も，こうした作業の遂行を助けるであろう。第二ステップで用いた*Sp*と同様，*Sd*のサインが正（プラス）で大きな値を示す地域ほど当該産業部門を牽引する力は強いから，将来における「地域構造」変動は，そうした地域を核として展開することが予想される。

とりわけ，当該産業部門の局地化係数の値が趨勢的に高まりを見せ，しかもこれを牽引する形で特定地域における——当該産業部門の——立地係数が上昇しているような場合があれば，それは成長産業部門が地域的に集中しF. ペルゥのいわゆる「成長の極（poôle de croissance）」の状態にあるといって良い。以上，三つのステップに分けて説明してきた。国民経済の「地域構造」の骨格をなす全国財産業の立地・配置態様の概略は，このようにして獲得された情報を地図上にプロットすることにより，把握することができると考えるのである。

5　むすび

かつて水岡不二雄（1983a）は，矢田俊文の提起した「地域構造」論に対して次のような批判を加えた。すなわち，矢田「地域構造」論の「キイには，立地論が論理的に予想されている。ところが……氏自身にはマルクス経済立地理論も，これをマルクス経済学の上向体系に位置づけて論理展開するという考えも，いずれも存在しない。……矢田氏のいう『資本の立地運動の理論的解明』が，精緻な論理を欠く……『現状分析レベル』にとどまるものであるとすれば，それは結局，……記述の体系化を理論化と混同する誤りを意味することになろう。そして，『地域構造』のキイをなすマルクス経済学の立地理論が解きあかされないままに提示された『地域構造』の現状は，その成立メカニズムをなんら根底的に明らかにしえない。生産・流通等の現象的な分布の記述という，かつての伝統的地理学における分布論とさして変わりのないものとなってしまうであろう」（同，38頁）というのである。確かに，水岡の批判は，矢田「地域構造」論の弱点を突くものといえるだろう。

先にも指摘しておいたが，矢田「地域構造」論で直接の課題とされていたものは，産業分布による「地域区分」（=「産業地域」）と経済循環による「地域区分」

（＝「経済圏」）との重ね焼きを通じて確定された諸「経済地域」の重層的な編成の究明であった。そのせいもあってか，産業分布の地域的な偏りや経済循環を生み出す諸産業部門の立地・配置メカニズムそれ自体をめぐる分析が，従来の「地域構造」論研究における盲点をなしていたことは事実である。だが，そこから直ちに矢田「地域構造」論の失効を説く水岡の主張には，以下のような理由で疑念を禁じえない。

矢田「地域構造」論を本章で提示した方向へと拡充することで，水岡が突いた弱点の基本的克服を展望しうるというのが第一の理由である。矢田の「地域構造」論において立地・配置メカニズムの解明は，たしかに盲点であった。しかしながら，彼の議論は，この問題に関する重要な示唆を含んでいたのである。

水岡が批判してやまない矢田「地域構造」論における「立地論」の不在は，むしろ「資本の立地運動の理論的解明」といった不毛な神学的論議に陥らせることなく，あくまでも有効な現状分析を進めるための手段として鍛えていくことを可能にするという点で積極的な意味を持っていた。本章は，そうした意義を踏まえつつ，矢田「地域構造」論の持っている可能性を具体的に展開しようとする試みの一つに他ならない。

第二に，以上の問題と関連するが，その後，水岡が何本かの論文を通じて矢田「地域構造」論に対置すべく提示した積極説（＝「マルクス経済地理学」）の内容に多くの点で疑念を禁じえないからである。それらの中でも特に問題なのは，経済学体系における経済地理学の位置づけに関する水岡の理解であろう。彼は，経済地理学が経済学体系において占める位置と経済地理学の体系化とを完全に取り違えているのである。この点は，他の機会（初期論稿 1）に指摘したとおり矢田にあっても必ずしも明確に理解されているとはいいがたい。

ただ，矢田（1982）の場合は，既存の経済学において「国民経済分析の前提となるべき具体的な国土条件，この国土条件の中ではじめて問題となる国民経済の空間的構成，およびその一分肢としての地域経済，といった分野の研究」（同，227-228頁）」が捨象されがちになるという欠陥を補うものとして経済地理学研究を位置づけることで，そうした論理的混乱は緩和されている。ところが水岡は，そうした矢田「地域構造」論のメリットを認めない。それどころか彼は「マルクス経済立地論」なるものの確立を主張することによって，そうした論理的混乱を増幅させているかのようにも見受けられるのである。

以下，この問題に関する私見を簡単に取りまとめて本章の「むすび」にかえることとしたい。水岡が指摘したとおり，諸産業部門の立地・配置メカニズムの究明は，国民経済の「地域構造」を把握する上で不可欠の作業である。しかしながら，それを水岡が試みているような「マルクス経済学の上向体系に位置づけて論理展開する」という形で究明することは不可能であろう。

矢田の「地域構造」論を検討した際にも指摘したが，一口に立地・配置といっても，はたして全国規模の大循環を作りだすような産業部門と中小規模の地域的な循環を支える産業部門の立地・配置とを同列に論ずることが可能かどうかが問題だからである。もし，水岡（1983a）が言うように「『上向』とは……資本主義的諸関係を内色（ママ）する最も基礎的な範疇たる『商品』が，貨幣・賃労働・剰余価値といったヨリ高次の範疇へと，客体との関わりにおいて論理的にのぼっていき，『多くの規定と関係をふくむ一つの豊かな総体』としての具体の論理による再生産に限りなく接近してゆくことをさす」（同，29頁）とするならば，これら二つの循環を同時かつ統一的に説明する論理が構築されねばならないであろう。しかしながら，そこには根本的に無理がある。

資本主義社会の基軸が，商品経済的要因によって構成されていることは事実であるとしても，「資本主義の具体的過程が商品経済の自己運動として展開するものではなく，資本主義が非商品経済的要因と対立しながら交互作用的影響のもとに展開する」（櫻井，1979，23頁）以上，そうした現実を単一の論理で説明しつくすわけにはいかないからである。結局，万能を誇る工具が何一つ役に立たないのに似て，資本主義社会における産業立地の現実を余すところなく説明しつくそうとする水岡の試みは，積極的な説明能力を欠く過度に抽象化された悪しき一般論を生み出すにとどまるのではなかろうか。(補註)

だからといって立地論の成果を「地域構造」論に取り込む必要がないというのではない。むしろ反対である。産業部門の立地・配置メカニズムが，立地論の成果を導入することなしに究明しえないことは，すでに明らかであろう。問題は，いかなる形で立地論の成果を導入するかにある。

従来，水岡はもちろん「マルクス経済立地論」ないし「マルクス経済地理学」なるものの確立を標榜する論者のほとんどは，立地論の導入と空間モデルの導入を同一視してきた。しかしながら，空間モデルだけが立地論の成果なのではない。前節でも指摘したが，立地論から継承すべき成果は，むしろ立地因子と立地条件に関する実証的分析の蓄積であろう。

立地因子と立地条件の相互規定関係は，現実の経済過程における展開の起動力でなす「資本主義が非商品経済的要因と対立しながら交互作用的影響のもとに展開する」(櫻井，1979，23頁）結果を，諸産業部門の立地・配置という局面において集約的な形で表現したものと考えることができる。なぜならば，特定の発展段階において支配的資本の蓄積基盤となる産業部門に固有な立地因子が，当該段階における諸地域の立地条件を規定する積極的な要因をなしているからである。したがって，この間の事情を歴史的に跡づけることによって，はじめて資本主義的な立地・配置の論理を具体的に解析することが可能となるであろう。

立地論の成果を導入したからといって諸産業部門の立地・配置の「結果」を全面的に説明しうるというものではない。それによって可能となるのは，資本主義的な立地・配置がなされる「過程」を究明することである。現実的な「結果」なるものが，一方においては資本主義の成立以前に形づくられていた既存の諸産業部門の立地・配置を前提とし，他方では立地因子と立地条件との絡み合いの中で非商品経済的要因の影響をも被りつつ形成されるものであってみれば，それは当然のことといえよう。そして，このような事情があるために立地・配置の「結果」を単一の論理の内的な展開によって究明しえいことは水岡自身の認めるところでもあったはずである。

例えば，彼は「一つの国民経済内部には相対的に独立した経済の地域的まとまりがあり，各々が経済諸施設の集積する一つの核ないし『中心地』と，それと結びつく影響圏（経済圏）を有していることは経験的に明らかである。いまこれを仮に『経済地域』と呼称するとすれば，かかる『経済地域』概念の論証は，こうした『中心地』及びその経済圏両者の成立をマルクス経済学の論理によって証明することによって果たされることになる」(水岡，1983b，94頁）というのであるが，ここで「経験的」という名の下に歴史的な事実関係が密輸入されていることを見逃すことはできない。というのも資本主義社会の「中心地」をなす都市の成立時期が，多くの場合，資本主義以前の段階にまで遡りうる以上，「『中心地』およびその経済圏両者の成立をマルクス経済学の論理によって証明する」という水岡の主張は，明らかに論理的な無理を犯しているからである。彼の議論は，要するに，前提されるべき事実と論証すべき対象とを取り違えたところに展開されていたのであった。

ここに，水岡の提示する「マルクス経済地理学」ならびに「マルクス経済立地論」なるものが，いたずらに煩雑なものとならざるをえない原因がある。山口不二雄（1980b）は，かつて矢田「地域構造」論における立地論の扱いについて「矢田は国民経済の再生産構造の地域的展開を明らかにする……作業の媒介項として立地論・配置論を利用する……矢田においては……立地論の精緻化は必要不可欠なものではない。あくまで現状分析レベルで実際的に資本の立地論を立てればよいのである。一般的な立地論はそこにおいて補足的な役割が期待される」（同，67頁）と評したことがあるが，そうした矢田の姿勢には，立地論を空間モデルと同一視する一般的理解とは異なった，いま一つの立地論に対する姿勢が込められているようにも思われる。本章では，以上のような理解から矢田「地域構造」論の成果に学びつつ，現状分析レベルにおける具体的な「地域構造」分析の枠組みを検討したが，それに基づいた戦後日本経済の「地域構造」分析については，後日を期すことにしたい。

補註　マルクスの「時間による空間の否定」について

ただし，マルクス（1961）における以下のような指摘を念頭におくならば，水岡の主張する「経済の空間的運動法則の理論的解明」といった試みが，マルクスの意図に沿ったものであるかどうかについては疑問を残さざるをえない。

「資本はその本性からしてあらゆる空間的制限をのりこえる。このようにして交換の物的諸条件——交通手段と運輸手段——の創造は，資本にたいしてかつてないほどの度合で必然化する——時間による空間の否定」（同，460頁）と指摘した上でマルクスは，「場所的距離でさえ時間に帰着する。たとえば市場の空間的隔りが問題ではなくて，そこに到達する速度——時間量——が問題である」（同，474頁）と続ける。かくして，「資本は一方では，交易（Verkehr）すなわち交換のあらゆる場所的制約をとりはらい，全地球を資本の市場として征服しようとつとめなければならないが，他方では，資本は時間によって空間を絶滅しようと，すなわちある場所から他の場所への運動についやされる時間を，最低限に減少させようとつとめる。資本が発達すればするほど，したがって資本が流通する市場，資本流通の空間的軌道をなす市場が拡大すればするほど，資本はますます市場を空間的に拡大しようとつとめ，またそれと同時に時間によって空間をさらに絶滅しようとつとめる。……ここに，資本をすべての先行する生産段階から区別する資本の普遍的傾向が現れる」（同，476頁）というのであった。

これら一連の指摘に着目するならば，資本主義の発展を通じて経済の空間的展開を時間的展開へと溶解するメカニズムがつくりあげられ，それによって両者が同一の論理によって支配されるという，水岡とは正反対の想定がマルクスによってなされていたのではないかとの推定も成り立つ。マルクスは，資本主義の歴史的発展傾向を踏まえて，あらゆる経済活動が一点で行われるかのような世界を資本主義の極点（＝「理念」）として想定した可能性がある。だとすれば，水岡らの主張する「マルクス経済地理学」なるものは，マルクスの経済学と相容れない存在ということになるが，その点の検討は他日を期することとして，ここでは従来ほとんど注目されてこなかったマルクスの一面を指摘するにとどめたい。

註

⑴　本書「附論１経済地理学の方法に関する覚書」として再録。ただし，現在の著者は，この「地域差の処理機構」という考えをとらない。その理由は，附論末尾の「解題」を参照のこと。

⑵　国土政策の手段として，一般に，⑴「社会資本」整備による（産業立地や人口の）誘導，⑵種々の法律や条例などによる開発行為の規制，⑶地域間（ないし産業間）格差の是正を目的とする所得再分配の三つがあげられる。ただし，立地条件の変動という観点から主として問題になるのは，誘導および規制政策であろう。三つ目の所得再分配政策が「地域構造」に対して及ぼす影響は，他の二つよりも間接的である。

附論解題

附論として再録した初期論稿２篇は，いずれも北海学園大学付属開発研究所の紀要『開発論集』に掲載されたものである。大都市圏，とりわけ東京周辺には，『開発論集』を収蔵している大学図書館が少なかったようだ。その関係だけではなかろうが，このような論稿を著者が発表したことを知る人は少ない。

初期論稿２篇を『開発論集』に掲載したのは，北海学園大学の大学院修士課程を修了した直後に，開発研究所の特別研究員を委嘱されたからである。以後，現在の勤務校に転出するまで約10年ほど特別研究員を続けたが，この間には科研費による石炭産業研究などにも参加した。ここに再録した２篇の論稿は，特別研究員となった直後に開催された研究会で発表した内容を，しばらく暖めた上で活字化したものである。

『開発論集』は，枚数制限も厳しくなく，いろいろな意味で自由に議論を展開することができた。宇野理論については否定的な見解を持つ人が多かったけれども，正面から叱責されたことは数度しかない。むしろ，経済地理学というマイナーな分野で，しかも院生ごときのやっていることなど眼中になかったのであろう。

ということで，再録した２篇の論稿は，文字どおり「若さ」にまかせて書き進めた試論の試論とでもいうべき性格のものである。関係ありそうなことは，何でも押しこんでいったので，かえって論点がぼやけてしまった箇所も少なくない。自分なりに満足したものの，他の研究者からは――当時，経済地理学会には所属していたが，大会に参加してもおらず，したがって抜刷の送り先さえ思い浮かばなかったので誰にも献呈していないという事情もあって――全くといって良いほど反響はなかった。

初期論稿１として再録した「経済地理学の方法に関する覚書」は，副題からも知られるように刊行されたばかりの矢田俊文（1982）への疑問を糸口に，経済地理学の理論的な枠組みを，宇野・三段階論の方法に基づいて提起しようとしたものである。矢田先生は，地域的不均等論への批判を通じて，地域を自存する「実体」と見る従来的な認識を斥ける見地を獲得した。にもかかわらず，この見地は徹底化されず，〈産業地域〉と経済圏の整合性によって「厳密な意味の『経済地域』」を確定するという方法論的な逆行に陥ってしまう。

著者は，その根本的な原因を，矢田先生が，経済地理学の体系化をもって経済学体系への経済地理学の定位にかえた点にあると考えた。そして，この反省を踏まえて，資本主義の発展段階に対応した「地域差の処理機構」の解明こそが経済地理学の研究基準であるとの見解を提起したのである。当時は，自存する「実体」としての地域の「個性」である「地域性」と，いうところの「地域差」の間には，大きな落差があると考えていたからであった。

しかしながら，論理的な観点からすれば，「地域差」をいうためには地域の存在を前提とせざるをえないのだから，これでは「地域性」の議論と大差ないことになる。こうして「地域差の処理機構」論は，以後30年ほどの間，著者の思索を「呪縛」することになった。「呪縛」から抜けだせたのは，「地域差」をいうより先に，資本主義社会における経済活動の「空間的なまとまり」として「地域」が生成してくる論理をつかまない限り，問題は一向に解決されないことに気づいたからである。ところで，資本主義の発展段階に対応した「地域差の処理機構」の問題を考えようとすれば，歴史的な事実を踏まえなければならない――しかし，当時は，段階論的な規定の前提となる各国資本主義の地域構造を把握するための枠組みが整備されていなかったので，それを検討したのが初期論稿２の「『地域構造』分析・序説」である。

大学院の修士課程に進学した当時，著者は，立地論的拡充を施した経済基盤説を適用することで「経済発展の地域的不均整を横断面的に」解明できるとした武山弘先生の議論に刺激されて，関連知識を身につけるべくアイザードの大著『Methods of Regional Analysis』に取り組んでいた。矢田先生が国民経済の地域構造論を提起した時，その議論の斬新さに驚いた経験を持つ人は多いようだ。だが，すでに武山先生の議論に接していた著者にとっては，矢田先生の議論は，むしろ競争を軸とする地域間関係に焦点をあわせた検討こそが重要なのだという確信を強める方向で作用した。

いまでこそ，経済基盤説は，地域構造論の重要な柱のように考えられているが，当時は「衰退地域分析の手法ですら，むしろ大企業の導入を結論づける『経済基礎（エコノミツクベース）』理論がとられていることとも合わせて，地域科学の著しい階級性を示している」（野原敏雄・森滝健一郎編，1975，384頁）といった発言も少なからず聞かれ，経済基盤説による地域構造論の再構成といった議論は，極めて珍しかったと思う。国民経済の地域構造論に，正面から経済基盤説を持ちこんだのは，この「『地域構造』分析・序説」が最初であった。まだまだ書きたいこともあるのだが，著者にとって「経済地理学の方法に関する覚書」と「『地域構造』分析・序説」は，間違いなく以後における思索の「源泉」であることを再確認して，附論解題を締めくくりたい。

跋　文

昨年（2016年）の3月27日，著者は，S字結腸憩室穿孔で緊急開腹手術を受け，九死に一生を得た。それから約1年半後の2017年9月14日，命をつなぎとめるために造設されたストマ（人工肛門）の閉鎖術を受け4週間の入院を経て日常生活に戻ることができた。二度にわたる手術を担当して下さった釧路市立総合病院の宮崎大先生の適切な措置と，あわせると3ヶ月近い入院期間を通じて親身に御世話いただいた病棟看護師の皆様に，記して感謝の意を表する。また，突然のことで大変な心配をかけた家族――妻・泰子と二人の息子・史彦と礼彦――には，言葉では言い尽くせないほど感謝していることを伝えたい。本書をとりまとめる機会が得られたのは，これらの人々の助けがあったからである。あの時，命を失っていたら，そして何よりも，命をつなぎとめるために造設されたストマ（人工肛門）の装具交換を含めて退院後の生活全般を支えてくれる妻がいなかったら，本書は世に出ることがなかったであろう。とにかく感謝の一言しかない。

実は，数年前から『経済地理学のために』という表題の著作を，「書き下ろし」の形で刊行すべく準備していた。しかし，手術後の体力低下と退職までに残された期間を考えると，その方針を貫くのは，どう考えても無理である。手術後の病床で，せめて一冊は単著を残したい，それまでは死ねないという思いを強くしていたので，若い友人たちからのアドヴァイスもあり，従来の方針を転換することを決意した。

そんな折，たまたま勤務校の出版助成制度がスタートしたこともあって，旧稿に加筆・修正を施す形でとりまとめたのが本書である。作業に取りかかったのは，2016年も追しせまった12月17日で，手術前から依頼を受けていた『経済地理学年報』の和文特集号「サービス経済化――地理学研究の新局面」に掲載する論文を四苦八苦して仕上げ入稿した後である。国士舘大学の加藤幸治氏に，旧稿のデジタル・データ化や体裁の統一などを助けてもらわなかったら，これほどスピーディーに作業を終えることは不可能であった。ここに記して感謝の意を表したい。

本書における議論の前提は，宇野弘蔵によって提起された社会科学方法論としての三段階論である。経済地理学の世界では，これまでのところ宇野の所説に対する関心は極めて低い。宇野の議論を経済地理学に取りいれようとした中島清(1980)や河野敏明(1983)のような例はあったものの，それらは宇野の問題提起を対象認識における抽象度の違いへと矮小化することで，論理展開の辻褄を合わせるために利用した感が強い。

もちろん，宇野の狙いを正しく理解し，その線上に経済地理学を構築しようとする論者はいた。1972年に同文館から『経済地理学』を刊行した山名伸作である。ただし，彼は「学問上の絶筆」となった山名(1997)で，宇野『新原論』からの引用を行い，さらに自著『経済地理学』に関連して「私は，資本主義の発展段階に応じての変化までを扱うことができなかった。それは原理論としての法則を明らかにすることが先決の課題であると考えたからである」と書き記すまで，宇野の影響をうかがわせるような叙述は残さなかった。

「社会科学としての地理学」や「経済学としての経済地理学」といった標語が濫用気味に用いられる割に，社会科学や経済学の体系的知識に基づいて議論を進める習慣が日本の経済地理学界では弱い。そのため，山名の『経済地理学』も便利な立地論の解説本あつかいされ，「第4章経済発展と地域経済」の重要性は全くといって良いほど省みられてこなかった。本書は，その山名説の発展を企図したものである。

宇野の提起した三段階論を前提として，社会科学における経済地理学の位置づけを確定し，その具体的な内容を整理する作業は，著者の能力を超えているのかもしれない。ましてや，宇野の射程には入っていなかった理論―歴史―地理という枠組みの下で，「現状分析論」を構築しようというのは，なんとも無謀なようにも思う。だが，日本における経済地理学研究の現状からいっても，いまここで問題を提起しておくべきではないかと決断した。

本書は，「学問としての未熟さを露呈している」といわれる経済地理学の前進に向けて，30余年にわたり日本の片隅で思索を続けてきた著者の「自画像」といって良い。64歳にもなって，いまさらの感もあるが，この「自画像」を踏まえて，経済地理学の全容を明らかにする著作を，今度こそ「書きおろし」で仕上げてみたいという欲もでてきた。せめて一冊はと思っていたが，どうやら，それだけでは終われないようである。

著者は，最後に，身の程もわきまえず研究者の途を歩むことを許してくれた両親への感謝を述べておこうと思う。とりわけ，10年前に亡くなった父の姿勢から学んだリベラルな思考は，著者の研究スタイルを決定づけた。遅れに遅れてしまったが，本書を亡き父・晃三に捧げる。

2017年12月 8 日

著　者

文献一覧

訳本のある文献は，参照の便を考慮して邦語文献に組み込んでおいた。

アイザード，W. 著，木内信蔵監訳（1964）：『立地と空間経済』朝倉書店．Isard, W. (1956)：*Location and space - economy: a general theory relating to industrial location,* market areas, land use, trade, and urban structure, New York: Press of Massachusetts Institute of Technology and Wiley.

アインチヒ，P. 著，加瀬正一・幸田精蔵訳（1974）：『金の運命』日本経済新聞社．Einzig, P.（1972）"The Destiny of Gold", London: Curtis Brown Ltd.

青木外志夫（1961）：名誉教授　佐藤弘著作目録，『一橋論叢』（一橋大学）46(6)：674-680.

青木外志夫（1967）：経済地理学の新しい流れ――総括的展望，（所収　経済地理学会編『経済地理学の成果と課題　第Ⅰ集』大明堂：3-21）.

青木外志夫（1968a）：中部圏工業構造の立地係数分析（1），『工業立地』7(6)：63-68.

青木外志夫（1968b）：中部圏工業構造の立地係数分析（2），『工業立地』7(7)：52-60.

青木外志夫・西岡久雄編（1967）：『経済立地の理論と計画――伊藤久秋教授古稀江澤讓爾教授還暦記念論文集』時潮社.

青木昌彦（1975）：利潤と経済時間（上），『思想』615：1272-1288.

朝野洋一・寺坂昭信・北村嘉行編（1988）：『地域の概念と地域構造』大明堂.

足立幸男（2005）：公共政策学はいかなる学として成り立ちうるか，（所収　足立幸男編『政策学的思考とは何か――公共政策学原論の試み』勁草書房：1-18）.

有沢広己（1950）：日本資本主義の運命，『評論』40：5-14.

アロン，R. 著，柏岡富英・田所昌幸・嘉納もも訳（1986）『世紀末の国際関係――アロンの最後のメッセージ』昭和堂．Aron, Raymond （1984）"Les dernieres annees du siecle"（Commentaire: Julliard).

アーント，H. W. 著，小沢健二・長部重康・小林襄治・工藤章・鈴木直次・岩見徹訳（1978）：『世界大不況の教訓』東洋経済新報社．Arndt, H. W.（1944）*The Economic Lessons of the Ninteen-Thirties,* Oxford: Oxford University Press.

飯田経夫・清成忠男・小池和男・玉城哲・中村秀一郎・正村公宏・山本満編（1976）：『現代日本経済史――戦後30年の歩み（下）』筑摩書房.

飯塚浩二（1968）：『地理学方法論』古今書院.

飯塚浩二（1975）：自然と社会，（所収　飯塚浩二『飯塚浩二著作集　第9巻　危機の半世紀』平凡社：260-339).
飯塚浩二（1976）：経済史学の素養に立つ地理学方法論への寄与，（所収　飯塚浩二『飯塚浩二著作集　第7巻　人文地理学・地理学と歴史』平凡社：540-541).
池田善長（1977）：『地域開発の政策原理』大明堂.
池田善長・加藤和暢（1979）：日本における地域開発政策研究の現状（1）——地域開発政策論の対象規定を中心として，『開発論集』28：61-72.
池田善長・加藤和暢（1981）：日本における地域開発政策研究の現状（2・完）——地域開発政策論の対象規定を中心として，『開発論集』30：185-196.
石井雄二（1984）：地域経済の把握に関する若干の基礎的考察——産業連関分析の手法からの接近を中心に，『経済地理学年報』30(3)：67-78.
石田龍次郎（1968）：地理学的思考へ——日本の地理学研究における課題的反省，『地理』13(1)：13-24.
石丸哲史（2000）：『サービス経済化と都市』大明堂.
磯部啓三：(2003)：フランスの地域構造，（所収　松原宏編『先進国経済の地域構造』東京大学出版会：53-87).
石原照敏（1969）：経済地域の形成と構造——わが国における酪農地域と牛乳経済圏の形成と構造，『香川大学経済学部研究年報』9：91-135.
石原照敏（1970）：経済地域の構造——わが国酪農地域の構造について，『経済地理学年報』16(1)：79-80.
石原照敏（1979）：『乳業と酪農の地域形成』古今書院.
石原照敏・森滝健一郎（1989）：地域構造と地域問題，（所収　石原照敏・森滝健一郎編『地域構造と地域問題——中国・四国地方を中心に』大明堂：1-42).
伊丹敬之（1991）：『グローカル・マネジメント——地球時代の日本企業』日本放送出版協会.
伊丹敬之（2004）：『経営と国境』白桃書房.
伊藤　整（1983）：『太平洋戦争日記3（昭和19年5月1日～20年8月24日)』新潮社.
伊藤達也・内藤博夫・山口不二雄編（1979）：『日本の地域構造5　人口流動の地域構造』大明堂.
伊藤久秋（1940）：『地域の經濟理論』叢文閣.
伊藤幹治（2011）：『柳田国男と梅棹忠夫——自前の学問を求めて』岩波書店.
伊藤幹治・米山俊直編（1976）：『柳田国男の世界』日本放送出版協会.
伊藤善市・加藤　寛編（1976）：『改訂　経済政策講義』青林書院新社.
伊藤喜栄（1978）：北村嘉行・矢田俊文編著——日本工業の地域構造，『経済地理学年報』24(1)：76-80.
井上　茂（1973）：『法秩序の構造』岩波書店.

井原哲夫（1981）：『生活様式の経済学――変化と定着のメカニズムを探る』日本経済新聞社.

井原哲夫（1999）：『サービス・エコノミー〔第2版〕』東洋経済新報社.

今井賢一・伊丹敬之・小池和男（1982）：『内部組織の経済学』東洋経済新報社.

今西錦司（1974）：草原行，（所収　今西錦司『今西錦司全集　第2巻　草原行・遊牧論・そのほか』講談社：31-180）.

今西錦司（1975）：『今西錦司著作集　第5巻　人間以前の社会・生物社会と人間社会・人間社会の形成』講談社.

岩本由輝（1979）：共同体論争をめぐって，『経済評論』28(12)：124-135.

ウィリアムソン, O. E. 著，浅沼萬里・岩崎晃訳（1980）：『市場と企業組織』日本評論社，Williamson, O. E.（1975）: *Markets and hierarchies,* analysis and antitrust implications: a study in the economics of internal organization, New York: Free Press.

ウィリアムソン, O. E. 著，井上薫・中田善啓・上田芳樹訳（1989）：『エコノミック・オーガニゼーション』晃洋書房，Williamson, O. E.（1986）: *Economic organization: firms,* markets, and policy control, New York: New York University Press.

上野　登（1968）：『経済地理学への道標』大明堂.

ヴェーバー, A. 著，日本産業構造研究所訳（1966）：『工業立地論』大明堂，Weber, A.（1929）: *Theory of the location of industries,* Chicago: University of Chicago Press.

ヴェーバー, M. 著，清水幾太郎訳（1972）『社会学の根本概念』岩波文庫，Weber, M.（1922）: *Wirtschaft und Gesellschaft,* Tubingen: J. C. B. Mohr.

ヴェーバー, M. 著，富永祐治・立野保男・折原浩訳（1998）：『社会科学と社会政策にかかわる認識の「客観性」』岩波文庫，Weber, M.（1904）: *Die "Objektivität" sozialwissenschaftlicher und sozialpolitischer Erkenntnis,* Tübingen: J. C. B. Mohr.

植村高久（1997）：『制度と資本――マルクスから経済秩序へ』御茶の水書房.

上山春平ほか（1973）：学問の地図と人間学，（所収　山田慶児編『人間学への試み』筑摩書房：195-232）.

宇沢弘文（1986）：『近代経済学の転換』岩波書店.

宇沢弘文（2000）：『社会的共通資本』岩波書店.

内野達郎（1978）：『戦後日本経済史』講談社学術文庫.

宇野弘蔵（1973a）：『資本論五十年（下）』法政大学出版会.

宇野弘蔵（1973b）：経済原論，（所収　宇野弘蔵『宇野弘蔵著作集　第1巻　経済原論1』岩波書店：1-522）.

宇野弘蔵（1973c）：経済原論，（所収　宇野弘蔵『宇野弘蔵著作集　第2巻　経済原論2』岩波書店：1-166）.

宇野弘蔵（1974a）：恐慌論，（所収　宇野弘蔵『宇野弘蔵著作集　第5巻　恐慌論』岩波書店：1-176）.
宇野弘蔵（1974b）：経済政策論，（所収　宇野弘蔵『宇野弘蔵著作集　第7巻　経済政策論』岩波書店：1-248）.
宇野弘蔵（1974c）：資本主義の成立と農村分解の過程，（所収　宇野弘蔵『宇野弘蔵著作集　第8巻　農業問題序論』岩波書店：22-42）.
宇野弘蔵（1974d）：わが国農村の封建性，（所収　宇野弘蔵『宇野弘蔵著作集　第8巻　農業問題序論』岩波書店：53-65）.
宇野弘蔵（1974e）：日本資本主義の特殊構造と農業問題，（所収　宇野弘蔵『宇野弘蔵著作集　第8巻　農業問題序論』岩波書店：152-162）.
宇野弘蔵（1974f）：資本主義の組織化と民主主義，（所収　宇野弘蔵『宇野弘蔵著作集　第8巻　農業問題序論』岩波書店：277-291）.
宇野弘蔵（1974g）：食糧需給と今後の課題，（所収　宇野弘蔵『宇野弘蔵著作集　第8巻　農業問題序論』岩波書店：325-354）.
宇野弘蔵（1974h）：刻下の食糧問題，（所収　宇野弘蔵『宇野弘蔵著作集　第8巻　農業問題序論』岩波書店：423-433）.
宇野弘蔵（1974i）：経済学方法論，（所収　宇野弘蔵『宇野弘蔵著作集　第9巻　経済学方法論』岩波書店：3-304）初出『経済学方法論』（東京大学出版会・1962年）.
宇野弘蔵（1974j）：世界経済論の方法と目標，（所収　宇野弘蔵『宇野弘蔵著作集　第9巻　経済学方法論』岩波書店：345-357）.
宇野弘蔵（1974k）：経済学と唯物史観——経済学方法論覚え書，（所収　宇野弘蔵『宇野弘蔵著作集　第9巻　経済学方法論』岩波書店：369-385）.
宇野弘蔵（1974l）：弁証法的矛盾について，（所収　宇野弘蔵『宇野弘蔵著作集　第10巻　資本論と社会主義』岩波書店：427-438）.
宇野弘蔵・鵜飼信成・有泉　亨（1955）：≪座談会≫経済学者の立場から法律学への疑問——法学の社会科学的研究方法について，『法律時報』27(4)：379-391.
宇野弘蔵・梅本克己（1976）：『社会科学と弁証法』岩波書店.
宇野弘蔵・藤井　洋（1997）：『現代資本主義の原型』こぶし書房.
梅棹忠夫（1991a）：『梅棹忠夫著作集　第5巻　比較文明研究』中央公論社.
梅棹忠夫（1991b）：『梅棹忠夫著作集　第10巻　民族学の世界』中央公論社.
梅棹忠夫（1991c）：『梅棹忠夫著作集　第14巻　情報と文明』中央公論社.
梅棹忠夫・吉良竜夫編（1976）：『生態学入門』講談社学術文庫.
エコノミスト編集部（1984）：『証言・高度成長期の日本（上）』毎日新聞社.
江澤譲爾（1952）：『経済立地論』学精社.
江澤譲爾（1954）：『工業集積論——立地論の中心問題』時潮社.

江澤譲爾（1967）：『経済立地論の体系』時潮社.
太田　勝（1982）：シフト・シェア分析とその適用，『経済論叢』（香川大学）55(1)：127-139.
大来佐武郎（1965）：『日本の経済政策』有紀書房.
岡田知弘（1987）：地域経済の「構造論」と「発展論」，『地域経済』（岐阜経済大学）7：29-60.
緒方四十郎・クーパー・シュルマン（1989）：金融の国際統合１・２，『経済評論』10・11.
奥　雅博（1977）：世界の形式としての時間・空間と哲学の問題，（所収　田島節夫編『講座・現代の哲学１　時間・空間』弘文堂：49-74）.
奥山好男（1973）：山名伸作『経済地理学』（マルクス経済学全書13，同文館〈東京〉1972，265＋６ページ）とこれをめぐる最近の論調，『経済地理学年報』19(1)44-52.
小原敬士（1936）：『社会地理学の基礎問題』古今書院.
小原敬士（1940）：国民経済における「自然」，『一橋論叢』（一橋大学）6(3)：47-67.
小原敬士（1950）：『社会地理学の基礎理論』古今書院.
小原敬士（1965）：『近代資本主義の地理学』大明堂.
科学技術庁資源調査会工業立地小委員会編（1957）：『工業の近代化と立地――その実態と問題点』資源協会.
河西　勝（1975）：地代論と土地改良，『経済論集』（北海学園大学）23(2)：91-108.
春日茂男（1958）：立地規定因子に関する一考察，『大分大学経済論集』10(3)：1-24.
春日茂男（2000）：世紀のはざまで，（所収　春日茂男先生を囲む会『講演記録　世紀のはざまで』）.
加藤一郎（1998）：『公共事業と地方分権』日本経済評論社.
加藤和暢（1983a）：経済地理学の方法に関する覚書――矢田俊文教授の「地域構造」論をめぐって，『開発論集』32：77-99.
加藤和暢（1983b）：最近の地域開発論の動向と問題点――玉野井芳郎の“地域主義”論を中心にして，（所収　大沼盛男・池田均・小田清編『地域開発政策の課題』大明堂：28-40）.
加藤和暢（1985）：「地域構造」分析・序説（上），『開発論集』36：51-58.
加藤和暢（1986a）：「地域構造」分析・序説（中），『開発論集』37：27-37.
加藤和暢（1986b）：「地域構造」分析・序説（下），『開発論集』38：69-77.
加藤和暢（1987）：池田「開発政策」論の研究史的意義，『開発論集』第40号：1-39.
加藤和暢（1990a）：地域構造論学説史，（所収　矢田俊文編『地域構造の理論』ミネルヴァ書房：2-12）.
加藤和暢（1990b）：国土政策の歴史的背景（所収　矢田俊文編『地域構造の理論』ミネルヴァ書房：182-192）.

加藤和暢（1991a）：ボーダーレス・エコノミーの歴史的位相――マクロ空間政策論ノート（所収　今東博文・折原裕・佐藤公俊編『現代ポリティカル・エコノミーの問題構制』社会評論社）.
加藤和暢（1991b）：現代金融への空間論的アプローチ，『金融ジャーナル』1991年5月号：51-56.
加藤和暢（1992）：生活における空間的組織化――地方『活性化』の分析視点，『組織科学』26(2)：55-63.
加藤和暢（1994）：地域構造論の発展のために，『経済地理学年報』40：319-328.
加藤和暢（1997）：地域問題論の展開，（所収　経済地理学会編『経済地理学の成果と課題　第Ⅴ集』大明堂：43-53）.
加藤和暢（2000）：M. ポーター――国と地域の競争優位，（所収　矢田俊文・松原宏編『現代経済地理学――その潮流と地域構造論』ミネルヴァ書房：240-259）.
加藤和暢（2001）：山中篤太郎の『地域的構造』研究――地域構造論の伏流，『釧路公立大学 地域研究』10：25-49.
加藤和暢（2002）：「政策形成」過程分析としての経済政策論――経済政策論の方法にかんする山中篤太郎の所説，『社会科学研究』（釧路公立大学）27：17-37.
加藤和暢（2003a）：日本の地域構造――東京一極集中構造の形成メカニズム，（所収　松原宏編『先進国経済の地域構造』東京大学出版会：221-250）.
加藤和暢（2003b）：経済地理学の『理論』について，『経済地理学年報』，49：429-444.
加藤和暢（2005a）：地域経済論の課題と展望，（所収　矢田俊文編『地域構造論の軌跡と展望』：174-187.
加藤和暢（2005b）：経済地理学小考，『社会科学研究』（釧路公立大学）17：7-28.
加藤和暢（2006）：現状分析の方法にかんする覚書――宇野弘蔵『世界経済論の方法と目標』によせて，『社会科学研究』（釧路公立大学）18：25-47.
加藤和暢（2009）：経済地理学のために，『釧路公立大学紀要 人文・自然科学研究』21：7-29.
加藤和暢（2011a）：黒正巌の地域的編制論：戦前期日本における経済地理学研究の到達点，『釧路公立大学紀要 人文・自然科学研究』23：45-72.
加藤和暢（2011b）：サービス経済化の地理学をめざして，『経済地理学年報』57：320-335.
加藤和暢（2012）：黒正巌の地域的編制論（Ⅱ），『釧路公立大学紀要 人文・自然科学研究』24：15-33.
加藤和暢（2013）：黒正巌の地域的編制論（Ⅲ），『釧路公立大学紀要 人文・自然科学研究』25：37-48.
加藤和暢（2015）：経済地理学の基礎にあるもの，『社会科学研究』（釧路公立大学）27：17-37.

加藤和暢（2017a）：サービス経済化研究への「招待状」――特集号の刊行によせて，『経済地理学年報』63：1-8.

加藤和暢（2017b）：「生産の地理学」を超えて――サービス経済化が地理学に問いかけていること，『経済地理学年報』63：9-22.

加藤和暢・大澤勝文（2005）：経済循環の地理的側面について――帯広都市圏を事例として，『釧路公立大学 地域研究』14：1-26.

加藤幸治（2011）：『サービス経済化時代の地域構造』日本経済評論社.

加藤　寛（1979）：『経済学入門シリーズ　経済政策』日本経済新聞社.

金森久雄編（1970）：『リーディングス・日本経済論 1　貿易と国際収支』日本経済新聞社.

鴨　武彦（1989）：国際統合の理論，（所収　有賀貞他編『講座 国際政治③』：東京大学出版会.

川勝平太（1991）：『日本文明と近代西洋――「鎖国」再考』日本放送出版会.

川勝平太（2000）：経済史学こそが経済学の王者です，『エコノミスト臨時増刊号　今こそ，経済学』：32-33.

川勝平太（2003）：『経済史入門』日本経済新聞社.

川島哲郎（1955）：経済地域について――経済地理学の方法論的反省との関連において，『経済学雑誌』（大阪市立大学）32（3・4）：1-35.

川島哲郎（1963）：日本工業の地域的構成――とくにその局地的集積・集中の問題を中心に，『経済学雑誌』48(4)：19-59.

川島哲郎（1965a）：経済地理学，（所収　大阪市立大学経済研究所編『経済学辞典』岩波書店：260-262）.

川島哲郎（1965b）：地域経済，（所収　大阪市立大学経済研究所編『経済学辞典』岩波書店：758-759）.

川島哲郎（1969）：高度成長期の地域開発政策，（所収　川合一郎ほか編『講座　日本資本主義発達史論Ⅴ昭和30年代』日本評論社：309-367）.

川島哲郎（1969）：高度成長期の地域開発政策，（所収　川合一郎ほか編『講座　日本資本主義発達史論Ⅴ昭和30年代』日本評論社：309-367）.

川島哲郎（1980）：私にとっての経済地理学――遍歴への回顧，（所収　『川島哲郎教授還暦記念コロキアム報告』36-42）.

川島哲郎（1983）：経済地理学の現代的課題，『経済地理学年報』29(4)：279-285.

川島哲郎編（1986）：『経済地理学』朝倉書店.

川島哲郎（1986）：経済地理学の課題と方法，（所収　川島哲郎編『経済地理学』朝倉書店：1-14）.

川島哲郎（1988）：序論　現代世界の地域政策――地域政策とは何か，（所収　川島哲郎・鴨澤　巌編『現代世界の地域開発』大明堂：1-22）.

川西正鑑（1931）：『経済地理学原理』丁酉出版社.
川西正鑑（1933）：『経済地理学方法論』時潮社.
川西正鑑（1936）：『工業立地変動論』中興館.
川西正鑑（1939）：『工業立地の研究』日本評論社.
川西正鑑（1959）：内部経営立地論の方法――とくに工企業の場合，『経済経営論集』11 (2)：1-37.
川西正鑑（1960）：経営の空間的位置について，『京都短大論集』1(1)：1-18.
川村　琢（1940）：チウネン地代論の一考察，『法経会論叢』（北海道帝国大学）第8輯：208-226.
木内信蔵（1968）：『地域概論』東京大学出版会.
北村嘉行・矢田俊文編（1977）：『日本の地域構造2　日本工業の地域構造』大明堂.
北村嘉行・寺阪昭信編（1979）：『日本の地域構造4　流通・情報の地域構造』大明堂.
北村嘉行（1988）：地域構造概念の発達，（所収　朝野洋一・寺阪昭信・北村嘉行編『日本の地域構造1　地域の概念と地域構造』大明堂：1-11）.
木下貴文（2005）：政策学の自己像の再定位をめざして，（所収　足立幸男編『政策学的思考とは何か』勁草書房：25-51）.
キング，J. 著，栗原百代訳（2006）：『中国が世界をメチャクチャにする』草思社．Kynge, J. (2006): *China shakes the world: a titan's rise and troubled future and the challenge for America,* Boston: Houghton Mifflin.
櫛田光男編（1959）：『日本経済の成長力――「下村理論」とその批判』金融財政事情研究会.
国松久弥・西岡久雄（1961）：『基本人文地理学』明玄書房.
国松久弥・安藤萬寿夫・西岡久雄・鈴木啓祐・奥野隆史（1981）：『増訂 経済地理学』明玄書房.
公文俊平（1978）：『転換期の世界』講談社学術文庫.
クラーク，C. 著，大川一司・小原敬士・高橋長太郎・山田雄三訳（1955）：『經濟進歩の諸條件（上・下）』勁草書房．Clark, C. (1951): *The Conditions of Economic Progress II ed,* London: Macmilan.
クルーグマン．P. 著，北村行伸・高橋亘・妹尾美起（1994）：『脱「国境」の経済学』東洋経済新報社．Krugman, P. (1991): *Geography and Trade,* MIT Press.
慶應義塾経済学会（1964）：小島栄二教授著作目録，『三田学會雑誌』57（7-8）：3-5.
経済安定本部経済計画室監修（1950）：『日本経済の地域構造』東洋書館.
経済企画庁編（1961）：『国民所得倍増計画』大蔵省印刷局.
経済企画庁編（1976）：『現代日本経済の展開――経済企画庁30年史』経済企画庁.
経済企画庁総合開発局監修・下河辺　敦編（1971）：『資料　新全国総合開発計画』至誠堂.

経済地理学会（1962）：追悼　故佐藤　弘会長,『経済地理学年報』8：66-67.
経済地理学会幹事会（1958）：経済地理学会第５回大会議事録,『経済地理学年報』5：74-77.
経済地理学会幹事会（1964）：追悼　故　小島栄二君,『経済地理学年報』9：110-111.
経済地理学会第30回大会実行委員会（1983）：経済地理学会第30回（1983年度）大会記事,『経済地理学年報』29(4)：63-80.
経済地理学会第40回大会実行委員会（1993）：経済地理学会第40回（1993年度）大会記事,『経済地理学年報』40(1)：76-96.
経済地理学会編（1967）：『経済地理学の成果と課題　第Ⅰ集』大明堂.
経済地理学会編（1977）：『経済地理学の成果と課題　第Ⅱ集』大明堂.
香西　泰（1981）：『高度成長の時代――現代日本経済史ノート』日本評論社.
香西　泰（1984）：復興期,（所収　小宮隆太郎・奥野正寛・鈴村興太郎編『日本の産業政策』東京大学出版会：25-43).
神山四郎（1968）：『歴史の探究』日本放送出版協会.
古賀正則（1975）：経済成長と地域経済――累積的因果関係論と新古典派経済成長論の検討,『経済学雑誌』（大阪市立大学）72(4)：46-67.
古賀正則（1984）：経済地域論,（所収　経済地理学会編『経済地理学の成果と課題　第Ⅲ集』大明堂：28-36).
黒正　巖（1931）：『日本経済地理学　第一分冊』岩波書店.
黒正　巖（1941）：『経済地理学原論』日本評論社.
黒正　巖著作集編集委員会：(2002)：『黒正巖著作集　第５巻　経済地理学の研究』思文閣.
小島栄二（1940）：『経済地理学序説』時潮社.
小島栄二（1947）：米国経済の一側面――その地域的構造について,『三田学會雑誌』（慶応義塾大学）40（10-11-12）：48-78.
小島栄二（1948）：英国経済の地理的構造,『三田学會雑誌』（慶応義塾大学）41(9)：1-21.
小島　清（1973）：『外国貿易［四訂］』春秋社.
コース, R. H. 著, 宮沢健一・後藤晃・藤垣芳文訳（1992）：『企業・市場・法』東洋経済新報社. Coase, R. H.（1988): *The firm,* the market, and the law, Chicago: University of Chicago Press.
コッカ, J. 著, 肥前栄一・杉原達訳（1994）：『歴史と啓蒙』未來社. Kocka, J.（1989): *Geschichte und Aufklärung: Aufsätze,* Göttingen: Vandenhoeck & Ruprecht.
ゴットル, F. 著, 佐瀬芳太郎訳（1942）：『経済と現実――「理論」時代をながめる』白揚社. Gottl-Ottlilienfeld, F.（1939): *Theorie blickt in die Zeit: vier Aufsätze über deutsche Wirtschaft und Wirtschaftswissenschaft von heute,* Jena: G. Fischer.
斉藤一夫（1957）：地域開発と産業構造,『農業総合研究』11(2)：35-67.

西藤雅夫（1964）：『産業学概論』法律文化社.
酒井正三郎（1942）：『国民経済構造変動論』日本評論社.
坂上　孝（1988）：空間の政治経済学,（所収　樋口謹一『空間の世紀』岩波書店：17-46).
坂本二郎（1962）：長期経済計画の一環としての地域開発,『日本経済政策学会年報IX』勁草書房：23-49.
櫻井　毅（1986）：経済学史の方法について,『武蔵大学論集』大谷瑞郎教授還暦記念号,第34巻第2・3・4号.
櫻井　毅（1979）：『宇野理論と資本論』有斐閣.
櫻井　毅（2004）：『経済学史研究の課題』御茶の水書房.
櫻井　毅（2013）：岩田弘の世界資本主義論とその内的叙述としての経済理論,（所収　清水真志編『宇野理論を現代にどう活かすか Newsletter』第2期第11号：1-24).
櫻井毅・山口重克・柴垣和夫・伊藤誠編著（2010）：『宇野理論の現在と論点――マルクス経済学の展開』社会評論社.
笹田友三郎（1966a）：経済基盤説――その展望,『経済学論叢』（同志社大学）15（3・4）：326-375.
笹田友三郎（1966b）：移出産業の発展と地域成長――太平洋北西部の事例的考察,『経済学論叢』（同志社大学）15（5・6）：366-397.
佐竹光彦（1984）：シフト―シェア分析の実証的研究,『経済学論叢』（同志社大学）34（1・2）：206-226.
佐藤　光（1994）：『ポランニーとベルグソン』ミネルヴァ書房.
佐藤　光（2006）：『カール・ポランニーの社会哲学』ミネルヴァ書房.
佐藤　弘（1933）：『経済地理学総論』改造社.
佐藤　弘（1956）：産業配置論の現代的意義,『通商産業研究』4：10-21.
佐藤　洋（1971）：戦後わが国の地域産業構造の変貌に関する統計的分析的研究――昭和25～40年の15年間に関して,『桃山学院大学産業貿易研究所報』5：15-37.
佐藤元重（1963）：『日本の工業立地政策』弘文堂.
塩沢由典（1983）：『近代経済学の反省』日本経済新聞社.
塩沢由典（1990）：『市場の秩序学』筑摩書房.
塩沢由典（1997）：『複雑系経済学入門』生産性出版.
志村嘉一（1976）：金融政策評価の視点,（所収　大内力編『現代資本主義と財政・金融3現代金融』東京大学出版会：399-411).
島岡光一（1973）：マルクス・エンゲルスにおける経済的空間圏域をめぐる諸論点――1840～1850年代の文献から,『経済地理学年報』19(1)：53-60.
島津俊之（1993）：デュルケム社会形態学における社会と空間,『人文地理』45(4)：1-18.
下村　治（1962）：『日本経済成長論』金融財政事情研究会.

下河辺淳（1994）：『戦後国土計画への証言』日本経済評論社.
シュンペーター, Jv. A. 著，塩野谷祐一・中山伊知郎・東畑精一訳（1977）：『経済発展の理論（上）』岩波書店，Schumpeter, J. A.（1912）: *Theorie der wirtschaftlichen Entwicklung*, Leipzig: Duncker & Humblot.
杉田繁治（1989）：『梅棹忠夫著作集　第５巻　比較文明学研究　梅棹文明学の根幹』中央公論社.
鈴木洋太郎（1990）：産業立地論の国際的適用についての一考察――生産都消費の空間的相互作用の視点から，『経営研究』（大阪市立大学）41(3)：53-66.
鈴木洋太郎（1991）：現代多国籍企業と立地問題――産業立地論的考察，『経営研究』（大阪市立大学）42(2)：39-57.
鈴木洋太郎（1992）：経済地域の国際編成についての一考察――地域協力・経済統合の立地論的検討，『経営研究』（大阪市立大学）43(1)：45-61.
鈴木洋太郎（1994）：『多国籍企業の立地と世界経済』大明堂.
鈴木洋太郎（1999）：『産業立地のグローバル化』大明堂.
ステーレー. E. 著，太平洋協会調査部訳（1940）：『国際原料資源論』中央公論社．Staley, E.（1937）*Raw Materials in Peace and War*, New York: Council of Foreign Relations.
スペロ, J. E. 著，小林陽太郎・首藤信彦訳（1988）『国際経済関係論』東洋経済新報社. Spero, J. E.（1985）*The Politics of International Economic Relations*, New York: St. Martin's Press, Inc.
関根友彦（1983）：「経済教室　発展する『マルクス』」，『日本経済新聞』１月６日付.
関根友彦（1995）：『経済学の方向転換――広義の経済学事始』東信堂.
総合研究開発機構（1996）：『戦後国土政策の検証（下）』総合研究開発機構.
高橋次郎（1935）：『新経済地理学』高陽書院.
高橋潤二郎（2001）：『抽象的地表の原理――地理学の理論化への挑戦』古今書院.
竹内正巳（1966）：『地域経済の構造と政策』法律文化社.
竹内淳彦・森秀雄・八久保厚志（2002）：大田区における機械工業集団の機能変化，『地理学評論』75：20-40.
武田晴人編（2003）：『地域の社会経済史』有斐閣.
武山　弘（1968）：北海道における経済発展「転型」と産業機構，『北海道商工経済研究』6：1-41.
谷　泰（1966）：乾燥地帯の国家，（所収　川喜田二郎・梅棹忠夫・上山春平編『人間――人類学的研究』中央公論社：15-72）.
谷野　陽（1994）：『国土と農村の計画』農林統計協会.
玉野井芳郎（1978）：『エコノミーとエコロジー』みすず書房.

田村大樹（2000）：『空間的情報流と地域構造』大明堂.
田村大樹（2003）：加藤報告へのコメント，『経済地理学年報』49(5)：489-497.
田村　均（1979）：地域的不均等論に関する基本的考察，『経済地理学年報』25(2)：101-109.
田村　均（1989）：地域的分業とは——地域間の価値移転，（所収　赤羽孝之・山本茂『現代社会の地理学』古今書院：49-58.
田村　均（1990）：地域循環と地域経済，（所収　矢田俊文編著『地域構造の理論』ミネルヴァ書房：142-157).
地域構造研究会（1988）：趣意書，（所収　朝野洋一・寺阪昭信・北村嘉行編『地域の概念と地域構造』大栄道：247-248).
千葉達也・藤田直晴・矢田俊文・山本健兒編（1988）：『日本の地域構造 6　所得・資金の地域構造』大明堂.
千葉徳爾（1960）：地域構造の数学的表現について，『信州大学教育学部紀要』9：31-39.
通産省企業局編（1952）：『企業合理化の諸問題』産業科学協会.
通産省企業局編（1962）：『わが国の工業立地』通商産業研究社.
月尾嘉男（1998）：「経済教室」，『日本経済新聞』11月17日付.
辻　悟一（1974a）：産業立地への歴史的・社会的アプローチ，『松山商大論集』25（2-3）：45-69.
辻　悟一（1974b）：「空間」経済学の基本的問題点，『松山商大論集』25(5)：31-47.
辻　悟一（1999）：川島哲郎の経済地理学——「経済の地理学」追究の軌跡，『経済学雑誌』（大阪市立大学）99（5・6）：164-178.
辻　悟一（2000）：序論　経済地理学——経済の空間性の考察，（所収　辻悟一編『経済地理学を学ぶ人のために』世界思想社：1-26).
土屋　清（1978）：『飛翔の時期は来た』山手書房.
都留重人（1965）：日本経済の戦後20年，『経済評論（10月臨時増刊号）』5.
都留重人（1976）：国際経済と日本，（所収　都留重人『都留重人著作集　第 8 巻　国際政治と国際経済』講談社：451-467).
鶴田俊正（1982）：『日本の産業政策』日本経済新聞社.
手塚　章（1997）：ビダル・ド・ラ・ブラーシュ，（所収　山本正三・奥野隆史・石井英也・手塚章編『人文地理学辞典』朝倉書店：385).
ドゥロネ, J. C., ギャドレ, J. 著，渡辺雅男訳（2000）：『サービス経済学説史——三〇〇年にわたる論争』桜井書店. Delaunay, J. C. and Gadrey, J. (1992): *Services in Economic Thought: Three Centuries of Debate*, Boston: Kluwer Academic Publishers.
外川健一（1998）：『自動車産業の静脈部』大明堂.
外川健一（2001）：『自動車とリサイクル——自動車産業の静脈部にかんする経済地理学的

研究』日刊自動車新聞社.

徳永光俊編（2005）：『黒正巌と日本経済学』思文閣出版.

戸坂　潤（1966）：『戸坂潤全集　第2巻』勁草書房.

長岡　顯・中藤康俊・山口不二雄編（1978）：『日本の地域構造3　日本農業の地域構造』大明堂.

中川辰洋（1989）：『フランス国債市場の変貌と金融革新』資本市場研究会.

中澤高志（2013）：経済地理学における生態学的認識論と2つの「埋め込み」，『経済地理学年報』59(4)：92-112.

中澤高志（2016a）：ポラニアン経済地理学という企図――実証研究にむけた若干の展望，『明治大学教養論集』514：49-92.

中澤高志（2016b）：「地方創生」の目的論，『経済地理学年報』62(4)：285-305.

中島　清（1980）：チューネン農業立地論の経済学的位置づけ，『経済地理学年報』26(4)：270-275.

中澤高志（2016b）：「地方創生」の目的論，『経済地理学年報』62(4)：285-305.

中谷 巌（1987）：『ボーダーレス・エコノミー』日本経済新聞社.

中村剛治郎（1975）：地域経済の不均等発展と地域問題・地域開発(1)――地域的不均等理論の再検討と再確立の視点，大阪市立大学『経営研究』136：71-89.

中村剛治郎（1978）：地域経済・地域問題・地域開発――基礎視角に関する一試論，季刊『現代と思想』31：98-118.

中村剛治郎（2004）：『地域政治経済学』有斐閣.

中村尚司（1991）：日本における生命系経済学――玉野井芳郎の仕事に学ぶ，（所収　今村仁司編『格闘する現代思想』講談社現代新書1040：119-133）.

中村隆英（1980）：『日本経済――その成長と構造〔第2版〕』東京大学出版会.

ナース，H. O. 著，笹田友三郎訳（1975）：『地域経済学――地域の経済構造・安定および成長の研究』好学社，Nourse, H. O.（1968）: *Regional Economics*, New York: Mc Grow-Hill.

中山伊知郎（1972）：貿易主義と国内開発主義再論，（所収　中山伊知郎『中山伊知郎著作集　第12集』講談社：94-104）.

名和統一（1932）：経済の空間形態，『大阪商科大学経済学研究』2：191-263.

西岡久雄（1959）：国内後進地域の成因に関する覚書，『経済地理学年報』6：11-21.

西岡久雄（1968）：『経済立地の話』日本経済新聞社（日経文庫）.

西岡久雄（1976）：『経済地理分析』大明堂.

西岡久雄（1977）：工業多角度の測定法について，『青山経済論集』28(4)：116-159.

西岡久雄（1971）：経済立地の分析，（所収　鈴木啓祐・奥野隆史『増訂　経済地理学』明玄書房：56-115）.

西岡久雄・阿蘇道子（1969a）：わが国の県別工業多角化係数(1),『青山経済論集』20(4)：1-13.
西岡久雄・阿蘇道子（1969b）：わが国の県別工業多角化係数(2)——地方別概観・全国的概観,『青山経済論集』21(1)：27-40.
西岡久雄・阿蘇道子（1969c）：わが国の県別工業多角化係数(3),『青山経済論集』21(2)：76-85.
西川　治（1996）：地理学の特徴,（所収　西川治編『地理学概論』朝倉書店：3-16).
二瓶暢祐（1978）：食糧増産と緊急開拓事業の展開,（所収　柏祐賢・坂本慶一編『戦後農政の再検討』ミネルヴァ書房.
日本経済学会連合編（1970）：『経済学の動向　第1集』東洋経済新報社.
日本経済学会連合編（1982）：『経済学の動向　第2集』東洋経済新報社.
日本産業構造研究所編（1967）：『地域経済文献目録』大明堂.
日本地域開発センター編（1965）：『日本の地域開発』東洋経済新報社.
沼尻晃伸（2002）：『工場立地と都市計画——日本都市形成の特質　1905-1954』東京大学出版会.
根岸　隆（1981）：『古典派経済学と近代経済学』岩波書店.
野口健彦（2011）：『K. ポラニー』文眞堂.
野澤秀樹（1988）：『ヴィダル＝ド＝ラ＝ブラーシュ研究』地人書房.
野原敏雄（1977）：『日本資本主義と地域経済』大月書店.
野原敏雄・森滝健一郎編（1975）：『戦後日本資本主義の地域構造』汐文社.
野村　清（1996）：『サービス産業の発想と戦略』電通.
ハイエク, F. A. 著, 川口慎二訳（1988）：『貨幣発行自由化論』東洋経済新報社. Hayek, F. A.（1978): *Denationalization of Money*, The Institue of Economic Affairs, London.
橋本寿朗（1991）：『日本経済論』ミネルヴァ書房.
ハーシュマン, A. O. 著, 小島清監修・麻田四郎訳（1961）：『経済発展の戦略』巌松堂. Hirschman, A. O.（1958): *The strategy of economic development*, New Haven: Yale University Press.
ハーシュマン, A. O. 著, 佐々木毅・杉田敦訳（1988）：『失望と参画の現象学：私的利益と公的行為』法政大学出版会. Hirschman, A. O.（1982): *Shifting involvements: private interest and public action*, Princeton, N. J.: Princeton University Press.
バシュラール, G. 著, 及川馥・小井土光彦訳（1975）：『科学的精神の形成——客観的認識の精神分析のために』国文社. Bachelard, G.（1938): *La formation de l'esprit scientifique: contribution à une psychanalyse de la connaissance objective*, Paris: Librairie Philosophique J. Vrin.

馬場啓之助（1955）：地域性の探求，『農業総合研究』9(1)：39-72.

馬場宏二（1988）：『教育危機の経済学』御茶の水書房.

原　洋之助（1999）：『グローバリズムの終焉』NTT出版.

バラン，P. T.，スウィージー，P. M. 著，小原敬士訳（1967）：『独占資本――アメリカの経済・社会秩序にかんする試論』岩波書店．Baran, P. A. and Sweezy, P. M.（1966）: *Monopoly capital: an essay on the American economic and social order*, New York: Monthly Review Press.

ヒックス，J. R. 著，大石泰彦訳（1964）：『世界経済論』岩波書店．Hicks, J. R.（1959）: *Essays in World Economics,* Toronto: Oxford University Press.

ヒックス，J. R. 著，新保博・渡邊文夫訳（1995）：『経済史の理論』講談社．Hicks, J. R.（1969）: *A theory of economic history,* Oxford, New York: Clarendon Press.

尾留川正平（1989）：ブラーシュ，P.，（所収　日本地理研究所編『地理学辞典　改訂版』二宮書店：598）.

福井孝治（1934）：経済的空間，『経済研究年報』（大阪商科大学）5：57-98.

福井孝治（1939）：『経済と社会』日本評論社.

藤田昌久・クルーグマン，P. R. ・ベナブルズ，A. J. 著，小出博之訳（2000）：『空間経済学――都市・地域・国際貿易の新しい分析』東洋経済新報社．Fujita, M. , Krugman, P. R. , and Venables, A. J.（1999）: *The spatial economy: cities,* regions, and international trade, Massachusetts: MIT Press.

フーヴァー，E. M. 著，春田茂男・笹田友三郎訳（1976）：『経済活動の立地』大明堂. Hoover, E. M.（1948）: *The Location of Economic Activity,* New York: McGrow-Hill.

ブードヴィル，J. R. 著，山岡春夫訳（1963）：『経済空間――地域開発計画の理論と実際』白水社．Boudeville, J. R.（1961）: *Les espaces économiques,* Paris: Presses universitaires de France.

ブラウ，P. M. 著，間場寿一・居安正・塩原勉訳（1974）：『交換と権力――社会過程の弁証法社会学』新曜社．Blau, P. M.（1964）: *Exchangeand Power in Social Life*, New York: John Wiley & Sons.

ブラーシュ，P. 著，飯塚浩二訳（1940）：『人文地理学原理（上・下）』岩波書店，Vidalde La Blache, P. and Paul Marie Joseph, Martonne, E.（1922）: *Principes de géographie humaine*, Paris: Armand Colin.

フライヤー，H. 著，福武直訳（1944）：『現實科學としての社會學』日光書院．Freyer, H.（1930）: *Soziologie als Wirklichkeitswissenschaft: logische Grundlegung des Systems der Soziologie,* Leipzig: B. G. Teubner.

フリードマン，T. L. 著，伏見威蕃訳（2006）：『フラット化する世界（上・下）』日本経済

新聞社. Friedman, T. L. (2005): *The world is flat: a brief history of the twenty-first century*, New York: Straus and Giroux.
降旗節雄（1997）:『貨幣の謎を解く』白順社.
降旗節雄・伊藤　誠共編（2000）:『マルクス理論の再構築——宇野経済学をどう活かすか』社会評論社.
降旗節雄編（2006）:『市場経済と共同体——ポスト資本主義をめぐって』社会評論社.
ブローグ, M. 著, 関恒義・浅野栄一・宮崎犀一訳（1986）:『新版　経済理論の歴史Ⅳ』東洋経済新報社. Blaug, M. (1962): *Economic theory in retrospect*, Illinois: Irwin.
ブローグ, M. 著, 中矢俊博訳（1991）:『ケインズ経済学入門』東洋経済新報社. Blaug, M. (1990): *John Maynard Keynes: life,* ideas, legacy, London: Macmillan in association with the Institute of Economic Affairs.
フロリダ, R. 著, 井口典夫訳（2009）:『クリエイティブ都市論——創造性は居心地のよい場所を求める』ダイヤモンド社. Florida, R. (2008): *Who's your city?: how the creative economy is making where to live: the most important decision of your life*, New York: Basic Books.
米花　稔（1981）:『日本の産業立地政策』大明堂.
ベル, D. 著, 内田忠夫・嘉治元郎・城塚登・馬場修一・村上泰亮・谷崎喬四郎訳（1975）:『脱工業社会の到来——社会予測の一つの試み（上・下）』ダイヤモンド社. Bell, D. (1973): *The Coming of Post-Industrial Society: a venture in social forecasting*, New York: Basic Books.
ベル, D. 著, 正慶孝訳（1990）:『二十世紀文化の散歩道』ダイヤモンド社. Bell, D. (1980): *The winding passage: essays and sociological journeys*, 1960-1980, Cambridge: Abt Books.
逸見謙三（1986）: 農業政策における政治と経済,（所収　逸見謙三・加藤讓共編『基本法農政の経済分析』明文書房：3-24）.
ボーツ, G. H. ・スタイン, J. L. 著, 中川久成・坂下昇訳（1965）:『地域経済の成長理論』勁草書房. Borts, G. H. and Stein, J. L. (1964): *Economic growth in a free market*, New York: Columbia University Press.
ポーター, M. E. 著, 竹内弘高訳（1999）:『競争戦略論Ⅱ』ダイヤモンド社, Porter, M. E. (1998): *On Competition*, Boston：Harvard Business School Pressv.
ポラニー, K. 著, 吉沢英成・野口建彦・長尾史郎・杉村芳美訳（1975）:『大転換——市場社会の形成と崩壊』東洋経済新報社, Polanyi, K. (1944): *The great transformation: the political and economic origins of our time*, Boston: Beacon Press.
ポラニー, K. 著, 玉野井芳郎・栗本慎一郎訳（1980）:『人間の経済Ⅰ　市場社会の虚構性』岩波書店, Polanyi, K. (1977): *The livelihood of man*, New York: Academic

Press.

ポラニー, K. 著, 野口建彦・栖原学訳（2009）:『大転換——市場社会の形成と崩壊』東洋経済新報社, Polanyi, K. (2001): *The great transformation: the political and economic origins of our time*, Boston: Beacon Press. 2nd Beacon pbk, Beacon Press.

ボールディング, K. E. 著, 海老原武邦・内田忠夫訳（1975）:『経済政策の原理』東洋経済新報社. Boulding, K. E. (1958): *Principles of economic policy*, Englewood Cliffs, N. J.: Prentice-Hall.

マックローン, G. 著, 加藤譲監修 杉崎真一訳（1973）:『イギリスの地域開発政策』農政調査委員会, McCrone, G. (1969): *Regional Policy in Britain*, London: George Allen & Unwin.

松嵜久実（2001）:『地域経済の形成と発展の原理——伊勢崎織物業史における資本原理と地域原理』CAP出版.

松田 孝・森滝健一郎（1972）: 経済地理学の現代的課題と方法,『経済』97 : 91-104.

松橋公治（1989）: 構造アプローチについての覚書——方法的特質と「地域構造論」との対比を中心に,『駿台史学』（明治大学）76 : 1-37.

松原 宏（1989）: 多国籍企業の経済地理学序説,『西南学院大学経済学論集』24(2) : 127-153.

松原 宏（2005）:「地域構造論の軌跡」（所収 矢田俊文編『地域構造論の軌跡と展望』ミネルヴァ書房 : 2-14）.

松原 宏（2013）: 工業立地論の基礎と応用（所収 松原宏編『現代の立地論』古今書院 : 23-37）.

松原 宏（2006）:『経済地理学』東京大学出版会.

松原 宏編（2003）:『先進国経済の地域構造』東京大学出版会.

松原 宏編（2013）:『現代の立地論』古今書院.

マートン, R. 著, 森東吾・森好夫・金沢実・中島竜太郎訳（1961）:『社会理論と社会構造』みすず書房, Merton, R. K. (1949): *Social theory and social structure: toward the codification of theory and research*, Glencoe, Ill: Free Press of Glencoe.

マルクス, K. 著, 岡崎次郎訳（1972）:『資本論』大月書店（国民文庫版）. Marx, K. and Engels, F. (1962-1964): Karl Marx-Friedrich Engels Werke, Band 23-25, Berlin: Dietz.（引用頁数の前にある①～⑨は分冊番号を示す）

マルクス, K. 著, 高木幸二郎監訳（1961）:『マルクス経済学批判要綱Ⅲ』大月書店. Marx, K. (1953): *Grundrisse der Kritik der politischen Ökonomie,* Rohentwurf 1857-1858, Berlin: Dietz.

マルクス, K. 著, 資本論草稿集翻訳委員会訳（1993）:『マルクス資本論草稿集③』大月書店.
丸山真人（1983）：交換・価値の一般理論は可能か,『経済学批判』12：84-102.
マンフォード, L.著, 生田勉訳（1969）：『歴史の都市, 明日の都市』新潮社. Mumford, L. (1961): *The city in history its origins,* its transformations, and its prospects, London: Secker & Warburg.
御厨　貴（1989）：戦時・戦後の社会,（所収　中村隆英編『日本経済史７　「計画化」と「民主化」』岩波書店：237-282).
水岡不二雄（1978）：経済地理学の方法論をめぐって（１),『地理』23(9)：158-164.
水岡不二雄（1980）：矢田俊文氏の「地域構造論」への一視角,『地理』25(7)：149-151.
水岡不二雄（1983a）：戦後日本におけるマルクス経済地理学の展開,『人文地理』35(1)：23-39.
水岡不二雄（1983b）：マルクス経済学における経済地域の概念,『一橋論叢』（一橋大学）90(6)：797-818.
水岡不二雄（1992）：『経済地理学――空間の社会への包摂』青木書店.
ミーゼス, L. 著, 村田稔雄訳（1991）：『ヒューマン・アクション』春秋社, Von Mises, L. (1949): *Human action: a treatise on economics*, New Haven: Yale Univ. Press.
宮川公男（1994）：『政策科学の基礎』東洋経済新報社.
宮川公男（2002）：『政策科学入門〔第２版〕』東洋経済新報社.
宮崎義一（1967）：『近代経済学の史的展開』有斐閣.
宮町良広（2009）：経済地理学の方法論（所収　経済地理学会編『経済地理学の成果と課題　第Ⅶ集』日本経済評論社：1-11).
宮本憲一（1976）：『社会資本論〔改訂版〕』有斐閣.
宮本憲一（1977）編：『大都市とコンビナート・大阪』筑摩書房.
宮本憲一監修（1986）：『国際化時代の都市と農村』自治体研究社.
宮本憲一・横田　茂・中村剛治郎編（1990）：『地域経済学』有斐閣.
ミュルダール, G. 著, 小原敬士訳（1959）：『経済理論と低開発地域』東洋経済新報社. Myrdal, G. (1957): *Economic Theory and Under-Developed Regions,* London: Gerald Duckworth & Co. ltdv.
村上泰亮（1978）：システム分化についてのエッセイ,（所収　村上泰亮・西部邁編『経済体制論　第２巻　社会学的基礎――経済体制の原型を求めて』東洋経済新報社：275-303).
村上泰亮（1984）：『新中間大衆の時代』中央公論社.
村上泰亮（1997a）：『村上泰亮著作集　第３巻　産業社会の病理・批判的歴史主義に向かって』中央公論社.
村上泰亮（1997b）：『村上泰亮著作集　第５巻　新中間大衆の時代・ゆらぎの中の大衆社

会』中央公論社.

村上泰亮（1997c）:『村上泰亮著作集　第6巻　反古典の政治経済学（1）』中央公論社.

村上泰亮（1997d）:『村上泰亮著作集　第7巻　反古典の政治経済学（2）反古典の政治経済学要綱』中央公論社.

村上泰亮（1998）:『村上泰亮著作集　第8巻　時評・講演・書評・随筆・年譜・著作リスト・総索引』中央公論社.

メンガー, C. 著, 福井孝治・吉田昇三訳（1939）:『經濟學の方法に關する研究』岩波文庫. Menger, C. (1883): *Untersuchungen über die Methode der Socialwissenschaften,* und der politischen Oekonomie insbesondere, Leipzig: Duncker & Humblot.

メンガー, C. 著, 八木紀一郎・中村友太郎・中島芳郎訳（1982）:『一般理論経済学1』みすず書房. Menger, C. (1923): *Grundsätze der Volkswirtschaftlehre 2.* Aufl, Wien, Leipzig: Hölder-Pichler-Tempsky.

森滝健一郎（1981）: 地域経済,『経済』205 : 135-139.

矢田俊文（1971）: 人文地理学に期待するもの,（所収　西川治・河辺宏・田邊裕編『地理学と教養』古今書院 : 118-122）.

矢田俊文（1973）: 経済地理学について,『経済志林』41（3・4）: 375-410.

矢田俊文（1979）: 地域的不均等論批判,『一橋論叢』79(1) : 79-99.

矢田俊文（1981）: 地域経済論における二つの視角,『経済志林』48(4) : 311-351.

矢田俊文（1982）:『産業配置と地域構造』大明堂.

矢田俊文（1990）: 地域構造論概説,（所収　矢田俊文編『地域構造の理論』ミネルヴァ書房 : 13-40）.

矢田俊文編（1990）:『地域構造の理論』ミネルヴァ書房.

矢田俊文（1996）:「サービス産業」と「知識産業」,『研究・技術・計画』11（3・4）: 148-154.

矢田俊文（1999）:『21世紀の国土構造と国土政策』大明堂.

矢田俊文（2000）: 現代経済地理学と地域構造論,（所収　矢田俊文・松原宏編『現代経済地理学』ミネルヴァ書房 : 279-312）.

矢田俊文（2001）: 21世紀の経済の「サービス化」と国土構造の展望,『地理科学』56(3) : 169-176.

矢田俊文（2005）: 地域構造論の軌跡と展望（所収『地域構造論の軌跡と展望』ミネルヴァ書房 : 297-316）.

矢田俊文（2015）:『矢田俊文著作集　第2巻　地域構造論（上）理論編』原書房.

矢田俊文・松原　宏編 :（2000）:『現代経済地理学』ミネルヴァ書房.

矢田俊文編（2005）:『地域構造論の軌跡と展望』ミネルヴァ書房.

柳井雅人（1997）:『経済発展と地域構造』大明堂.

柳井雅人編（2004）:『経済空間論——立地システムと地域経済』原書房.
山川充夫（1990）: 原子力発電所の立地——必要な施設の安全立地,『地理』11 : 33-41.
山川充夫（1992）: 地域経済論・経済地域論・地域構造論,（所収　経済地理学会編『経済地理学の成果と課題第Ⅳ集』大明堂 : 296-306).
山川充夫（1993）: 企業空間と求心的地域構造,（所収　山川充夫・柳井雅也編『企業空間とネットワーク』大明堂 : 1-23).
山口不二雄（1975）: 経済地理学の現代的課題と計量的方法,『地理』20(4) : 116-121.
山口不二雄（1977）: 戦後日本資本主義における工業配置の諸類型,『地理学集報』（法政大学）6 : 1-39.
山口不二雄（1980a）: 地域概念と地域構造概念（1）, 季刊『地域』(4) : 56-61.
山口不二雄（1980b）: 地域概念と地域構造概念（2）——マルクス経済地理学の展望, 季刊『地域』(5) : 65-68.
山口不二雄（1983）: 書評・矢田俊文『産業配置と地域構造』,『経済地理学年報』29(1) : 59-62.
山﨑　朗（1991）: 産業論の存立根拠,『彦根論叢』（滋賀大学）273・274 : 401-416.
山﨑　朗（1992）:『ネットワーク型配置と分散政策』大明堂.
山﨑　朗（1998）:『日本の国土計画と地域開発』東洋経済新報社.
山﨑　朗（1999）:『産業集積と立地分析』大明堂.
山田達夫・徳永光俊共編（2001）:『社会経済史学の誕生と黒正巌』思文閣出版.
山名伸作（1970）: 立地論と地域区分,『経営研究』（大阪市立大学）104・105・106 : 231-245.
山名伸作（1972）:『マルクス経済学全書13　経済地理学』同文館.
山名伸作（1994）: 地域的分業と地域問題,『阪南論集　社会科学編』30(1) : 81-93.
山名伸作（1997）: 経済地理学と経済理論,『阪南論集　社会科学編』32(4) : 173-187.
山中篤太郎（1933）:『日本社会経済の研究』森山書店.
山中篤太郎（1943）:『工業政策』日本評論社.
山中篤太郎（1944）:『日本産業構造の研究』有斐閣.
山中篤太郎（1948）:『中小工業の本質と展開』有斐閣.
山中篤太郎（1950）: 経済学における経済政策——経済政策現象の概念化作業についての一つの覚書,『一橋論叢』24(3) : 262-285.
山中篤太郎（1953）: 中小企業の本質,（所収　板垣與一編『続日本経済の構図』如水書房 : 157-223).
山中篤太郎（1963）: 地域経済展開の諸問題済（所収　大泉行雄博士還暦記念論文集『経済政策の現代的課題』勁草書房 : 179-199).
山本健兒（1977）: 地域的不均等論について,『経済地理学年報』23(1) : 41-51.

山本健兒（2005）：地域構造論の課題，（所収　矢田俊文編『地域構造論の軌跡と展望』ミネルヴァ書房：29-40）．

山本大策（2017）：サービスはグローバル経済化の抵抗拠点になりうるか――「多様な経済」論との関係で，『経済地理学年報』63：60-76.

山本正雄編（1959）：『日本の工業地帯』岩波書店（岩波新書）．

ユクスキュル，J. B.，クリサート，G. 著，日高敏孝，野田保之訳（1995）：『生物から見た世界』新思想社，Uexküll, J. B. and Kriszat, G. (1934): *Streifzüge durch die Umwelten von Tieren und Menschen: ein Bilderbuch unsichtbarer Welten*, Berlin: Julius Springe.

横山辰夫（1954）：戦後における日本農業の地域構造の変動について，『経済地理学年報』1：14-28.

米澤義衛（1993）：経済的自立と産業合理化政策，（所収　香西泰・寺西重郎編『戦後日本の経済改革』東京大学出版会．

ラカトシュ，I. 著，村上陽一郎・井山弘幸・小林傳司・横山輝雄訳（1986）：『方法の擁護――科学的研究プログラムの方法論』新曜社．Worrall, J. and Currie, G. (1978): *The methodology of scientific research programmes*, New York: Cambridge University Press.

リュエフ，J. 著，長谷川公昭・村瀬満男訳（1971）：『ドル体制の崩壊』サイマル出版会．Rueff, J. (1971) "Le PecheMonetaire de l'Occident", Paris: Plon.

ルイス，A. 著，石崎昭彦・森　恒夫・馬場宏二訳（1969）『世界経済論』新評論．Lewis, A. (1949): *Economic Survey 1919-1939*, London.

ロザンヴァロン，P. 著，長谷俊雄訳（1990）：『ユートピア的資本主義――市場思想から見た近代』国文社，Rosanvallon, P. (1989): *Le libéralisme économique: histoire de l'idée de marché*, Paris: Seuil.

ロストウ，W. W. 著，木村健康・久保まち子・村上泰亮訳（1974）：『増補　経済成長の諸段階――一つの非共産主義宣言』ダイヤモンド社，Rostow, W. W. (1971): *The Stages of Economic Growth II ed: a non-communist manifesto*, Cambridge: Cambridge University Press.

ロバートソン，D. H.，デニソン，S. R. 著，田口芳弘訳（1967）：『産業の組織』紀伊國屋書店．Robertson, D. H. and Dennison, S. R. (1960): *The control of industry New ed*, Digswell Place Welyno: James Nisbet & Co.

ロビンズ，L. C. 著，井手口一夫・伊藤正則監訳（1971）：『経済発展の学説』東洋経済新報社，Robbins, L. C. (1968): *The theory of economic development in the history of economic thought: being the Chichele lectures for 1966*, London, Melbourne, New York: Macmillan. St. Martin's Press.

若森みどり（2011）：『カール・ポランニー』NTT出版.

Alonso, W. (1975): "Urban and Regional Imbalances in Economic Development." In Friedmann, J. and Alonso, W. eds. *Regional policy: readings in theory and applications*, Cambridge: MIT Press.

Bauer, P. T. and Yamey, B. S. (1954): "*Further Notes on Economic Progress and Occupation Distribution*", Economic Journal, 64: 98-106.

Florens, P. S. (1948): *Investment, Location and Size of Plant: A realistic inquiry into the structure of British and american industries,* London: Cambridge University Press.

Hirschman, A. O. (1945) *National Power and the Structure of Foreign Trade*, California: University of California Press.

Isard, W. and Bramhall, D. F. (1960): *Methods of regional analysis: an introduction to regional science,* New York: MIT Press.

Kuzunets, S. (1951): "*State as a Unit in Economic Growth*", Journal of Economic History, 11: 25-41.

Mundell, R. A. (1961): "*A Theory of Optimum Currency Areas*", American Economic Review, 51:

North, D. C. (1955): "*Location Theory and Regional Economic Growth*", Journal of Political Economy, 63: 243-258.

O'Brien, R. (1992): *Global financial integration: the end of geography*, London: Royal Institute of International Affairs.

Perloff, H. S., Dunn, E. S., Lampard, E. E. and Muth, R. F. (1960): *Regions, resources, and economic growth,* Baltimore: Johns Hopkins Press.

Richardson, H. W. (1969): *Element of Regional Economics*, Harmondsworth: Penguin Education.

Richardson, H. W. (1972): *Regional Economics: location theory, urban structure and regional change,* London: Weidenfeld and Nicolson.

Richardson, H. W. (1973): *Regional Growth Theory*, London: Macmillan.

Röpke, W. (1942): *International Economic Disintegration*, London: William Hodge and Company.

Tiebout, C. M. (1956): "*Exports and Regional Economic Growth*", Journal of Political Economy, 64: 160-164.

Triantis, S. G. (1953): "*Economic Progress and Occupational Redistribution and International Terms of Trade*", Economic Journal, 63: 627-637.

Vining, R. (1949): "*The Region as an Economic Entity and Certain Variations to be Observed in the Study of Systems of Regions*", American Economic Review, 39: 89-104.

Young, A. A. (1928): "*Increasing Returns and Economic Progress*", The Economic Journal, 38: 527-542.

人名索引

あ 行

か 行

さ 行

た　行

な　行

は　行

ま　行

や　行

ら　行

わ　行

事項索引

あ 行

か 行

さ 行

た　行

な　行

は　行

ま　行

や　行

ら　行

《著者紹介》

加藤和暢（かとう・かずのぶ）

1954年　生まれ。
1978年　北海学園大学大学院修士課程修了，経済学修士。
1983年　北海道大学大学院農学研究科博士後期課程単位取得退学。
日本学術振興会奨励研究員。
1984年　北海学園北見大学商学部専任講師。
1986年　同助教授。
1988年　釧路公立大学経済学部助教授（地域開発論・経済地理）。
1995年　同教授，現在に至る。
主　著　『地域構造の理論』（分担執筆）ミネルヴァ書房，1990年。
『立地論入門』（分担執筆）古今書院，2002年。
『地域構造論の軌跡と展望』（分担執筆）ミネルヴァ書房，2005年。
「都市集積とのカップリングによる産業集積の活性化」『産業立地』2007年1月号。
「北海道の地域間格差」『地域開発』2007年6月号。

経済地理学再考
——経済循環の「空間的組織化」論による統合——

2018年3月20日　初版第1刷発行　〈検印省略〉

定価はカバーに
表示しています

著　者　加　藤　和　暢
発行者　杉　田　啓　三
印刷者　藤　森　英　夫

発行所　株式会社　ミネルヴァ書房
607-8494 京都市山科区日ノ岡堤谷町1
電話代表（075）581-5191
振替口座 01020-0-8076

亜細亜印刷

ISBN978-4-623-08323-7
Printed in Japan